智库 中社 智库丛书 Think Tank Series

中国社会科学院创新工程学术出版资助项目

“一带一路”：

多边范式与推进路径

赵江林 主编

中国社会科学出版社

图书在版编目（CIP）数据

“一带一路”：多边范式与推进路径／赵江林主编．—北京：中国社会科学出版社，2017.9
（智库丛书）
ISBN 978－7－5203－1050－5

Ⅰ.①一… Ⅱ.①赵… Ⅲ.①“一带一路”—国际合作—研究
Ⅳ.①F125

中国版本图书馆 CIP 数据核字(2017)第 229668 号

出 版 人　赵剑英
责任编辑　喻　苗
责任校对　朱妍洁
责任印制　王　超

出　　版　中国社会科学出版社
社　　址　北京鼓楼西大街甲 158 号
邮　　编　100720
网　　址　http://www.csspw.cn
发 行 部　010－84083685
门 市 部　010－84029450
经　　销　新华书店及其他书店

印　　刷　北京君升印刷有限公司
装　　订　廊坊市广阳区广增装订厂
版　　次　2017 年 9 月第 1 版
印　　次　2017 年 9 月第 1 次印刷

开　　本　710×1000　1/16
印　　张　21.25
字　　数　348 千字
定　　价　86.00 元

凡购买中国社会科学出版社图书，如有质量问题请与本社营销中心联系调换
电话：010－84083683

前　言

“‘一带一路’：多边范式与推进路径”是中国社会科学院亚太与全球战略研究院“一带一路”创新项目组2015—2016年集体研究成果。本项研究主要以“一带一路”倡议出台三年为背景，以解决现实问题为主要出发点，核心目的是为“一带一路”的推进提供力所能及的智力支持。

不同以往的是，“一带一路”倡议是中国发展之后首次提出的推进世界发展的设想与行动方式，也是中国首次以多边方式对推进世界发展提出的新范式与新计划，更是展示中国对推进世界发展所怀揣的梦想与蓝图。基于上述，本项目研究改变了以往以双边思维模式为主的研究思路，试图站在多边的角度，对推进“一带一路”建设提供某种新形式的表达。应该说，多边视角，无论是用于做研究还是提供现实问题的解决方案都有相当大的难度。

这里主要从创建地区价值链、经济走廊、互联互通、亚洲基础设施投资银行（简称“亚投行”）等多边金融机构、绿色丝绸之路以及与联合国2030倡议对接等领域展开了对“一带一路”的多边视角研究，该项研究得出的主要结论是中国所从事的“一带一路”建设正在创造世界经济发展的新模式，通过多边路径，创造“1+1>2”的效果，形成区域乃至世界范围内的整体互动发展，而中国也必将成为这一新模式的践行者和主导者。当然，多边发展也必然面临多边挑战与多重难题，但这恰恰是为多边发展、整体发展提供一种新机遇，突破多边发展的困境也必将为推进“一带一路”建设创造新的局面。

该项研究的主要参与人员为中国社会科学院亚太与全球战略研究院的

科研人员，赵江林承担第一章和第二章写作、张中元承担第三章和第八章写作、王金波承担第四章写作、刘小雪承担第六章写作、金英姬承担第七章写作、周亚敏承担第九章写作、谢来辉承担第十章写作。另外，该项目邀请了外方专家——印度尼赫鲁大学中国研究中心的主任狄伯杰教授承担第五章写作，这也是本项目的一种创新做法。

在这里，代表项目组特别感谢中国社会科学院亚太与全球战略研究院各部门对该项目研究的协助与关爱，感谢中国社会科学出版社赵剑英社长、王茵主任、喻苗副主任及郭枭编辑为本书的出版付出的心血和努力，使得该项研究对今天的“一带一路”建设能够有所贡献。

中国社会科学院国家全球战略智库
常务副理事长兼秘书长、研究员
王灵桂
2017 年 6 月 27 日

目　录

第一章

“一带一路”:机遇、挑战与行动[①]

作为新时期中国对外战略推进的路径之一，“一带一路”成为中国推进面向欧亚、亚太以及印度洋沿岸地区全方位对外开放战略的新路径。“一带一路”以谋求中国与沿线国家[②]共同发展为己任,[③] 尽管从提出到落实只有短短两年多的时间，但是已经在一些领域取得了突破性进展，为沿线各国经济增长与社会发展创造了新的机遇。与此同时，我们也应看到，“一带一路”面临诸多挑战，毕竟该倡议最初设定的目标需要从战略信任到硬件建设层面的多方面配套条件才能够获得真正实现，也因此，“一带一路”建设需要来自政策界、企业界和学术界持续不断的努力和智力贡献。

一 “一带一路”提出的背景、内涵

“一带一路”是新一届领导集体执政之后提出的重大倡议之一，是推进中国与沿线国家共同发展的重要实施手段。

---

① 执笔人：赵江林，中国社会科学院亚太与全球战略研究院国际经济关系室主任、研究员。

② 有的使用沿海国家概念，而“愿景与行动”对“一带一路”建设的路线进行了规范，即两条路线：一条是从中国沿海港口过南海到印度洋，延伸至欧洲；另一条是从中国沿海港口过南海到南太平洋。本章根据上述两条路线选择了31个国家作为统计样本，即：东盟10国；南亚有5国，包括孟加拉国、印度、马尔代夫、巴基斯坦和斯里兰卡；南太国家如巴布亚新几内亚；西亚与非洲15个国家，包括伊朗、伊拉克、科威特、阿曼、卡塔尔、沙特阿拉伯、阿联酋、也门、巴林、土耳其、埃及、索马里、苏丹、吉布提、厄立特里亚。这里没有统计欧洲国家和其他南太国家。

③ 习近平和李克强等国家领导人在多次出访或在国际组织发表主旨演讲时曾谈及这一点。

（一）背景

2013年9月和10月，国家主席习近平出访哈萨克斯坦和印度尼西亚时在上述两国演讲中首次提出“一带一路”倡议。例如，就21世纪海上丝绸之路而言，东南亚地区自古以来就是“海上丝绸之路”的重要枢纽，中国愿同东盟国家加强海上合作，使用好中国政府设立的中国—东盟海上合作基金，发展好海洋合作伙伴关系，共同建设21世纪“海上丝绸之路”。自此之后，“一带一路”倡议成为沿线国家热议[①]的话题之一。

一方面，“一带一路”提出是中国进一步改革开放和经济发展的客观需要。目前中国已进入经济增长的“新常态”，增长速度将从过去的10%左右下降为7%左右，中国的产业结构也已从以工业为主导向以服务业为主导的阶段转移[②]；同时，中国消费需求正在取代投资需求成为未来经济增长的主要动力。这就要求国内已经积累起来的部分产能向外部转移，同时为国内剩余工业品寻求市场。从“一带一路”建设的沿线国家来看，可以发现这些沿线国家绝大多数是处于不同工业化阶段的发展中国家。中国将“一带一路”建设定位于发展中国家的主要原因如下。

一是发展中国家的机会多于发达国家。发展中国家还是穷国吗？诸多沿线周边国家正在步入经济快速增长的阶段，具有巨大的消费需求潜力，可以在一定程度上弥补发达国家市场有效需求不足留下的空缺。经过多年的发展，发展中国家的经济实力在稳步上升，中国出口市场的主要增长点也在发展中国家或新兴经济体。[③] 2015年，中国出口到发展中国家的产品规模占全部出口的比重已经超过50%。当然，要把发展中国家潜在的需求转化为现实的需求需要激活发展中国家内部的增长机会，这也是“一带一路”建设致力的重点方向。

---

① 关于对“一带一路”的国际反应，参见刘昌明、孙云飞《中国“一带一路”倡议的国际反响与应对策略》，《山东社会科学》2015年第8期。

② 根据国家统计局最新颁布的数据，2015年服务业占GDP比重为50.5%，比工业占比多10个百分点。

③ 研究表明中国对“海上丝绸之路”沿线区域/国家的贸易依赖，高于该区域对中国的贸易依赖。参见李艳芳、李波《中国与“海上丝绸之路”沿线区域/国家的贸易联系和贸易潜力分析》，《南亚研究季刊》2015年第3期。

二是发展中国家的发展阶段与中国形成合理的落差空间。中国正处于与发展中国家特别是海上丝绸之路沿线国家有一定经济发展落差的阶段，发展中国家的工业化进程正好为中国产能转移提供了契机，也是中国发挥优势的所在。

三是对周边的稳定与长治久安的需要。世界政局不稳定的国家基本上落在发展中国家，或者说不发达国家。而中国周边国家绝大多数是发展中国家或者是不发达国家，这对中国的经济社会发展带来不稳定的因素。近年来，“三股势力”（暴力恐怖势力、民族分裂势力、宗教极端势力）入侵中国西部极大地损害了国内社会稳定，因此，“一带一路”肩负的历史使命是通过经济发展和设施联通尽可能化解不利于经济增长和社会发展的负面因素。尽管通过经济手段未必能解决所有的政治外交风险，但是能起到稳定当地社会发展的作用。

以上表明，中国经济发展的国际战略机遇期将部分从发达国家转向发展中国家，也因此，发展中国家成为“一带一路”倡议的主要合作伙伴。

另一方面，“一带一路”建设是中国与沿线国家面临共同发展的客观需要。当前，世界工业化进程正在进入新的历史阶段，各国，尤其是发展中国家以经济社会发展为首要，努力通过工业化实现民富国强。但是谁来主导这一次工业化进程却是一项重大任务。显然，发达国家因其已经完成工业化进程且经济实力衰退而难以再次引领世界工业化进程。美国、日本早已完成工业化进程，进入以服务业为绝对优势的后工业化阶段，基本上不具有进行大规模基础设施和基础产业建设的比较优势，而这些恰恰是目前沿线国家所急需的。世界其他大国如俄罗斯和巴西仍主要依靠石油等资源出口来实现本国经济增长，远未完成大国工业化及带动所在地区其他国家工业化任务；印度自身正在调整结构，试图完成工业化任务。相比之下，作为全球经济增长的最大贡献者，中国正在以前所未有的工业化速度步入世界工业化大国。与世界其他大国相比，中国将成为推进新一轮世界工业化进程的唯一候选国，具有“援助”发展中国家经济社会发展的能力。2010 年，中国已经成为世界第二大经济体；2015 年，中国经济总量比沿线国家的总和还要多。在基础设施、产业推进等方面中国积累了丰富的经验和技能，而这已经不是美国、欧洲、日本等所能媲美的了。

更为重要的是，与世界其他大国相比，中国“以和为贵”的理念具有可被国际推广的价值。以和为贵是中国的传统古训，也是中国处理现代国际关系的出发点。在世界工业化进程中英国依靠武力强行为自身的工业化发展铺平了道路；德国和日本试图通过武力强行完成本国的工业化进程并称雄世界，但均以失败告终。中国过去30多年的经历证明自己在走一条和平发展的道路，可以预见中国通过"一带一路"建设将继续走和平发展道路。

应该说，从单边发展到相互扶持将成为未来中国与沿线国家经济关系塑型的"新常态"。为适应中国与沿线国家共同发展的需要，中国愿意与沿线国家谋求实现共同崛起的和平路径，通过密切与沿线国家贸易关系、投资关系、创建互联互通以及整合区内市场等路径，相互提供经济增长的机遇，以缓释共同崛起带来的压力与挑战。

（二）内涵

如何定位"一带一路"、其内涵是什么，一直是学术界存在争议的主要领域，基本是仁者见仁、智者见智。而在国家发展改革委、外交部、商务部2015年3月28日联合发布的《推动共建丝绸之路经济带和21世纪海上丝绸之路的愿景与行动》（以下简称《愿景与行动》）中也并没有对"一带一路"进行明确的定义。这里拟对"一带一路"部分研究成果进行综述，以期对"一带一路"倡议有更明确的认识。

目前国内学术界对"一带一路"的内涵主要有以下几种看法：有的从资源配置角度出发，认为"海上丝绸之路"构想的重要目的是整合经济发展资源，从而实现更快增长，"强化中国对外部经济的正向外溢作用，同时解决双方互动过程中资源配置不均或受阻的失衡问题，通过向发展中国家提供资金、基建、技术等领域援助，促进中国与沿线地区和国家生产资料的有效配置，在巩固现有周边自然经济区域的基础上，在潜在的地缘经济空间上，进一步发展新的跨界区域经济合作，创建更多的经济联合体和市场共同体"①。因此，有人提出"一带一路"的目的"是实现中国工业

① 傅梦孜、楼春豪：《关于21世纪"海上丝绸之路"建设的若干思考》，《现代国际关系》2015年第3期。

和金融能力的全球配置”[①]。有的从“一带一路”所可能形成的经济贸易网络出发，认为“一带一路”已经是一个“全球贸易网”，可以界定为从依托现代运输工具和信息技术连接起来的海上国际货物运输通道或国际贸易网，反映世界各国的经贸合作关系。这是一个非常广义的界定。从中国视角看，广义上“21世纪海上丝绸之路”可以界定为，从中国沿海港口出发，与世界各国建立的海上贸易通道，不仅指与东南亚、南亚、西亚和东非的联系，还包括与大洋洲、北美洲和拉丁美洲的联系。实质上是指中国对外贸易关系网络，反映中国与全世界各国的经贸关系，也反映复杂的国际关系和文化交流合作。[②] 有的认为“一带一路”是一个综合战略，是传承历史，承载未来，继承古丝绸之路之精神，以加强经济合作为基础，建设沿线国家基础设施为重点，不断深化沿线各国的海洋合作，共同促进沿线国家经济发展、社会稳定、区域和谐和文化融合。[③]也因此，“一带一路”建设不是简单的经济过程、技术过程，而是文明的进步过程，[④] 将“一带一路”建设从经济发展上升为文明建设层面。有的研究从“集体行动”角度出发，认为“一带一路”倡议是中国与沿海利益相关国突破“集体行动”的困境，理性地寻求在利益汇合点“共商、共建、共享”的区域经济合作大战略。[⑤]

本章主要从中国与沿线国家经济关系角度出发，认为“一带一路”是建立中国与沿线国家共同增长的经济体系，进而实现中国国内与外部特别是周边环境的长治久安。中国的目的是发展繁荣之后的中国将进一步通过合作扩大共同利益，并将中国的经济发展机会更多惠及沿线国家，是分享而不是独享利益扩大的好处；相互支持是中国对外部的要求，期待外部支持中国的和平发展、和平崛起，与此同时，中国也将以对等的方式支持沿

---

① 叶海林：《中国必须争取印度参加“21世纪海上丝绸之路”吗?》，澎湃研究所，2015年1月19日，http://www.thepaper.cn/newsDetail_forward_1295387。

② 陈万灵、何传添：《海上丝绸之路的各方博弈及其经贸定位》，《改革》2014年第3期。

③ 鞠华莹、李光辉：《建设21世纪海上丝绸之路的思考》，《国际经济合作》2014年第9期。

④ 杨国桢、王鹏举：《中国传统海洋文明与海上丝绸之路的内涵》，《厦门大学学报》（哲学社会科学版）2015年第4期。

⑤ 朱翠萍：《“21世纪海上丝绸之路”的内涵与风险》，《印度洋经济体研究》2015年第4期。

线国家的发展与繁荣。

可以说，“一带一路”更多地体现了中国新时期对外战略的调整。

一是由于中国未来的一部分经济利益获得将来自海外，中国对经济增长的关注也将从自身转向对周边地区甚至世界的关注，并形成相互扶持的关系，与沿线国家结成利益共同体、命运共同体。

二是改变中国对全球事务的处理理念、方式，即从过去遵从国际规则转变为提出自己解决全球问题的方式，因此，中国将会向外部提供越来越多的公共产品，包括基础设施建设等。

三是中国实力的提升不可避免地外溢出其影响，中国正在从地区环境的适应者向领导者转变，“一带一路”倡议的提出正是这种调整的结果。

二 “一带一路”取得的主要进展

“一带一路”倡议从提出到落实已历时两年多，在这期间取得了较大的进展。《愿景与行动》中已经做了全面的总结，如包括习近平主席、李克强总理等国家领导人多次出访等高层引领推动；与部分国家签署了共建“一带一路”合作备忘录、地区合作和边境合作的备忘录以及经贸合作中长期发展规划；推动包括基础设施互联互通、产业投资、资源开发、经贸合作、金融合作、人文交流、生态保护、海上合作等项目建设；推动包括亚洲基础设施投资银行筹建、丝路基金、中国—欧亚经济合作基金等资金融通和投资贸易便利化；举办以“一带一路”为主题的国际峰会、论坛、研讨会、博览会等。表1—1列举了“一带一路”的主要推进进程。

表1—1　“一带一路”的推进进程

	时间	事件	内容
概念提出阶段	2013年9月和10月	国家主席习近平访问哈萨克斯坦和印度尼西亚	提出“一带一路”倡议
	2013年10月9日	李克强总理出席第16次中国—东盟（10+1）领导人会议	提出“2+7合作框架”。中方已设立30亿元人民币的中国—东盟海上合作基金

续表

	时间	事件	内容
概念提出阶段	2013 年年底	“一带一路”概念写入十八届三中全会的《决定》，上升为国家战略	加快同周边国家和区域基础设施互联互通建设，推进丝绸之路经济带、海上丝绸之路建设，形成全方位开放新格局
实施阶段	2014 年 11 月 4 日	习近平主持召开中央财经领导小组第八次会议	提出加快推进丝绸之路经济带和 21 世纪海上丝绸之路建设，对“一带一路”建设规划了顶层设计。专门研究丝绸之路经济带和 21 世纪海上丝绸之路规划、发起建立亚洲基础设施投资银行和设立丝路基金
	2014 年 11 月 8 日	北京举办 APEC 峰会	习近平宣布中国将出资 400 亿美元成立丝路基金
	2014 年 12 月 5 日	政治局围绕加快自由贸易区建设进行集体学习	逐步构筑起立足周边、辐射“一带一路”、面向全球的自由贸易区网络，积极同“一带一路”沿线国家和地区商建自由贸易区
	2014 年 12 月 9 日	中央经济工作会议在北京举行	要重点实施“一带一路”、京津冀协同发展、长江经济带三大战略，争取明年有个良好开局。
	2015 年 3 月 5 日		国务院总理李克强在政府工作报告中提出，“构建全方位对外开放新格局。推进丝绸之路经济带和 21 世纪海上丝绸之路合作建设”
	2015 年 3 月 28 日		国家发展改革委、外交部、商务部联合发布了《推动共建丝绸之路经济带和 21 世纪海上丝绸之路的愿景与行动》
	2015 年 4 月 20—21 日	习近平出访巴基斯坦	中巴经济走廊建设（460 亿美元）
	2015 年 6 月 29 日		在北京签署《亚洲基础设施投资银行协定》

续表

	时间	事件	内容
实施阶段	2015 年 11 月 7 日	习近平在新加坡国立大学发表演讲	《深化合作伙伴关系共建亚洲美好家园》,欢迎周边国家参与到合作中来,共同推进"一带一路"建设,携手实现和平、发展、合作的愿景
	2015 年 11 月 18 日	习近平出席亚太经合组织工商领导人峰会并发表主旨演讲	将开展更大范围、更高水平、更深层次的区域合作,共同打造开放、包容、均衡、普惠的区域合作架构
	2015 年 12 月 25 日		亚洲基础设施投资银行在北京正式成立,全球迎来首个由中国倡议设立的多边金融机构
	2016 年 1 月 16 日		亚投行开业仪式暨理事会和董事会成立大会在北京举行
	2016 年 8 月 17 日		习近平就推进"一带一路"建设工作发表重要讲话
	2016 年		多个部门、银行、企业加大对沿线国家的行动

资料来源:笔者整理。

自"一带一路"倡议提出以来,中国与沿线国家经贸关系获得了较快的发展。表 1—2 列举了中国与沿线国家在双边经贸关系方面取得的主要进展。根据商务部最新统计,2016 年 1—11 月,中国与沿线国家贸易额达 8489 亿美元,占同期中国外贸总额的 25.7%,其中出口 5234 亿美元,进口 3255 亿美元。2016 年 1—11 月,中国企业对"一带一路"相关的 53 个国家非金融类直接投资 133.5 亿美元,同比下降 4.7%,占同期总额的 8.3%,主要投向新加坡、印度尼西亚、印度、泰国、马来西亚、越南、老挝、伊朗、俄罗斯等国家和地区。1—11 月,中国非金融类对外直接投资 1617 亿美元,同比增长 55.3%。从行业分布情况来看,流向制造业的对外直接投资 297.3 亿美元,增长 151.9%,占总投资的 18.4%;其中流向装备制造业 167.6 亿美元，是 2015 年同期的 2.8 倍，占制造业对外投资的 56.4%。在对外承包工程方面，1—11 月，中国企业在“一带一路”相关的 61 个国家新签对外承包工程项目合同 7367 份，新签合同额 1003.6 亿美元，同比增长 40.1%，占同期中国对外承包工程新签合同额的 52.1%；完成营业额 616.3 亿美元，同比增长 7.5%，占同期总额的 46.6%。2016 年 1—11 月，沿线国家对华投资新设立企业 2472 家，同比增长 27.3%，实际利用外资 63 亿美元。

表 1—2　　2015 年中国与沿线国家主要经贸关系　　单位：亿美元

国家（地区）	贸易总额	出口	进口	截至 2015 年年底，中国对外投资	截至 2015 年年底，中国吸引外资	截至 2015 年年底，工程承包合作累计完成营业额
印度尼西亚	542.3	343.4	198.9	81.2	24.8	48.2
新加坡	795.7	520.1	275.6	256	792.2	35.4
泰国	754.6	382.9	371.7	35.2	40.6	28.1
马来西亚	972.9	439.9	533	21.9	72.5	35.6
菲律宾	456.5	266.7	189.8	7.8	32.3	20.4
文莱	15.1	14.1	1	0.79	26.9	0.87
越南	958.2	661.4	296.8	31.9	1.24	35.2
老挝	27.8	12.3	15.5	58.5	0.45	32.2
柬埔寨	44.3	37.6	6.7	36.1	1.86	12.1
缅甸	152.8	96.5	56.3	41.3	1.15	18.9
孟加拉国	147.1	139.0	8.1	2.04	0.41	114.2
印度	716.2	582.4	133.8	35.5	6.44	440.1
马尔代夫	1.73	1.73	0	0.07		2.7
巴基斯坦	189.3	164.5	24.8	60.8		279.2
斯里兰卡	45.64	43.05	2.59	3.97	0.19	112.35
巴布亚新几内亚	20.53	6.37	14.16	4.48		
伊朗	338.4	177.9	160.5	36.76	1.09	183.01
伊拉克	285	77.4	207.6			
科威特	134	34	100			60.5
阿曼	258.6	20.7	237.9			

续表

国家（地区）	贸易总额	出口	进口	截至2015年年底，中国对外投资	截至2015年年底，中国吸引外资	截至2015年年底，工程承包合作累计完成营业额
卡塔尔	105.8	22.5	83.3			
沙特阿拉伯	691	206	485			
阿联酋	548	158	390			
也门	51.38	22.01	29.37			
巴林	14.2	12.3	1.8			2.5（合同）
土耳其	*215.7*	*186.2*	*29.5*	8.86	2.03	88.61
埃及	116.21	104.61	11.60			
索马里	2.36	2.06	0.30			
苏丹	34.64	19.29	15.35	17.5		
吉布提	11.30	11.28	0.02			
厄立特里亚	4.18	0.88	3.30			

资料来源：笔者根据商务部、外交部网站相关资料整理。

注：斜体为2015年数据，其余为2014年数据。因涉及四舍五入，贸易总额与进出口之和可能存在差距。

同时，中国与沿线国家政治外交关系也在不断深化。近些年中国与沿线国家关系逐步向高层次的战略伙伴关系演进。到2016年年初，中国已与20多个沿线国家签有战略伙伴关系协议（见表1—3）。表1—4和表1—5分别列举了中国与沿线国家建立的自贸区情况和在金融领域取得的主要进展。就“一带一路”倡议同欧盟“容克投资计划”、蒙古国“草原之路”、柬埔寨“四角战略”、老挝“变陆锁国为陆联国”战略等对接达成共识，推动“一带一路”倡议同捷克、波兰、乌兹别克斯坦、文莱等国以及欧亚经济联盟的发展战略对接。

表1—3　自“一带一路”倡议提出以来中国与沿线国家关系发展

国家（地区）	双边外交关系
印度尼西亚	2013年10月，建立全面战略伙伴关系； 2013年10月，《中印尼全面战略伙伴关系未来规划》

续表

国家（地区）	双边外交关系
新加坡	2015 年 11 月，建立与时俱进的全方位合作伙伴关系
泰国	2012 年 4 月，建立全面战略合作伙伴关系； 2013 年 10 月，《中泰关系发展远景规划》
马来西亚	2013 年 10 月，建立全面战略伙伴关系
菲律宾	2005 年，致力于和平与发展的战略性合作关系
文莱	2013 年 4 月，建立战略合作关系
越南	2013 年 10 月，建立全面战略合作伙伴关系
老挝	2009 年，建立全面战略合作伙伴关系； 2013 年 9 月，《关于落实中老全面战略合作伙伴关系的行动计划》
柬埔寨	2010 年 12 月，建立中柬全面战略合作伙伴关系
缅甸	2011 年 5 月，建立全面战略合作伙伴关系
孟加拉国	2014 年 6 月，深化更加紧密的全面合作伙伴关系
印度	2014 年 9 月，构建更加紧密的发展伙伴关系
马尔代夫	2014 年 9 月，建立面向未来的全面友好合作伙伴关系
巴基斯坦	2013 年 7 月，继续深化中巴战略合作伙伴关系； 2014 年 2 月《关于深化中巴战略与经济合作》
斯里兰卡	2013 年 5 月，构建真诚互助、世代友好的战略合作伙伴关系
巴布亚新几内亚	2014 年 11 月，建立相互尊重、共同发展的战略伙伴关系
哈萨克斯坦	2011 年，发展全面战略伙伴关系
乌兹别克斯坦	2012 年，建立战略伙伴关系
俄罗斯	2014 年，中俄全面战略协作伙伴关系
土库曼斯坦	2013 年 9 月，建立战略伙伴关系
塔吉克斯坦	2013 年 5 月，建立战略伙伴关系
吉尔吉斯斯坦	2013 年，建立战略伙伴关系
伊朗	2016 年 1 月，建立全面战略伙伴关系
伊拉克	2015 年 12 月，建立战略伙伴关系
卡塔尔	2014 年 11 月，建立战略伙伴关系
沙特阿拉伯	2016 年 1 月，建立全面战略伙伴关系
阿联酋	2012 年 1 月，建立战略伙伴关系
土耳其	2010 年 10 月，建立和发展战略合作关系
埃及	2014 年 12 月，建立全面战略伙伴关系； 2016 年 1 月，加强两国全面战略伙伴关系的五年实施纲要
苏丹	2015 年 9 月，建立战略伙伴关系

资料来源：外交部网站。

表1—4 自"一带一路"倡议提出以来中国与沿线国家自贸区建设发展

国家（地区）	自贸区协议
东盟10国	2015年11月22日签署中国—东盟自贸区升级《议定书》； 2015年启动与新加坡自贸区升级谈判
印度	中印自贸区建设研究阶段
马尔代夫	启动自贸区谈判
巴基斯坦	推进自贸区第二阶段谈判
斯里兰卡	推进自贸区谈判
海合会6国	2016年1月中国和海合会已恢复自由贸易协定谈判，2016年年内达成全面的自由贸易协定

资料来源：商务部网站。

表1—5 自"一带一路"倡议提出以来中国与沿线国家在金融领域取得的发展

国家（地区）	货币互换	设立金融机构
印度尼西亚	2013年10月续签（1000亿元人民币/175万亿印尼卢比）	
新加坡	2013年3月续签（3000亿元人民币/600亿新加坡元）	2013年10月，确定新加坡市场人民币合格境外机构投资者（RQFII）投资额度为500亿元人民币； 2014年10月，两国外汇市场正式推出人民币和新加坡元直接交易
泰国	2014年12月续签（700亿元人民币/3700亿泰铢）	2014年12月，签署《关于在泰国建立人民币清算安排的合作谅解备忘录》
马来西亚	2015年4月续签（1800亿元人民币/900亿马来西亚林吉特）	2013年10月，马国家银行在北京设立代表处； 2014年11月，签署人民币清算安排合作谅解备忘录； 2015年4月，中国银行吉隆坡人民币清算行正式启动
巴基斯坦	2014年12月续签（100亿元人民币/1650亿巴基斯坦卢比）	

续表

国家（地区）	货币互换	设立金融机构
斯里兰卡	2014年9月首签（100亿元人民币/2250亿斯里兰卡卢比）	2014年9月，签署《金融合作谅解备忘录》
蒙古国	2014年8月续签（150亿元人民币/4.5万亿蒙古图格里克）	
俄罗斯	2014年10月首签（1500亿元人民币/8150亿卢布）	
塔吉克斯坦	2015年9月首签（30亿元人民币/30亿索摩尼）	
哈萨克斯坦	2014年12月续签（70亿元人民币/2000亿坚戈）	
卡塔尔	2014年11月首签（350亿元人民币/208亿元里亚尔）	2014年4月18日，签署《中国人民银行代理卡塔尔央行投资中国银行间债券市场的代理投资协议》
阿联酋	2015年12月续签（350亿元人民币/200亿阿联酋迪拉姆）	
土耳其	2015年9月续签（120亿元人民币/50亿土耳其里拉）	
埃及	2016年12月6日，签署双边本币互换协议，规模为180亿元人民币/470亿埃及镑。互换协议有效期三年，经双方同意可以展期	

资料来源：中国人民银行网站。

三 “一带一路”倡议为中国与沿线国家提供的主要机遇

“一带一路”实际上是在中国与沿线国家之间创建一个新的“战略供求”模型。从战略需求角度看，中国与沿线国家需要一个相互支持的经济增长体系。从战略供给角度看，中国愿意提供资金、人力、制度等战略性资源实现与沿线国家的共同增长，同时沿线国家也愿意提供自身的战略性资源与中国共建“一带一路”，以回应中国的战略诉求。可以说，“一带一路”倡议具有以下战略意义。

第一，推进世界工业化在不发达国家的实现。迄今为止，世界工业化只在少数发达国家实现，而更多的发展中国家仍处于工业化进程之中，与发达国家的整体发展水平还有相当大的差距。“一带一路”以产业主导、互联互通为连接，将世界上更多的发展中国家“串联”起来，共同完成新一轮的世界工业化进程，推进世界工业化在更多发展中国家实现。有的评论指出中国与沿线国家共建海上丝绸之路，是希望通过这些港口刺激当地的工业化进程。[①]

第二，重构世界政治经济新秩序。近些年世界经济实力格局已经发生较大的变化，以欧美发达国家为主的经济总量占世界的比重不断呈下降趋势，而以发展中国家为主的经济总量则不断呈上升趋势，目前发达国家占世界经济总量不到60%，而发展中国家则超过40%，未来发达国家的经济实力将会进一步下降。在这样的格局之下，世界政治经济秩序必将被重新改写，尽管世界经济运行的基本规则不会被破坏，但是一些不利于发展中国家发展的规则需要进行重新调整，以使不论经济发展水平高低还是国家大小，都能获得平等发展的“民主”权利。“一带一路”正是带着上述的历史使命努力改写发展中国家未来发展的命运。

第三，实现中国平稳崛起。随着中国经济实力的提升，周边国家最先感受到中国崛起带来的压力，不得不做出多种选择，有的采取搭便车行为，有的通过结盟[②]来缓释中国崛起的压力。加上美国的干预，中国实现下一步的和平发展道路必定充满艰辛，即使排除非经济因素的干扰，单纯从经济方面来考虑的话，中国同样需要一个良好的外部环境。过去30多年

---

① 叶海林：《中国必须争取印度参加“21世纪海上丝绸之路”吗?》，澎湃研究所，2015年1月19日，http：//www. thepaper. cn/newsDetail_forward_1295387。“一带一路”倡议有利于推动沿路发展中国家的现代化进程，参见卫志民《“一带一路”倡议：内在逻辑、难点突破与路径选择》，《学术交流》2015年第8期。

② ［美］萨缪尔·亨廷顿：《文明的冲突与世界秩序的重建》，周琪等译，新华出版社2010年版，第205—210页。

中国经济发展的战略机遇期在很大程度上是一种低成本、高收益的战略机遇期，而自从2008年全球金融危机之后，中国经济发展的战略机遇期开始向高成本、低收益转变，部分原因是中国面临的世界市场已经趋于饱和，加上欧美发达国家经济不景气，中国难以获得进一步的发展机会。通过“一带一路”建设创建新的经济发展机遇期是中国作出的现实选择。

“一带一路”为中国与沿线国家提供的主要机遇包括以下几点。

一是“一带一路”将综合性地继续为包括亚洲国家在内的沿线国家提供更多市场、增长、投资、合作机遇。中国正在形成对外部巨大的消费品进口市场。近20年来，中国消费占GDP的比重一直在呈下降趋势，从2000年的62%下降到2010年的47%，但最近几年这一比重开始逐步回升，2012年已超过投资。2015年，中国对外贸易规模达到4.0万亿美元，其中，出口2.3万亿美元，进口1.7万亿美元，是世界第二大贸易国。2014年，中国消费品进口1524亿美元，增长15.3%，占总进口的7.8%。2014年，中国公民出境旅游人数达到1.07亿人次，出境旅游花费896.4亿美元。未来5年，中国进口商品将超过10万亿美元，出境旅游人数将超过5亿人次。

二是“一带一路”将通过发挥中国优势，直接参与沿线国家的经济建设。中国目前已经成立亚洲基础设施投资银行、丝路基金等融资渠道，将为沿线国家提供基础设施建设资金；同时，中国企业将大量“走出去”，为当地产业发展提供支持。2014年，中国对外投资1029亿美元，增长14.1%；吸引外资1196亿美元，增长1.7%。未来5年，中国对外投资将超过5000亿美元。中国将继续加大对沿线国家的投资，在支持沿线国家经济增长的同时，也有利于增进中国的经济利益。

三是“一带一路”也是中国向沿线国家开放的主要通道，以此降低中国与沿线国家共同发展的制度成本，通过深度经济体制改革，对沿线国家形成制度吸引力。目前，中国正在积极推动一系列结构性改革，寻求更公平、更具包容性、更加均衡和可持续的发展策略。这些结构性改革包括：①进一步减少行政审批，探索实行负面清单管理模式，建立政府权力清单制度；②进一步调整经济结构，包括产业结构、城乡结构和区域结构等，提高技术进步和服务业在经济中的地位；③实行更加积极的就业创业政策，对符合条件的小微企业、个体经营和企业吸纳就业实行税收减免，通过扩大就业创业带动居民收入持续提高，推动完善社会保障制度，更好地发挥消费对经济发展的支撑作用；④着力推动新一轮高水平对外开放，如扩大服务业包括资本市场的对外开放。

四是通过加强发展战略对接，助力各自经济发展。中国与沿线国家在铁路、公路、电力等基础设施合作方面拥有广阔前景。中国经济发展已处于工业化中期，在许多领域拥有充足先进产能，愿同沿线国家开展产能合作。目前中国已经与部分国家建立“一带一路”与当地发展战略对接合作框架，目的是整合现有资源，将蛋糕做大。

五是加大地区市场整合力度。中国在继续努力加快区内市场整合的进程，如推进中国—东盟自贸区升级版、中日韩自贸区谈判、中国—海合会自贸区再启动以及 RCEP 协议等，以此加强地区市场对经济增长的拉动作用。

四 "一带一路"面临的主要挑战

“一带一路”倡议涉及的国家众多、需要解决的难题众多，非一朝一夕能够完成。从战略层面看，能否保持“一带一路”的可持续性、能否实现部分非经济目标是“一带一路”建设面临的主要难题。从操作层面看，面临的主要难题，一是如何让沿线国家或地区了解、认同和接受“一带一路”倡议，中国能否清晰地让沿线国家理解“一带一路”不是中国一家的独奏，而是沿线国家的合唱；二是如何加快国内的配套改革，特别是包括企业社会责任在内的一系列国内配套改革，以保障企业走出去获得当地的积极支持；三是如何与其他国家战略进行对接；四是如何规避国际政治风险等，资金来源多元化是规避风险的有效途径，但是如何做好与第三方合作仍需解决；五是如何加强人文沟通交流，使得“一带一路”在硬件工作完善的同时也能够注重推动“软”件工作的深入。

为保障“一带一路”的推进的可能性、可行性以及可持续性，这里主要讨论以下几个方面。

一是如何构筑中国与沿线国家，特别是大国的战略互信，为“一带一路”的推进奠定可能性基础。战略互信是中国与沿线国家，特别是大国推进“一带一路”的政治基础。[①] 然而战略互信的构筑却是一个动态的长期的过程。大国之间为各自的战略利益，本来就缺乏战略互信的前提，这导致中国在推进“一带一路”时面临的最主要的对手是地区内的大国或者核心国家，由于这些国家是地区经济发展和社会发展的领头羊，所在地区也被它们天然自我认定为势力范围，任何域外大国的进驻都会引起区内大国的“不安”，因此缺乏战略互信是一种常态，而具有战略互信则往往是非正常状态下的结果。一些文献研究[②]表明，因缺乏战略互信，印度对中国提出的“一带一路”倡议基本上持消极态度；同时，印度为抵消中方在印度势力影响范围内的国家的影响，也提出了季风计划[③]，并与美国几年前倡导的新丝绸之路计划存在一定的战略互动。[④] 中印之间这种战略互信的缺乏不仅导致资源的极大错配，也影响了共同的经济社会发展。可以预判的是，随着印度经济发展逐步走上快速增长道路，中印之间的经济实力较量只会增强，不会减弱。[⑤] 中俄之间的战略互信同样是有条件的或是短暂的。俄罗斯最初对中国提出的“一带一路”倡议也是采取防范的心理，担心中国的影响会延伸至中亚等独联体国家的范围之内，因而对中国的“一带一路”采取消极态度，后来由于俄罗斯受世界石油价格狂跌以及乌克兰冲突等影响，开始逐步调整对中国的丝绸之路倡议的态度，但也只是提出中国丝绸之路经济带与欧亚经济联盟对接，这样既可以借中国的经济实力扶助俄罗斯和中亚国家的经济发展，同时也能够通过联盟的影响力抑制中

---

① 林民旺：《印度对“一带一路”的认知及中国的政策选择》，《世界经济与政治》2015 年第 5 期；蔡鹏鸿：《为构筑海上丝绸之路搭建平台：前景与挑战》，《当代世界》2014 年第 4 期；葛成：《“一带一路”的中印共识：机遇与困局》，《山东社会科学》2015 年第 8 期。

② 印度对中国提出的“一带一路”倡议的认知和反应在部分文献中有明确的阐述。参见林民旺《印度对“一带一路”的认知及中国的政策选择》，《世界经济与政治》2015 年第 5 期；许娟、卫灵《印度对 21 世纪“海上丝绸之路”倡议的认知》，《南亚研究季刊》2014 年第 3 期；杨思灵《“一带一路”：印度的回应及对策》，《亚非纵横》2014 年第 6 期。

③ 关于印度的季风计划，目前主要认为是为应对中方提出的“一带一路”而设定的。参见陶亮《“季节计划”、印度海洋战略与“21 世纪海上丝绸之路”》，《南亚研究》2015 年第 3 期。

④ 参见林民旺《印度对“一带一路”的认知及中国的政策选择》，《世界经济与政治》2015 年第 5 期。

⑤ 目前中国经济的增长已经进入“新常态”，而印度随着莫迪总理上台而推行的新的经济发展战略，其经济增长率正在步入中高水平，2015 年印度经济增长为世界大国第一，而中国居第二位。

国在俄罗斯势力范围的积极影响。

印度尼西亚因21世纪初前后的政治制度转型而导致国内经济发展和结构调整一直处于疲弱状态，也因此难以成为有较大影响力的东盟“霸主”。新总统佐科上台之后开始重振印度尼西亚经济，为此印度尼西亚急需外力扶持自身的经济发展，最终重回东盟“领导者”地位。受制于内外因素，印度尼西亚对中国提出的“一带一路”倡议持积极的态度，这是中国在过去一段时间推行“一带一路”时面临的来自地区性大国的较小阻碍因素。不仅如此，印度尼西亚还成为中国推进“一带一路”的支点国家，雅万高铁等一系列大项目上马表明印度尼西亚对中国“一带一路”倡议是接受和认同的。不过值得注意的是，印度尼西亚能否与中国长期保持战略互信，关系是否会突发转折还需要时间上的考验。

二是如何突破所在国的国内基础条件，为“一带一路”创造可行性条件。各国国情千差万别，政治制度各异，经济发展水平不尽相同，社会发展层次多样，加上民族、人口、历史、自然条件等为“一带一路”的推进无形中增加了难题。[①] 这包括中国对缅甸和斯里兰卡的电力、港口投资搁浅，损失的不仅仅是中方，也对当地民众收入的改善造成较大的负面影响。因政局变动蕴含的政治风险是造成中方投资失败的主要原因。[②]

“一带一路”倡议在很大程度上是推进沿线发展中国家工业化进程。但是启动和推进工业化进程需要在诸多条件满足之下才有可能实现，特别是一些国家存在的工业化死结，国内力量尚不足以撬动，更何况中国需要跨越主权的障碍。比如征地问题，中国在国外投资面临的最大困境之一是征地难题，这也是所在国经济不发达的主要原因。另外是政局变动风险，目前世界上少有极端独裁的国家，多数发展中国家介于民主与专政之间，更确切地说，是介于民主不成熟与西方成熟民主之间，低度民主带来的弊端是抑制政府动员社会资源的能力，延缓经济发展的步伐。同时民主制度中存在的多种不完善和不配套，导致政府腐败盛行和寻租行为的普遍化。在我们对孟加拉国的调研中发现，孟加拉国官员受贿规模越来越大，且呈

---

① 杨思灵:《一带一路：南亚地区国家间关系分析视角》,《印度洋经济体研究》2015年第5期。

② 王永中、李曦晨:《中国对“一带一路”沿线国家投资的特征与风险》,中国社会科学院世界经济与政治研究所工作论文No. 201602，2016年1月5日。

制度化倾向，导致国外企业投资成本呈走高态势。同时低度民主难以建立有效的政府运转机制，政府行为短期化倾向明显。政局波动及领导人更替使得"一带一路"正在成为所在国要价的筹码，而不是为所在国提供发展机会的条件。

三是如何建立合理的利益分配与协调制度，以保障"一带一路"的可持续性。"一带一路"是中国与沿线国家为共同发展而提出的，要保障"一带一路"的可持续性，需要中国与沿线国家建立合理的利益分配与协调机制。也就是说，中国与沿线国家通过合作获得的经济利益分配要能够为各方所接受，否则也极易引起矛盾，导致"一带一路"倡议难以持续下去。在中国与东盟签署中国—东盟自由贸易区协议时，尽管中国提供"早期收获"，做出了让利行为，但由于东盟国家的竞争力难以与中国企业相匹配，今天中国对东盟由过去的逆差转变为现在对东盟存在的大量顺差，[①]这种局面的出现影响了东盟国家与中国持续进行"做交易"的心情，也影响了中国—东盟自贸区升级版的推进热情。如何既不忽视市场竞争给双方经济发展带来的活力，也能够促进沿线国家从"一带一路"推进获得实实在在的好处，确实需要中国政府、企业和学术界认真对待并采取富有成效的做法。

四是域外大国——美国的干预。[②]"亚洲再平衡"是美国自2008年全球金融危机以来提出的主要大战略之一，目的是维护美国在亚洲的存在和抑制中国过快崛起。随着中国崛起步伐的加快，美国"亚洲再平衡"的内容和手段也在不断翻新和增加。自2008年之后，美国为抑制中国的影响，同时激活本国经济，先后推出TPP（跨太平洋伙伴关系协定）、新丝绸之路计划和对亚洲基础设施投资银行投下"反对票"，等等。目前尽管特朗普政府选择了从TPP中抽身，新丝绸之路计划因美国自身种种原因不了了之，不过也有一些大项目正在进行中。2015年3月底在亚洲基础设施投资

① 2015年中国对东盟10国几乎都存在贸易顺差，顺差总额为800多亿美元，与2005年相比，变化较大，当时中国对东盟为贸易逆差，接近200亿美元。

② 在所有讨论"一带一路"面临的挑战时都无不论及美国对"一带一路"的影响。相关文献参见袁新涛《丝绸之路经济带建设和21世纪海上丝绸之路建设的国家战略分析》，《东南亚纵横》2014年第8期；楼春豪《21世纪海上丝绸之路的风险与挑战》，《印度洋经济体研究》2014年第5期；陈晓律、叶璐《中国构建海上丝绸之路的两个节点：马来西亚与泰国》，《南京政治学院学报》2015年第1期。

银行结束报名之前，美国和日本[①]劝说部分国家不要加入该投资银行，试图影响亚洲基础设施投资银行的建设进展。目前，美国又从经济领域向安全领域延伸，通过派出军舰等手段，试图将南海争端扩大化，影响中国海上丝绸之路建设进展，阻碍“一带一路”走出国门。[②] 其他大国同样对周边小国战略对接中国“一带一路”的行动施加压力，迫使小国不得不采取“平衡”战略。[③]

总之，要把“一带一路”蛋糕做大不容易，如何分配蛋糕也不容易，这需要中国与沿线国家愿意为做大蛋糕而努力，也要愿意为切好蛋糕而有谦让精神，这是“一带一路”得以存续的理由，当然也成为“一带一路”面临的挑战。

五　推进“一带一路”的几点建议

中国政府在发布的《愿景与行动》中提出了共商、共建、共享原则，并强调要在政策沟通、设施联通、贸易畅通、资金融通、民心相通等“五通”领域加强合作。《愿景与行动》将成为长期推进“一带一路”的指导文件。这里将以五通为蓝本，结合目前的实际发展提出以下几点建议。

第一，推进政策沟通，做好合作框架的建设工作。以一国一策一框架为原则，加紧对沿线国家的合作内容的充实和完善。目前这项工作尚未完全开展，与沿线国家现有的合作框架也亟待整合。该合作框架是未来中国

---

① 杨晓杰：《试析影响我国二十一世纪海上丝绸之路建设的“日本因素”》，《探求》2015 年第 3 期。

② 李骁等分析了“海丝路”过程中可能面临的安全风险：可能引发美国“亚太再平衡”的进一步举措；可能导致印度的担忧和反制；沿线热点安全问题形成的干扰；恐怖主义、自然灾害、传染性疾病、海洋环境污染和生态破坏；以及海盗问题五大类沿线的非传统安全威胁。参见李骁、薛力《21 世纪海上丝绸之路：安全风险及其应对》，《太平洋学报》2015 年第 7 期。中国海上通道安全极其脆弱，近年来，对“一带一路”航道的威胁与挑战也使中国遭受较大损失。参见许可《“21 世纪海上丝绸之路”面临的安全挑战——“银河号事件”的启示》，《亚非纵横》2015 年第 2 期；朱时雨、王玉《21 世纪海上丝绸之路航道安全探析》，《交通运输研究》2015 年第 2 期。

③ 廖萌：《斯里兰卡参与共建海上丝绸之路的战略考虑及前景》，《亚太经济》2015 年第 3 期。

与沿线国家的合作指南，是落实“一带一路”倡议的具体措施、项目等。在制定合作框架时，最好由双方共同制定推进双边合作的规划和措施，协商解决合作中可能遇到的问题，为务实合作及大型项目实施提供政策支持。

第二，推进互联互通项目。这里不仅包括所在国的基础设施内部建设与互联互通问题，也包括国与国、地区与地区之间基础设施互联互通问题。在尊重相关国家主权和安全关切的基础上，要做好沿线国家的基础设施建设规划、技术标准体系工作，逐步形成海上基础设施建设通道和网络。这里包括交通基础设施的关键通道、关键节点和重点工程、能源基础设施互联互通合作、跨境光缆等通信干线网络建设等硬件建设，也包括相关的软件建设，如国际通关、规则规范与衔接、信息交流与合作，等等。由于互联互通项目往往是大型的基础设施建设项目，项目建设周期长、资金投入大、收回成本时间长，同时沿线国家政治风险较大，有时往往容易拿中国项目说事，如缅甸密松水电站项目和斯里兰卡科伦坡港口项目。为保障“一带一路”项目的顺利进行，并规避项目的不可预测的种种风险，有必要加强与第三方合作。

第三，大力推进与沿线国家的自由贸易区建设，以促进贸易畅通。自贸区是规范和调整中国与沿线国家双边经贸关系的主要手段。目前自贸区的发展已经进入新生代，中国也已经提出要建设全球自贸区网络，因而加强与沿线国家自贸区建设是必不可少的组成部分，未来的建设思路可依据沿线国家的现实需要，尽可能建立新生代的自贸区。

贸易投资便利化是目前世界各国极力推进的领域，甚至带来的收益大于通过减税带来的收益，且贸易投资便利化也不需要像贸易投资自由化那样涉及主权谈判问题，因此，应尽可能与沿线国家加强信息互换、监管互认、执法互助的海关合作，以及检验检疫、认证认可、标准计量、统计信息等方面的双多边合作，推动世界贸易组织《贸易便利化协定》生效和实施。①

在投资自由化领域，应与沿线国家洽谈推行投资负面清单制，拓展相

---

① 毛艳华、杨思维：《21 世纪海上丝绸之路贸易便利化合作与能力建设》，《国际经贸探索》2015 年第 4 期。

互投资的领域，同时协助所在国政府提升负面清单的制度推行工作水平。

与不同沿线国家开展不同类型的产业合作，通过产能合作，尽可能形成以地区产业分工为基础的生产体系，形成中国与沿线国家上下游产业链和关联产业协同发展；同时，鼓励以新思路推进工业园区建设。工业园区是目前中国对外投资的主要载体，过去工业园区建设主要依靠企业来进行；同时，政府作为辅助角色支持工业园区建设，从现实来看，这种靠企业来推进工业园区建设的做法虽然有利于市场运作，但企业面临失败的风险也较大，为此，有必要加强政府对工业园区建设的引导作用，在具体运作方面仍采取市场运作方式，建立起新一代工业园区。

第四，加强资金融通和推进人民币“走出去”。目前中国为“一带一路”建设已建立多种融资通道，如亚洲基础设施投资银行、丝路基金、金砖国家开发银行等，加上国际上已有的多边合作机构和基金，以及各国国内可以动员的资金，基本上可以满足沿线国家基础设施和其他方面建设的资金需求。目前，最大的问题是如何提高资金的使用效率和推进信用体系的建设。可以考虑加强双边资金担保体系的建设和企业黑名单制，以规范和约束双方企业的非正常经营行为。

借助“一带一路”建设推进人民币“走出去”① 是人民币国际化必不可少的路径。2015 年上半年，以人民币进行结算的跨境货物贸易、服务贸易及其他经常项目、对外直接投资、外商直接投资分别达到 3 万亿元、3711 亿元、1670 亿元、4866 亿元。今后可考虑进一步扩大与沿线国家双边本币互换、结算的范围和规模，支持沿线国家政府和信用等级较高的企业以及金融机构在中国境内发行人民币债券，同时对符合条件的中国境内金融机构和企业可以在境外发行人民币债券和外币债券，鼓励在沿线国家使用所筹资金。通过上述路径，形成人民币“走出去”、实现国际化的有效通道。

加强金融监管合作是确保双边或地区宏观金融乃至经济稳定的必要手段，这方面可包括构筑风险应对和危机处置制度安排、构建区域性金融风险预警系统、建立应对跨境风险和危机处置的交流合作机制，等等。

---

① 目前已有这方面的探讨性研究，相关文献参见保建云《论海上丝绸之路建设与海上丝路人民币贸易圈的形成与发展》，《江苏行政学院学报》2015 年第 2 期。

第五，加强人文交流、巩固民心基础。通过对一些国家调研发现，“一带一路”建设不仅仅涉及政府层面的合作，也是中国与沿线国家老百姓民心相连的事，且这方面工作做得好坏直接关系“一带一路”建设的成败。有些国家如美国、日本、韩国要比我们更会做一些民心相通的工作，以至于老百姓往往成为这些国家投资的积极支持者。今后应广泛开展文化交流、学术往来、人才交流合作、媒体合作、青年和妇女交往、志愿者服务等人文交流活动；同时，整合现有资源，积极开拓和推进与沿线国家在青年就业、创业培训、职业技能开发、社会保障管理服务、公共行政管理等共同关心领域的务实合作，与沿线国家智库之间开展联合研究、合作举办论坛等；广泛开展教育医疗、减贫开发、生物多样性和生态环保等各类公益慈善活动，促进沿线贫困地区生产生活条件改善。① 通过上述做法，既可以促进老百姓之间相互了解、增进感情，也有助于汉语传播，进一步发挥中国软实力在沿线国家的影响。

第六，突出“一带一路”的战略重点，加强与沿线国家的海洋经济合作。中国既是陆地国家，也是海洋国家，充分利用海洋资源，推动中国经济增长从陆地走向海洋是中国经济发展的大方向，也最终为海洋强国的实现奠定经济基础，因此，“一带一路”还承载着不同于丝绸之路经济带的战略使命，这也为拓展与沿线国家发展海洋伙伴关系创造了机会。② 加强海洋合作将成为未来与沿线国家的重点合作领域，因此，有必要加强与沿线国家海洋合作的发展规划，进一步提升海洋经济在“一带一路”双边与多边合作中的作用。③

---

① 金荣:《浅析中国—东盟文化交流在21世纪海上丝绸之路的影响及前景》.《广西社会主义学院学报》2014年第5期。

② 刘赐贵:《发展海洋合作伙伴关系推进21世纪海上丝绸之路建设的若干思考》,《国际问题研究》2014年第4期。

③ 中国海洋经济发展迅速，2013年达到54313亿元。中国海洋战略性新兴产业划有六大产业：生物和医药、能源、海水利用、制造与工程产业、物流、旅游业。参见麦康森《21世纪海上丝绸之路与中国海洋战略性新兴产业》,《新经济》2014年第11期。

第二章

大区域价值链:构筑丝绸之路经济带共同利益基础与政策方向[①]

如何支持丝绸之路经济带沿线国家实现经济社会全面发展，如何构建中国与沿线国家共同发展的利益基础，是新时期中国需要面对的地区性难题之一。作为解决方案，本章提出应积极构建由中国主导的以丝绸之路经济带为地域范围的大区域价值链。不同于传统的亚洲区域生产网络，大区域价值链具有相对独立的经济运行体系，该体系将成为中国与沿线国家命运共同体和利益共同体的外在表达，也将为中国推行对外战略奠定微观基础。

相较于沿海地区，中国中西部地区与丝绸之路经济带沿线国家[②]正处于经济社会全面发展时期。如何支持沿线国家经济社会的全面发展，如何构建中国与沿线国家共同发展的利益基础，是新时期中国需要面对的地区性难题之一。

作为解决方案，本章提出应积极构建由中国主导的以丝绸之路经济带为地域范围的大区域价值链，以此推动中国内陆省区和沿线国家的共同发展，也为中国未来发挥地区主导性作用创造新的战略机遇期。

自丝绸之路经济带提出之后，中国学者开始逐渐关注丝绸之路经济带

---

① 执笔人：赵江林，中国社会科学院亚太与全球战略研究院国际经济关系室主任、研究员。

② 本章界定的丝绸之路经济带沿线国家包括中亚5国（哈萨克斯坦、吉尔吉斯斯坦、塔吉克斯坦、土库曼斯坦、乌兹别克斯坦）、西亚18国（阿富汗、亚美尼亚、阿塞拜疆、巴林、格鲁吉亚、伊朗、伊拉克、以色列、约旦、科威特、黎巴嫩、阿曼、卡塔尔、沙特阿拉伯、叙利亚、阿拉伯联合酋长国、也门、土耳其）、南亚5国（印度、巴基斯坦、孟加拉国、斯里兰卡、尼泊尔）、俄罗斯、蒙古国共30个国家。

与价值链的关系。有的认为丝绸之路经济带就是要将内陆省区和国家带到全球价值链中，通过参与全球价值链，带动整个地区的发展，并提出丝绸之路经济带沿线国家的雁型发展模式。① 也有的指出丝绸之路经济带的建设目标是打造亚欧国家利益共同体和命运共同体，因此应构建以中国东部沿海地区为“龙头”、以中国中西部地区为“枢纽”、以中亚五国及俄罗斯为重要组成部分，通过打造工业价值链，走工业协同发展之路，同时该工业链能够延伸至包括南亚、西亚、蒙古国、中东欧等国家和地区，辐射至包括韩国、日本、欧盟等国家和地区。② 上述文献已明确观察到丝绸之路经济带沿线国家在经济全球化背景下所面临的战略压力，以及丝绸之路经济带所具有的引领沿线国家加入全球价值链的潜质，并提出相关的战略设想和政策建议。

一　大区域价值链与丝绸之路经济带的价值实现

丝绸之路经济带的提出为内陆省区和国家带来新的发展机会，其核心价值在于改变内陆省区和内陆国家的经济社会发展的思路，通过“五通”（政策沟通、设施联通、贸易畅通、资金融通、民心相通）将这些省区和国家与沿海地区和国家连接起来、与世界连接起来，参与国际分工，以此创造内陆省区或国家全新的发展模式。一些研究文献虽然充分表达了上述特征和趋势，但是如何实现丝绸之路经济带的设想还需要我们努力寻求解决之道。

本章认为应积极利用中国发展经济的资源优势（包括市场、技术、产业等），以丝绸之路经济带为地域范围，构建由中国主导的大区域价值链，以此为实现丝绸之路经济带核心价值的主要路径。大区域价值链是介于国内价值链与全球价值链之间的地区层面的价值链，将以中国和部分具有一定消费能力的国家为最终消费市场，以投资和贸易为纽带，通过推进互联

---

① 孙慧、刘媛媛：《丝绸之路经济带在全球价值链中的地位与作用》，《经济问题》2016 年第 1 期。

② 白永秀、王颂吉：《价值链分工视角下丝绸之路经济带核心区工业经济协同发展研究》，《西北大学学报》2015 年第 3 期。

互通和区域一体化建设，借助各国产业发展优势和潜力，提高“人”这一生产要素在丝绸之路经济带中的价值创造能力，进而带动区域内各国制造业发展，促进各国之间的产业联系，以此形成地区层面的产业发展体系，创造有别于世界其他地区的新的价值链条。

大区域价值链的目的在于提高“人”在经济社会发展中的价值创造。丝绸之路经济带沿线国家资源禀赋差异较大，也因此造就了不同的经济增长模式。有的国家依靠自然资源出口来实现经济增长，这种模式极容易受到世界大宗商品价格的干扰而使经济增长处于不稳定的状态。有的国家既缺乏自然资源又有较多人口，长期处于低水平增长状态上。可以说经济带沿线国家的共同问题是忽略“人”这一具有价值创造的增长源泉。所谓价值链，无非是“人”这一生产要素在产业链条中对产品所附加的新价值，如果附加的价值低，一国处于价值链的低端位置上，反之则处于高端位置上，我们看到的“微笑曲线”其实反映的是一国“人”在产业增值过程中份额的大小以及由此形成的产业分工关系。因此，促进丝绸之路经济带区域价值链的建设重在提高“人”在经济增长中的价值创造，改变长期以来沿线国家的传统发展模式。

不同于传统的亚洲区域生产网络，大区域价值链具有相对独立的经济运行体系，与传统的地区大国引领区域发展的思路和做法有较大的不同。自20世纪70年代起，日本通过对外投资带领东亚国家发展出口导向型经济，由此形成著名的“雁型模式”，并创造多个国家或地区的“东亚奇迹”。不过，这一模式存在的主要弊端是对外部市场的依附性，形成的是东亚生产与外部消费的模式，显示出结构性的脆弱。目前，诸多亚洲国家不得不调整自身的内部结构，努力激活内部市场或者建立地区层面的市场，以此建立不依赖于外部需求的经济模式。作为一个相对开放的经济运行体系，大区域价值链将以区内为最终消费市场，克服雁型模式“先发展生产后培育内部市场”的内在缺陷，实现生产与消费相结合的共同发展模式。

大区域价值链的构建不排斥区域各国对全球价值链的参与。大区域价值链构筑的是一个开放系统，经济带沿线国家既可以参与区域价值链，也可以借助区域价值链参与全球价值链，两者互不相斥，反而相互促进。有的研究已经指出中亚和西亚国家可以通过参与区域价值链来实现对全球价值链的参与，毕竟区域价值链使这些国家成为近邻，更接近地区价值链中心。[①] 事实上，丝绸之路经济带沿线国家与外部国家或地区建立的经济关系多于内部之间，[②] 这在一定程度上限定大区域价值链走向封闭发展的可能性。

大区域价值链的提出基于国际、区域和国内三个层面的考量。

从国际层面看，新兴发展中大国正在成为区域价值链构建的主导国家。自 2008 年全球金融危机之后，世界经济实力格局发生明显变化，以发展中大国为主的新兴经济体崛起正在从微观层面重塑世界经济发展系统。过去全球价值链的终端市场主要定位于发达国家，随着发展中国家和新兴经济体经济实力的增长，新兴市场的崛起正在改变全球价值链的终端市场的方向，为发展中大国构建由自身主导的价值链提供机会，部分改变全球价值链由发达国家垄断的局面。研究表明，中国、印度和巴西等新兴经济体的企业正在努力成为全球价值链当中的地区领头羊，[③] 南非通过投资也在非洲南部地区建立了由自己主导的某些产业的区域价值链。

当然，发展中大国领导全球价值链的时代还未完全到来。发展中大国的资本规模、技术实力以及制度质量还不及发达国家，受限于收入水平的消费潜力还未成为现实，只能将自身的影响向周边国家或一定区域范围的国家延伸。

从区域层面看，丝绸之路经济带沿线国家迫切期待改变传统的经济发展思路，参与区域价值链成为沿线国家实现经济增长的新的政策选择。谋求经济发展成为绝大多数发展中国家的首要选择，参与全球价值链或区域价值链，突破自身市场有限性的缺陷成为发展中国家的现实手段。[④] 而一国在全球或区域价值链中的地位是当今世界各国参与国际经济活动程度与

---

① Richard Pomfret and Patricia Sourdin, "Global Value-Chains and Connectivity in Developing Asia-with Application to the Central and West Asian region", *ADB Working Paper Series on Regional Economic Integration*, No. 142, November 2014.

② 根据世界贸易组织统计，截至 2016 年 2 月底，丝绸之路经济带沿线国家生效的自由贸易协议为 94 个，其中沿线国家之间生效的为 34 个。

③ Gary Gereffi, "Global Value Chains, Development and Emerging Economies", UNIDO/UNU-MERIT, Working Paper, Nov. 2015.

④ 关于参与全球价值链的好处在国际组织的报告中被普遍提及。全球价值链对发展中国家的意义有提高当地价值、创造就业和收入、促进技术扩散和产业升级等。

获益来源的主要标志。经验表明，参与全球价值链是世界部分发展中国家快速实现经济增长的主要路径，东亚国家的发展就是明显例证。有的研究指出全球价值链已灭掉进口替代工业化道路作为一国发展战略的选择。[①]原因很简单，采取进口替代战略的国家尽可能回避国际交易，将其经济资源仅用于服务国内市场，不仅不能实现物尽其用，也难以获得从国际交易中带来的种种好处，而参与全球或地区价值链的国家通过参与国际交易，使原本主要服务于国内市场的生产系统也部分地服务国际市场，使本国生产系统获得新的增值，显然这一发展思路与采取进口替代发展战略的思路是不同的。应该说，全球或地区价值链的兴起和发展为众多发展中国家提供了一条实现工业化和经济增长的新路。近几年联合国贸发会、世界银行、世界贸易组织、OECD 和亚洲开发银行等多个国际组织发布的年度报告多以全球价值链为主题或报告中的关键话题，尤其是对发展中国家参与全球价值链给予特别的关注。

但是受限于“自然”因素如地理位置，以及人为因素如政策制度等影响，丝绸之路经济带多数国家如南亚和中亚国家长期被排除在全球价值链之外或参与水平很低,[②] 参与全球价值链还远未成为沿线国家发展经济的一条新路径。在沿线国家缺乏参与全球价值链的能力的前提下，区域价值链无疑为他们提供了参与价值链创造的机会，既适应全球价值链的发展要求，也有利于减少来自全球和价值链上国家的内部经济风险。一些研究认为，参与区域价值链有助于沿线国家实现经济增长。[③] 目前，一些国际组织和开发银行也将推动发展中国家参与区域价值链确定为投资规划的新焦点。[④]

---

① R. Baldwin, “Trade and Industrialization after Globalization's 2nd Unbundling: How Building and Joining a Supply Chain are Different and Why it Matters”, *NBER Working Paper*, No. 17 716, Dec. 2011.

② Asian Development Outlook 2014, Update: Asia in Global Value Chains, ADB, 2014.

③ Bhatia 指出区域价值链是国内和全球价值链之间的桥梁，其作用是可扩大市场并增强价值链条的延展性，有利于充分发挥发展中国家国内市场的综合优势。参见 Ujal Singh Bhatia, “The Globalization of Supply Chains-policy Challenges for Developing Countries”, in Deborah K. Elms and Patrick Low (eds.), *Global Value Chains in a Changing World*, Genewa: World Trade Organization, 2013。

④ Gary Gereffi, “Global Value Chains, Development and Emerging Economies”, UNIDO/UNU-MERIT, Working Paper, Nov. 2015.

从中国层面来看，国内价值链外移并升级为区域价值链将成为新趋势，不仅具有经济上的意义，也具有战略上的意义。近些年，中国大量的产能需要向外转移，一方面表明中国国内产业已经发展到一定的成熟阶段，部分产业受国内成本上升的压力不得不向外转移；另一方面，中国国内交易成本上升走势与沿线国家跨界交易成本下降趋势所形成的成本落差推动中国部分产能的外移，实际上为中国将国内价值链向经济带沿线国家延伸提供了良好的时机。从战略上说，区域价值链也为大国推行其对外战略构筑了微观基础。一国在全球价值链上的位置高低决定其获益的大小，也充分体现了一国的技术水平、劳动力技能以及政策水平、制度质量等。能够作为价值链上的主导企业或国家，即价值链的创建者也必定拥有影响他国的硬实力与软实力，处在价值链高端位置上的国家或企业也必定是利益最大的获得者，影响产业发展走向甚至左右地区经济格局和政治格局。因此，区域价值链可以为中国通过密切与区内其他经济伙伴关系带来经济和战略上的双重利益。

总之，大区域价值链的构建为实现丝绸之路经济带的设想提供了有效途径。大区域价值链的构建具有相对独立性，有助于在经济带上形成一个相对完整的生产与消费的链条。大区域价值链本质上仍是全球价值链的一部分，主要依托经济带中的大国与沿线国家共同建立新的经济增长体系，实现沿线国家的共同发展。

二　大区域价值链构建的可行性

目前中国已具备将国内价值链推向区域化、初步构建大区域价值链的能力。

一是中国正处于价值链快速升级的阶段①，有能力通过产能合作在地区范围内建立以国内价值链为基础的区域价值链。研究表明中国对全球价

① 2010 年中国制造业总产值超过 70 万亿元，占全球制造业总量比重约 20%，位居全球第一。中国作为制造业大国融入全球价值链的程度还在加深，同时，多个行业发生重构。参见田文、张亚青、佘珉《全球价值链重构与中国出口贸易的结构调整》，《国际贸易问题》2015 年第 3 期。

值链的贡献逐年增加，也在逐步向全球价值链高端攀升，[①] 具有资本、技术密集型特征的电子和光学产品制造业、化学及化学制品制造业、机械和设备制造业在亚太价值链上的地位均有明显提升。[②] 与此同时，近年来中国内陆地区也成功地参与全球价值链，且国内省区间附加价值的分布越来越扁平化，表明中国国内价值链地区结构在不断完善，并在一定程度上实现了对全球价值链的全面参与。[③] 当然，国内价值链仍需要进一步提升，才能为大区域价值链提供可持续发展的动力，一些文献在积极探讨国内价值链的提升方向。[④]

二是中国属于迅速成长中的消费者，能够向地区提供一定的市场，以此有利于沿线国家参与价值链并保证获得相应的利益。中国从丝绸之路经济带国家进口规模逐年上升，根据国家统计局数据计算，从 2005 年的 1000 亿美元上升到 2014 年的近 5000 亿美元，年均增长 18.3%。

三是中国向地区提供了多种发展经济的“资源”和条件，加快推进区域一体化进程。目前，中国有丝路基金、亚洲基础设施投资银行向地区提供互联互通建设；同时也在加紧构筑全球自贸区网络建设。目前已经同经济带沿线国家签有自贸区协议的有中巴自贸区；正在商谈中的自贸区协议有 4 个，即中巴自贸区升级版、中国—格鲁吉亚自贸区、中国—海合会自贸区、中国—斯里兰卡自贸区；正在研究的自贸区有中国—印度自贸区、

---

① 樊茂清、黄薇：《基于全球价值链分解的中国贸易产业结构演进研究》，《世界经济》2014 年第 2 期。

② 华晓红、宫毓雯：《中国制造业在亚太生产网络中的地位——基于增值贸易数据测度》，《国际经贸探索》2015 年第 12 期。

③ Bo Meng, “Domestic Value Chains in the People’s Republic of China and Their Linkages with the Global Economy”, in Yuqing Xing ed., *Uncovering Value Added in Trade: New Approaches to Analyzing Global Value Chains*, Singapore: World Scientific Publishing Co., 2015.

④ 这方面的文献如下：有的提出构建中国制造业国家价值链，参见杨书群、汤虹玲《基于全球价值链视角的中国制造业国家价值链的构建》，《中国发展》2013 年第 1 期；有的认为应将全球价值链产业转移模式与中国国情和优势结合起来发展国内价值链，参见张少军、刘志彪《全球价值链模式的产业转移动力、影响与对中国产业升级和区域协调发展的启示》，《中国工业经济》2009 年第 11 期；有的提出要加快构建以本土市场需求为基础的国家价值链（NVC）的网络体系和治理结构，参见刘志彪、张杰《从融入全球价值链到构建国家价值链：中国产业升级的战略思考》，《学术月刊》2009 年 9 月；也有的提出中国企业应逐渐依靠国内市场优势，建立自有品牌，参见孙军、梁东黎《全球价值链、市场规模与发展中国家产业升级机理分析》，《经济评论》2010 年第 4 期。

中国—尼泊尔自贸区。丝绸之路经济带沿线国家也在加紧一体化和互联互通建设，如欧亚联盟的成立等。根据亚洲开发银行统计，截至 2015 年年底，由中亚、南亚国家签署且生效的自贸区协议有 96 个，签署但未生效的有 22 个，商谈中的有 30 个。

四是地理优势。丝绸之路经济带沿线国家多属于离全球价值链中心较远的国家，在一定程度上被天然地排除在全球价值链之外，不过这些国家却距离中国构建的区域价值链较近，中国所具有的地缘优势为美日所不具备。

当然，无论是在技术方面还是在市场方面，中国都还属于成长中的经济体，这在一定程度上限定了中国构建区域价值链的能力。有研究指出，尽管中国已成为制造业全球价值链上关联最多的国家，但是对制造业全球价值链上其他经济体产生的影响还较小。① 根据经合组织的测算结果，美国等发达国家制造业比较优势的行业分布总体上相对均衡，特别是在技术和资本密集型行业里竞争实力较强，相比之下，中国制造业整体竞争实力还存在较大的差距，且行业分布不均匀。②

影响沿线国家参与全球价值链的因素也在左右着参与大区域价值链。从丝绸之路经济带沿线国家来看，大区域价值链建设面临的主要挑战有以下几种。

一是经济带沿线国家制造业水平较低，短期内尚难以造就一个有延伸性的制造业价值链。制造业是参与全球价值链或大区域价值链的重要部门。表 2—1 显示，沿线国家人均收入水平基本上处于中低阶段，特别是制造业水平普遍较低，多数国家低于中国的人均制造业水平（见表 2—2）。一些国际组织也指出西亚和中亚国家出口中的国外附加值较低，其主要原因，是这些国家以出口自然资源和大宗商品为主，这就限定外部参与该国出口的投入；南亚地区情况也是如此，只不过出口的“产品”有差异，主要以服务业出口为主。加上经济带沿线国家中较大的经济体具有较强的自给自足生产能力用于出口，因而经济带沿线国家普遍以出口价值链条较短

① 张咏华:《制造业全球价值链及其动态演变——基于国际产业关联的研究》,《世界经济研究》2015 年第 6 期。

② 丁学东:《中国从“世界工厂”到国际产能合作——中国在全球生产价值链中地位的提升》,《全球化》2015 年第 7 期。

的具有前向联系的产品和服务为主，在一定程度上难以参与区域价值链建设。

表 2—1　　丝绸之路经济带沿线国家宏观经济基本情况

国家（地区）	2015 年人口（百万）	2014 年 GDP 规模（10 亿美元）	2014 年人均 GDP（美元）	2014 年产品和服务出口占 GDP（%）	2014 年产品和服务进口占 GDP（%）	2013 年外资占固定资本形成（%）	2014 年工业占 GDP（%）	2014 年制造业占 GDP（%）	2013 年产业竞争力指数排名	2016 年营商环境总排名	2016 年营商环境·跨界贸易障碍排名	2014 年物流指数（LPI）
阿富汗	31	20	654	7	46	2	22.3	12.3	—	177	174	158
阿联酋	9	399	42944	98	78	12	—	10#	54	31	101	27
亚美尼亚	3	12	3901	28	47	17	28.6	10.8	100	35	29	92
阿塞拜疆	10	74	7936	43	26	15	58.3	5.2	105	63	94	125
孟加拉国	159	184	1162	19	26	4	27.6	17.4	77	174	172	108
巴林	1	34	26701	71	44	19	—	14#	44	65	85	52
格鲁吉亚	5	17	4434	43	60	27	24.4	13.4	94	24	78	116
印度	1267	2051	1608	23	26	5	30.1	17.1	43	130	133	54
伊朗	79	416	5353	24	19	2	38.2	11.8	65	118	167	
伊拉克	34	224	6520	40	29	13	—	2*	137	161	178	141
以色列	8	306	37222	32	31	21	—	13*	29	53	58	41
约旦	7	36	5375	43	69	25	29.8	19.0	78	113	50	68
哈萨克斯坦	17	216	12400	39	26	20	36.0	11.2	66	41	122	88
吉尔吉斯斯坦	6	7	1256	37	88	28	26.7	15.2	125	67	83	149
科威特	4	173	43168	68	31	6	64.3	5.4	47	101	149	56
黎巴嫩	5	50	11092	40	70	22	24.8	14.1	85	123	147	85
斯里兰卡	21	75	3574	—	—	5	30.1	18.8	81	107	90	89
蒙古国	3	12	4115	53	56	42	37.2	9.9	116	56	74	135
尼泊尔	28	20	703	12	41	2	15.6	6.5	128	99	60	105
阿曼	4	78	20927	69	47	7	65.3	9.3	62	70	69	59
巴基斯坦	185	247	1326	12	19	5	20.9	13.9	75	138	169	72
卡塔尔	2	210	93990	69	30	-1	67.9	10.1	48	68	119	29
俄罗斯	144	1861	12718	30	23	15	35.8	15.6	32	51	170	90

续表

国家（地区）	2015年人口（百万）	2014年GDP规模（10亿美元）	2014年人均GDP（美元）	2014年产品和服务出口占GDP（%）	2014年产品和服务进口占GDP（%）	2013年外资占固定资本形成（%）	2014年工业占GDP（%）	2014年制造业占GDP（%）	2013年产业竞争力指数排名	2016年营商环境总排名	2016年营商环境·跨界贸易障碍排名	2014年物流指数（LPI）
沙特阿拉伯	29	746	24252	48	34	5	56.9	10.9	36	82	150	49
叙利亚	23	—	—	—	—	—	—	4*	99	175	173	155
塔吉克斯坦	8	9	1113	—	—	7	—	12*	130	132	132	114
土库曼斯坦	—	48	8271	—	—	15	—	—	—	—	—	140
土耳其	76	798	10381	28	32	7	27.1	17.8	30	55	62	30
乌兹别克斯坦	31	63	2046	23	27	4	33.7	12.3	—	87	159	129
也门	25	43	1574	—	—	-2	—	7*	127	170	189	151
中国	1364	10357	7572	23	19	3	42.7	35.9	5	84	96	28

资料来源：联合国《工业发展报告》2016年版、国际货币基金组织、世界银行营商指数和世界银行数据库。

注：带*为2013年数据。

表2—2　　丝绸之路沿线国家制造能力

国家（地区）	2014年服务业出口（亿美元）	2014年服务业进口（亿美元）	2014年外资存量（亿美元）	2014年流出资本存量（亿美元）	2013年人均制造业（2005年美元价格）	2013年人均制成品出口（现价美元）	中高技术制造业占全部制造业比重（%）	制成品出口中中高技术出口比重（%）	制成品占全部出口比重（%）	2014年中国在其中的出口地位（占比%）	2014年中国在其中的进口地位（占比%）
阿富汗	—	—	17	—	—	—	—	—	14.2	—	6（5）
阿联酋	206	714	1156	663	2613	2314	12.6	21.2	10.6	—	1（21.1）
亚美尼亚	16	17	58	2	284	318	4.3	15.5	69.7	—	2（9.5）
阿塞拜疆	43	104	182	112	174	252	10.5	15.5	9.9	—	4（7.5）
孟加拉国	27	75	94	1	118	152	9.5	2	95.7	—	1（23.7）
巴林	—	—	188	107	2502	15242	22.4	1.7	91	—	2（8）

续表

国家（地区）	2014年服务业出口（亿美元）	2014年服务业进口（亿美元）	2014年外资存量（亿美元）	2014年流出资本存量（亿美元）	2013年人均制造业（2005年美元价格）	2013年人均制成品出口（现价美元）	中高技术制造业占全部制造业比重（%）	制成品出口中中高技术出口比重（%）	制成品占全部出口比重（%）	2014年中国在其中的出口地位（占比%）	2014年中国在其中的进口地位（占比%）
格鲁吉亚	30	17	122	15	343	318	16.2	43.1	74.4	—	2（8.5）
印度	1562	1479	2523	1296	162	223	40.8	28.7	83.1	4（4.2）	1（12.7）
伊朗	89	149	430	41	325	341	43.9	31.7	19.7	—	—
伊拉克	—	—	232	20	37	15	7.3	5.2	0.6	—	—
以色列	346	219	987	780	3233	8266	37.6	54.8	95.7	6（4）	2（8.3）
约旦	71	46	287	6	399	731	26.3	43.4	78.5	8（2.2）	2（10.5）
哈萨克斯坦	65	128	1292	272	606	1043	16.2	33.2	20.8	1（16.1）	2（28.1）
吉尔吉斯斯坦	9	12	35	4	54	95	3.5	18.1	34.1	3（6.6）	1（54.6）
科威特	63	238	154	365	1786	10401	29.6	13.4	30.6	1（1）	1（14.1）
黎巴嫩	135	127	568	126	481	621	20	32.9	76	—	1（12.1）
斯里兰卡	56	57	105	6	357	346	6.8	8.2	73.5	—	2（17.9）
蒙古国	6	22	167	4	92	680	6.2	3.7	45.2	1（95.5）	1（41.3）
尼泊尔	13	11	5	—	26	24	8.6	20.3	77.2	7（1.8）	2（29.6）
阿曼	30	104	197	75	1298	2308	48.2	40.3	18.1	1（44.1）	3（4.8）
巴基斯坦	58	82	309	17	139	112	24.6	10.4	81.6	2（9.3）	1（24.7）
卡塔尔	135	329	310	352	4595	5693	25.8	38.8	9.1	4（7.7）	2（10.6）
俄罗斯	658	1211	3785	4319	968	1532	27.7	22.8	41.5	2（7.5）	1（17.7）
沙特阿拉伯	122	969	2159	447	2046	2430	35.9	35.7	19.1	—	—
叙利亚	—	—	107	4	65	231	21.5	22.7	43.9	—	—
塔吉克斯坦	5	8	19	—	59	16	3	66.3	13.8	6（6.9）	1（46.6）
土库曼斯坦	—	—	262	—	—	—	—	—	—	1（68.7）	3（14.1）
土耳其	506	254	1686	401	1548	1778	32.7	40.6	87.8	—	2（12.7）
乌兹别克斯坦	—	—	90	—	—	—	—	—	—	1（26.1）	2（19.4）
也门	—	—	31	8	59	36	2.3	5.6	12.5	1（35.6）	1（14.6）
中国	2335	3836	10853	7296	1143	1541	44	58.3	96.6	—	—

资料来源：联合国《工业发展报告》2016年版和贸易数据库、世界银行数据库。

二是经济带沿线国家之间分工水平较低，相互之间经济联系较弱，客观上不利于区域价值链的构建，甚至有些国家存在“去工业化”的趋势①。零部件贸易是显示一国参与全球价值链程度的重要贸易产品。根据联合国贸易数据库数据计算，据不完全统计，2014 年沿线国家对世界出口总计为 18868 亿美元，其中原材料等中间产品出口占比为 55%，零部件出口占比为 4.2%，资本品占比为 5.5%，消费品占比为 12.6%。中国与沿线国家零部件贸易规模很小，甚至可以忽略不计。2014 年，中国从沿线国家进口的规模为 2531 亿美元，其中中间产品进口占比高达 95.3%，消费品和资本品进口占比合计为 2%，零部件进口占比仅为 0.8%。中国向沿线国家出口的规模为 3030 亿美元，中间产品出口占比为 35.2%，零部件出口占比为 11.5%，消费品出口为 30.8%，资本品出口为 21.3%。如此小的零部件贸易规模表明区内沿线国家之间缺乏深度的经济联系（见表 2—3）。

表 2—3　　2014 年丝绸之路沿线国家与中国的贸易情况　　单位：亿美元

国家（地区）	中国从各国进口					中国对各国出口				
	全部产品	零部件	中间产品	消费品	资本品	全部产品	零部件	中间产品	消费品	资本品
阿富汗	—	—	—	—	—	—	—	—	—	—
阿联酋	158	—	152	—	—	390	37	102	143	103
亚美尼亚	—	—	—	—	—	—	—	—	—	—
阿塞拜疆	—	—	—	—	—	6	—	—	—	—
孟加拉国	8	—	—	—	—	118	10	72	15	18
巴林	—	—	—	—	—	—	—	—	—	—
格鲁吉亚	—	—	—	—	—	9	—	—	—	—
印度	164	9	143	6	—	542	90	255	68	128
伊朗	275	—	272	—	—	243	32	94	58	51
伊拉克	208	—	208	—	—	77	13	19	27	17
以色列	31	9	15	—	7	77	7	28	31	10

① 2016 年版的联合国《工业发展报告》指出，部分发展中国家，特别是独联体国家存在制造业占 GDP 比重提前下降的趋势。

续表

国家（地区）	中国从各国进口					中国对各国出口				
	全部产品	零部件	中间产品	消费品	资本品	全部产品	零部件	中间产品	消费品	资本品
约旦	—	—	—	—	—	34	—	14	13	—
哈萨克斯坦	97	—	95	—	—	127	13	23	68	21
吉尔吉斯斯坦	—	—	—	—	—	52	—	13	35	—
科威特	100	—	98	—	—	34	—	12	11	8
黎巴嫩	—	—	—	—	—	26	—	12	9	—
斯里兰卡	—	—	—	—	—	38	—	19	6	7
蒙古国	51	—	51	—	—	22	—	9	8	—
尼泊尔	—	—	—	—	—	23	—	—	19	—
阿曼	238	—	238	—	—	21	—	11	—	—
巴基斯坦	28	—	24	—	—	132	18	71	19	25
卡塔尔	83	—	82	—	—	23	—	8	6	6
俄罗斯	416	—	374	14	—	537	55	124	239	112
沙特阿拉伯	485	—	479	—	—	206	19	68	77	40
叙利亚	—	—	—	—	—	10	—	5	—	—
塔吉克斯坦	—	—	—	—	—	25	—	7	13	—
土库曼斯坦	95	—	95	—	—	10	—	—	—	—
土耳其	37	—	29	—	—	193	25	74	37	58
乌兹别克斯坦	16	—	16	—	—	27	—	12	—	8
也门	29	—	29	—	—	22	—	7	10	—
沿线国家总计	2531	21	2411	35	16	3030	350	1067	932	646
世界总计	19580	4713	9587	969	2641	23423	4089	5611	6937	6460

资料来源：联合国贸易数据库。

注：小于 5 亿美元的数据不予列出。

三是经济带沿线国家硬件设施不完善，需要大量投资才能完成“道路联通”。诸多研究指出基础设施建设欠缺是影响沿线国家与全球生产网络中心联系的重要因素。目前沿线国家多数难以提供充足的基础设施供沿线国家之间贸易、人员等往来，极大地限制沿线国家参与价值链的程度。世界银行发布的 2014 年物流绩效指数（LPI）排名显示，沿线国家 LPI 指数排名均较靠后（见表2—1），亚洲开发银行计算的亚洲发展中国家运输效率仅相当于欧盟的60%—80%，多数国家在65%左右。[①] 因此，物理上的互联互通是经济带国家参与大区域价值链的首要前提。

四是丝绸之路经济带沿线国家参与区域价值链的制度成本较高，需要多方努力才能完成"贸易相通"。根据世界银行2016年营商环境报告（见表2—1），沿线国家营商环境排名普遍低于世界平均水平，特别是跨界贸易障碍排名更低，甚至一些内陆国家如哈萨克斯坦和乌兹别克斯坦还存在大量的非正式贸易障碍[②]，这显示经济带沿线国家在参与区域价值链时还需要做出较大程度的政策调整。

五是政治风险较高。政治风险对经济带沿线国家参与全球或区域价值链的影响非常突出。经济带沿线国家有的甚至就是战争发生的热点地区，加上政局动荡，使得价值链构建工作难度很容易被无限放大。

三　推进大区域价值链构建的路径与政策作用方向

依据上述现实，大区域价值链构建的路径应采取循序渐进的方式，逐步推进国内价值链区域化，即通过加大中国对丝绸之路经济带沿线国家的制造业投资，对中低收入人口众多的国家进行产能转移，同时加快本国主导产业建设步伐，将更多国内高成本的零部件生产转向经济带沿线国家，推进国内价值链向经济带沿线国家延伸。在推进过程中，应结合当地优势，实行差异化的产业发展方向。

一是以资源深加工为主，提升自然资源产品的附加价值含量。由于沿线国家多以出口石油等自然资源为主，其产业结构也主要是建立在自然资源初加工基础之上，故大区域价值链应以提高自然资源的附加价值含量为主，可考虑联合世界发达国家共同向这类国家进行以提升技术含量为主的投资。

---

① ADB，"Asian Economic Integration Report 2015"，Asian Development Bank，2015，p. 158.

② Roman Vakulchuk and Farrukh Irnazarov，"Analysis of Informal Obstacles to Cross-Border Economic Activity in Kazakhstan and Uzbekistan"，*ADB Working Paper Series on Regional Economic Integration*，No. 130，May 2014.

二是加大对化工产业以及支撑重化工业的装备产业投资。这类产业具有较高的前后向产业联系，可以充分发挥沿线国家的部分优势，实现专业化分工，也有助于提升中国装备产业、重化工业的制造能力。

三是适度推进电子信息产业和汽车产业的发展。由于电子信息产业和汽车产业是构成全球价值链的主要产业，这些产业在全球市场中存在较高的竞争水平，对于缺乏自然资源人口又比较多的国家可考虑适度地发展这类产业，也有利于这些国家未来参与全球价值链。

另外，还应加大对沿线国家消费品产业部门的投资，提升当地消费品制造能力。

构建大区域价值链是一个复杂的系统工程，需要设计一个能够为多数经济带沿线国家所接纳的制度框架体系。为有效保障大区域价值链的未来运转，这里可考虑以“五通”为框架，鼓励经济带沿线国家定位于大区域价值链的建设,① 加大人力资本投资、物理基础设施以及总体投资环境改善等政策改革力度,② 全方位提升参与价值链的政策水平。可考虑的对策建议如下。

一方面，为推动国内价值链的区域化，今后应着力于加大以提升国内价值链为方向的政策支持力度。

一是制定定位于区域价值链导向的区域产业政策，逐渐形成以中国“需求 + 技术”为主导的区域价值链，大力发展针对区域价值链的服务贸易，使中国逐渐成为区域产业发展的引领者、区域产品的采购者和专业化的引领者。服务贸易在中国参与区域价值链中将起到越来越重要的作用。据统计，OECD 国家服务业，如商务服务、物流运输的价值创造占到全球

---

① Gereffi 等指出定位于全球价值链的产业政策有利于发展中国家经济增长。Gary Gereffi and Timothy Sturge, “Global Value Chain-oriented Industrial Policy: the Role of Emerging Economies”, in Deborah K. Elms and Patrick Low (eds.), *Global Value Chains in a Changing World*, Geneva: World Trade Organization, 2013.

② 相关政策可参见 OECD and World Bank Group, Inclusive Global Value Chains, “Policy Options in Trade and Complementary Areas for GVC Integration by Small and Medium Enterprises and Low-income Developing Countries”, *Report Prepared for Submission to G20 Trade Ministers Meeting*, Istanbul, Turkey, October, 2015。

价值链中 50% 以上，而中国服务业只占到 30% 以上。[①]

二是推进中国产业技术升级，以技术构筑制造业强国地位，提升中国制造业在全球价值链上的影响力。目前，中国已发布第一个十年行动纲领《中国制造 2025》，推动国内制造业向高价值环节发展。未来要重视发展前后向联系较深的主导制造业与主导服务业，带动经济带沿线国家参与产业的价值创造活动。

三是加快大区域自贸区建设或丝绸之路经济带自贸区建设，降低成本和整合地区市场。有研究指出，全球价值链的迅速发展已经改变国际贸易和投资的政策内涵，要求以边界措施和市场准入问题为核心的传统贸易政策转向以边界内措施和规制融合为核心的第二代贸易政策。[②]《亚洲发展展望 2014》也认为降低关税和非关税贸易壁垒，提高物流和运输基础设施等措施将使亚洲国家继续受益于全球价值链。为此，中国应积极推动以丝绸之路经济带为地域范围的自贸区建设，将区域价值链与自贸区建设同步进行，消除大区域价值链的制度成本、政策成本等人为障碍因素，整合大区域市场，更好地助推大区域价值链的发展。

另外，中国可将进口、对外投资和人民币“走出去”作为联动手段，鼓励沿线国家利用自身的经济资源优势，共同参与大区域价值链构建。

一是中国需要加大产品和服务的进口力度，使大区域价值链能够真正成为丝绸之路经济带沿线国家的价值创造者、福利创造者。目前，中国与沿线国家贸易产品过度集中于中间产品，与理想中的中国主导的价值链中的贸易结构呈逆向状态，如中国是以沿线国家为需求市场而非消费市场。根据联合国贸易数据库数据计算，中国对沿线国家出口消费品达 932 亿美元，而从沿线国家进口的消费品仅为 35 亿美元。未来需要中国对沿线国家的大量投资来促进结构的转变。

二是加大中国对经济带沿线国家的投资，特别是制造业以及能够带来区域产品需求的产业。通过产能合作，使经济带沿线国家有效地参与到经

---

① “Interconnected Economies: Benefitting from Global Value Chains-Synthesis Report”, OECD, 2013, http://www.oecd.org/sti/ind/interconnected-economies-GVCs-synthesis.pdf.

② 盛斌、陈帅：《全球价值链如何改变了贸易政策：对产业升级的影响和启示》，《国际经济评论》2015 年第 1 期。

济带的建设中来，使大区域价值链能够发挥应有的效应。

三是推进人民币走进经济带沿线国家，加大中国与经济带沿线国家人民币互换规模，在经济带沿线国家设立人民币结算中心、贷款中心和未来的金融中心，使人民币成为大区域价值链的结算货币或至少部分使用人民币作为结算币种。

四是将目前已有的合作机制向经济带沿线国家倾斜。加大亚洲基础设施投资银行对中亚、南亚、西亚国家的基础设施贷款，特别是一些重点领域的贷款，用好丝路基金，使其服务于大区域价值链的建设。加快金砖国家新开发银行的建设步伐，同时加强与亚洲开发银行、世界银行等国际金融机构合作，推动大区域价值链的打造。

五是加强民心工作。大区域价值链将为经济带沿线国家民众创造新的收入增长源泉，一些重大项目也需要获得当地民众的支持，为此，有必要加大提高当地劳动力的技能、鼓励经济带沿线国家之间的人员往来等政策支持力度，以助推大区域价值链的可持续发展。

第三章

“一带一路”背景下中国—东盟价值链重构①

研究表明，中国、东盟之间贸易互补多于竞争，未来双方可以在“一带一路”框架协议下继续加大合作力度，推进双方价值链的升级，促进双方整体经贸关系的发展。

一 中国与东盟贸易发展的趋势分析

2010年1月1日，随着中国—东盟自由贸易区的全面启动，双方超过90%的商品实现零关税，中国成为东盟最大的贸易伙伴，是东盟的第一大出口目的地；东盟成为中国第三大贸易伙伴，仅次于欧盟、美国，也是中国的第三大进口来源地，仅次于日本、欧盟。

（一）中国与东盟国家的贸易互补性

1. 贸易结合度（TCD）指数

本章将通过测算中国与东盟国家的贸易结合度指数考察二者之间的贸易联系紧密度，其计算公式如下：

$$TCD_t^{ij} = \frac{X_t^{ij}/X_t^i}{M_t^j/M_t^w}$$

其中，TCD_t^{ij} 为在第 t 年里 i 国对 j 国的贸易结合度，该指数通常用来

---

① 执笔人：张中元，中国社会科学院亚太与全球战略研究院副研究员。

衡量贸易联系的紧密程度。X_t^{ij} 表示第 t 年 i 国对 j 国的出口额，X_t^i 表示第 t 年 i 国对 j 国的出口总额，因此 X_t^{ij}/X_t^i 表示第 t 年 i 国向 j 国的出口额占 i 国出口总额的份额；M_t^j 表示第 t 年 j 国的进口总额，M_t^w 表示第 t 年世界的进口总额，因此 M_t^j/M_t^w 表示第 t 年 j 国进口总额占世界进口总额的份额。如果 $TCD_t^{ij}>1$，表明相应年份中 i 国和 j 国在第 t 年贸易关系紧密；如果 $TCD_t^{ij}=1$，则 i 国和 j 国在第 t 年的贸易结合度达世界平均水平；如果 $TCD_t^{ij}<1$，表明 i 国和 j 国贸易关系疏远。

图 3—1 显示，中国（东盟）与东盟（中国）的贸易结合度（TCD）指数均大于 1，这表明东盟与中国的贸易存在着密切的关系。1995—2014 年中国与东盟二者的贸易结合度（TCD）指数呈现逐年上升趋势；但东盟与中国的贸易结合度（TCD）指数在 1995—2014 年呈倒 U 形，即在 2007 年金融危机前贸易结合度指数值达到最高 1.47，随后又逐年递减。到 2014 年，中国与东盟的贸易结合度（TCD）指数高达 1.88，但东盟与中国的贸易结合度（TCD）指数却下降到 1.09，接近东盟与世界贸易结合度的平均水平。

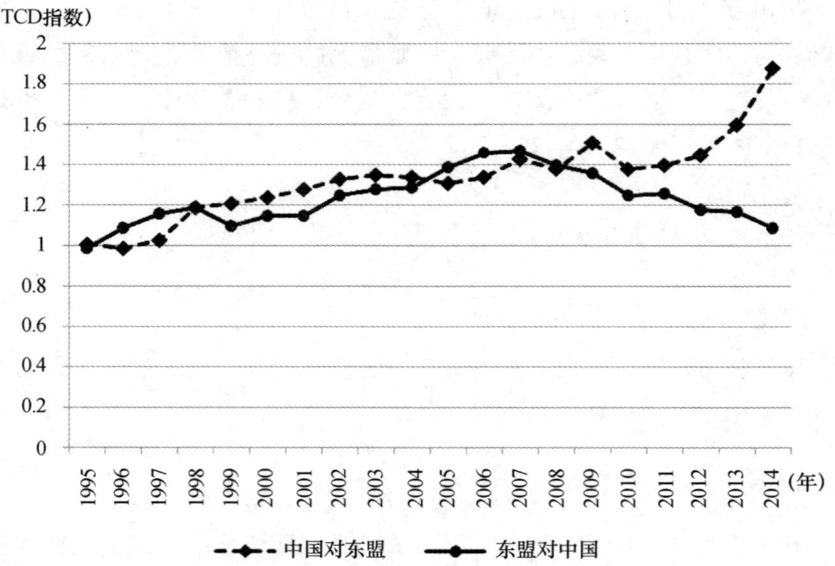

图 3—1 1995—2014 年中国（东盟）与东盟（中国）的贸易结合度

资料来源：笔者根据 WITS 数据库数据计算而得。

2. 进（出）口贸易互补指数

如果一国集中进口（或出口）的产品结构与另一国集中出口（或进口）的产品结构吻合，则两国的进出口贸易具有互补性。如果两国的贸易具有互补性，则贸易双方可以通过消除贸易壁垒、实现规模化生产而获得较大的利益。相反，如果一方集中进口（或出口）的产品并非另一方集中出口（或进口）的产品，则双方之间贸易的互补性较小，两国贸易发展潜力会受到限制。为了评估东盟国家与中国在贸易上互相促进的潜力，本章采用进口互补指数（complementary index）来度量，该指数度量了中国与东盟国家在进出口贸易结构上的匹配程度，其计算公式为：

$$TCI_{ij} = 1 - \frac{1}{2}\sum_{k=1}^{n}|m_{ki} - x_{kj}|$$

m_{ki}为进口产品 k 占 i 国总进口的比重，x_{kj}为出口产品 k 占 j 国总出口的比重，如果 i 国产品 k 的进口与 j 国产品 k 的出口完全匹配，该指数取值为 1，表明 i 国进口与 j 国出口贸易存在完美的互补；如果 i 国进口与 j 国出口的产品 k 的出口完全不匹配，该指数取值为 0。

表 3—1 给出了 1995—2013 年东盟国家出口与中国进口的贸易互补性。从整个东盟范围来看，自 1999 年，中国进口与东盟出口的贸易互补性指数开始超过 0.5，此后东盟国家出口与中国进口的贸易互补性指数逐年升高；到 2006 年达到 0.63；2008 年金融危机之后，东盟国家出口与中国进口的贸易互补性指数有所下降；到 2012 年、2013 年，贸易互补性指数又回升到 0.6 左右，这表明东盟国家出口与中国进口贸易之间存在较强的互补性。从东盟各国具体来看差别较大，马来西亚、新加坡、泰国出口与中国进口的贸易互补性指数较高，分别从 1995 年的 0.39、0.42、0.38 上升到 2006 年的 0.59、0.55、0.5，2008 年金融危机之后贸易互补性指数虽有所下降；到 2012 年、2013 年，马来西亚、新加坡出口与中国进口的贸易互补性指数又回升到 0.5 以上。需要注意的是，柬埔寨、老挝、缅甸出口与中国进口的贸易互补性指数一直较低，多数年份均在 0.1 以下。越南、菲律宾出口与中国进口的贸易互补性指数总体上呈现上升趋势，到 2013 年，贸易互补性指数已经分别升高到 0.33、0.46。

表 3—1　　东盟国家出口与中国进口的贸易互补性（1995—2013）

年份	东盟	文莱	柬埔寨	印度尼西亚	老挝	马来西亚	缅甸	菲律宾	新加坡	泰国	越南
1995	0. 448	0. 087	0. 082	0. 301	0. 066	0. 393	0. 074	0. 252	0. 421	0. 383	0. 182
1996	0. 450	0. 092	0. 105	0. 321	0. 068	0. 398	0. 090	0. 301	0. 405	0. 393	0. 190
1997	0. 474	0. 117	0. 074	0. 322	0. 092	0. 423	0. 093	0. 305	0. 436	0. 422	0. 207
1998	0. 480	0. 096	0. 069	0. 329	0. 080	0. 449	0. 102	0. 301	0. 443	0. 445	0. 177
1999	0. 514	0. 110	0. 068	0. 377	0. 055	0. 472	0. 106	0. 302	0. 478	0. 472	0. 222
2000	0. 539	0. 126	0. 060	0. 434	0. 054	0. 504	0. 103	0. 333	0. 481	0. 512	0. 249
2001	0. 550	0. 098	0. 053	0. 404	0. 064	0. 509	0. 093	0. 350	0. 491	0. 495	0. 238
2002	0. 567	0. 083	0. 046	0. 392	0. 066	0. 529	0. 092	0. 377	0. 525	0. 510	0. 216
2003	0. 588	0. 083	0. 045	0. 388	0. 068	0. 540	0. 081	0. 382	0. 551	0. 533	0. 221
2004	0. 602	0. 089	0. 044	0. 395	0. 090	0. 558	0. 077	0. 403	0. 542	0. 520	0. 242
2005	0. 622	0. 100	0. 041	0. 403	0. 075	0. 579	0. 088	0. 415	0. 546	0. 506	0. 255
2006	0. 630	0. 104	0. 040	0. 404	0. 074	0. 589	0. 087	0. 440	0. 548	0. 499	0. 286
2007	0. 618	0. 112	0. 045	0. 406	0. 090	0. 578	0. 096	0. 424	0. 540	0. 483	0. 297
2008	0. 568	0. 135	0. 042	0. 382	0. 104	0. 476	0. 096	0. 407	0. 508	0. 454	0. 314
2009	0. 585	0. 112	0. 050	0. 367	0. 102	0. 541	0. 106	0. 417	0. 515	0. 450	0. 309
2010	0. 591	0. 119	0. 062	0. 359	0. 107	0. 538	0. 061	0. 403	0. 508	0. 451	0. 315
2011	0. 590	0. 138	0. 064	0. 359	0. 097	0. 521	0. 112	0. 398	0. 497	0. 444	0. 320
2012	0. 600	0. 157	0. 069	0. 357	0. 109	0. 533	0. 109	0. 426	0. 510	0. 427	0. 334
2013	0. 599	0. 149	0. 084	0. 347	0. 115	0. 538	0. 107	0. 459	0. 532	0. 427	0. 334

资料来源：UNCTAD 数据库。

表 3—2 给出了 1995—2013 年东盟国家进口与中国出口的贸易互补性。从整个东盟范围来看，自 1995 年起，东盟进口与中国出口的贸易互补性指数就有逐年升高的趋势；到 2013 年贸易互补性指数已达到 0. 5。图 3—2 给出了 1995—2013 年东盟国家出（进）口与中国进（出）口的贸易互补性的对比，东盟国家出口与中国进口的贸易互补性指数一直高于东盟国家进口与中国出口的贸易互补性指数，特别是在 1995—2005 年，二者差距逐年加大；2008 年金融危机之后二者差距开始趋于平稳，但依然是东盟国家出口与中国进口的贸易互补性指数高于东盟国家进口与中国出口的贸易互补性指数。

表 3—2　　东盟国家进口与中国出口的贸易互补性（1995—2013）

年份	东盟	文莱	柬埔寨	印度尼西亚	老挝	马来西亚	缅甸	菲律宾	新加坡	泰国	越南
1995	0. 431	0. 423	0. 277	0. 384	0. 326	0. 357	0. 386	0. 364	0. 427	0. 393	0. 407
1996	0. 442	0. 427	0. 301	0. 384	0. 362	0. 367	0. 374	0. 378	0. 438	0. 381	0. 407

续表

年份	东盟	文莱	柬埔寨	印度尼西亚	老挝	马来西亚	缅甸	菲律宾	新加坡	泰国	越南
1997	0.446	0.424	0.319	0.394	0.317	0.376	0.349	0.379	0.440	0.390	0.413
1998	0.450	0.421	0.299	0.376	0.305	0.379	0.341	0.378	0.441	0.387	0.366
1999	0.453	0.418	0.297	0.391	0.327	0.395	0.376	0.383	0.455	0.397	0.392
2000	0.458	0.421	0.304	0.410	0.331	0.403	0.378	0.395	0.455	0.419	0.368
2001	0.468	0.428	0.315	0.411	0.370	0.422	0.289	0.387	0.468	0.443	0.379
2002	0.472	0.391	0.317	0.407	0.330	0.431	0.363	0.345	0.465	0.457	0.385
2003	0.469	0.428	0.314	0.434	0.362	0.420	0.363	0.351	0.463	0.442	0.383
2004	0.472	0.385	0.316	0.426	0.375	0.432	0.396	0.346	0.459	0.447	0.391
2005	0.469	0.425	0.315	0.414	0.349	0.439	0.373	0.349	0.453	0.443	0.402
2006	0.485	0.421	0.323	0.438	0.342	0.448	0.388	0.351	0.460	0.463	0.417
2007	0.490	0.440	0.345	0.443	0.347	0.452	0.397	0.337	0.450	0.461	0.445
2008	0.490	0.444	0.357	0.479	0.376	0.458	0.393	0.343	0.425	0.469	0.453
2009	0.488	0.439	0.348	0.469	0.392	0.470	0.395	0.363	0.424	0.463	0.463
2010	0.492	0.444	0.323	0.464	0.393	0.474	0.307	0.361	0.415	0.473	0.477
2011	0.490	0.439	0.356	0.455	0.365	0.474	0.372	0.382	0.412	0.474	0.494
2012	0.499	0.422	0.363	0.452	0.379	0.474	0.364	0.379	0.417	0.486	0.506
2013	0.505	0.431	0.357	0.451	0.389	0.471	0.353	0.398	0.419	0.477	0.511

资料来源：UNCTAD 数据库。

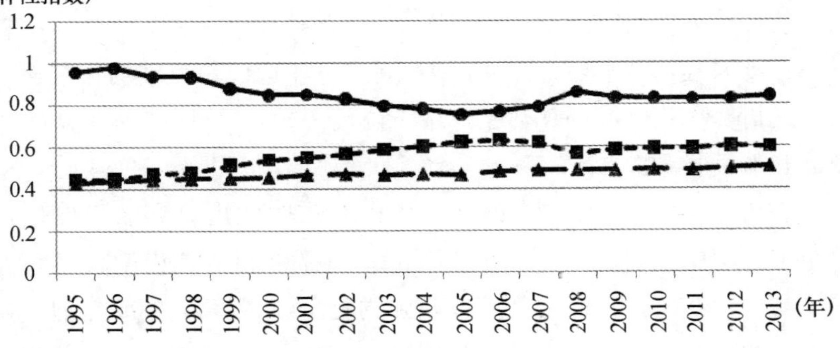

图 3—2 东盟国家出（进）口与中国进（出）口的贸易互补性的对比（1995—2013）

资料来源：UNCTAD 数据库以及笔者计算。

与东盟国家出口中国进口的贸易互补性指数有所不同，东盟进口与中国出口的贸易互补性指数在东盟各国之间差别不大，但该指数均没有超过0.5；而且自2008年金融危机之后，该贸易互补性指数在各国层面上基本保持平稳；只有越南自1997年亚洲金融危机后，其进口与中国出口的贸易互补性指数逐年升高；到2013年达到0.51，说明中国商品在越南市场的出口上还有潜力。与中国对东盟各国出口相比，东盟对中国出口潜力还有更大的空间，因此从市场角度来看，中国还有向东盟各国提供出口市场的潜力。

（二）中国与东盟国家的贸易竞争性

为了评估中国与东盟在进（出）口贸易上的竞争程度，本章采用商品相似性指数或分工系数（coefficient of specialization）来测量①其计算公式为：

$$CS_{ij} = 1 - \frac{1}{2}\sum_{k=1}^{n} \left| x_{ki} - x_{kj} \right|$$

CS_{ij}为进（出）口商品相似性指数，x_{ki}与x_{kj}为进（出）口商品k占经济体i与经济体j总出口的比重，如果经济体i与经济体j有相同的出口结构，该系数取值为1，表明经济体i与经济体j在进（出）口上存在激烈的竞争；如果经济体i与经济体j具有完全不相同的出口结构，则该系数取值为0。本章采用UNCTAD数据库中3位代码SITC分类产品计算进（出）口商品相似性指数。

表3—3给出了1995—2013年中国与东盟的出口商品相似性指数。从整个东盟范围来看，中国与东盟在出口商品上相似性程度较高，表明东盟国家与中国在出口商品之间存在较强的竞争性。但自2005年起，东盟与中国出口的商品相似性指数有逐年下降的趋势；到2011年，商品相似性指数已下降到0.49，表明东盟国家与中国的出口商品的竞争性有所下降；2012年、2013年东盟与中国出口的商品相似性指数又有上升趋势。东盟国家中泰国与中国出口的商品相似性指数一直在0.5以上，表明泰国与中国的出

① Qureshi, Mahvash Saeed and Guanghua Wan, “Trade Expansion of China and India: Threat or Opportunity?”, *The World Economy*, Vol. 31, No. 10, 2008, pp. 1327 - 1350.

口商品之间存在较强的竞争性。自2007年起，泰国与中国出口的商品相似性指数有逐年下降的趋势；到2011年，商品相似性指数已下降到0.52，表明泰国与中国的出口商品的竞争性有所下降；2012年、2013年泰国与中国出口的商品相似性指数又有上升趋势。

表3—3　　　中国与东盟的出口商品相似性指数（1995—2013）

年份	东盟	文莱	柬埔寨	印度尼西亚	老挝	马来西亚	缅甸	菲律宾	新加坡	泰国	越南
1995	0.486	0.118	0.254	0.433	0.326	0.375	0.197	0.338	0.374	0.566	0.415
1996	0.497	0.119	0.311	0.439	0.332	0.396	0.239	0.426	0.390	0.537	0.412
1997	0.481	0.129	0.299	0.372	0.304	0.398	0.283	0.399	0.380	0.529	0.404
1998	0.487	0.142	0.252	0.360	0.266	0.408	0.292	0.368	0.393	0.545	0.454
1999	0.502	0.121	0.260	0.443	0.266	0.406	0.265	0.343	0.404	0.546	0.395
2000	0.515	0.131	0.239	0.499	0.265	0.430	0.246	0.368	0.407	0.545	0.431
2001	0.540	0.134	0.240	0.496	0.226	0.455	0.231	0.403	0.421	0.556	0.413
2002	0.549	0.123	0.216	0.469	0.233	0.469	0.219	0.408	0.435	0.578	0.413
2003	0.550	0.119	0.194	0.449	0.215	0.477	0.202	0.420	0.476	0.574	0.401
2004	0.551	0.090	0.184	0.442	0.202	0.498	0.210	0.442	0.464	0.569	0.389
2005	0.545	0.087	0.174	0.433	0.190	0.509	0.178	0.436	0.444	0.577	0.382
2006	0.538	0.056	0.172	0.409	0.172	0.513	0.177	0.440	0.420	0.577	0.396
2007	0.529	0.056	0.173	0.382	0.167	0.492	0.165	0.408	0.409	0.567	0.411
2008	0.504	0.035	0.157	0.360	0.165	0.444	0.156	0.408	0.396	0.543	0.411
2009	0.516	0.034	0.167	0.370	0.156	0.468	0.159	0.430	0.389	0.545	0.422
2010	0.499	0.029	0.178	0.350	0.149	0.451	0.340	0.377	0.374	0.542	0.464
2011	0.494	0.027	0.164	0.326	0.144	0.433	0.125	0.365	0.371	0.522	0.502
2012	0.512	0.023	0.165	0.336	0.132	0.436	0.119	0.457	0.370	0.532	0.524
2013	0.521	0.021	0.188	0.342	0.131	0.439	0.113	0.439	0.376	0.534	0.529

资料来源：UNCTAD数据库。

印度尼西亚、马来西亚、新加坡、菲律宾、越南与中国出口的商品相似性指数也较高，大多数年份该指数在0.5以下。但这些国家中出口商品相似性指数的变化趋势有所不同，印度尼西亚与中国出口商品相似性指数自2000年以来有逐年下降的趋势，到2011年商品相似性指数已下降到0.33，2012年、2013年商品相似性指数又稍有上升趋势，达到0.34。马来西亚、新加坡与中国出口商品相似性指数自1995年以来有逐年上升的趋势，到2006年马来西亚达到0.51，2003年新加坡达到0.48，此后又呈现逐年下降的趋势，到2013年分别降低到0.44、0.38。菲律宾、越南与中国出口的商品相似性指数一直较高，大多年份该指数均在0.4以上，菲律宾与中国出口的商品相似性指数在1995—2013年比较稳定，而越南与中国出口的商品相似性指数却有逐年上升趋势，特别是自2008年金融危机以来，商品相似性指数大幅上升，到2011年已经达到0.5，2013年更是达到0.53，表明越南与中国的出口商品之间存在较强的竞争性。

文莱、柬埔寨、老挝、缅甸与中国出口的商品相似性指数较低，特别是老挝、缅甸与中国出口的商品相似性指数呈现逐年下降的趋势，到2013年商品相似性指数已分别下降到0.13、0.11。

表3—4给出了1995—2013年中国与东盟的进口商品相似性指数。从整个东盟范围来看，中国与东盟在进口商品上相似性程度较高，表明东盟国家与中国在进口商品之间也存在较强的竞争性。自2006年起，东盟与中国进口的商品相似性指数有逐年下降的趋势；到2013年商品相似性指数已下降到0.65，表明东盟国家与中国的进口商品的竞争性有所下降。东盟国家中印度尼西亚、马来西亚、菲律宾、泰国与中国进口的商品相似性指数一直在0.6以上，表明以上各国与中国的进口商品之间存在较强的竞争性。越南与中国进口的商品相似性指数大多数年份均在0.5以上，表明越南与中国的进口商品之间也存在较强的竞争性。近年来除了菲律宾与中国进口的商品相似性指数有上升趋势以外，印度尼西亚、马来西亚、泰国、越南与中国进口的商品相似性指数均呈现下降趋势。

表3—4　　中国与东盟的进口商品相似性指数（1995—2013）

年份	东盟	文莱	柬埔寨	印度尼西亚	老挝	马来西亚	缅甸	菲律宾	新加坡	泰国	越南
1995	0.639	0.391	0.349	0.671	0.406	0.611	0.470	0.573	0.532	0.628	0.556
1996	0.640	0.385	0.369	0.665	0.418	0.608	0.492	0.603	0.526	0.643	0.556

续表

年份	东盟	文莱	柬埔寨	印度尼西亚	老挝	马来西亚	缅甸	菲律宾	新加坡	泰国	越南
1997	0.682	0.389	0.410	0.674	0.380	0.628	0.482	0.613	0.571	0.676	0.559
1998	0.660	0.375	0.349	0.619	0.330	0.603	0.449	0.588	0.564	0.651	0.543
1999	0.688	0.368	0.331	0.609	0.333	0.627	0.504	0.597	0.590	0.684	0.585
2000	0.710	0.356	0.304	0.628	0.363	0.631	0.482	0.633	0.619	0.729	0.554
2001	0.724	0.363	0.308	0.622	0.377	0.664	0.437	0.605	0.618	0.746	0.552
2002	0.728	0.333	0.322	0.605	0.353	0.670	0.462	0.559	0.634	0.744	0.522
2003	0.730	0.343	0.318	0.624	0.368	0.645	0.411	0.573	0.639	0.732	0.525
2004	0.745	0.287	0.317	0.611	0.403	0.671	0.432	0.579	0.645	0.719	0.502
2005	0.742	0.303	0.318	0.582	0.363	0.684	0.390	0.595	0.647	0.594	0.484
2006	0.760	0.336	0.324	0.581	0.361	0.695	0.370	0.604	0.672	0.683	0.527
2007	0.727	0.319	0.284	0.565	0.289	0.694	0.362	0.583	0.643	0.666	0.525
2008	0.688	0.318	0.280	0.557	0.349	0.672	0.353	0.595	0.629	0.652	0.541
2009	0.691	0.324	0.315	0.561	0.399	0.691	0.363	0.579	0.616	0.666	0.494
2010	0.695	0.318	0.308	0.539	0.379	0.669	0.285	0.604	0.602	0.666	0.490
2011	0.670	0.320	0.275	0.523	0.411	0.654	0.324	0.597	0.589	0.666	0.498
2012	0.661	0.367	0.273	0.516	0.397	0.652	0.320	0.634	0.615	0.669	0.513
2013	0.648	0.36	0.301	0.521	0.452	0.643	0.316	0.636	0.607	0.655	0.491

资料来源：UNCTAD 数据库。

（三）中国与东盟国家在贸易上互补性、竞争性的综合评估

以上分析表明中国与东盟的贸易存在着密切的关系。中国与东盟的贸易结合度（TCD）指数在 1995—2014 年呈现逐年上升趋势；但东盟与中国的贸易结合度指数却在 2007 年金融危机后逐年递减。中国与东盟国家在贸易上既存在互补性，又存在竞争性。为了综合判定东盟国家与中国在贸易上的角色定位，下面利用商品贸易相关性指数来划分东盟各国与中国的贸易关系。

商品贸易相关性指数是根据 A、B 两经济体贸易专业化指数（trade specialization index）计算的简单相关系数，其计算公式为：

$$TCI_t^{ij} = \frac{\sum_{k=1}^{n}(TSI_{kt}^i - \overline{TSI_{kt}^i})(TSI_{kt}^j - \overline{TSI_{kt}^j})}{\sqrt{\sum_{k=1}^{n}(TSI_{kt}^i - \overline{TSI_{kt}^i})^2(TSI_{kt}^j - \overline{TSI_{kt}^j})^2}}$$

其中 TCI_t^{ij} 是 i、j 两经济体在 t 期的贸易专业化指数；TSI_{kt}^i、TSI_{kt}^j 是 i、j 两经济体在 t 期的商品 k 的贸易专业化指数。贸易专业化指数的计算公式为：

$$TSI_{kt}^i = \frac{X_{kt}^i - M_{kt}^i}{X_{kt}^i + M_{kt}^i}$$

其中 X_{kt}^i、M_{kt}^i 分别表示经济体 i 在 t 期的商品 k 的出口、进口额。贸易专业化指数计算了商品净流入额与商品总额的比率，实际上是对贸易平衡的标准化，其取值范围为 -1—1，正数值表示该经济体是净出口国，负数值表示该经济体是净进口国。

商品贸易相关性指数取正数值时表明两国在全球市场相同商品上相互竞争；而商品贸易相关性指数取负数值时表明两国没有在相同商品上同时专业化，因而可以自然成为互补型的贸易伙伴。表 3—5 给出了中国与东盟 1995—2012 年商品贸易相关性指数。从整个东盟范围来看，中国与东盟的商品贸易相关性指数在 1995—2012 年均为正数，表明中国与东盟在商品贸易上体现出相互竞争的特征。但中国与东盟在商品贸易上的相互竞争基本上呈现逐年下降的趋势；到 2007 年商品贸易相关性指数已经从 1995 年的 0.412 下降到 0.14；2008 年以后虽然又有所升高，但随后还是保持了下降趋势；到 2012 年商品贸易相关性指数下降到 0.13。因此中国与东盟贸易在整体上可认为是弱竞争关系，而且竞争程度会随时间而降低。

表 3—5　　　　中国与东盟商品贸易相关性指数（1995—2012）

年份	东盟	文莱	柬埔寨	印度尼西亚	老挝	马来西亚	缅甸	菲律宾	新加坡	泰国	越南
1995	0.412	0.007	0.088	0.416	0.164	0.348	0.075	0.345	0.083	0.500	0.384
1996	0.411	0.017	0.134	0.379	0.194	0.349	0.117	0.459	0.080	0.524	0.382
1997	0.356	0.062	0.107	0.307	0.159	0.310	0.177	0.384	0.031	0.473	0.347
1998	0.363	-0.032	0.096	0.361	0.074	0.328	0.212	0.368	0.081	0.501	0.362
1999	0.360	-0.055	0.133	0.305	0.135	0.273	0.154	0.377	0.080	0.463	0.428

续表

年份	东盟	文莱	柬埔寨	印度尼西亚	老挝	马来西亚	缅甸	菲律宾	新加坡	泰国	越南
2000	0. 390	0. 089	0. 102	0. 312	0. 145	0. 254	0. 157	0. 418	0. 080	0. 465	0. 441
2001	0. 397	0. 121	0. 214	0. 373	0. 139	0. 324	0. 154	0. 419	0. 054	0. 503	0. 435
2002	0. 394	0. 073	0. 191	0. 334	0. 114	0. 279	0. 184	0. 352	0. 034	0. 492	0. 451
2003	0. 347	0. 090	0. 159	0. 284	0. 075	0. 239	0. 114	0. 323	-0. 031	0. 482	0. 456
2004	0. 350	0. 087	0. 152	0. 335	0. 057	0. 229	0. 110	0. 294	-0. 024	0. 419	0. 459
2005	0. 273	0. 009	0. 131	0. 293	0. 038	0. 177	0. 080	0. 236	-0. 067	0. 389	0. 398
2006	0. 236	-0. 011	0. 155	0. 238	0. 019	0. 176	0. 046	0. 238	-0. 075	0. 347	0. 358
2007	0. 141	-0. 029	0. 053	0. 156	-0. 023	0. 160	0. 005	0. 178	-0. 140	0. 331	0. 324
2008	0. 245	-0. 047	0. 051	0. 165	-0. 028	0. 159	-0. 016	0. 135	-0. 092	0. 285	0. 364
2009	0. 254	-0. 097	0. 052	0. 193	-0. 050	0. 186	-0. 012	0. 148	-0. 073	0. 348	0. 344
2010	0. 203	-0. 108	0. 019	0. 166	-0. 084	0. 164	-0. 070	0. 155	-0. 110	0. 324	0. 353
2011	0. 143	-0. 124	0. 017	0. 090	-0. 104	0. 135	-0. 099	0. 065	-0. 044	0. 239	0. 361
2012	0. 127	-0. 225	0. 063	0. 060	-0. 158	0. 082	-0. 115	0. 076	-0. 080	0. 238	0. 327

资料来源：UNCTAD 数据库。

从东盟各国具体商品贸易相关性指数来看，可以将东盟国家划分为三类贸易伙伴：一类以泰国、越南为代表，与中国商品贸易相关性指数取值较高，可以划分为中等强度贸易竞争关系的经济体，与中国在贸易上存在较强的竞争。第二类以印度尼西亚、马来西亚、菲律宾、柬埔寨为代表，这些国家与中国商品贸易相关性指数取值为正，但近年来数值较低，可以划分为弱贸易竞争关系的经济体，与中国在贸易上存在竞争，但竞争程度不太激烈。第三类以文莱、老挝、缅甸、新加坡为代表，近年来这些国家与中国商品贸易相关性指数取值为负，可以划分为具有潜力的贸易互补关系的经济体，特别是老挝、缅甸与中国商品贸易相关性指数在 2012 年分别达到了 -0. 16、 -0. 12，贸易互补程度较高。

（四）中国与东盟国家在产业上互补性、竞争性的综合评估

表 3—6、表 3—7 分别给出了 1995—2012 年印度尼西亚和中国按产品

分类的商品专业化指数，表 3—8 给出了 1995—2012 年中国与印度尼西亚按产品分类的商品贸易相关性指数。从产品分类的商品专业化指数上看，印度尼西亚和中国应当会有较强的互补性，如印度尼西亚是原材料与非食用油类商品、矿石燃料与润滑油类商品、动植物油脂类商品的净出口者，而中国是这三类商品的净进口者。所以在这三大类商品上，中国与印度尼西亚按产品分类的商品贸易相关性指数均为负值，表明中国与印度尼西亚在这些商品类内存在天然的合作互补关系，有利于两国进一步加强双边贸易合作。

表 3—6 印度尼西亚按产品分类的商品专业化指数（1995—2012）

年份	食品、活动物	饮料、烟草	原材料、非食用油	矿石燃料、润滑油	动植物油脂	化学药品	制造商品	机械、运输设备
1995	0.118	-0.002	0.249	0.633	0.782	-0.577	0.206	-0.633
1996	0.098	-0.030	0.241	0.605	0.847	-0.520	0.213	-0.573
1997	0.041	-0.035	0.130	0.528	0.860	-0.548	0.070	-0.659
1998	-0.004	0.373	0.137	0.468	0.899	-0.404	0.197	-0.448
1999	0.037	0.004	0.065	0.446	0.958	-0.407	0.325	-0.274
2000	0.080	0.009	0.090	0.456	0.929	-0.333	0.264	-0.147
2001	0.076	0.030	0.170	0.484	0.923	-0.313	0.297	-0.163
2002	0.049	0.013	0.229	0.434	0.958	-0.302	0.278	-0.119
2003	0.080	0.022	0.342	0.400	0.959	-0.263	0.319	-0.219
2004	0.078	0.038	0.323	0.286	0.966	-0.317	0.256	-0.246
2005	0.045	0.049	0.409	0.141	0.965	-0.358	0.133	-0.298
2006	0.022	0.021	0.517	0.166	0.964	-0.336	0.189	-0.274
2007	-0.078	-0.017	0.511	0.146	0.978	-0.275	0.164	-0.315
2008	0.045	-0.019	0.377	0.166	0.981	-0.378	0.008	-0.437
2009	0.022	0.098	0.438	0.282	0.979	-0.326	0.096	-0.371
2010	-0.063	0.072	0.502	0.266	0.978	-0.324	0.054	-0.411
2011	-0.153	-0.018	0.449	0.256	0.981	-0.293	0.004	-0.442
2012	-0.091	-0.055	0.376	0.203	0.981	-0.360	-0.120	-0.473

资料来源：UNCTAD 数据库。

表 3—7 中国按产品分类的商品专业化指数(1995—2012)

年份	食品、活动物	饮料、烟草	原材料、非食用油	矿石燃料、润滑油	动植物油脂	化学药品	制造商品	机械、运输设备
1995	0.238	0.554	-0.399	0.020	-0.703	-0.307	0.063	-0.253
1996	0.287	0.459	-0.452	-0.074	-0.637	-0.342	-0.048	-0.216
1997	0.440	0.532	-0.482	-0.192	-0.445	-0.307	0.033	-0.094
1998	0.474	0.690	-0.506	-0.134	-0.659	-0.323	0.022	-0.062
1999	0.486	0.575	-0.530	-0.313	-0.824	-0.397	-0.016	-0.083
2000	0.442	0.343	-0.635	-0.449	-0.787	-0.428	0.009	-0.053
2001	0.439	0.359	-0.683	-0.350	-0.746	-0.413	0.022	-0.060
2002	0.472	0.435	-0.676	-0.391	-0.887	-0.436	0.044	-0.038
2003	0.493	0.351	-0.743	-0.448	-0.926	-0.429	0.038	-0.013
2004	0.347	0.378	-0.809	-0.536	-0.932	-0.426	0.153	0.030
2005	0.411	0.204	-0.807	-0.568	-0.853	-0.370	0.228	0.096
2006	0.440	0.068	-0.827	-0.667	-0.827	-0.323	0.336	0.122
2007	0.456	-0.002	-0.856	-0.669	-0.920	-0.281	0.363	0.167
2008	0.400	-0.113	-0.873	-0.684	-0.894	-0.200	0.420	0.208
2009	0.375	-0.087	-0.891	-0.718	-0.917	-0.287	0.263	0.183
2010	0.312	-0.120	-0.896	-0.753	-0.917	-0.261	0.310	0.174
2011	0.274	-0.236	-0.900	-0.790	-0.906	-0.223	0.360	0.177
2012	0.193	-0.259	-0.899	-0.820	-0.916	-0.223	0.391	0.193

资料来源:UNCTAD 数据库。

表 3—8 中国与印度尼西亚按产品分类的商品贸易相关性指数(1995—2012)

年份	食品、活动物	饮料、烟草	原材料、非食用油	矿石燃料、润滑油	动植物油脂	化学药品	制造商品	机械、运输设备
1995	0.484	-0.632	0.264	-0.328	0.685	-0.231	0.179	0.807
1996	0.388	-0.736	0.130	-0.362	0.645	-0.212	0.171	0.781
1997	0.311	-0.376	0.247	-0.074	0.416	-0.315	0.174	0.779
1998	0.350	0.430	-0.007	0.260	0.266	-0.306	0.141	0.781
1999	0.327	0.069	0.092	-0.123	0.436	-0.274	0.193	0.761
2000	0.203	0.247	-0.071	0.066	-0.144	-0.247	0.252	0.742

续表

年份	食品、活动物	饮料、烟草	原材料、非食用油	矿石燃料、润滑油	动植物油脂	化学药品	制造商品	机械、运输设备
2001	0.301	0.285	0.127	0.020	-0.183	-0.231	0.351	0.757
2002	0.260	0.031	0.103	0.234	-0.129	-0.191	0.365	0.767
2003	0.272	0.090	0.068	-0.005	0.080	-0.114	0.338	0.764
2004	0.215	0.136	0.120	-0.210	0.072	-0.164	0.361	0.757
2005	0.320	0.233	0.059	-0.149	-0.032	-0.194	0.336	0.694
2006	0.189	0.392	0.027	0.147	-0.519	-0.111	0.168	0.662
2007	0.111	0.435	-0.041	-0.179	-0.135	-0.192	0.172	0.625
2008	0.163	0.475	-0.044	-0.284	-0.136	-0.202	0.111	0.602
2009	0.343	0.512	-0.108	-0.570	-0.285	-0.195	0.250	0.609
2010	0.390	0.643	-0.149	-0.768	-0.351	-0.130	0.214	0.628
2011	0.369	0.781	-0.156	-0.765	-0.654	-0.173	0.176	0.613
2012	0.429	0.678	-0.149	-0.602	-0.657	-0.058	0.098	0.584

资料来源：UNCTAD 数据库。

印度尼西亚与中国在化学药品类商品上均是净进口者，但中国与印度尼西亚化学药品的商品贸易相关性指数也为负值，表明中国与印度尼西亚在生产该商品的产业结构上形成了错位竞争，使双方存在天然的合作互补关系。

印度尼西亚在机械、运输设备类商品上是净进口者，中国在此类商品上是净出口者，但中国与印度尼西亚的此类商品贸易相关性指数为正值，表明中国与印度尼西亚在生产该商品的产业结构上雷同，没有形成有利于双方合作互补的产业结构。类似的情况还存在于食品、活动物类商品上，自 2010 年起，印度尼西亚在食品、活动物类商品上是净进口者，而中国在这两类商品上是净出口者，但中国与印度尼西亚这两类商品的贸易相关性指数却为正值，并且指数值还有上升趋势，表明在食品、活动物类商品上中国与印度尼西亚也没有形成有利于双方合作互补的产业结构。

中国与印度尼西亚在制造商品类上均是净出口者（中国在 2004 年后变为净进口者，印度尼西亚在 2012 年才变为净进口者），但两国该类商品的贸易相关性指数为正值，表明在制造商品类上中国与印度尼西亚存在竞争。

表3—9、表3—10分别给出了1995—2012年马来西亚按产品分类的商品专业化指数，以及中国与马来西亚按产品分类的商品贸易相关性指数。马来西亚是矿石燃料与润滑油类商品、动植物油脂类商品的净出口者，而中国是此类商品的净进口者，所以在这两大类商品上中国与马来西亚按产品分类的商品贸易相关性指数均为负值，表明中国与马来西亚在这些商品类内存在天然的合作互补关系，有利于两国进一步加强双边贸易合作。

表3—9　马来西亚按产品分类的商品专业化指数（1995—2012）

年份	食品、活动物	饮料、烟草	原材料、非食用油	矿石燃料、润滑油	动植物油脂	化学药品	制造商品	机械、运输设备
1995	-0.271	-0.165	0.441	0.496	0.942	-0.419	-0.244	-0.063
1996	-0.316	0.074	0.369	0.505	0.955	-0.367	-0.181	-0.038
1997	-0.312	0.061	0.294	0.472	0.927	-0.324	-0.183	-0.032
1998	-0.258	0.217	0.239	0.433	0.907	-0.240	-0.024	0.088
1999	-0.272	0.211	0.230	0.490	0.891	-0.285	-0.085	0.136
2000	-0.275	0.266	0.184	0.411	0.912	-0.220	-0.116	0.093
2001	-0.301	0.177	0.045	0.377	0.880	-0.180	-0.100	0.095
2002	-0.246	0.067	0.105	0.362	0.868	-0.131	-0.098	0.077
2003	-0.202	0.140	0.159	0.393	0.894	-0.050	-0.041	0.080
2004	-0.244	0.083	0.092	0.379	0.802	-0.080	-0.078	0.061
2005	-0.246	0.078	0.146	0.346	0.844	-0.043	-0.102	0.076
2006	-0.270	0.111	0.146	0.305	0.821	-0.077	-0.075	0.077
2007	-0.257	0.128	-0.005	0.326	0.852	-0.060	-0.093	0.051
2008	-0.221	0.069	-0.026	0.363	0.832	-0.075	-0.076	0.006
2009	-0.258	0.083	-0.062	0.392	0.795	-0.085	-0.035	0.072
2010	-0.250	0.088	-0.009	0.315	0.767	-0.084	-0.076	0.035
2011	-0.253	0.007	0.002	0.292	0.728	-0.076	-0.070	0.025
2012	-0.271	-0.007	-0.094	0.248	0.734	-0.083	-0.083	0.000

资料来源：UNCTAD数据库。

表3—10 中国与马来西亚按产品分类的商品贸易相关性指数（1995—2012）

年份	食品、活动物	饮料、烟草	原材料、非食用油	矿石燃料、润滑油	动植物油脂	化学药品	制造商品	机械、运输设备
1995	0.468	0.632	-0.044	-0.589	0.648	-0.275	0.236	0.772
1996	0.424	0.483	0.047	-0.816	0.602	-0.315	0.189	0.713
1997	0.378	0.540	0.083	-0.577	0.698	-0.339	0.157	0.731
1998	0.401	0.358	0.042	-0.398	0.565	-0.324	0.228	0.683
1999	0.349	0.261	0.027	-0.591	0.577	-0.309	0.343	0.709
2000	0.289	0.752	0.107	-0.307	0.259	-0.353	0.328	0.710
2001	0.275	0.869	0.152	-0.604	-0.026	-0.433	0.433	0.757
2002	0.294	0.947	0.010	-0.265	0.089	-0.496	0.474	0.695
2003	0.259	0.909	0.138	-0.221	0.248	-0.465	0.358	0.647
2004	0.299	0.827	0.020	-0.296	0.159	-0.456	0.443	0.660
2005	0.371	0.744	0.047	-0.243	0.214	-0.382	0.472	0.636
2006	0.273	0.672	0.016	-0.357	-0.275	-0.329	0.422	0.594
2007	0.178	0.611	-0.027	-0.087	-0.126	-0.355	0.484	0.586
2008	0.254	0.654	-0.098	-0.119	-0.007	-0.264	0.386	0.587
2009	0.370	0.613	0.001	0.091	-0.297	-0.243	0.409	0.558
2010	0.375	0.458	0.072	0.117	-0.415	-0.276	0.359	0.568
2011	0.378	0.637	-0.093	-0.554	-0.744	-0.355	0.271	0.519
2012	0.469	0.771	-0.166	-0.181	-0.880	-0.341	0.194	0.489

资料来源：UNCTAD 数据库。

马来西亚与中国在化学药品类商品上均是净进口者，2007 年以后，马来西亚在原材料、非食用油类商品上是净进口者，中国在此类商品上也是净进口者，但中国与马来西亚化学药品、原材料、非食用油的商品贸易相关性指数均为负值，表明中国与马来西亚在生产该商品的产业结构上形成了错位竞争，使双方存在天然的合作互补关系。

马来西亚在食品、活动物类商品和制造商品类上均是净进口者，中国在此类商品上均是净出口者，但中国与马来西亚在此类商品的商品贸易相关性指数为正值，表明中国与马来西亚在生产该商品的产业结构上雷同，没有形成有利于双方合作互补的产业结构。

中国与马来西亚在机械、运输设备类商品上均是净出口者（中国在2004年后变为净进口者），但两国该类商品的商品贸易相关性指数为正值，表明在这类商品上中国与马来西亚存在竞争。

表3—11、表3—12分别给出了1995—2012年泰国按产品分类的商品专业化指数，以及中国与泰国按产品分类的商品贸易相关性指数。泰国是动植物油脂类商品的净出口者，中国是动植物油脂类商品的净进口者，在该类商品上中国与泰国按产品分类的商品贸易相关性指数为负值，表明中国与泰国在这些商品类内存在天然的合作互补关系，有利于两国进一步加强双边贸易合作。泰国在原材料和非食用油类商品上是净出口者，中国是此类商品的净进口者，但直到2012年此类商品的商品贸易相关性指数才为负值，表明中国与泰国在该类商品内开始存在合作互补关系。同样，在饮料、烟草类商品上，2007年以前，泰国在该类商品上是净进口者，中国在该类商品上是净出口者；2007年以后，泰国在该类商品上是净出口者，中国在该类商品上是净进口者；但直到2010年，饮料、烟草类商品的商品贸易相关性指数才为负值，表明中国与泰国在该类商品内开始存在合作互补关系。

表3—11　　泰国按产品分类的商品专业化指数（1995—2012）

年份	食品、活动物	饮料、烟草	原材料、非食用油	矿石燃料、润滑油	动植物油脂	化学药品	制造商品	机械、运输设备
1995	0.653	-0.292	-0.028	-0.843	-0.545	-0.498	-0.349	-0.278
1996	0.625	-0.140	-0.004	-0.747	-0.650	-0.570	-0.312	-0.238
1997	0.619	0.003	-0.005	-0.617	0.016	-0.430	-0.219	-0.136
1998	0.652	0.025	0.084	-0.611	0.114	-0.336	-0.111	0.082
1999	0.656	-0.100	0.018	-0.639	0.101	-0.312	-0.178	0.060
2000	0.645	-0.136	0.029	-0.548	0.087	-0.252	-0.126	0.037
2001	0.594	-0.117	-0.026	-0.610	0.236	-0.284	-0.133	-0.013
2002	0.578	-0.113	0.069	-0.609	0.176	-0.268	-0.150	0.007
2003	0.579	-0.082	0.155	-0.619	0.258	-0.234	-0.165	0.033
2004	0.569	-0.091	0.161	-0.589	0.230	-0.211	-0.198	0.054
2005	0.531	-0.074	0.168	-0.629	0.166	-0.148	-0.232	0.045
2006	0.547	-0.031	0.335	-0.595	0.258	-0.116	-0.177	0.110
2007	0.551	0.108	0.285	-0.582	0.460	-0.116	-0.176	0.151

续表

年份	食品、活动物	饮料、烟草	原材料、非食用油	矿石燃料、润滑油	动植物油脂	化学药品	制造商品	机械、运输设备
2008	0.527	0.144	0.171	-0.534	0.444	-0.175	-0.208	0.134
2009	0.566	0.259	0.223	-0.523	0.271	-0.071	-0.059	0.119
2010	0.543	0.290	0.328	-0.533	0.203	-0.080	-0.164	0.123
2011	0.545	0.331	0.405	-0.543	0.276	-0.021	-0.152	0.070
2012	0.472	0.386	0.281	-0.524	0.243	-0.016	-0.167	0.012

资料来源：UNCTAD 数据库。

表 3—12 中国与泰国按产品分类的商品贸易相关性指数（1995—2012）

年份	食品、活动物	饮料、烟草	原材料、非食用油	矿石燃料、润滑油	动植物油脂	化学药品	制造商品	机械、运输设备
1995	0.396	0.703	0.045	-0.172	0.725	-0.167	0.454	0.786
1996	0.494	0.500	0.215	-0.771	0.870	-0.259	0.453	0.741
1997	0.533	0.793	0.160	-0.397	-0.056	-0.390	0.353	0.765
1998	0.554	0.707	0.185	-0.372	-0.275	-0.332	0.347	0.751
1999	0.646	0.704	0.117	-0.638	0.478	-0.370	0.403	0.774
2000	0.604	0.607	0.137	-0.596	0.499	-0.382	0.448	0.787
2001	0.566	0.410	0.116	-0.638	0.283	-0.403	0.555	0.752
2002	0.572	0.219	0.148	-0.508	-0.257	-0.341	0.577	0.774
2003	0.554	0.128	0.120	-0.400	-0.204	-0.433	0.572	0.759
2004	0.481	0.288	0.249	-0.390	-0.138	-0.456	0.555	0.691
2005	0.517	0.264	0.057	-0.605	-0.235	-0.463	0.532	0.666
2006	0.471	0.151	0.116	-0.275	-0.792	-0.452	0.475	0.582
2007	0.429	0.066	0.067	-0.084	-0.645	-0.460	0.470	0.529
2008	0.455	0.078	0.020	0.035	-0.553	-0.416	0.415	0.505
2009	0.582	0.084	0.023	0.124	-0.511	-0.458	0.557	0.470
2010	0.518	-0.004	0.010	0.076	-0.845	-0.462	0.517	0.444
2011	0.432	-0.061	0.031	0.153	-0.788	-0.475	0.460	0.451
2012	0.347	-0.145	-0.042	-0.071	-0.771	-0.405	0.395	0.455

资料来源：UNCTAD 数据库。

泰国与中国在矿石燃料、润滑油类商品、化学药品类商品上均是净进口者，但两国该类商品的商品贸易相关性指数均为负值，表明中国与泰国在生产该商品的产业结构上形成了错位竞争，使双方存在天然的合作互补关系。

泰国在制造商品类上是净进口者，中国在制造商品类上是净出口者，但两国制造商品的商品贸易相关性指数为正值，表明两国在生产该商品的产业结构上雷同，没有形成有利于双方合作互补的产业结构。

中国与泰国在食品、活动物类商品、机械、运输设备类商品上均是净出口者（中国在2004年后变为净进口者），两国该类商品的商品贸易相关性指数为正值，表明在这些商品上中国与泰国存在竞争。

表3—13、表3—14分别给出了1995—2012年越南按产品分类的商品专业化指数，以及中国与越南按产品分类的商品贸易相关性指数。越南是矿石燃料、润滑油类商品的净出口者（2007年之后有所下降），而中国是矿石燃料、润滑油类商品的净进口者，2005年以后中国与越南在该类商品上的商品贸易相关性指数为负值，表明中国与越南在矿石燃料、润滑油类商品内存在天然的合作互补关系，有利于两国进一步加强双边贸易合作。

表3—13　越南按产品分类的商品专业化指数（1995—2012）

年份	食品、活动物	饮料、烟草	原材料、非食用油	矿石燃料、润滑油	动植物油脂	化学药品	制造商品	机械、运输设备
1995	0.682	-0.651	-0.088	0.076	-0.473	-0.918	-0.703	-0.715
1996	0.676	-0.658	-0.101	0.063	-0.483	-0.920	-0.709	-0.722
1997	0.725	-0.599	-0.003	0.160	-0.404	-0.904	-0.657	-0.671
1998	0.735	-0.922	-0.147	0.232	-0.518	-0.916	-0.679	-0.623
1999	0.729	-0.753	-0.228	0.360	-0.744	-0.869	-0.519	-0.558
2000	0.700	-0.704	-0.216	0.288	-0.165	-0.891	-0.626	-0.579
2001	0.653	-0.412	-0.255	0.272	-0.452	-0.837	-0.597	-0.576
2002	0.630	-0.335	-0.228	0.242	-0.825	-0.838	-0.656	-0.634
2003	0.555	-0.034	-0.227	0.209	-0.738	-0.828	-0.664	-0.638

续表

年份	食品、活动物	饮料、烟草	原材料、非食用油	矿石燃料、润滑油	动植物油脂	化学药品	制造商品	机械、运输设备
2004	0.558	-0.018	-0.273	0.220	-0.707	-0.835	-0.649	-0.544
2005	0.530	-0.080	-0.139	0.218	-0.827	-0.817	-0.649	-0.493
2006	0.532	-0.003	-0.059	0.183	-0.858	-0.777	-0.611	-0.440
2007	0.478	-0.083	-0.099	0.070	-0.808	-0.781	-0.623	-0.522
2008	0.463	-0.171	-0.215	0.013	-0.722	-0.753	-0.519	-0.506
2009	0.429	-0.179	-0.261	0.063	-0.713	-0.779	-0.549	-0.495
2010	0.370	0.014	-0.152	-0.010	-0.736	-0.739	-0.455	-0.367
2011	0.406	0.058	-0.149	-0.065	-0.614	-0.688	-0.407	-0.246
2012	0.460	0.032	-0.016	0.042	-0.528	-0.679	-0.385	-0.248

资料来源：UNCTAD 数据库。

表 3—14　　中国与越南按产品分类的商品贸易相关性指数（1995—2012）

年份	食品、活动物	饮料、烟草	原材料、非食用油	矿石燃料、润滑油	动植物油脂	化学药品	制造商品	机械、运输设备
1995	0.548	0.598	0.079	0.334	-0.341	0.235	0.413	0.684
1996	0.517	0.688	0.151	0.288	-0.289	0.203	0.391	0.668
1997	0.637	0.639	0.062	0.016	-0.246	0.193	0.354	0.670
1998	0.513	-0.648	-0.048	0.477	-0.371	0.171	0.333	0.603
1999	0.587	-0.141	-0.221	0.165	0.310	0.118	0.489	0.664
2000	0.585	0.536	0.048	0.363	-0.181	0.017	0.540	0.630
2001	0.525	0.651	0.146	0.392	-0.735	0.103	0.652	0.690
2002	0.538	0.781	0.171	0.376	0.568	0.145	0.613	0.713
2003	0.454	0.936	0.169	0.226	0.374	0.176	0.549	0.709
2004	0.656	0.875	0.144	-0.027	0.386	0.187	0.519	0.704
2005	0.615	0.860	0.105	0.078	0.572	-0.020	0.508	0.675
2006	0.623	0.912	0.003	-0.144	0.335	-0.008	0.495	0.648
2007	0.542	0.898	-0.187	-0.095	0.613	0.061	0.462	0.648

续表

年份	食品、活动物	饮料、烟草	原材料、非食用油	矿石燃料、润滑油	动植物油脂	化学药品	制造商品	机械、运输设备
2008	0. 561	0. 881	-0. 020	-0. 301	0. 461	0. 119	0. 379	0. 662
2009	0. 667	0. 863	-0. 010	-0. 439	0. 724	0. 071	0. 497	0. 646
2010	0. 709	0. 595	0. 034	-0. 182	0. 732	0. 127	0. 355	0. 685
2011	0. 648	0. 578	0. 036	-0. 233	0. 877	0. 128	0. 341	0. 695
2012	0. 669	0. 710	0. 047	-0. 056	0. 978	0. 051	0. 321	0. 643

资料来源：UNCTAD 数据库。

越南与中国在原材料、非食用油类商品，动植物油脂类商品，化学药品类商品上均是净进口者，中国与越南在这三类商品上的商品贸易相关性指数均为正值，表明中国与越南由于在生产该商品的产业结构上雷同，没有形成有利于双方合作互补的产业结构。

越南在制造商品类、机械、运输设备类商品上是净进口者，中国在这三类商品上均是净出口者（中国在 2004 年后变为净进口者），但中国与越南在该两类的商品贸易相关性指数为正值，表明两国在生产该商品的产业结构上雷同，没有形成有利于双方合作互补的产业结构。

中国、越南在食品、活动物类商品上均是净出口者，两国该类商品的商品贸易相关性指数为正值，表明在该类商品上中国与越南存在竞争。

以上分析表明，中国与东盟国家在一些产业领域内存在天然的合作互补关系，特别是在原材料和非食用油、矿石燃料和润滑油、动植物油脂等商品上，有利于双方进一步加强双边贸易合作。中国与东盟国家在一些商品上，如化学药品类商品，虽然均是净进口者，但在生产该商品的产业结构上形成了错位竞争，使双方依然存在天然的合作互补关系。

中国与东盟国家在一些商品上，一方是净进口者，另一方是净出口者，理论上二者存在互补的可能性，但中国与东盟国家在该类商品的贸易相关性指数却为正值，表明中国与东盟国家在生产该商品的产业结构上雷同，没有形成有利于双方合作互补的产业结构。东盟国家在一些商品上均是净出口者，因而在这些商品上中国与东盟国家存在竞争。特别是在资本密集型的机械、运输设备商品类上，东盟国家要么与中国是直接竞争关系，要么是存在理论上互补的可能性，但实际上是竞争关系。

二 中国、东盟外商直接投资发展分析

（一）中国

2009年，中国与东盟《投资协议》的签订、2010年中国—东盟自由贸易区的正式成立，使中国对东盟的直接投资总额得以迅速增长。2013年中国对东盟的投资额为72.67亿美元，比2012年增长19%；2013年中国在东盟设立直接投资企业2700多家，雇用当地员工15.97万人，东盟已经成为中国对外投资的一个最佳选择。

1. 按国家分中国对东盟直接投资

表3—15给出了2008—2013年按国家分中国对东盟直接投资额。2013年从中国投资最多的国家来看，新加坡、印度尼西亚、老挝排名前三，中国对这3个国家的直接投资额分别约为20.33亿美元、15.63亿美元以及7.82亿美元，占2013年中国对东盟直接投资总额的60.24%。新加坡一直是中国进行直接投资的首选国家，中国对新加坡的投资总额一直以来也是位居第一。2013年，中国对新加坡的投资存量总额达到147.51亿美元，占中国对东盟投资总存量的比重为41.36%。近年来中国对印度尼西亚的直接投资额增长幅度最大，从2008年的1.74亿美元上升到2013年的15.63亿美元。从中国对东盟中等收入国家的投资来看，中国对印度尼西亚的直接投资存量额比较高，达到了46.57亿美元，对泰国、马来西亚和菲律宾三国的投资存量额相对较少，分别为24.72亿美元、16.68亿美元、6.92亿美元。从中国对东盟低收入国家的投资来看，中国对缅甸和柬埔寨的投资存量额分别为35.7亿美元和28.49亿美元，相对比较多，对越南和老挝的投资存量额分别为21.67亿美元和27.71亿美元，对两国的投资额差距不大。

表 3—15 按国家分中国对东盟直接投资额（2008—2013）

单位：百万美元

国家＼年份	2008	2009	2010	2011	2012	2013
文莱	1.82	5.81	16.53	20.11	0.99	8.52
柬埔寨	204.64	215.83	466.51	566.02	559.66	499.33
印度尼西亚	173.98	226.09	201.31	592.19	1361.29	1563.38
老挝	87.00	203.24	313.55	458.52	808.82	781.48
马来西亚	34.43	53.78	163.54	95.13	199.04	616.38
缅甸	232.53	376.7	875.61	217.82	748.96	475.33
菲律宾	33.69	40.24	244.09	267.19	74.9	54.4
新加坡	1550.95	1414.25	1118.5	3268.96	1518.75	2032.67
泰国	45.47	49.77	699.87	230.11	478.6	755.19
越南	119.84	112.39	305.13	189.19	349.43	480.5
总计	2484.35	2698.1	4404.64	5905.24	6100.44	7267.18

资料来源：相关年份的《中国对外直接投资统计公报》。

2. 中国对东盟投资的产业分布

表 3—16 给出了 2008—2013 年按产业分中国对东盟直接投资额。由于东盟各个国家经济水平的差异和产业结构的不同，中国对东盟的投资在产业的选择方面也存在一定差异。从 2013 年中国对东盟的投资流量的产业分布来看，对东盟的批发和零售业投资位居第一，投资流量是 12.34 亿美元，占比为 17%，主要是对新加坡、印度尼西亚、老挝的投资。其次是采矿业，投资流量略低于批发和零售业，接近 12.34 亿美元，占比为 17%，主要分布在印度尼西亚、缅甸、老挝、新加坡等国。中国对东盟的直接投资，在产业分布上，还与发达国家存在很大的差距，有进一步调整优化的空间。

表 3—16 按产业分中国对东盟直接投资额（2008—2013）

行　业	流量（万美元）	比重（%）	存量（万美元）	比重（%）
电力、热力、燃气及水的生产和供应业	82211	11.3	603915	16.9
采矿业	123399	17	528078	14.8
批发和零售业	123445	17	476315	13.4

续表

行　业	流量（万美元）	比重（%）	存量（万美元）	比重（%）
制造业	118858	16.4	467252	13.1
租赁和商务服务业	62133	8.5	391975	11
建筑业	69804	9.6	293430	8.2
金融业	54234	7.5	281026	7.9
农、林、牧、渔业	54331	7.5	159708	4.5
交通运输、仓储和邮政业	14571	2	138554	3.9
房地产业	5121	0.7	133257	3.7
科学研究和技术服务业	8181	1.1	53897	1.5
信息传输、软件和信息服务业	1473	0.2	13363	0.4
居民服务、修理和其他服务业	2045	0.3	8421	0.2
住宿和餐饮业	5235	0.7	8200	0.2
文化、体育和娱乐业			1978	0.1
教育	1677	0.2	3523	0.1
其他行业			343	0.1
合计	726718	100	3563235	100

资料来源：相关年份的《中国对外直接投资统计公报》。

对东盟农、林、牧、渔业的投资流量为5.43亿美元，占比为7.5%，主要是对老挝、印度尼西亚、柬埔寨、马来西亚的投资。制造业的投资流量为11.89亿美元，占比为16.4%，主要分布在泰国、越南、印度尼西亚、柬埔寨、马来西亚、缅甸等。电力、热力、燃气及水的生产和供应业，投资流量为8.22亿美元，占比为11.3%，主要是对缅甸、印度尼西亚、老挝、新加坡、柬埔寨的投资。建筑业的投资流量为6.98亿美元，占比为9.6%，主要是对老挝、印度尼西亚、柬埔寨、新加坡、马来西亚的投资。租赁和商务服务业的投资流量为6.21亿美元，占比为8.5%，主要是对马来西亚、新加坡、越南、印度尼西亚的投资。金融业5.42亿美元，占比为7.5%，主要是对新加坡、印度尼西亚、泰国、老挝的投资。

3. 中国对东盟投资的特征分析

随着对外直接投资的快速开展，中国对外直接投资已经成为促进国内产业升级的重要路径。李逢春[①]发现中国在亚洲区域的对外直接投资促进国内产业升级的效果比较显著，因为在对亚洲区域投资的国家中，他们与中国在地理上毗邻，这些亚洲区域国家的产业结构、经济发展水平、消费偏好与中国都有非常相近或相似之处，地理距离和心理距离也都比较近，而且这些亚洲区域国家有优惠的投资政策，对外开放程度也较高。在对亚洲区域投资的国家中，中国对外直接投资的类型大部分属于市场寻求型（如印度尼西亚、泰国、越南等）和资源寻求型，市场寻求型的投资不仅可以利用这个区域某些国家或地区享有的贸易优惠条件，与第三国进行贸易，扩大出口份额，还带动了中国技术和机器设备的出口；而资源寻求型的对外投资可以解决中国某些产业资源瓶颈的问题。所有的这些因素对促进中国国内的产业优化和升级都发挥了积极作用。但该研究也发现中国企业在发达国家的战略资产获取型和技术寻求型的对外投资收益并不显著，因为各种原因其反向溢出效应没有充分发挥作用。

张慧和黄建忠[②]检验中国对外直接投资区位分布的影响因素，结果发现中国对外直接投资区位分布表现出明显的市场寻求、技术寻求、资源寻求和出口拉动的特征。史本叶和张超磊[③]分析中国对东盟直接投资区位选择的影响因素，实证结果表明，相对市场规模、实际汇率与工资差异在中国对东盟的直接投资上有显著的正向影响。为了减缓中国近些年来劳动力成本上升的压力，中国劳动密集型的企业可以投资于低劳动力成本国家；出口贸易对中国对东盟的直接投资具有先导作用，因此企业可以先通过进出口贸易熟悉东盟国家的经济状况和习惯，进而再决定是否进行投资。能源和税率在中国对东盟的直接投资上有显著的负向影响；基础设施、政治风险和开放度在中国对东盟的直接投资上影响不显著。

近年来中国对外直接投资对国内的产业结构调整也发挥了一定的积极作用。但由于在区域选择和产业选择等方面存在明显不足，如在投资区域

---

① 李逢春：《中国对外直接投资推动产业升级的区位和产业选择》，《国际经贸探索》2013年第2期。

② 张慧、黄建忠：《我国对外直接投资区位分布的影响因素分析——基于新经济地理理论的探讨》，《国际商务——对外经济贸易大学学报》2014年第5期。

③ 史本叶、张超磊：《中国对东盟直接投资：区位选择、影响医素及投资效应》，《武汉大学学报》（哲学社会科学版）2015年第3期。

的选择上偏重于对国际避税地的直接投资；在投资产业方向的选择上偏重于对能源、资源行业和贸易依附型服务业的直接投资，在制造业领域缺少对资本、技术密集型制造业的直接投资，过于偏重对劳动密集型加工工业的直接投资，在服务业领域忽视对现代服务业的直接投资，偏重于对传统服务业的直接投资，缺少国内连锁效应强、辐射面广的对外直接投资项目，因此对产业升级的促进作用十分有限。①

在中国的工业化进程加快并逐渐成为世界制造中心之一的同时，中国粗放型增长模式和出口导向型战略给中国的环境和资源带来了巨大的压力，中国资源消费急剧增加，资源依存度也在不断扩大，中国企业必须寻求解决这种困境的渠道，对外直接投资是解决困境的重要途径之一。东盟国家的自然资源非常丰富，缅甸的矿产资源丰富，如翡翠宝石等贵金属产量巨大；印度尼西亚的石油和天然气储量巨大，而且该国人口众多，人均收入水平不是很高；老挝的矿产资源、森林木材资源、水能均十分丰富；泰国和马来西亚的橡胶、棕榈油比较优势；越南的煤炭储量较大，林业资源和劳动力资源十分丰富。因此，通过在境外合作开发资源的资源寻求型对外直接投资企业既满足了国内对资源的需求，又能通过输出资本建立生产基地，开拓国外、国际市场。

在制造业方面，中国的某些行业陆续出现了产能过剩、生产成本上升等问题，效率寻求型对外直接投资虽然在一定程度上是倒逼推动中国制造业向海外转移的行为，但开展这些行业的对外直接投资，加大对发展中国家和落后地区的投资，能够利用地区要素价格差异实现全球一体化布局，既可以实现落后产能的转移，又可以转移一部分贸易顺差，还可以化解产能过剩和成本上升的压力。因此，中国应该加强效率寻求型对外直接投资，中国向东盟国家转移的行业中一部分是具有核心竞争力、实现标准化生产的行业，而东盟一些国家在道路交通、电力、煤气及水等基础设施建设方面的生产供应、采矿业和制造业等行业的投资需求巨大，中国对这些国家可以转移国内相应过剩产能和边际产业，进而带动国内大型机械设备和工业产品的出口。东盟一些国家（如老挝、柬埔寨等）经济发展比较落后，中国对其进出口规模较小，但一部分产能过剩的劳动密集型产业（如电器、纺织

① 张春萍：《中国对外直接投资的产业升级效应研究》，《当代经济研究》2013 年第 3 期。

等）在这些国家还有潜在的市场需求，可成为产业转移的选择地。

中国正处于产业结构调整和升级的重要阶段，对外直接投资是中国获得先进技术的重要捷径，发达国家在中国对外直接投资区位分布中对技术寻求型企业的吸引力非常大。在东盟国家中，中国对新加坡的投资占总投资份额较高，广泛分布在各个行业，将来可以在新加坡选择以创新资产寻求型直接投资为主，加大在通信设备、电子航天设备、生物制药等高新技术产业的技术研发投资。

（二）印度尼西亚

印度尼西亚位于亚洲东南部，是东盟面积最大的国家，也是世界上最大的群岛国家。印度尼西亚矿产资源丰富，马鲁古群岛、苏拉威西省、加里曼丹省、巴布亚省、爪哇岛南部沿海和苏门答腊岛等都是印度尼西亚主要的矿产区。

1. 按区域、国家（地区）分印度尼西亚外商直接投资

表3—17、表3—18分别给出了2008—2014年按区域、国家（地区）分印度尼西亚外商直接投资额及印度尼西亚外商直接投资比重。从投资比重来看，印度尼西亚外商直接投资主要来自亚洲国家（地区），2014年来自亚洲国家（地区）的投资总额达到134.6亿美元，占印度尼西亚全部外商直接投资的比重达47.2%。其中新加坡、日本、马来西亚是印度尼西亚主要外商直接投资来源国，2014年占印度尼西亚全部外商直接投资的比重分别为20.4%、9.5%、6.2%；2014年中国投资8亿美元，占印度尼西亚全部外商直接投资的比重为2.8%；中国香港投资6.6亿美元，占印度尼西亚全部外商直接投资的比重为2.3%。

表3—17 按区域、国家（地区）分印度尼西亚外商直接投资（2008—2014）

单位：百万美元

国家/地区 \ 年份	2008	2009	2010	2011	2012	2013	2014
亚洲	10367	3011	7978	9135	11098	13797	13458
中国香港	132.2	24.03	566.1	135	309.6	376.3	657.2

续表

国家/地区 \ 年份	2008	2009	2010	2011	2012	2013	2014
中国	134.7	47.58	173.7	128	141	296.9	800
日本	1265	684.9	712.6	1516	2457	4713	2705
新加坡	7841	1370	5565	5123	4856	4671	5832
马来西亚	375.6	123.2	472.1	618.3	529.6	711.3	1776
韩国	388.8	612.6	328.5	1218	1950	2205	1127
美洲	502.2	394.9	2715	2024	2140	3749	2120
美国	159	100.1	930.9	1488	1238	2436	1300
欧洲	840	1746	1302	2180	2574	2567	3983
英国	140.1	288.1	276.2	419	934.4	1076	1588
荷兰	207.8	1195	608.3	1354	966.5	927.8	1726
瑞士	73.24	64.3	129.6	9.4	255.1	124.6	150.9
非洲	108.4	496	150	202	1196	801.7	664
毛里求斯	43.4	159.4	23.35	72.5	1059	780	540.7
大洋洲	40.78	81.55	239.2	112.1	745.4	233.5	685
澳大利亚	36.73	80.42	214.2	89.7	743.6	226.4	647.3
其他	3025	5087	3830	5826	6812	7469	7619
总计	14883	10816	16215	19479	24565	28616	28530

资料来源：CEIC 数据库。

表 3—18 按区域、国家（地区）分印度尼西亚外商直接投资比重（2008—2014）

单位:%

国家/地区 \ 年份	2008	2009	2010	2011	2012	2013	2014
亚洲	69.7	27.8	49.2	46.9	45.2	48.2	47.2
中国香港	0.9	0.2	3.5	0.7	1.3	1.3	2.3
中国	0.9	0.4	1.1	0.7	0.6	1.0	2.8
日本	8.5	6.3	4.4	7.8	10.0	16.5	9.5
新加坡	52.7	12.7	34.3	26.3	19.8	16.3	20.4
马来西亚	2.5	1.1	2.9	3.2	2.2	2.5	6.2

续表

国家/地区 \ 年份	2008	2009	2010	2011	2012	2013	2014
韩国	2.6	5.7	2.0	6.3	7.9	7.7	3.9
美洲	3.4	3.7	16.7	10.4	8.7	13.1	7.4
美国	1.1	0.9	5.7	7.6	5.0	8.5	4.6
欧洲	5.6	16.1	8.0	11.2	10.5	9.0	14.0
英国	0.9	2.7	1.7	2.2	3.8	3.8	5.6
荷兰	1.4	11.1	3.8	7.0	3.9	3.2	6.1
瑞士	0.5	0.6	0.8	0.0	1.0	0.4	0.5
非洲	0.7	4.6	0.9	1.0	4.9	2.8	2.3
毛里求斯	0.3	1.5	0.1	0.4	4.3	2.7	1.9
大洋洲	0.3	0.8	1.5	0.6	3.0	0.8	2.4
澳大利亚	0.2	0.7	1.3	0.5	3.0	0.8	2.3
其他	20.3	47.0	23.6	29.9	27.7	26.1	26.7
总计	100	100	100	100	100	100	100

资料来源：CEIC 数据库及笔者计算。

域外国家（地区）中，来自欧洲、美洲的投资也占较大的比重。2014年，来自欧洲国家（地区）的投资总额达到39.8亿美元，占印度尼西亚全部外商直接投资的比重为14%；其中英国、荷兰是印度尼西亚在该地区的主要外商直接投资来源国，占印度尼西亚全部外商直接投资的比重分别为5.6%、6.1%。2014年，来自美洲国家（地区）的投资总额达到21.2亿美元，占印度尼西亚全部外商直接投资的比重为7.4%；其中美国投资13亿美元，占印度尼西亚全部外商直接投资的比重为4.6%。

2. 按产业分印度尼西亚外商直接投资

印度尼西亚的制造业主要集中在西爪哇省，该省有29个工业区，包括电子、医药、皮革、食品加工、纺织、家具、手工艺品、油气、石油化工等。巴淡岛上规模最大的行业是电子信息业，许多著名跨国公司在此投资设厂。印度尼西亚的汽车产业主要集中在西爪哇省和雅加达，日本汽车巨头建立了独资或合资的组装生产线，大部分零配件生产也已本地化。印度尼西亚纺织企业集中分布于西爪哇、中爪哇及雅加达周边，不少是日资、台资企业。印度尼西亚的石油天然气资源丰富，主要集中在东加里曼丹省、南苏拉威西省、中苏拉威西省和巴布亚省等地。

印度尼西亚是国际煤炭、金属矿产品市场供应的重要来源，矿业产业在印度尼西亚国家经济发展中扮演着十分重要的角色，是印度尼西亚重要的支柱产业，吸引大批外商直接投资投入矿业以稳定原料供应，目前矿业成为印度尼西亚第一大外商直接投资行业，占利用外商直接投资总量的15%以上。2012 年 5 月，印度尼西亚政府要求外国投资者在印度尼西亚投资设立冶炼加工厂等措施，并对 65 种矿产品出口加征 20% 出口税，刺激了外商对矿产下游行业的投资。

表 3—19、表 3—20 分别给出了 2008—2014 年按产业分印度尼西亚外商直接投资额及印度尼西亚外商直接投资比重。从投资比重来看，第二产业是印度尼西亚外商直接投资的主要产业。2014 年第二产业的外商直接投资总额达到 130.2 亿美元，占印度尼西亚全部外商直接投资的比重达 45.6%；其中食品、金属机械电子、化学制药、交通工具等产业是印度尼西亚主要外商直接投资的目标产业，占印度尼西亚全部外商直接投资的比重分别为 11%、8.7%、8.1%、7.2%。第三产业的外商直接投资在 2014 年为 85.2 亿美元，占印度尼西亚全部外商直接投资的比重为 29.9%；其中交通仓储通信的外商直接投资总额达到 30 亿美元，占印度尼西亚全部外商直接投资的比重达 10.5%。第一产业的外商直接投资在 2014 年为 70 亿美元，占印度尼西亚全部外商直接投资的比重为 24.5%；其中矿业的外商直接投资总额达到 46.7 亿美元，占印度尼西亚全部外商直接投资的比重达 16.4%；农业的外商直接投资总额达到 22.1 亿美元，占印度尼西亚全部外商直接投资的比重达 7.7%。

表 3—19　按产业分印度尼西亚外商直接投资（2008—2014） 单位：百万美元

行业＼年份	2008	2009	2010	2011	2012	2013	2014
第一产业	335.64	483.36	3033.9	4883.17	5933.07	6471.84	6991.27
农业	147.39	142.54	750.96	1222.49	1601.87	1605.34	2206.73
矿业	181.36	333.2	2200.55	3619.22	4255.45	4816.36	4665.11
第二产业	4527.23	3812.64	3337.3	6789.65	11769.95	15858.78	13019.36
食品	491.38	533.87	1025.75	1104.64	1782.94	2117.74	3139.6

续表

行业 \ 年份	2008	2009	2010	2011	2012	2013	2014
纺织业	210.19	251.36	154.8	497.26	473.12	750.7	422.53
皮革鞋类	145.85	122.62	130.38	255.01	158.88	96.19	210.69
木制品	119.47	62.1	43.06	51.14	76.29	39.5	63.66
纸张印刷	294.72	68.11	46.41	257.53	1306.61	1168.88	706.54
化学制药	627.77	1183.09	793.36	1467.4	2769.79	3142.31	2323.38
橡胶塑料	271.57	208.5	104.31	369.96	660.3	472.22	543.91
非金属矿产	266.4	19.55	28.4	137.15	145.76	874.13	916.85
金属机械电子	1293.37	654.89	589.51	1772.78	2452.62	3327.09	2471.96
交通工具	756.24	583.38	393.77	770.13	1340.05	3732.24	2061.26
第三产业	10020.58	6520.27	9843.57	7801.72	6381.88	6286.91	8519.02
建筑	412.82	512.74	618.35	353.7	239.57	526.81	1383.64
商业	582.22	704.36	773.58	826	503.81	606.5	866.76
住宿餐饮	156.93	306.52	346.61	242.24	768.16	462.52	513.07
交通仓储通信	8521.66	4151.61	5072.12	3798.86	2808.23	1449.87	3000.85
房地产	172.81	310.31	1050.36	198.65	401.78	677.72	1168.4
总计	14883.45	10816.27	16214.77	19474.54	24584.9	28617.53	28529.65

资料来源：CEIC 数据库。

表 3—20　按产业分印度尼西亚外商直接投资比重（2008—2014）　单位：%

行业 \ 年份	2008	2009	2010	2011	2012	2013	2014
第一产业	2.3	4.5	18.7	25.1	24.1	22.6	24.5
农业	1.0	1.3	4.6	6.3	6.5	5.6	7.7
矿业	1.2	3.1	13.6	18.6	17.3	16.8	16.4
第二产业	30.4	35.2	20.6	34.9	47.9	55.4	45.6
食品	3.3	4.9	6.3	5.7	7.3	7.4	11.0
纺织业	1.4	2.3	1.0	2.6	1.9	2.6	1.5
皮革鞋类	1.0	1.1	0.8	1.3	0.6	0.3	0.7
木制品	0.8	0.6	0.3	0.3	0.3	0.1	0.2

续表

行业 \ 年份	2008	2009	2010	2011	2012	2013	2014
纸张印刷	2.0	0.6	0.3	1.3	5.3	4.1	2.5
化学制药	4.2	10.9	4.9	7.5	11.3	11.0	8.1
橡胶塑料	1.8	1.9	0.6	1.9	2.7	1.7	1.9
非金属矿产	1.8	0.2	0.2	0.7	0.6	3.1	3.2
金属机械电子	8.7	6.1	3.6	9.1	10.0	11.6	8.7
交通工具	5.1	5.4	2.4	4.0	7.5	13.0	7.2
第三产业	67.3	60.3	60.7	40.1	28.0	22.0	29.9
建筑	2.8	4.7	3.8	1.8	1.0	1.8	4.8
商业	3.9	6.5	4.8	4.2	2.0	2.1	3.0
住宿餐饮	1.1	2.8	2.1	1.2	3.1	1.6	1.8
交通仓储通信	57.3	38.4	31.3	19.5	11.4	5.1	10.5
房地产	1.2	2.9	6.5	1.0	1.6	2.4	4.1
总计	100.0	100.0	100.0	100.0	100.0	100.0	100.0

资料来源：CEIC 数据库及笔者计算。

由于印度尼西亚开采技术比较落后导致开采能力不足，而且缺乏资金和技术设备，因此印度尼西亚还没有充分开发和利用蕴藏丰富的矿产资源。近年来印度尼西亚政府颁布各项优惠政策吸引外商投资，逐步放开外资进入的限制，积极改善矿业投资环境，这为有意向投资印度尼西亚矿业的中国企业提供了宝贵的投资机会。①

（三）马来西亚

2010 年，马来西亚纳吉布政府推出了“新经济模式”改革这一全盘性的经济改革计划，期望能够帮助马来西亚摆脱困扰近 20 年的“中等收入陷阱”。在新经济模式改革中，外资是一个改革的重点领域。马来西亚试

① 唐新华、邱房贵：《论印度尼西亚矿业投资环境及其相关法律制度——以中国企业投资为视角》，《东南亚纵横》2015 年第 3 期。

图通过对经济环境的改革来改善投资环境以吸引外商直接投资流入，马来西亚政府制定并陆续实施了一系列前所未有的外资优惠政策，主要采用税赋减免的对外商直接投资的促进措施和鼓励政策。税赋减免可以分为直接税和间接税两种激励，其中直接税激励主要是对一定时期内的所得税进行全部减免或部分减免；间接税激励主要包括免除进口税、销售税或消费税。从吸引投资的角度看，马来西亚政府的这些外向型发展政策弱化或清除了一些外商直接投资进入的各种障碍，构建的投资环境具有广泛而稳定的投资吸引力，因此形成了一种对内外资均为有利的投资环境。

除此之外，马来西亚政府还制定了许多专门对投资于中小企业、战略性项目、高科技、重型机械、机械设备、汽车部件以及棕榈油废料利用等企业进行鼓励和促进的投资政策。马来西亚在对外商直接投资的财税鼓励政策、对外商直接投资的行业促进、行业开放，以及外商持股比例 4 个领域出台了一系列促进外商直接投资增长的新措施，修订了鼓励外商投资产业目录的《促进行动及产品列表》。①

从投资区位来看，马来西亚邻近马六甲海峡，辐射东盟、印度、中东市场，地处由中国、印度尼西亚、印度和澳大利亚等新兴经济体形成的全球经济“活跃板块”的中心地带，具有极佳的经济地缘优势。马来西亚投资法律体系完备、与国际通行标准接轨、各行业操作流程较为规范，吸引了包括中国企业在内的各国企业在该国开展业务。

1. 按区域、国家（地区）分马来西亚外商直接投资

表 3—21、表 3—22 分别给出了 2008—2014 年按区域、国家（地区）分马来西亚外商直接投资额及外商直接投资比重。从投资比重来看，2014 年马来西亚外商直接投资主要来自欧洲、北美洲、东南亚，这三个地区的投资总额分别占马来西亚全部外商直接投资的比重达 36%、23.1%、19.5%；其中荷兰、新加坡、美国是马来西亚主要外商直接投资来源国，占印度尼西亚全部外商直接投资的比重分别为 19.9%、13%、8.6%。2014 年中国投资 10.6 亿马来西亚林吉特，占马来西亚全部外商直接投资的比重为 1.6%。中国对马来西亚的投资起步晚、数量少，近年来虽然呈

① 詹小颖：《马来西亚“新经济模式”视角下中国企业 FDI 产业选择探析》，《东南亚纵横》2015 年第 5 期。

逐步加快趋势，但与其他国家相比，中国的投资仍是少数。

表3—21　按区域、国家（地区）分马来西亚外商直接投资（2008—2014）

单位：百万马来西亚林吉特

国家（地区）＼年份	2008	2009	2010	2011	2012	2013	2014
中南美洲	5810.71	2420.87	1274.59	1481.35	2773.92	2695.27	2084.9
欧洲	7137.97	12252.18	8067.32	7941.68	24678.57	17139.29	23621.41
北美洲	5833.56	5014.01	4783.79	4513.15	6216.3	5221.45	15143.82
东北亚	8196.34	11664.53	6979.6	11946.51	14849.95	12579.3	7214.77
南亚	2456.91	748.69	329.39	7187.21	474.64	548.86	535.82
东南亚	13174.47	11868.68	11672.62	15019.98	15411.44	14649.66	12769.69
西亚	535.11	341.18	2701.62	1042.6	1094.15	1538.98	631.34
非洲	6467.06	5527.85	1744.02	3151.28	2576.35	1085.87	821.07
澳大利亚	857.12	1008.47	1345.54	1178.89	1339.04	1853.4	1422.51
柬埔寨	111.71	64	51.62	117.42	55.96	194.29	180.39
开曼群岛	394.41	201.69	544.68	310.58	1088.29	630.07	971.06
中国	653.41	694.02	575.04	785.55	2171.94	2080.64	1061.69
德国	1049.87	1236.67	1301.7	2246.07	1221.23	826.63	2025.37
中国香港	3459.11	7274.44	3692.57	6643.14	7560.52	6889.47	1111.64
印度	642.54	708.55	292.28	6508.83	443.23	422.76	405.84
印度尼西亚	2738.48	2722.91	3127.08	1579.23	2633.32	2163.27	2088.01
毛里求斯	919.71	735.9	889.11	495.53	1012.03	280.59	551.11
荷兰	2394.9	2640.82	1200.9	1425.09	2420.08	3514.88	13058.54
菲律宾	183.05	175.57	260.63	261.24	347.58	397.03	167.04
新加坡	7638.06	7378.69	5316.55	9373.42	8519.87	7952.94	8513.02
中国台湾	466.73	330.47	208.81	366.81	1652.71	158.54	226.05
泰国	1576.66	884.26	2089.16	3030.96	2737.59	1877.68	678.37
阿联酋	336.9	144.6	2506.35	782.41	747.83	1297.28	435.77
英国	908.52	870.09	3131.9	1648.49	12913.15	8292.87	2823.5
美国	5728.25	4873.21	4665.37	4218.77	5911.6	4868.91	5640.08
越南	382.62	174.01	344.35	246.51	493.43	1093.99	820.74
维尔京群岛	2076.17	1398.22	423.65	615.84	667.82	1461.12	691.19
总计	50638.68	51155.46	39186.03	54711.78	69828.01	57789	65637.37

资料来源：CEIC数据库。

表3—22　按区域、国家（地区）分马来西亚外商直接投资比重（2008—2014）

单位：%

国家（地区）＼年份	2008	2009	2010	2011	2012	2013	2014
中南美洲	11.5	4.7	3.3	2.7	4.0	4.7	3.2
欧洲	14.1	24.0	20.6	14.5	35.3	29.7	36.0
北美洲	11.5	9.8	12.2	8.2	8.9	9.0	23.1
东北亚	16.2	22.8	17.8	21.8	21.3	21.8	11.0
南亚	4.9	1.5	0.8	13.1	0.7	0.9	0.8
东南亚	26.0	23.2	29.8	27.5	22.1	25.4	19.5
西亚	1.1	0.7	6.9	1.9	1.6	2.7	1.0
非洲	12.8	10.8	4.5	5.8	3.7	1.9	1.3
澳大利亚	1.7	2.0	3.4	2.2	1.9	3.2	2.2
柬埔寨	0.2	0.1	0.1	0.2	0.1	0.3	0.3
开曼群岛	0.8	0.4	1.4	0.6	1.6	1.1	1.5
中国	1.3	1.4	1.5	1.4	3.1	3.6	1.6
德国	2.1	2.4	3.3	4.1	1.7	1.4	3.1
中国香港	6.8	14.2	9.4	12.1	10.8	11.9	1.7
印度	1.3	1.4	0.7	11.9	0.6	0.7	0.6
印度尼西亚	5.4	5.3	8.0	2.9	3.8	3.7	3.2
毛里求斯	1.8	1.4	2.3	0.9	1.4	0.5	0.8
荷兰	4.7	5.2	3.1	2.6	3.5	6.1	19.9
菲律宾	0.4	0.3	0.7	0.5	0.5	0.7	0.3
新加坡	15.1	14.4	13.6	17.1	12.2	13.8	13.0
中国台湾	0.9	0.6	0.5	0.7	2.4	0.3	0.3
泰国	3.1	1.7	5.3	5.5	3.9	3.2	1.0
阿联酋	0.7	0.3	6.4	1.4	1.1	2.2	0.7
英国	1.8	1.7	8.0	3.0	18.5	14.4	4.3
美国	11.3	9.5	11.9	7.7	8.5	8.4	8.6
越南	0.8	0.3	0.9	0.5	0.7	1.9	1.3
维尔京群岛	4.1	2.7	1.1	1.1	1.0	2.5	1.1
总计	100.0	100.0	100.0	100.0	100.0	100.0	100.0

资料来源：CEIC数据库及笔者计算。

2. 按产业分马来西亚外商直接投资

马来西亚的“新经济模式”对马来西亚亟须发展的制造业行业给予较大的外商直接投资优惠待遇，提出了“超越制造业”的发展转型路径。表3—23、表3—24分别给出了2008—2014年按产业分马来西亚外商直接投资额及马来西亚外商直接投资比重。从投资比重来看，制造业是马来西亚外商直接投资的主要产业，2013年制造业的外商直接投资额占马来西亚全部外商直接投资的比重达48.1%，2014年这一比重上升到53%。

表3—23　　按产业分马来西亚外商直接投资（2008—2014）

单位：百万马来西亚林吉特

产业＼年份	2008	2009	2010	2011	2012	2013	2014
农林渔业	786.09	586.84	246.8	357.79	1860.06	960.53	518.16
采矿业	7424.52	5817.31	2280.08	11535.9	3008.21	2961.19	11558.73
制造业	25323.08	34842.12	18795.32	31130.9	34049.56	27771.43	34795.88
建筑业	1130.73	455.56	821.72	449.05	582.91	1015.06	633.35
服务业	15974.27	9453.63	17042.13	11238.14	30327.29	25080.8	18131.25
其中：批发零售	4503.07	5112.07	10712.85	6305.26	16721.76	12667.21	4445.32
信息通信	1057.56	535.3	2021.87	478.88	905.95	565.04	1100.55
金融保险	6708.78	1977.93	2802.09	2524.67	9625.61	7113.35	7626.59
总计	50638.69	51155.46	39186.05	54711.78	69828.03	57789.01	65637.37

资料来源：CEIC数据库。

表3—24　　按产业分马来西亚外商直接投资比重（2008—2014）　　单位:%

产业＼年份	2008	2009	2010	2011	2012	2013	2014
农林渔业	1.6	1.1	0.6	0.7	2.7	1.7	0.8
采矿业	14.7	11.4	5.8	21.1	4.3	5.1	17.6
制造业	50.0	68.1	48.0	56.9	48.8	48.1	53.0
建筑业	2.2	0.9	2.1	0.8	0.8	1.8	1.0
服务业	31.5	18.5	43.5	20.5	43.4	43.4	27.6
其中：批发零售	8.9	10.0	27.3	11.5	23.9	21.9	6.8
信息通信	2.1	1.0	5.2	0.9	1.3	1.0	1.7
金融保险	13.2	3.9	7.2	4.6	13.8	12.3	11.6
总计	100.0	100.0	100.0	100.0	100.0	100.0	100.0

资料来源：CEIC数据库及笔者计算。

马来西亚电子电器产业是国内经济的支柱产业，该产业主要集中在多媒体走廊区域、槟城（Penang）和马六甲一带地区，是目前该国国内发展最成熟的产业集群之一。马来西亚的汽车工业一直是政府重点扶持的产业，主要集中在丹戎（Tanjung）、马林（Malim）、北干（Pekan）和槟城这些零部件供应商比较聚集的地方；伊斯干达发展区（Iskandar Development Region）以油质化工和信息产业为主，着重建立国际商贸及服务中心。①

马来西亚在“新经济模式”改革实施以来，兴建了大量的高科技产业园区，大力鼓励外商直接投资进入高新技术产业，使得马来西亚产业园区聚集了众多的跨国电子采购商、供应商和制造商，在马来西亚的多媒体走廊和槟榔屿工业区已形成了较大规模的电子产业集群。据估计马来西亚与泰国、新加坡和菲律宾生产的磁盘驱动器约占世界产量的80%，世界上1/3的微处理器是在槟榔屿完成装配的。随着其高新技术产业集群的形成和发展，投资于马来西亚的发达国家跨国公司以东盟为中心辐射到周边各国市场，占据了马来西亚及东盟市场较大的市场份额。

马来西亚的“新经济模式”改革将服务业定位为经济发展的主要动力，在对外商投资的政策上进一步提高了其服务业对外开放的程度。2010年，马来西亚开放了8个服务业领域的27个分支行业，不设股权限制，允许外商独资；2012年，又陆续开放了17个服务业分支行业的外资股权限制。2013年，服务业的外商直接投资总额占马来西亚全部外商直接投资的比重达43.4%，2014年这一比重下降到27.6%；其中，主要是批发零售业外商直接投资大幅下滑。2013年，批发零售业的外商直接投资总额占马来西亚全部外商直接投资的比重达21.9%，2014年这一比重下降到6.8%。

马来西亚的原油和天然气资源丰富，可开采储量高，但由于受技术和资金不足的限制，马来西亚较多油田仍处于待开发状况，能源开采程度不高。马来西亚的天然气则多半分布在沙捞越州，而石油主要分布在沙捞越盆地、马来盆地和沙巴盆地。马来西亚石油化工冶炼业发展也相对滞后，主要是因为其石油化工的深加工能力和生产能力较弱，马来西亚新经济模式的一系列改革政策制定了较多的优惠措施鼓励对外商直接投资进入资源

① 林丽钦、王勤：《东盟产业集群发展的现状与特点》，《东南亚研究》2015年第3期。

类产业。[1] 近年来采矿业外商直接投资大幅上升，2013 年采矿业的外商直接投资总额占马来西亚全部外商直接投资的比重仅为 5.1%，2014 年这一比重上升到 17.6%，超过了 2008 年的 14.7%。

（四）越南

越南 2006 年 7 月 1 日出台的《投资法》开始对国内外投资实行统一管理，取消了《外国投资法》对外商直接投资的诸多限制，进一步开放市场。越南政府在土地、税收等方面给予外商直接投资优惠鼓励，鼓励外商直接投资进入高新技术领域并进行核心技术、高新技术的转让；越南政府还特别鼓励外商直接投资到山区、边远地区、不发达地区投资。越南产业体系不够完善，经济发展起步晚，很多产品仍然依靠进口，近年来针对中国产品的反倾销案不断，而越南与东盟各国在投资、贸易上有很多互惠政策，到越南投资一方面可以绕开一些关税壁垒，将产品直接出口进入东盟市场；另一方面有利于产品享受越南原产国待遇，更顺利地把产品出口到欧美等其他国家。随着越南人民生活水平的不断提高和经济的不断发展，对产品的需求量也不断加大，诸如农产品加工业、工业、服务业发展需求均不断提升，目前许多行业虽然还处于起步甚至酝酿阶段，但只要中国企业能够积极赢取发展机会，主动抓住先机，投资开发越南会有巨大的发展潜力。

1. 按区域、国家（地区）分越南外商直接投资

越南工业基础薄弱，自然资源丰富，是一个以农业为主的国家。越南外商直接投资企业规模较小、利润低，在国际产业链中处于较低端的位置，主要是给跨国公司生产辅助性产品。表 3—25、表 3—26 分别给出了 2008—2014 年按区域、国家（地区）分越南外商直接投资额和越南外商直

---

① 如部分能源领域企业税务优惠申请延期至 2015 年年底，并对石油天然气产业给予投资税务补贴，即合格资本支出的 60%—100% 的补贴可抵充其纳税年法定收入，以鼓励资本密集型项目的开发，具体包括提高原油采收率、高含量二氧化碳天然气田、深水和基础设施的石油作业项目等。为改善石油天然气开发商的项目收益，免除边际油田开采及输出的产品出口税，边际油田开发项目所得税从 38% 降至 25%，为增强项目的可行性，边际油田开发企业可享受的加速资本补贴期增至 5—10 年。

接投资比重。由于地缘位置、文化传统等原因，越南吸引的外商直接投资多来自于东亚及东南亚的国家和地区。从投资比重来看，2014 年越南外商直接投资主要来自韩国、新加坡、日本和中国香港，这四者的投资总额分别占越南全部外商直接投资比重的 35.6%、13.4%、14%、10.6%。2014 年，中国对越南投资 4.97 亿美元，占越南全部外商直接投资比重的 2.3%。目前，中国对越南投资主要集中在矿产开发、饲料加工、工业园区建设、汽车摩托车零部件生产、电力等领域。中国企业在越南的电力、化工、水泥等领域具备一定竞争优势。今后越南将在城市轨道交通、高速公路、城市道路、环境治理、保障房建设等领域加大投资力度，中国企业应进一步扩大对越投资。

表 3—25　按区域、国家（地区）分越南外商直接投资（2008—2014）

单位：百万美元

年份 国家（地区）	2008	2009	2010	2011	2012	2013	2014
英国	565.1	50.8	56.7	334.5	43.2	193.7	346.3
加拿大	4237.7	24.7	48.2	52.8	21.6	27.7	297
中国	373.5	774.9	685	757.7	371.2	2338.6	497.1
德国	56.6	102.9	46.1	56.3	188.8	122	173.8
中国台湾	8851.7	1626.5	1453.1	579	2658.1	637.3	1228.9
荷兰	16.9	165.9	2417.5	394.2	119.1	398.7	204.5
韩国	2019	1911.5	2545.2	1540.2	1285.2	4465	7705
中国香港	409	774.9	248.7	3460.7	729.1	729.9	3036.4
俄罗斯	69	335	146	38.7	143.1	1031.9	11.5
马来西亚	14969.2	223.6	491.3	458.3	238.4	147.8	388.4
美国	1519.4	9945.1	1936	299.9	160.4	130.4	309.6
日本	7578.7	715	2399	2622	5593.1	5875.5	2299
澳大利亚	56.7	93.3	34.5	188.3	11.3	139.8	147.4
法国	87.5	123.6	30.1	62.9	108.9	84.4	47.6
维尔京群岛	4052.6	1101.4	823.1	496.8	822.1	309.3	790.4
泰国	4046.2	102.8	166.2	212.4	199.4	204.7	232.8
新加坡	4495.8	922.5	4585.6	2306.4	1938	4769	2892.8
总计	59440.2	23409	19743	15019.7	16272.4	22140.4	21662.1

资料来源：CEIC 数据库。

表 3—26 按区域、国家(地区)分越南外商直接投资比重(2008—2014)

单位:%

国家(地区) \ 年份	2008	2009	2010	2011	2012	2013	2014
英国	1.0	0.2	0.3	2.2	0.3	0.9	1.6
加拿大	7.1	0.1	0.2	0.4	0.1	0.1	1.4
中国	0.6	3.3	3.5	5.0	2.3	10.6	2.3
德国	0.1	0.4	0.2	0.4	1.2	0.6	0.8
中国台湾	14.9	6.9	7.4	3.9	16.3	2.9	5.7
荷兰	0.0	0.7	12.2	2.6	0.7	1.8	0.9
韩国	3.4	8.2	12.9	10.3	7.9	20.2	35.6
中国香港	0.7	3.3	1.3	23.0	4.5	3.3	14.0
俄罗斯	0.1	1.4	0.7	0.3	0.9	4.7	0.1
马来西亚	25.2	1.0	2.5	3.1	1.5	0.7	1.8
美国	2.6	42.5	9.8	2.0	1.0	0.6	1.4
日本	12.8	3.1	12.2	17.5	34.4	26.5	10.6
澳大利亚	0.1	0.4	0.2	1.3	0.1	0.6	0.7
法国	0.1	0.5	0.2	0.4	0.7	0.4	0.2
维尔京群岛	6.8	4.7	4.2	3.3	5.1	1.4	3.6
泰国	6.8	0.4	0.8	1.4	1.2	0.9	1.1
新加坡	7.6	3.9	23.2	15.4	11.9	21.5	13.4
总计	100.0	100.0	100.0	100.0	100.0	100.0	100.0

资料来源:CEIC 数据库及笔者计算。

2. 按产业分越南外商直接投资

越南政府对投资优惠领域、地区的新投资项目和追加投资项目给予土地使用优惠、税收优惠、加快固定资产折旧、投资手续优惠等投资优惠政策。2014 年 1 月 1 日起,外商直接投资企业所得税为 22%;2016 年 1 月 1 日起,将改为适用 20% 的所得税税率。在越南的外商直接投资企业要缴纳增值税,自 2004 年 1 月 1 日起,根据商品和服务种类,增值税分为 5%、10% 两种税率。外商投资高新技术企业,可长期适用 10% 的企业所得税,而园区外高科技项目一般为 15%,一般性项目为 20%—25%,并从盈利之时起,享受 4 年免税和随后 9 年减半征税的优惠政策。

越南政府还鼓励外商直接投资进入边远地区，将行政区域划分为经济社会条件特别艰苦地区（A 区）和艰苦地区（B 区）两大类，分别享受特别鼓励优惠及鼓励优惠政策。在 A 区享受 4 年免税优惠，免税期满 9 年征收 5%，紧接着 6 年征收 10%，之后按普通项目征税。B 区享受 2 年免税优惠，免税期满 4 年征收 7.5%，紧接着 8 年征收 15%，之后按普通项目征税。

表 3—27、表 3—28 分别给出了 2010—2014 年按产业分越南外商直接投资额及越南外商直接投资比重。从投资比重来看，制造业是越南外商直接投资的主要产业，2014 年制造业的外商直接投资总额达到 155 亿美元，占越南全部外商直接投资的比重达 70.7%。越南在制造业方面也有自己的优势，首先越南拥有丰富的自然资源，生产资源充足，为在越南发展制造业提供了坚实的基础；其次在越南进行制造业方面的生产，生产成本较低，与周边国家和地区制造业的生产相比具备相当大的优势；再次是越南劳动力充足，对于劳动力需求量大的劳动密集型制造业产业非常有利。近年来“越南制造”正在逐渐追赶甚至超越“中国制造”，迅速发展的越南制造业给中国的制造业带来了很大的压力和挑战，如耐克在中国的代工厂的产量到 2010 年占耐克全球总产量的 34%，越南的产量则达到了 37%，超过中国成为耐克最大的代工基地。

表 3—27 按产业分越南外商直接投资（2010—2014） 单位：百万美元

产业 \ 年份	2010	2011	2012	2013	2014
农业、林业、渔业	36.2	141.5	99.4	97.7	136.4
采矿业	5.6	98.4	167.5	85.9	107.3
制造业	5979.3	7788.8	11701.9	17141.2	15505.4
电气供应	2952.6	2528.5	97.2	2037.3	228.4
水供应	10.1	323.2	0.5	51.1	63.3
建筑业	1816	1296.4	346	222.3	1084.7
批发零售业	462.1	499.1	772.8	628.8	404.8
交通仓储业	881	74.9	227.1	68.1	176.7
住宿餐饮业	315.5	476.8	108.2	248.9	494.1
信息通信业	106.5	897.4	416.9	87.8	75.9
金融银行保险业	59.1	—	0.1	1.1	9.7
房地产业	6827.9	869.9	1979.9	951.9	2832.8

续表

产业＼年份	2010	2011	2012	2013	2014
专业科技	71.5	265.5	98.8	437.7	278.6
行政服务	4.6	5.1	5.3	9.4	8.6
教育培训业	74.7	11.2	105.1	127.9	77.5
公众健康卫生	205.6	88.5	140.2	90	415.7
艺术娱乐	62.3	153	60.6	50.4	14.6
其他	15.5	79.9	20.5	14.7	7.2
总计	19886.1	15598.1	16348	22352.2	21921.7

资料来源：CEIC 数据库。

表 3—28　　按产业分越南外商直接投资比重（2010—2014）　　单位:%

产业＼年份	2010	2011	2012	2013	2014
农业、林业、渔业	0.2	0.9	0.6	0.4	0.6
采矿业	0.0	0.6	1.0	0.4	0.5
制造业	30.1	49.9	71.6	76.7	70.7
电气供应	14.8	16.2	0.6	9.1	1.0
水供应	0.1	2.1	0.0	0.2	0.3
建筑业	9.1	8.3	2.1	1.0	4.9
批发零售业	2.3	3.2	4.7	2.8	1.8
交通仓储业	4.4	0.5	1.4	0.3	0.8
住宿餐饮业	1.6	3.1	0.7	1.1	2.3
信息通信业	0.5	5.8	2.6	0.4	0.3
金融银行保险业	0.3	0.0	0.0	0.0	0.0
房地产业	34.3	5.6	12.1	4.3	12.9
专业科技	0.4	1.7	0.6	2.0	1.3
行政服务	0.0	0.0	0.0	0.0	0.0
教育培训业	0.4	0.1	0.6	0.6	0.4
公众健康卫生	1.0	0.6	0.9	0.4	1.9
艺术娱乐	0.3	1.0	0.4	0.2	0.1
其他	0.1	0.5	0.1	0.1	0.0
总计	100.0	100.0	100.0	100.0	100.0

资料来源：CEIC 数据库及笔者计算。因四舍五入等因素与合计可能存在出入。

此外，越南还是新兴的纺织服装生产与出口国家，目前共有4000多家纺织服装企业，胡志明市周围已经形成了一定规模的纺织服装产业集群。越南纺织服装集团为了解决原辅料主要依靠进口的问题，着手在胡志明市建设纺织服装原辅料经营中心，该中心将汇集至少500家国内外纺织服装原辅料供应商，这将进一步改善行业整体的供应链体系。另外，越南纺织协会提出将在胡志明市和河内市成立时装经营和设计中心，以提升产业链的附加值。

在房地产行业方面，由于越南的本土企业资金匮乏而难以筹措较多资金，越南房地产行业的发展多需要外商直接投资的进入，这使得越南的房地产产业成为外国企业的一大投资热点。越南房地产产业的外商直接投资在2014年为28.3亿美元，占越南全部外商直接投资的比重为12.9%。目前越南的房地产产开发方式主要是由外商直接投资企业提供所需资金，本土企业提供土地。越南房地产行业吸引外资的一个特点就是项目数总金额较多，但所占比例较小，这种开发方式具有利润回报丰厚以及风险较低的特点，直接刺激了外商直接投资的进入。

越南经济经过多年发展后，为了避免外商直接投资的盲目性和无序性，防止其他国家借壳越南“原产国”标签损害越南国内企业的利益，越南在大力鼓励外商投资的同时更注重外商直接投资向新兴产业、环境友好型产业、高新技术产业的发展，更注重外商直接投资企业质的提升，越南特别鼓励外商投资的领域主要包括以下几类。

新材料——复合材料、珍稀材料、轻型建材、高级钢材、特种金属、合金、钢坯；

新能源——太阳能、风能、地热、生物燃气、海潮等新型能源应用；

高技术产品生产——医学遗注技术应用、医疗分析设备生产、整形设备、残疾人专用车辆及设备生产；

生物技术——应用先进技术和生态技术生产药物达国际GMP标准、抗生素原材料生产；

信息技术产品生产——计算机通信设备、电信、互联网及重点通信技术产品生产；

半导体和高科技电子配件生产、软件及数码通信素材生产——软件服务、通信技术研究及通信技术人才培养；

机械制造——精密机械设备生产制造、工业生产安全监控及监测设备

生产、工业机器人开发;

种植、养殖、农林水产品加工——植护林、荒地沼泽地种养农林水产,远洋捕捞作业、物种树种及家禽种苗培养、盐业生产、开发及精炼;

应用高科技、现代技术——在越南未投入使用的新技术和高工艺、污染处理及环境保护,环保处理、观测及分析设备生产,污水废气及固体排放物处理及回收利用,研究发展培育新工艺;

使用5000人以上的劳动密集型产业;

工业区、出口加工区、高新技术区、经济区及由政府总理批准的重要项目的基础设施。

三　中国—东盟自由贸易区对双边贸易产品结构的影响

下面采用双重差分(Difference-in-Difference)检验中国—东盟自由贸易区的建立对中国与东盟各国双边贸易产品结构的影响,将东盟各国归入处理组,中国其他贸易伙伴归入对照组,比较中国—东盟自由贸易区实施前后,处理组和对照组之间贸易产品结构变化的差异。按照双重差分法的基本设计方法,本章设定如下双重差分估计模型:

$$TS_{it} = \alpha_0 + \beta_1 DCAFTA_t + \beta_2 DT_i + \beta_3 (DCAFTA \times DT)_{it} + \varepsilon_{it} \quad (1)$$

其中,i表示中国的贸易伙伴,t表示时期;TS是中国与其贸易伙伴的贸易产品结构变量;$DCAFTA$和DT分别为组别虚拟变量和时期虚拟变量,东盟各国属于处理组,$DCAFTA$赋值为1,其他贸易伙伴属于对照组,$DCAFTA$赋值为0;DT在建立中国—东盟自由贸易区之前赋值为0,之后赋值为1;ε_{it}是误差项。

在对照组中,由于$DCAFTA=0$,因而在中国—东盟自由贸易区建立前后,对照组成员与中国的双边贸易产品结构变量分别为:

$$TS_{it} = \begin{cases} \alpha_0 + \varepsilon_{it} & DT_i = 0 \\ \alpha_0 + \beta_2 + \varepsilon_{it} & DT_i = 1 \end{cases}$$

相应地,对于处理组,在中国—东盟自由贸易区建立前后,中国与东盟各国之间的双边贸易产品结构变量分别为:

$$TS_{it} = \begin{cases} \alpha_0 + \beta_1 + \varepsilon_{it} & DT_i = 0 \\ \alpha_0 + \beta_1 + \beta_2 + \beta_3 + \varepsilon_{it} & DT_i = 1 \end{cases}$$

显然在中国—东盟自由贸易区建立前后，对照组成员与中国的双边贸易产品结构变量变动为β_2，而处理组（东盟各国）与中国的双边贸易产品结构变量变动为$\beta_2 + \beta_3$。因此，交叉乘积项$DCAFTA \times DT$的系数β_3是中国—东盟自由贸易区建立对中国与东盟各国之间的双边贸易产品结构变量变动产生的净效应（为平均处理效应），如果β_3统计上显著，则表明中国—东盟自由贸易区的建立对中国与东盟各国之间的双边贸易产品结构产生了显著影响。

在（1）式的基础上，我们希望控制其他因素对中国与东盟各国及其其他贸易伙伴贸易产品结构变量的影响：

$$TS_{it} = \alpha_0 + \beta_1 DCAFTA_t + \beta_2 DT_i + \beta_3 (DCAFTA \times DT)_{ir} + \gamma' X_i + \delta_t + \lambda_i + \varepsilon_{it} \quad (2)$$

其中，X_{it}是控制变量，主要包括一经济体的对外开放水平、经济增长率、人均收入水平、通货膨胀率等因素；δ_t是时间虚拟变量，控制一些趋势因素，在模型中加入λ_i（不随时间变化）个体效应项，在一定程度上控制了影响双边贸易产品结构的不可观测因素。

（一）数据及变量

1. 被解释变量

一是进口（出口）产品互补指数（ICI、ECI）。如果一国进口（出口）的产品结构与另一国出口（进口）的产品结构吻合，那么两国的贸易具有互补性。如果两国的贸易具有互补性，通过消除贸易壁垒与实现规模化生产可以给贸易双方带来较大的利益。相反，一方进口（出口）的产品并非另一方集中出口（进口）的产品，那双方贸易的互补性较小，两国贸易发展潜力将受到限制。

为了评估中国与东盟各国及其他贸易伙伴在贸易上互相促进的潜力，本章采用进口（出口）互补指数（complementary index）来度量，该指数度量了中国与东盟各国及其他贸易伙伴i在进出口贸易结构上的匹配程度，其计算公式如下。

进口互补指数：$ICI_{ci} = 1 - \frac{1}{2}\sum_{k=1}^{n} |m_{kc} - x_{ki}|$

m_{kc}为中国进口的产品 k（为 3 位代码 SITC 分类产品）占其总进口的比重，x_{ki}为东盟各国及其他贸易伙伴 i 出口的产品 k 占其总出口的比重。

出口互补指数：$ECI_{ci} = 1 - \frac{1}{2}\sum_{k=1}^{n} |x_{kc} - m_{ki}|$

x_{kc}为中国出口的产品 k 占其总出口的比重，m_{ki}为东盟各国及其他中国贸易伙伴 i 进口的产品 k 占其总进口的比重。

如果中国进口（出口）的产品 k 与其贸易伙伴 i 的出口（进口）产品 k 完全匹配，该指数取值为 1，即中国进口（出口）与其贸易伙伴 i 的出口（进口）贸易存在完美的互补；如果中国进口（出口）与其贸易伙伴 i 的产品出口（进口）完全不匹配，该指数取值为 0。

二是进口（出口）产品相似性指数（IS、ES）。一些研究为了评估贸易双方在世界范围内出口贸易上的竞争，采用产品相似性指数（Indicator of similarity in merchandise trade structures 或 coefficient of specialization）来度量①，其计算公式为：

$$ES_{ci} = 1 - \frac{1}{2}\sum_{k=1}^{n} |x_{kc} - x_{ki}|$$

$$IS_{ic} = 1 - \frac{1}{2}\sum_{k=1}^{n} |m_{kc} - m_{ki}|$$

ES、*IS* 为出口、进口产品相似性指数，x_{kc}与 x_{ki}为出口产品 k 占中国与经济体 j 总出口的比重，m_{kc}与 m_{ki}为进口产品 k 占中国与经济体 j 总进口的比重。如果中国与经济体 j 有相同的出口（进口）结构，*ES*、*IS* 指数取值为 1，表明中国与经济体 j 在出口（进口）上存在激烈的竞争；如果中国与经济体 j 具有完全不相同的出口（进口）结构，则该指数取值为 0。

三是进口（出口）产品集中度指数（*IH*、*EH*）。产品集中度指数又称为赫芬达尔—赫斯曼指数（Herfindahl-Hirschmann index），测量了产品的市场集中化程度：

---

① Qureshi, Mahvash Saeed and Guanghua Wan, Trade Expansion of China and India: Threat or Opportunity?, *The World Economy*, Vol. 31, No. 10, 2008, pp. 1327 - 1350.

$$EH_{ci} = \frac{\sqrt{\sum_{k=1}^{n} \left(\frac{x_{kci}}{x_{ci}}\right)^2} - \sqrt{1/n}}{1 - \sqrt{1/n}}$$

其中，EH_{ci}是出口方中国与其贸易伙伴 i 的出口产品集中度指数，该指数的标准值介于 0 和 1 之间，数值为 1 表示出口完全集中。x_{kci}是中国出口到贸易伙伴 i 的产品 k 的出口额，x_{ci}是中国出口到贸易伙伴 i 的总出口额，$\frac{x_{kci}}{x_{ci}}$表示出口产品 k 所占份额，n 表示所有出口产品种类数（为 3 位代码 SITC 分类产品）。

进口产品集中度指数 IH_{ci}的计算与出口产品集中度指数 EH_{ci}的计算类似，只是将 EH_{ci}的计算公式中的出口数据替换成相应的进口数据。

2. 解释变量

为了检验中国—东盟自由贸易区的建立对中国与东盟各国双边贸易产品结构的影响，本章构建中国—东盟自由贸易区虚拟变量 *DCAFTA*，即东盟各国（东盟 9 国，因数据原因，没有包括文莱）。

2002 年 11 月在柬埔寨首都金边召开的中国和东盟领导人会议上，中国和东盟各国领导人签署了《中国与东盟全面经济合作框架协议》，双方还制订实施了“早期收获”（Early Harvest）计划，即从 2004 年 1 月起对 500 多种商品实施降税，并在 2006 年实现上述商品的零关税。2004 年 11 月中国、东盟双方签署了《中国—东盟全面经济合作框架协议货物贸易协议》，标志着中国—东盟自由贸易区进入实质性建设阶段。中国—东盟自由贸易区规定，对中国和东盟老成员，正常产品自 2005 年 7 月起开始降税，并于 2010 年 1 月 1 日将关税最终削减为零；对东盟新成员，同样从 2005 年 7 月起降税，至 2015 年将正常商品关税降为零。考虑到中国—东盟自由贸易区的阶段性建设特征，对时期虚拟变量 *DT* 进行如下赋值。

DT2004：1995—2003 年（包括 2003 年）*DT2004* 赋值为 0，2004 年（包括 2004 年）以后 *DT2004* 赋值为 1。

服务贸易是中国与东盟自由贸易区建设的重要组成部分，2007 年 1 月，中国与东盟签署了中国—东盟自由贸易区《服务贸易协议》，该协议的签署为中国和东盟双方搭建了一个新的合作平台，该协议于 2007 年 7 月

1 日生效，标志着中国与东盟服务贸易自由化进程的正式启动。为了检验《服务贸易协议》签署后对中国与东盟各国双边贸易产品结构的影响，对时期虚拟变量 *DT* 进行如下赋值。

DT2007：2002—2006 年（包括 2006 年）*DT2007* 赋值为 0，2007 年（包括 2007 年）以后 *DT2007* 赋值为 1。

2009 年 8 月，中国、东盟双方签署了中国—东盟自由贸易区《投资协议》，标志着中国与东盟双方正式完成了中国—东盟自由贸易区的谈判任务，双方正式建立了全面经济合作关系。为了检验全面经济合作关系建设完成后中国—东盟自由贸易区对中国与东盟各国双边贸易产品结构的影响，对时期虚拟变量 *DT* 进行如下赋值。

DT2010：2002—2009 年（包括 2009 年）*DT2010* 赋值为 0，2010 年（包括 2010 年）以后 *DT2010* 赋值为 1。

3. 控制变量

经济开放程度（Open）：经济体 i 的进出口贸易总额占 GDP 的比重。

经济增长率（gdpg）：经济体 i 的 GDP 年增长率。

人均收入（gdppc）：以 2005 年价格计算的经济体 i 的人均 GDP 自然对数值。

通货膨胀率（cpi）：以经济体 i 的消费者价格指数计算的年度变化率。

以上数据均来自 UNCTAD 数据库。样本中选择的中国贸易伙伴共有 185 个经济体，样本区间为 1995—2013 年。

（二）实证结果与分析

表 3—29 给出了中国—东盟自由贸易区对中国与东盟各国出口、进口贸易互补性的影响的估计结果，表中第（1）—（3）项分别列示了因变量是双边出口互补指数的固定效应回归结果。第（1）项是将 *DT2004* 虚拟变量进入方程，交叉乘积项 $DCAFTA \times DT2004$ 的系数为中国—东盟自由贸易区建立对中国与东盟各国之间的双边贸易产品结构变量变动产生的净效应（平均处理效应），这种双重差分形式消除了随时间而变化的混淆因素的影响，得到签署中国—东盟自由贸易区的平均处理效应，交叉乘积项 $DCAFTA \times DT2004$ 的系数显著为正，表明中国、东盟双方签署《中国—东盟全

面经济合作框架协议货物贸易协议》促进了中国与东盟各国之间的出口产品的互补性。第（2）、（3）项分别是将 *DT2007*、*DT2010* 虚拟变量进入方程，交叉乘积项 *DCAFTA* × *DT2007* 的系数在 10% 的显著性水平上为正，表明中国与东盟签署了中国—东盟自由贸易区《服务贸易协议》，促进了中国与东盟各国之间的出口产品的互补性。交叉乘积项 *DCAFTA* × *DT2010* 的系数为正但不显著，表明中国、东盟双方签署了中国—东盟自由贸易区《投资协议》并没有明显促进中国与东盟各国之间的出口产品的互补性。

表 3—29　　中国—东盟自由贸易区对中国与东盟各国出口、进口贸易互补性的影响

变　量	(1)	(2)	(3)	(4)	(5)	(6)
DT2004	-0.0032 ** (-2.06)			0.00155 (0.97)		
DT2007		0.0043 *** (2.76)			0.012 *** (7.71)	
DT2010			0.000552 (0.34)			0.015 *** (8.89)
DT2004 × *DCAFTA*	0.0109 ** (2.13)			0.032 *** (6.26)		
DT2007 × *DCAFTA*		0.00855 * (1.62)			0.017 *** (3.15)	
DT2010 × *DCAFTA*			0.00477 (0.77)			0.00734 (1.18)
open	-0.016 *** (-3.78)	-0.0185 *** (-4.37)	-0.0175 *** (-4.14)	0.00563 (1.31)	0.00335 (0.79)	0.00382 (0.90)
gdpg	0.00710 (0.60)	0.0141 (1.18)	0.00853 (0.72)	-0.029 ** (-2.42)	-0.0126 (-1.04)	-0.0188 (-1.58)
lngdppc	0.0612 *** (14.97)	0.0500 *** (12.47)	0.0567 *** (15.73)	0.00817 ** (1.98)	-0.00511 (-1.27)	0.000838 (0.23)
cpi	-0.0014 ** (-2.04)	-0.0014 ** (-2.06)	-0.0014 ** (-1.99)	-0.000746 (-1.09)	-0.000796 (-1.17)	-0.000743 (-1.10)

续表

变 量	(1)	(2)	(3)	(4)	(5)	(6)
常数项	-0.099***	-0.00983	-0.064**	0.139***	0.245***	0.198***
	(-3.04)	(-0.31)	(-2.21)	(4.20)	(7.60)	(6.85)
样本数	3329	3329	3329	3331	3331	3331
因变量	ECI	ECI	ECI	ICI	ICI	ICI
R^2	0.2044	0.2048	0.2038	0.3147	0.2153	0.1848
Hausman 统计量	51.09	24.41	51.04	17.18	56.33	46.96
模型选择	FE	FE	FE	FE	FE	FE

注：括号中的数值是 t 统计量。***、**、* 分别表示 1%、5%、10% 显著水平。FE 表示固定效应模型。

第（4）—（6）项是因变量为进口互补指数的固定效应回归结果。交叉乘积项 *DCAFTA* × *DT2004* 的系数显著为正，表明中国、东盟双方签署的《中国—东盟全面经济合作框架协议货物贸易协议》促进了中国与东盟各国之间的进口产品的互补性。交叉乘积项 *DCAFTA* × *DT2007* 的系数也显著为正，表明中国与东盟签署了中国—东盟自由贸易区《服务贸易协议》，促进了中国与东盟各国之间的进口产品的互补性。交叉乘积项 *DCAFTA* × *DT2010* 的系数为正但不显著，表明中国、东盟双方签署了中国—东盟自由贸易区的《投资协议》并没有明显促进中国与东盟各国之间的进口产品的互补性。

总之，以上回归结果表明，中国、东盟双方签署的《中国—东盟全面经济合作框架协议货物贸易协议》促进了中国与东盟各国之间的进、出口产品的互补性。中国与东盟签署了中国—东盟自由贸易区《服务贸易协议》，也促进了中国与东盟各国之间的进、出口产品的互补性。但中国、东盟双方签署的中国—东盟自由贸易区《投资协议》并没有明显促进中国与东盟各国之间的进、出口产品的互补性。

表 3—30 给出了中国—东盟自由贸易区对中国与东盟各国出口、进口产品相似性的影响的估计结果，表中第（1）—（3）项分别列示了因变量是出口产品相似性指数的固定效应回归结果。交叉乘积项 *DCAFTA* × *DT2004* 的系数为正但不显著，表明中国、东盟双方签署《中国—东盟全面经济合作框架协议货物贸易协议》对中国与东盟各国之间的出口产品的相似性没

有显著影响，因此没有加重中国与东盟各国之间的出口产品的竞争性。交叉乘积项 *DCAFTA×DT2007* 的系数显著为负，表明中国与东盟签署的中国—东盟自由贸易区《服务贸易协议》降低了中国与东盟各国之间的出口产品的相似性，因此降低了中国与东盟各国之间的出口产品的竞争性。交叉乘积项 *DCAFTA×DT2010* 的系数为负但不显著，表明中国、东盟双方签署的中国—东盟自由贸易区《投资协议》对中国与东盟各国之间的出口产品的相似性没有显著影响，因此没有加重中国与东盟各国之间的出口产品的竞争性。

表3—30 中国—东盟自由贸易区对中国与东盟各国出口、进口产品相似性的影响

变 量	(1)	(2)	(3)	(4)	(5)	(6)
DT2004	-0.023***			-0.03***		
	(-12.08)			(-19.26)		
DT2007		-0.005***			-0.005***	
		(-2.82)			(-3.15)	
DT2010			-0.011***			0.0045***
			(-6.77)			(3.43)
DT2004×DCAFTA	0.00297			0.00517		
	(0.47)			(0.98)		
DT2007×DCAFTA		-0.02***			-0.013**	
		(-3.41)			(-2.46)	
DT2010×DCAFTA			-0.00453			-0.013**
			(-0.76)			(-2.35)
open	-0.000278	-0.00314	-0.00108	0.000700	-0.00363	-0.00428
	(-0.06)	(-0.67)	(-0.23)	(0.17)	(-0.84)	(-0.99)
gdpg	-0.032**	-0.042***	-0.042***	0.00763	0.00906	0.027**
	(-2.25)	(-3.00)	(-3.15)	(0.63)	(0.70)	(2.16)
lngdppc	-0.036***	-0.036***	-0.033***	0.00121	-0.0104	-0.032***
	(-6.34)	(-5.25)	(-5.49)	(0.26)	(-1.65)	(-5.74)
cpi	0.00103	0.00149	-0.00526	-0.00370	0.00853	0.00870
	(0.24)	(0.13)	(-0.47)	(-1.05)	(0.81)	(0.83)

续表

变　　量	(1)	(2)	(3)	(4)	(5)	(6)
常数项	0.547***	0.528***	0.504***	0.413***	0.487***	0.660***
	(12.01)	(9.63)	(10.40)	(10.90)	(9.54)	(14.56)
样本数	2679	2173	2173	2677	2171	2171
因变量	ES	ES	ES	IS	IS	IS
R^2	0.1065	0.1295	0.1226	0.1391	0.1376	0.1193
Hausman 统计量	69.9	104.98	171.89	69.42	NA	67.08
模型选择	FE	FE	FE	FE	FE	FE

注：括号中的数值是 t 统计量。***、**、* 分别表示 1%、5%、10% 显著水平。

表 3—30 中第（4）—（6）项分别列示了因变量是进口产品相似性指数的固定效应回归结果。交叉乘积项 *DCAFTA* × *DT2004* 的系数为正但不显著，表明中国、东盟双方签署的《中国—东盟全面经济合作框架协议货物贸易协议》对中国与东盟各国之间进口产品的相似性没有显著影响，因此没有加重中国与东盟各国之间的进口产品的竞争性。交叉乘积项 *DCAFTA* × *DT2007* 的系数显著为负，表明中国与东盟签署的中国—东盟自由贸易区《服务贸易协议》降低了中国与东盟各国之间的进口产品的相似性，因此降低了中国与东盟各国之间的进口产品的竞争性。交叉乘积项 *DCAFTA* × *DT2010* 的系数显著为负，表明中国与东盟双方签署的中国—东盟自由贸易区《投资协议》降低了中国与东盟各国之间的进口产品的相似性，因此降低了中国与东盟各国之间的进口产品的竞争性。

总之，以上回归结果表明，中国与东盟双方签署的《中国—东盟全面经济合作框架协议货物贸易协议》对中国与东盟各国之间的出口、进口产品的相似性没有显著影响，因此没有加重中国与东盟各国之间的出口、进口产品的竞争性。中国与东盟签署的中国—东盟自由贸易区《服务贸易协议》降低了中国与东盟各国之间的出口、进口产品的相似性，因此降低了中国与东盟各国之间的出口、进口产品的竞争性。中国与东盟双方签署的中国—东盟自由贸易区《投资协议》没有加重中国与东盟各国之间的出口产品的竞争性，但降低了中国与东盟各国之间的进口产品的竞争性。

表 3—31 给出了中国—东盟自由贸易区对中国与东盟各国出口、进口

产品集中度的影响的估计结果，表中第（1）—(3）项分别列示了因变量是出口产品集中度指数的固定效应回归结果。交叉乘积项 *DCAFTA* × *DT2004*、*DCAFTA* × *DT2007*、*DCAFTA* × *DT2010* 的系数均不显著，表明中国与东盟双方签署的《中国—东盟全面经济合作框架协议货物贸易协议》《服务贸易协议》《投资协议》对中国与东盟各国之间的出口产品的集中度没有显著影响。表中第（4）—(6）项分别列示了因变量是进口产品集中度指数的固定效应回归结果。交叉乘积项 *DCAFTA* × *DT2004* 的系数为负但显著性水平较低，*DCAFTA* × *DT2007*、*DCAFTA* × *DT2010* 的系数均显著为负，表明中国与东盟双方签署的《中国—东盟全面经济合作框架协议货物贸易协议》《服务贸易协议》《投资协议》明显降低了中国从东盟各国之间的进口产品的集中度，从而扩展了中国从东盟各国进口产品的种类，提高了进口产品的多样性。总之，中国—东盟自由贸易区的建设对中国与东盟各国之间出口产品的集中度没有显著影响；但明显降低了中国从东盟各国之间的进口产品的集中度，提高了中国从东盟各国进口产品的多样性。

表 3—31　　中国—东盟自由贸易区对中国与东盟各国出口、进口产品集中度的影响

变　量	(1)	(2)	(3)	(4)	(5)	(6)
DT2004	-0.00641 (-1.12)			-0.00436 (-0.48)		
DT2007		-0.00709 (-1.46)			-0.00965 (-1.01)	
DT2010			-0.010** (-2.14)			0.00518 (0.58)
DT2004 × *DCAFTA*	0.000387 (0.02)			-0.0344 (-1.30)		
DT2007 × *DCAFTA*		-0.0000704 (-0.00)			-0.067** (-2.22)	
DT2010 × *DCAFTA*			0.0229 (1.27)			-0.063* (-1.88)
open	-0.00229 (-0.16)	-0.00322 (-0.23)	-0.000952 (-0.07)	-0.073*** (-2.83)	-0.078*** (-2.71)	-0.077*** (-2.69)

续表

变　量	(1)	(2)	(3)	(4)	(5)	(6)
gdpg	0.0398 (1.02)	0.0262 (0.65)	0.0324 (0.83)	0.12 * (1.72)	0.21 *** (2.66)	0.23 *** (3.10)
lngdppc	-0.107 *** (-5.81)	-0.0992 *** (-4.82)	-0.106 *** (-5.98)	0.000713 (0.03)	0.0422 (1.06)	0.00235 (0.07)
cpi	0.0306 (0.96)	0.0325 (1.02)	0.0276 (0.87)	-0.000248 (-0.07)	-0.0166 (-0.27)	-0.0222 (-0.36)
常数项	1.089 *** (7.33)	1.021 *** (6.16)	1.075 *** (7.49)	0.56 *** (2.98)	0.239 (0.75)	0.557 ** (2.04)
样本数	1978	1978	1978	2690	1821	1821
因变量	EH	EH	EH	IH	IH	IH
R^2	0.0334	0.0338	0.0356	0.0058	0.1545	0.0111
Hausman 统计量	7.85	10.77	25.87	16.32	29.67	25.34
模型选择	RE	FE	FE	FE	FE	FE

注：括号中的数值是 t 统计量。***、**、* 分别表示 1%、5%、10% 显著水平。

因此，中国—东盟自由贸易区的建设对中国与东盟各国双边贸易进出口产品的结构产生了显著影响，具体来说，中国与东盟双方签署的《中国—东盟全面经济合作框架协议货物贸易协议》，促进了中国与东盟各国之间的进、出口产品的互补性；但没有加重中国与东盟各国之间的出口、进口产品的竞争性。中国与东盟签署的中国—东盟自由贸易区《服务贸易协议》，促进了中国与东盟各国之间的进、出口产品的互补性；降低了中国与东盟各国之间的出口、进口产品的相似性，因此降低了中国与东盟各国之间的出口、进口产品的竞争性。中国与东盟双方签署的中国—东盟自由贸易区《投资协议》并没有明显促进中国与东盟各国之间的进、出口产品的互补性；没有加重中国与东盟各国之间的出口产品的竞争性，但降低了中国与东盟各国之间的进口产品的竞争性。此外，中国—东盟自由贸易区的建设虽然对中国与东盟各国之间出口产品的集中度没有显著影响；但明显降低了中国从东盟各国之间的进口产品的集中度，提高了中国从东盟各国进口产品的多样性。

四 构建中国与东盟价值链的战略思考

（一）构建中国与东盟价值链的基本原则

中国、东盟企业需要在追求发展与成长过程中实现价值链的扩散与延伸，在自己发展的同时也为对方创造发展成长的空间。随着中国—东盟双边贸易与投资政策的日趋自由化，中国与东盟国家间的分工模式开始从传统的产业间分工，逐渐向生产要素、产业环节、产品部件等产业内分工模式发展；生产与产业组织方式已经从传统的垂直一体化逐渐向网络化演进。中国与东盟企业间价值链开始逐步演进生成，但在该价值链中，中国与东盟国家间比较优势相似，双方企业间的比较优势差异较小。因此中国与东盟国家企业价值链发展战略的首要问题是有效最大化实现“价值创造”，实现价值链的扩散与延伸，否则价值链发展将缺乏根本动力。

中国和东盟国家政府间的政策协调机制会在很大程度上补充企业、市场和网络协调机制，影响产业的价值链分工。大部分中国和东盟国家企业一般都没有具备独立的工艺、研发、品牌营销、销售渠道等驱动区域产业价值链演进与形成的动力优势。因此需要通过双方紧密合作，加强产业结构优化升级，从而实现区域内投资贸易的再分配，更好地融入不断发展的一体化市场中的生产网络。目前，需要区域内各国政府制定适当的政策反应机制，有针对性地解决产业政策的协调、合作及和谐发展，而不能单纯地依靠市场力量来实现，以帮助企业获取动态竞争优势。

中国企业必须努力争取向价值链微笑曲线两端的移动，这是中国企业在将来主导、构建价值链的基础。中国企业必然的战略逻辑是沿着价值链从低价值环节向高价值环节攀升，在价值链上的攀升主要有两个方向：一是向上游攀升，就是从零部件生产、设计、研发等部分入手，不断提高加工的复杂程度，提高自主研发和设计的比例，增加产品的附加值，进而带来出口商品结构的升级；另一个是成熟运用市场信息渠道等服务性生产能力，重视从销售、售后服务、品牌建设等部分入手，提升营销技能。这需要激励创新机制或政策、加强对知识产权的保护等政府相关政策的调整和扶持，为技术创新创造良好的制度环境。

（二）借中国—东盟自贸区升级的机遇，大力促进双边贸易的发展

2015年11月22日中国政府与东盟10国政府在马来西亚吉隆坡正式签署了中国—东盟自贸区升级谈判成果文件——《中华人民共和国与东南亚国家联盟关于修订〈中国—东盟全面经济合作框架协议〉及项下部分协议的议定书》（以下简称《议定书》）。《议定书》是在现有自贸区基础上完成的第一个升级协议，涵盖货物贸易、投资、服务贸易、经济技术合作等领域，是对原有协定的丰富、完善、补充和提升，体现了双方深化和拓展经贸合作关系的共同愿望和现实需求。现有的中国—东盟自贸区零关税已经覆盖了双方90%—95%税目的产品，升级原产地规则和贸易便利化措施将进一步促进双边货物贸易发展。《议定书》的达成和签署将为双方经济发展提供新的助力，加快建设更为紧密的中国—东盟命运共同体，推动实现2020年双边贸易额达到1万亿美元的目标，并将促进《区域全面经济伙伴关系协定》谈判和亚太自由贸易区的建设进程。[①] 升级后的中国—东盟自贸协定在加强商品降税、服务贸易促进以及投资促进三大基本领域合作的基础上，进一步将以商品贸易为主导的合作领域逐步扩展到服务贸易、投资等多个领域，实现中国—东盟合作质的飞跃，为中国—东盟双边经贸发展带来新的机遇。

第一，提高企业对自贸协定的利用率。相关调查表明，中国企业对中国—东盟自贸区的利用在中国已经签署的自贸区中相对较高，但远低于北美自由贸易区80%左右的特惠利用率和欧盟50%左右的特惠利用率。[②] 中国企业对中国—东盟自贸区自贸协定利用偏低的主要原因是缺乏相关信息、取得原产地证书困难。中国出口至东盟的产品可以凭检验检疫机构签发的中国—东盟自贸区原产地证书，享受减免关税的最大优惠待遇，但目

---

① 《中国—东盟自贸区升级版签署，超90%税目产品零关税》，人民网，2015年11月23日，http://world.people.com.cn/n/2015/1123/c1002－27844231.html。

② 张晓钦：《中国—东盟自贸区运行绩效及持续发展路径》，《现代国际关系》2015年第7期。

前原产地证书的申办情况并不乐观。政府部门和商会等组织还应进一步加强对自贸协定的宣传，开展针对性培训，并支持为企业提供利用自贸协定相关服务专业机构的发展。

第二，中国要承担起最终产品市场提供者的角色。目前东亚的“新三角贸易”模式，即中国从东亚其他经济体进口零部件、中间产品及部分原材料，加工组装以后将最终制成品出口到美欧等发达经济体，成为东亚的区域出口平台，这一贸易模式使得东盟和中国在经济上仍然都高度依赖美欧等发达经济体；部分东盟国家因本国产业结构等原因，对中国市场依赖程度不高。世界各国的发展历程表明，大国地位的和平获取和长期维持必须通过以内需为主的发展之路。中国作为和平发展的大国，有必要在区域合作中掌握更多的主导权，但主导权获得者不仅要主动推动本区域各国间的合作，而且要能够为地区内各国作出贡献。中国作为全球经济大国，在未来较长时期内仍将快速发展，国内市场潜力巨大，已经初步具备了成为包括东盟在内的东亚经济最终产品市场提供者的条件。中国成为东亚重要的最终产品市场提供者，不仅能解决国内部分生产要素稀缺问题、增强企业创新能力，还可以帮助东亚各经济体解决对欧美国家市场的过度依赖，稳定东亚区域经济。

构建由区域内国家主导的中国—东盟新型垂直分工价值链体系是中国提供最终产品市场的前提，最终产品市场提供是构建中国—东盟新型垂直分工价值链体系的强大推动力；随着中国企业技术创新能力的提高，可以与东盟形成垂直分工产业体系，通过垂直分工发展与之相伴的产业内贸易，加强中国—东盟经济关系的相互依赖。以产业合作为基础，能够有效促进贸易，特别是产业内贸易规模的扩张，并逐步发挥对跨境产业链的引导，促进自身在产业链中的地位，提升自身作为大国提供市场的能力，最终实现区域内的良性持续发展。

（三）根据东盟各国的资源禀赋和产业比较优势，实行差异化投资

一国或地区通过比较不同产业的进入成本和预期收益，进行产业选择可以转移国内具有比较劣势的产业，在区位选择上主要考察东道国是否具

有吸引外商直接投资的优惠政策，通过比较本国与东道国的经营成本看东道国是否具有优势，对外投资可以减少劳动密集型企业的生产成本，使得企业获取更高的利润空间。如日本在开始进行对外直接投资时，主要是服装、纺织和玩具等劳动密集型产业。

中国进行对外直接投资时需要考虑产业选择的问题。中国企业经过多年学习、模仿和创新，部分行业已经形成了一系列标准化和成熟的生产技术体系，利用这些成熟的技术进行对外直接投资，可以获取在东道国市场上的竞争优势；但还有一部分中国企业的对外直接投资并不是在产业结构高级化的基础上进行的，这部分对外直接投资是为了促进国内产业结构的升级和优化，一方面规避贸易壁垒的阻碍，转移国内过剩产能；另一方面可以利用东道国生产成本低廉的优势。因此，中国必须从国家经济发展长远的战略目标出发，促进制造业对外直接投资通过各种途径对国内产业的调整和升级，重视资源类型的对外直接投资，在国外建立一批战略性资源的供应地，促进中国国内瓶颈产业的发展，确保国内经济发展所需的经济资源供应。

1. 根据东盟各国的资源禀赋和比较优势进行投资决策

以上研究发现中国在东盟投资的区位选择、产业选择、投资的效应均存在较大的国别差异，考虑到东盟10国内部经济发展程度迥异，各个东盟国家的经济发展环境也有非常大的差距。因此建议中国企业在对东盟各国进行直接投资决策时应实施差异化的投资，要根据东盟每个国家不同的比较优势来确定投资的区位和产业选择。刘再起和谢润德①认为，中国应当根据东盟各国不同的资源禀赋和比较优势进行相关行业的直接投资：泰国、马来西亚、越南这些国家与中国的国际关系稳定，而且文化相通，双边贸易稳定增长，应加大对这些国家的直接投资；对印度尼西亚和柬埔寨，保持目前的投资趋势；对文莱、新加坡、缅甸、菲律宾和老挝的直接投资应选择适当的行业。史本叶和张超磊②认为，中国对东盟直接投资主要是为了获得其市场的水平型投资，由于新加坡位置优越、资本技术丰

① 刘再起、谢润德：《中国对东盟 OFDI 的国别贸易效应实证分析》，《世界经济研究》2014年第6期。

② 史本叶、张超磊：《中国对东盟直接投资：区位选择、影响因素及投资效应》，《武汉大学学报》（哲学社会科学版）2015年第3期。

富，因此中国企业可以增加在新加坡的交通运输业和技术服务等方面的投资；马来西亚和越南等国的劳动力成本较低，中国企业可以增加制造业等方面的投资；印度尼西亚和柬埔寨等国自然资源丰富，中国企业可以增加基础设施和战略性资源等方面的投资。

第一，发展对东盟的资源寻求型投资。东盟各国的自然资源非常丰富，比如，印度尼西亚、文莱和缅甸拥有丰富的石油和天然气资源，泰国和老挝拥有丰富的钾盐矿，缅甸和菲律宾的镍矿、铜矿储量丰富，越南的铝土矿、铁矿储量十分巨大，马来西亚拥有丰富的金矿和煤矿资源。[①] 老挝、柬埔寨和缅甸这些国家自然资源也非常丰富，中国应加大对东盟国家资源寻求型的投资。

第二，加大对东盟农业的直接投资。中国农业发展受到自然资源与耕地的严重约束，粮食、棕榈油、天然橡胶、木材等短缺的战略性农产品资源将成为中国农业对东盟直接投资的重点领域。老挝、柬埔寨和缅甸三国的农业在国民经济中具有核心地位但发展滞后，三国自然资源丰富，耕地亟待开发，对外资进入本国农业都持积极支持态度。因此，中国可加大对这三国农业领域的投资力度，使其成为承接中国农业转移的重点区域。印度尼西亚、马来西亚、菲律宾、泰国、越南这些国家农业较为发达，而且依托相对较高水平的工业，成为东盟主要农产品出口国。因此，中国企业对上述国家的投资重点应放在积极开展物流、农产品加工、服务等关联产业的合作开发上，以促进中国农业产业结构升级。

第三，拓展对东盟高新技术制造业领域的投资。高新技术产业和服务贸易正成为中国对东盟直接投资的热点，要鼓励中国企业加大对东盟高附加值服务业、高新技术产业的投资力度，培育企业的自主创新品牌。比如，新加坡、马来西亚等较发达的东盟国家在航空航天、精密仪器制造、新材料、生物制药、海洋高新技术产业等高科技产业具有先进的技术和科学的管理经验，对这些国家的高新技术领域进行直接投资，可以学习他们的技术和经验，从而培育中国企业的比较优势，提升企业的自我创新能力。在电子产业领域，泰国、菲律宾、马来西亚具有比较强的竞争优势，中国可与这几个东盟国家在电子产业领域加强合作与开发，全面提升投资

① 欧阳华：《中国对东盟区域投资问题研究》，《广西社会科学》2015 年第 7 期。

水平。在医药合作方面，中国的中药业历史悠久，东盟国家华人华侨遍布，对中国中药业的认同程度很高，中国可在这些国家合作发展中药产业。

第四，加强对东盟新兴服务业的投资。东盟各国服务业新的经济增长点主要集中在咨询行业、金融保险行业、通信行业以及旅游行业等新兴产业。加强对东盟新兴服务业的投资，可以优化中国对东盟的投资结构，促进中国与东盟的经济合作。比如，对于咨询行业和金融保险行业，新加坡、马来西亚、泰国等国在这两个行业的附加价值比较高，拥有较强的创新能力，可以引导中国的企业在这些领域进行投资，以期从这些产业的成长中获得较大的投资回报。对于旅游行业，考虑到新加坡、泰国、菲律宾、印度尼西亚以及马来西亚等国的旅游资源比较丰富，可以对这些国家的旅游业进行直接投资，或者直接到这些国家设立旅游代理机构。对于通信行业，中国具有比较优势，而越南、老挝、缅甸、柬埔寨等国的通信行业还比较落后，中国和这些东盟国家在通信领域的合作也具有比较优势。

2. 以产业合作带动相互投资，形成垂直分工体系

产业合作有着消除贸易不稳定性的天然作用，产业合作及其所带来的相互投资使各国之间难以割舍，利益和命运更紧密地联系在一起。构建价值链的关键是产业合作，以产业合作带动相互投资，形成垂直分工体系，这是形成经济相互依赖的重点。因此，在产业层面上，应对中国、东盟国家现有相对优势产业进行产业的价值创造效应评价与分析，以确定能在中国、东盟国家地域范围内进行价值链对接的优势产业。由于不同产业的发展特征以及其对贸易的适应性不尽相同，中国与东盟国家需要制定更加有针对性的投资自由化和产业贸易政策，分行业进行产业开放，充分考虑政策对于产业的空间布局影响和直接冲击，促进双方的企业联系、行业互动和产业对接。

第一，促进互补性产业的贸易便利化与投资便利化。要建立、维护、升级中国东盟之间的产业价值链，中国和东盟各国应加强区域内的联系与合作，适当调整自己的产业政策，推动双边贸易的可持续发展。[①] 中国与

---

① 余振、葛伟：《经济一体化与产业区位效应：基于中国东盟自贸区产业层面的面板数据分析》，《财贸经济》2014 年第 12 期。

东盟国家在一些产业领域内存在天然的合作互补关系，随着双方贸易的深化发展，制造业的空间布局也会有所变化。因此，双方应具体针对这些行业、商品，消除贸易壁垒，共同促进贸易便利化，降低区域内企业的营商成本、提高企业竞争力，从而在本地区建立起更统一的市场。首先，要加快解决一些区域内存在的共性问题，包括简化烦琐的海关程序、相关产品合格评估及标准要求、完善知识产权制度、消除各国法规政策存在的差异、建立无缝物流互联互通机制等。其次，在投资更利化方面，双方加快消除各种妨碍投资流动的限制性程序、法规和政策，以实现更自由、透明的投资环境。东盟国家拥有丰富的能源和矿产资源，农业生产条件较好，劳动力成本更低，进一步扩大东盟农产品、能源产品、矿产品的进出口贸易、投资符合双方利益，对于存在互补性较强的农产品、资源类等产业，通过直接投资、增加进口、共同开发等多种方式开展合作，不仅能缓解中国同部分东盟国家存在的贸易顺差问题，也有利于解决中国经济发展面临的资源短缺问题，实现双方互利共赢。

第二，推动中国劳动密集型产业向东盟国家转移。中国与东盟国家在一些产品领域理论上存在互补的可能性，但由于中国和东盟国家都具有发展劳动力密集型产业的优势，中国与东盟国家在生产商品的产业结构上雷同，没有形成有利于双方合作互补的产业结构。因此，双方应加强产业合作，提高供应能力，在产品专业化和劳动分工方面共同努力。由于双方均拥有比较丰富的劳动力资源，中国与东盟有必要通过供应能力专业化建设和劳动分工来促进双边的产业合作，从而扩大双方的产业互补性。如果双方继续在发展劳动力密集型产业方面开展竞争，从长远来看只会牺牲区域的发展利益，进而让自贸区的离心力不断增加。中国应积极推动部分区域的劳动密集型产业向部分东盟国家转移，形成错位竞争，实现优势互补；双方应加强诸如农林畜牧业、纺织、食品加工、皮革工业和服装业等产业的转移合作，实现资源在更大范围的优化配置，并以此为契机推动自身产业结构升级。通过产业对接、转移以及利益让渡，将劳动密集型加工制造环节逐步向东盟发展中国家转移，最终产品再销回国内，可以共同推进中国东盟产业价值链的构建和健康发展，进而加强双方的联系与合作。

第三，改变对传统比较优势的过度依赖，加快产业升级与技术进步的融合。加快将产业发展重点从以劳动为主的制造业转为以资金为主的制造业，从以资源密集型为主的加工制造业转为以技术密集型为主的高端制造业；将产业升级与技术进步融为一体，大力发展信息产业、生产性服务业、节能环保产业等新兴产业。要提升中国在全球产业价值链中的地位，必须鼓励企业加大对研发投入的力度，形成以人力资本和自主创新为基础的新的竞争优势，从而减少东盟国家产品对中国产品的替代效应；中国企业只有与东盟国家企业的技术水平拉开一定的距离，才有能力加快对东盟国家的技术转移，提高转化效率，形成错位竞争，在新兴产业领域取得竞争优势。与东盟国家相比，中国在机械设备、金属制品等资本密集型产业上具有一定优势，特别是化工产品、精密仪器和饮料类产品，中国应根据各行业的相对比较优势，细化这些产业的支持政策；中国企业应在“做大做强”这些优势产业的同时，通过产业价值链的联结使成果惠及其他东盟国家。而在动植物产品、矿产品、纺织品、车辆制造、机械设备等产业，中国企业应发挥自身优势和大市场优势，在内部促进分工，提高生产效率，扩大市场份额，以获得规模效应，注重利用消费者对产品多样化偏好明显的特征，建设自有品牌，移入整个行业生产链条。

第四，鼓励和支持营销网络和销售渠道的建设。中国服务业与发达国家服务业相比还存在较大的差距，一些研究发现批发零售业和商务服务业等对国内产业升级的促进作用较小，中国对外直接投资企业在售后服务、市场渠道、营销网络等方面始终不能深入东道国流通渠道的终端，东道国的销售商和代理商获取了行业的大部分附加值，而中国对外直接投资服务业企业投资这种类型的产业收获较少，只能在整个供应链中的低端环节徘徊，对于国内产业升级的促进作用也较小。因此，中国政府应重点支持和鼓励销售渠道与营销网络建设的对外直接投资企业，鼓励企业将供应链延长、扩大到东道国内部，建立贸易延伸型的对外直接投资渠道，通过产业竞争、产业关联等效应传导到国内相关产业，以获取更多的经营管理和拓展网络渠道的方法，促进国内相关产业的发展和升级。

3. 中国企业投资的产业选择策略：以马来西亚为例

目前，马来西亚政府着力发展 12 个领域，称之为“国家关键性经济项目”，欢迎中国企业在这些领域进行投资，包括健康、通信技术、电子、绿色能源、农业等。2013 年 10 月，中马双方签署了两国经贸合作五年规划，该经贸规划主要合作领域包括农业、能源与矿产业、制造业、基础设施建设、建筑与工程、资讯与通信科技、旅游、工业园区、物流以及零售业等。在马来西亚新经济模式下，中国企业可选择上述产业进行投资。主要有以下三类。

一是资源类产业。中国企业可以争取获取马来西亚石油天然气资源的开采和使用权，直接投资天然气和石油资源，从而转变原有的以进口为主的贸易方式，稳定供应来源和价格。特别是中国石油冶炼行业的一些大型国企应抢先进入马来西亚的石油化工产品生产领域，充分利用其技术优势和自身资金，通过发展石化产品深加工的生产基地，直接投资兴建石油化工冶炼厂，借道马来西亚拓展中国企业在东盟国家投资石油化工产业的生产链，实现石化产品的精加工、深加工的价值增值，产品出口中国或其他国家。

二是部分具有优势的制造业。在食品加工、纺织、纸浆制品、电子数码、塑料与橡胶制品、机械设备及零部件等行业，中国企业具有较大的产业优势。马来西亚也鼓励外商直接投资进入这些制造业产业中，为中国制造业企业“走出去”投资马来西亚提供了良好的契机。此外，马来西亚在纺织、塑料制品、橡胶制品、交通设备及部件、石油化工、医药、科学测量仪器、电子电器等众多领域均出台了相关鼓励政策。对投资于棕榈油、汽车部件、机械设备、废料利用等制造业领域的外商直接投资企业给予税收优惠，对出口增加额的10%—15%免缴所得税。中国还可以通过对马来西亚的高新技术产业的直接投资，争取在国际分工中占据较高的价值链环节，促进企业的产业升级和技术创新。

三是服务业。从全球投资的产业分布来看，许多国家积极促进服务业发展使其逐步成为参与国际经济竞争的重要战略性产业，因此服务业也是中国对马来西亚投资的重要行业。中国服务业对外直接投资主要集中在餐饮、工程承包、商贸、劳务合作、交通运输等传统的服务业领域，由于中国自身服务业发展滞后，在现代物流、信息咨询、软件开发、旅游服务、文化传媒等高增值的新兴服务业上缺乏优质的投资项目。而马来西亚在能够创造高附加值的衍生金融服务业、信息咨询服务等领域优势明显，尤其是人力资源与服务业技术上具有比较优势。因此，中国的服务业通过在马来西亚投资，能够创新和积累服务业方面的经验、技术，还可以获得东盟广阔市场中的一定份额，逐步培育一批高增值和自主品牌服务能力的行业。

(四) 促进中国与东盟互联互通

互联互通是自贸区升级的必然软硬件前提，是深化中国与东盟区域经济一体化的基本载体，也是推进双方合作的重要基础。在促进双方互联互通方面，可采取的主要措施包括以下几项。

1. 加强“硬件链接”

应加强投资基础设施互联互通的建设，深化中国与东盟产业互联互通，推进中国、东盟双方在农业、制造业、服务业等多领域的合作网络与跨境产业链，从地区和国家层面协调中国、东盟国家之间竞争与互补的产业关系，将互联互通与产业合作有机结合，延展中国与东盟合作网络，扩大产业合作范围。加快中国—东盟国际道路的建设，加快推进铁路、公路、航空、水运、能源、电信等领域互联互通合作，在与东盟陆地相连的老挝、泰国、缅甸、越南、马来西亚、柬埔寨和新加坡等国家建成有利于物资交流和人员往来的现代交通网络，逐步形成中国、东盟领域内跨国界的“战略走廊”，有效推动中国与沿途各国资源的互通和优势的互补，放大互联互通的通道功效。做好公路、铁路、航空的互联互通的融资工作；加快自贸区货物流通速度，推动货物贸易便利化，使货物能够自由地运载，构建起国际化现代交通体系。加快中国—东盟海上互联互通的发展，加强港口基础设施建设，推进中国、东盟港口城市合作网络建设，努力构建区域性的国家航运中心，构建中国—东盟海上互联互通的物流信息平台，全力打造形成中国—东盟千万吨集装箱干线港和亿吨大港。

2. 加快“软件衔接”

应提高原产地证书的使用效率，加大对原产地证书的宣传力度，通过多种途径帮助企业熟知自由贸易区规则，建立畅通的物流网络，推动中国与东盟货物贸易的发展。要充分利用原产地带来的降税利益，及时获悉双方优惠政策，深化金融合作，促进金融要素的区域内流动，鼓励双边贸易中使用本币进行结算以加强中国与东盟在货币领域的合作，为双边贸易提供便利，减少贸易成本，推动中国与东盟货物贸易的快速发展。加强实施次区域合作战略，将自贸区内次区域经济合作与产业合作相结合，充分利用次区域经济政策与经济合作机制加强产业合作，发挥好次区域合作这一有效载体和平台，拓展和加强产业合作，多方位促进中国与东盟经济一体化进程。

应以产业合作为发展方向加强中国与东盟各国的政策协调与沟通，通过建立高层次的协调机制来整合现有对话机制，积极进行产业规划沟通和产业政策协调，组织制定、实施加强区域内主要产业合作的规划，力争通过统一区域内部分产业的政策。创造条件促进和推动行业商协会积极与东盟相关行业商协会的对接，加强引导双方的产业合作，创造更多的贸易机会和投资机会，调动企业主动参与积极性，积极打造新的区域产业链，务实推进产业合作。积极推动双边和多边行业合作沟通，通过分解不同任务，保证相关地区和部门的责任落实，对规制、市场透明、劳工标准、金融监管、经济立法、环境标准、知识产权保护、中小企业发展等诸多领域进行评估分析，并制定出合理的备选方案，逐步实现对财政、贸易、投资、产业、货币等政策的统一协调管理。

3. 增进人文交流

为了夯实双方睦邻友好的社会基础，要进一步加强民间的文化交流和往来，在东南亚区域精心培育合作共赢、和谐共处的理念，促进双方文化的认同，增强互信与理解，夯实支撑区域经济合作的知识结构和文化动力，促进中国和东盟共同利益的形成，提高双方的相互依存度。教育合作是影响到中国与东盟经贸合作持续发展的重要领域，应进一步从政策上支持扩大高层次人才培育领域，建立信息宣传和交流平台，促进教育合作的有效开展；加强长期同短期的资助培训、专业培训和交流项目；提供配套的公共服务，提高对高校学历学位的互认制度和学生交流活动的认同度。此外还要加强中国与东盟自由贸易区战略的研究，通过宣传区域经济合作营造双方友好合作的舆论氛围。

（五）推进跨国经济园区的建设

跨境经济园区是实现区域间合作的一种新形式，建设跨境经济园区有助于整合合作各方之间的优势，在保持现有的行政区划的基础上突破区域分割，实现两地充裕劳动力、土地、雄厚科技实力以及制度优势的共享，将点对点的企业转移转变为区对区的产业转移，促进了两地产业布局和分工的互补，将单纯的资金承接转变为管理与项目的复合承接，从而提高合作两地的经济发展潜力。目前，中国与东盟各国建立了多个跨国经济园区，如中泰崇左产业园区、泰中罗勇工业园、中马钦州产业园区、马中关丹产业园区、中国（广西）印度尼西亚经济贸易合作区、中越（深圳—海防）经济贸易合作区等。

第一，成立推动园区建设的政府间合作（或磋商）机制，争取东道国政府的大力支持。为了给园区的整体发展提供指导，中国政府应积极推动建立园区建设的政府间磋商或合作机制，成立由两国政府相关部门参加的园区双边工作委员会，协调解决园区建设中遇到的重大问题（如投资便利化等）；成立园区联合办公室作为双边工作委员会的办事机构，协调处理园区有关日常事务和具体问题。在有条件的东道国推广国内一些工业园的成功做法，如在工业园内建立一站式服务中心，争取吸引管理海关、移民、出口加工、警察局等政府行政机构入园办公。

第二，逐步推动政府主导型境外工业园区建设模式转变为市场主导型境外工业园区建设模式。政府主导型园区建设一方面使园区建设有较为坚实的物质基础和政策支持，另一方面还能够保证园区建设过程易于控制、规划，建设速度快，但是政府主导型园区建设模式的缺点在于政府行政色彩浓厚，影响了工业园区长期可持续发展。市场主导型境外工业园区建设模式能激励工业园区提供非常专业化的商业服务配套环境，为企业充分利用创新资源提供根本驱动力，促进政府、企业、非营利机构之间的协同合作，有利于提升境外工业园区的投资吸引力和产业集聚程度。

第三，将对外援助与工业园区建设结合起来，最大限度地争取优惠条件。中方在开展对外援助时，可适时将供水、供电、港口道路、政府办公设施、人员培训等援建项目直接置于工业园区规划范围（或相关地区）内，以便利和保障工业园区的建设及运营，推动工业园区快速的发展。此外，还要加快物流标准对接与统一，加快园区物流速度，降低企业运营成本。根据选址区域的土地供需状况，权衡需要与可能提出合作方案，争取有利的土地优惠政策；争取投资贸易便利化条件，努力降低或消除合作壁垒，引导东道国给予中国工业园区更多优惠政策。

第四，合理甄选工业园区地理位置。工业园区一定要选择区位交通比较优越的地区（如港口相对发达的地区）。选址时要重点考察东道国的产业环境，深入了解当地的经济发展状况，尤其是制造业的基础与成长势头，选择产业落差适度的地区，提高其与中方输出产业的对接程度。工业园区建设本土化战略能否顺利实施，在一定程度上取决于当地劳动力的整体素质和人才教育培训情况。因此，要充分考察当地人才环境，才能了解判断园区企业能否顺利地招聘到适用人才，此外还要核算与比较经营成本和文化沟通成本，特别是基础设施的质量以及管理服务环境。

第五，重视境外工业园区的本地化工作，树立企业良好形象。为促进工业园区可持续发展，必须培养适应工业园区发展需要的管理人才，通过与当地培训机构、学校的合作，加强当地人才培养和开发，甚至吸引当地企业入驻园区。要认真考虑中国的企业和当地企业融合的问题，园区可招聘部分熟悉当地情况的本地员工，以他们为中间桥梁为中方入园企业提供服务。工业园区建设要有长远发展意识，规范、依法经营，注重环境保护和可持续发展，引导入园企业经营符合当地法律规定和要求，企业在获利的同时要积极从事公益事业，树立企业良好形象。

第四章

“一带一路”经济走廊建设[①]

自2013年中国提出“一带一路”倡议以来，“一带一路”已从顶层设计进入务实推进阶段。过去两年，从亚信机制（CICA）到中巴、中蒙俄、孟中印缅经济走廊，从升级版中国—东盟自贸区到区域基础设施互联互通，从亚太自贸区（FTAAP）到亚洲基础设施投资银行（AIIB）、金砖国家新发展银行、丝路基金以及规划中的上合组织银行，“一带一路”布局可圈可点。[②]

作为“一带一路”倡议的有机组成部分，“一带一路”经济走廊的贸易创造效应、投资促进效应、产业聚集效应和空间溢出效应将会对沿线国家[③]间区域生产网络的完善与重构、价值链的延伸、贸易和生产要素的优化配置起到积极的促进作用，也为沿线国家提升经济发展质量提供了新的机遇。[④] 欧盟和北美区域经济一体化、基础设施一体化的实践证明，“要素的自由流动可以带来国家间经济发展水平的收敛”。同样，“一带一路”沿线国家间经济差距的缩小、地区内部的平衡发展、国民福利的提高和经济的可持续增长符合沿线各国共同发展并从“一带一路”建设中获益的基本愿望。[⑤]

---

① 执笔人：王金波，中国社会科学院亚太与全球战略研究院助理研究员。

② 薛力：《中国“一带一路”倡议面对的外交风险》，《国际经济评论》2015年第2期。

③ 依据联合国经济及社会理事会标准（人均国民总收入、人力资产指数、经济脆弱性标准），全球共有48个国家被定义为最不发达国家（非洲34个、亚洲9个、加勒比地区1个、太平洋岛国4个）。“一带一路”（经济走廊）沿线国家中，孟加拉国、柬埔寨、老挝、缅甸均属于最不发达国家。具体参见联合国《2014年最不发达国家报告》，http：//unctad. org/en/PublicationsLibrary/ldc2014_en. pdf。

④ 王金波：《21世纪“海上丝绸之路”》，外文出版社2014年版。

⑤ 王金波：《“一带一路”与区域基础设施互联互通》，赵江林主编《“一带一路”：目标构想、实施基础与对策研究》，社会科学文献出版社2015年版，第126—146页。

一 “一带一路”经济走廊的空间格局

“走廊”（Corridor）是“经济要素在一定地理区域内不断聚集和扩散而形成的一种特殊的经济空间形态”。[①]作为“一带一路”倡议的有机组成部分，“一带一路”经济走廊将是一个从产业集群到贸易投资便利化，再到区域基础设施一体化、区域经济一体化的动态演进过程。基于新经济地理或空间经济学的理论框架，[②]“一带一路”经济走廊首先要做到要素的自由流动。在稀缺条件下实现要素在“一带一路”沿线国家间的有序配置和自由流动不仅有利于中国与“一带一路”沿线国家间要素资源禀赋的价值实现与增值，[③]还可以通过空间聚集的自我强化作用推动“一带一路”沿线空间经济结构的产生和变化，[④]进而为“一带一路”沿线要素的集聚和扩散、为“一带一路”由走廊向一体化的超越提供稳定的动力机制。

（一）“一带一路”经济走廊的区位因素

“一带一路”经济走廊是一项系统工程，[⑤]涉及贸易、金融、投资、能源、产业、交通和基础设施等多个领域，地理上则涵盖欧亚大陆数十个国家或地区（见表4—1）；不仅具有丰富的经济合作内涵，还具有一定的地

---

① 卢光盛、邓涵：《经济走廊的理论溯源及其对孟中印缅经济走廊建设的启示》，《南亚研究》2015年第2期。

② 在规模报酬递增和不完全竞争的理论框架下，新经济地理或空间经济学理论认为，“资本外部性的相对规模（市场作用的范围）、劳动力的可移动性和交通成本将决定经济活动和财富在空间配置上的区域整合度”。参见［日］藤田昌久、［美］保罗·克鲁格曼《空间经济学——城市、区域与国际贸易》，中国人民大学出版社2011年版。

③ 任胜钢、孙业利：《流量经济增长模式分析》，《经济理论与经济管理》2003年第9期。

④ Masahisa Fujita, Paul Krugman, “The New Economic Geography: Past, Present and Future”, *Papers Regional Science*, Vol. 83, No. 1, 2004, pp. 139 - 164.

⑤ 2015年5月27日，国务院副总理张高丽在“亚欧互联互通产业对话会”上首次明确提出中国正与“一带一路”沿线国家一道，积极规划共建中蒙俄、新亚欧大陆桥、中国—中亚—西亚、中国—中南半岛、中巴、孟中印缅六大经济走廊。参见张高丽《创新引领行动推进互联互通——在亚欧互联互通产业对话会上的讲话》，http://news.xinhuanet.com/2015-05/27/c_1115429796.htm。

缘考虑。作为“一带一路”的旗舰项目，中巴经济走廊与孟中印缅经济走廊一起构成了中国面向南亚（印度洋）、向西开放的重要通道。中巴经济走廊北起中国新疆喀什，南至巴基斯坦瓜达尔港，是一条包括公路、铁路、油气管道、通信光缆在内的能源、贸易走廊。中巴双方将“以中巴经济走廊为引领，以瓜达尔港、能源、交通基础设施和产业合作为重点，形成‘1+4’经济合作布局”。①

表4—1 “一带一路”经济走廊沿线国家宏观经济指标（2014年）

GDP世界排名	国家或地区	GDP（亿美元）	世界占比（%）	GDP增速（%）	人均GDP（美元）
2	中国	103803.80	13.43	7.40	7589
9	印度	20495.01	2.65	5.40	1627
10	俄罗斯	18574.61	2.40	0.60	12926
18	土耳其	8061.08	1.04	2.89	10482
19	沙特阿拉伯	7524.59	0.97	3.60	24454
30	阿联酋	4016.47	0.52	4.60	43180
32	泰国	3738.04	0.48	0.70	5445
35	马来西亚	3269.33	0.42	6.00	10804
36	新加坡	3080.51	0.40	2.90	56319
43	巴基斯坦	2501.36	0.32	5.41	1343
49	哈萨克斯坦	2122.60	0.27	4.30	12184
50	卡塔尔	2100.02	0.27	6.00	93965
56	越南	1860.49	0.24	5.98	2053
57	孟加拉国	1854.15	0.24	6.20	1172
58	科威特	1723.50	0.22	2.30	43103
65	阿曼	777.55	0.10	3.40	19002
71	缅甸	628.02	0.08	6.40	1221

① 外交部：《中华人民共和国和巴基斯坦伊斯兰共和国关于建立全天候战略合作伙伴关系的联合声明》，http://www.gov.cn/xinwen/2015-04/21/content_2850064.htm。

续表

GDP 世界排名	国家或地区	GDP（亿美元）	世界占比（%）	GDP 增速（%）	人均 GDP（美元）
72	乌兹别克斯坦	626.19	0.08	8.10	2046
87	土库曼斯坦	479.32	0.06	10.30	8271
97	巴林	338.62	0.04	4.30	28272
114	柬埔寨	165.51	0.02	7.00	1081
130	蒙古国	119.81	0.02	9.80	4096
133	老挝	116.76	0.02	7.30	1693
138	塔吉克斯坦	92.42	0.01	6.70	1113
145	吉尔吉斯斯坦	74.02	0.01	3.60	1299
—	世界	773019.58	100.00	2.48	—

资料来源：根据 IMF eLibrary Data 和 UNCTAD STAT 相关数据制表。

孟中印缅经济走廊北起中国云南（昆明），途经缅甸、印度和孟加拉国直达印度洋，拥有独特的地缘优势。沿线国家中，缅甸位于南亚、东南亚和东亚三大地缘板块的结合处；既是从中国西南省份进入印度洋的战略通道，也是印度进入东盟的战略通道，区位优势独特。[①] 印度是南亚地区最大的经济体，也是中国在该地区最大的贸易伙伴；[②] 孟加拉国位于中国、印度、东盟三大经济体交会处，地理位置优越；而印度洋则是中国的能源和对外贸易战略通道，涉及中国原油进口的 80% 和中国对外贸易总额的 40%。[③] 对这一地区能源和贸易的高度依赖，决定了中国与印度洋密不可

① 基于缅甸独特的地缘优势，目前美国、日本、印度甚至韩国都相继加大了对包括缅甸在内的中南半岛或大湄公河次区域的战略投入，尤其是加强了在基础设施、能源资源以及环境保护等方面的参与力度。其中，印度正借助缅甸的“陆桥”地位，与缅甸加快推进“印缅泰三边高速公路”“印缅跨国铁路网络”“加拉丹综合过境运输项目”等互联互通网络的规划和建设，与中国西南省份至新加坡或孟加拉湾的互联互通网络形成交会局面。如果中印两国能够通过共建“一带一路”和孟中印缅经济走廊形成良性竞争的“双赢模式”，上述网络交会将会产生互惠互利结果。参见李昕《印度与缅甸互联互通发展探析》，《南亚研究》2014 年第 1 期。

② 据中国海关统计，2014 年中印双边贸易额达 706.5 亿美元，约占中国对外贸易总额的 1.64%，约占印度对外贸易总额的 9.1%。

③ 时宏远：《美国的印度洋政策及对中国的影响》，《国际问题研究》2012 年第 4 期。

分；而地缘政治与资源政治合二为一的特征,[①] 则决定了印度洋及其毗邻水域将成为大国资源争夺和权力竞争的核心区域。[②] 当美国的“印太战略”、印度的“东向战略”、日澳关系的“同盟化”交相投射到印度洋地区时，原本彼此分割的东亚和南亚、印度洋和太平洋随即成为一个互动频繁、联系紧密且具有高度竞争性的战略要地。[③] 而各国战略利益在该地区的同时延伸必然会影响中国在印度洋的存在和“一带一路”与孟中印缅经济走廊的构建。[④] 考虑到孟、中、印、缅四国皆为发展中国家且缅甸和孟加拉国同属最不发达国家，四国尤其是中印两国有必要以“一带一路”为契机，努力把孟中印缅经济走廊的比较优势、区位优势、能源资源优势和人口红利转化为发展优势。

中国—中南半岛经济走廊以广西南宁（东线）、云南昆明（西线）为起点，以新加坡为终点，纵贯中南半岛，涵盖越南、老挝、柬埔寨、泰国、马来西亚等东盟主要成员。中南半岛地处中国与南亚次大陆、印度洋与太平洋之间，历史上曾是海上丝绸之路的中枢，拥有独特的区位优势和地缘优势，马六甲海峡更是与巴拿马运河、苏伊士运河齐名的国际战略通道。[⑤] 作为东盟的主要成员，中南半岛国家在以东盟为中心的东亚一体化进程中发挥着重要作用。鉴于中南半岛和东盟特殊的地缘政治禀赋，中国和中南半岛国家有必要以共建“一带一路”和经济走廊为契机，在打造中国—东盟自贸区升级版和全力支持东盟推进区域全面经济伙伴关系

---

① 印度洋地区拥有全球65%的战略性原材料储备，其中锰、钒、铬、铀的储量分别占世界的85%、60%、86%和50%，石油储量占世界总储量的70%以上，而铁的储量则位居世界第一。参见宋志辉《美印在印度洋上的博弈对双边关系的制约与推动》，《南亚研究季刊》2008 年第3 期。

② 朱翠萍：《印度洋安全局势与中印面临的“合作困境”》，《南亚研究》2014 年第3 期。

③ 韦宗友：《美国在印太地区的战略调整及其地缘战略影响》，《世界经济与政治》2013 年第10 期。

④ 海上丝绸之路重回印度洋离不开中印两个新兴大国的合作。中印两国的文化交流最早可以追溯到2300 年以前，来自印度的佛教“应该是古代丝绸之路给中国提供的最重要的文化影响”（佛教对中国的影响是综合性的，涉及宗教、政治、经济、文化、普众心理和生活行为方式等）。参见邢广程《理解中国现代丝绸之路战略》，《世界经济与政治》2014 年第12 期。

⑤ 马六甲海峡是连接印度洋、南中国海和太平洋的最短水上航道，每年通过该海峡的货物和原油分别约占全球贸易的1/3 和全球石油运输的1/2（包括日本、韩国和中国80%的石油天然气进口）。

(RCEP) 建设的同时，继续通过现有的东亚生产网络，进一步提升与中南半岛国家在产业、技术、能源、环境、海上合作等战略领域的区域和次区域合作的层次，有重点地推进基础设施互联互通，加快构建利益共享的区域资源保障体系和产业分工体系。

受益于东亚完善的区域生产网络、有效的产业分工体系和中国—东盟自贸区的制度性红利，中国与中南半岛经济走廊国家的贸易额已由2001年的313.3亿美元增至2014年的3696.8亿美元（约占中国对外贸易总额的8.6%，约占中国与东盟贸易总额的77.0%），年均增长20.9%。中国对中南半岛国家的投资（存量）也由2006年的15.1亿美元增至2014年的400.1亿美元（约占中国对外投资存量的4.5%，约占中国对东盟投资存量的84.0%），年均增长50.6%，高于同期中国对外投资年均增长14.5个百分点。客观而言，六大经济走廊中，中国与中南半岛国家或东盟成员的贸易结合度、FDI密集度指数和产业内贸易指数要高于其他经济走廊成员。而产业内贸易的持续增加则意味着中国与中南半岛国家产业内或产品内的深化和以价值链、区域生产网络为基础的中间品贸易的可持续性。这意味着东亚区域生产网络的完善和价值链的重构或许更应成为中国与东盟、中国与中南半岛国家“一带一路”经济走廊建设的核心目标。[①]

中国—中亚—西亚经济走廊东起新疆乌鲁木齐，西经中亚、西亚各国至土耳其。作为古代丝绸之路的中枢，中亚五国在古老的丝绸之路上曾经占据重要位置。今天，中国与中亚五国依然山水相连。2014年，中国与“一带一路”沿线国家的贸易额已经超过1万亿美元，约占中国对外贸易总额的1/4。其中，中国与中亚各国的贸易额已由2001年的15.1亿美元增加至2014年的449.7亿美元，年均增长29.8%，比同期中国贸易总额增速约高出12个百分点。中国对中亚的投资（存量）则从2006年的4.5亿美元增加至2014年的100.9亿美元，年均增长47.7%，比同期中国对外投资增速高出11.6个百分点。与中东海湾国家一样，中亚已经成为中国重要的能源供给来源地和投资目的地。据英国石油公司（BP）统计，截至2014年年底，中亚国家中哈萨克斯坦、土库曼斯坦、乌兹别克斯坦三国石

① 王金波：《“一带一路”建设与东盟地区的自由贸易区安排》，社会科学文献出版社2015年版，第15页。

油探明储量合计达41亿吨，约占全球石油探明储量的1.7%；天然气探明储量达20.1亿立方米，约占全球天然气探明储量的10.7%（见表4—2）。另据中国海关统计，2014年，中国自哈萨克斯坦进口原油568.6万吨，约占中国原油进口总量的1.8%，约占哈萨克斯坦原油出口总量的8.3%；自土库曼斯坦（1874.3万吨）、乌兹别克斯坦（178.7万吨）和哈萨克斯坦（42.2万吨）合计进口天然气2095.2万吨，约占中国天然气进口总量的41.6%。

表4—2 “一带一路”经济走廊沿线国家或地区石油/天然气分布情况

国家或地区	石油			天然气		
	储量（亿吨）	世界占比（%）	储采比（年）	储量（万亿立方米）	世界占比（%）	储采比（年）
中国	25	1.0	11.9	3.5	1.9	25.7
印度	8	0.3	17.6	1.4	0.7	45.0
马来西亚	5	0.2	15.4	1.1	0.6	16.2
泰国	1	0.04	2.8	0.2	0.1	5.7
越南	6	0.3	33.0	0.6	0.3	60.4
俄罗斯	141	5.9	26.1	32.6	17.4	56.4
哈萨克斯坦	39	1.6	48.3	1.5	0.8	78.2
土库曼斯坦	1	0.04	6.9	17.5	9.3	*
乌兹别克斯坦	1	0.04	24.3	1.1	0.6	19.0
阿曼	7	0.3	15.0	0.7	0.4	24.3
阿联酋	130	5.4	72.2	6.1	3.3	*
科威特	140	5.8	89.0	1.8	1.0	*
卡塔尔	27	1.1	35.5	24.5	13.1	*
沙特阿拉伯	367	15.3	63.6	8.2	4.4	75.4
伊朗	217	9.0	*	34.0	18.2	*
北美	353	13.7	34.0	12.1	6.5	12.8
拉美	512	19.4	*	7.7	4.1	43.8
中东	1097	47.7	77.8	79.8	42.7	*
非洲	171	7.6	42.8	14.2	7.6	69.8
亚太	57	2.5	14.1	15.3	8.2	28.7
世界	2398	100.0	52.5	187.1	100.0	54.1

资料来源：BP，*Statistical Review of World Energy* 2015。

注：*储采比超过100年。

同样，作为古代海陆丝绸之路的交会点，西亚尤其是中东海湾国家在东西方经贸往来和文明交流中也发挥过举足轻重的作用。今天，中亚和西亚地区已经成为中国最重要的石油和天然气供给来源，中国业已成为仅次于日本的海湾第二大石油出口市场。据中国海关统计，2014 年，中国从中东海湾国家进口原油约 1.61 亿吨，约占中国原油进口总量的 52.1%（见表 4—3）；约占海湾国家原油出口总量的 18.9%。[①] 未来 10 年，随着中国经济的增长，能源资源的供需缺口和外部资源条件约束将会成为中国经济持续增长的最大瓶颈之一。考虑到国内资源禀赋和需求之间差距的持续扩大，预计到 2020 年，中国石油需求将达 5.8 亿吨，[②] 其中 2/3 依赖于进口。这就意味着，中国的石油自给率将从 1993 年的 102% 直线下滑到 2020 年的 30%—40%。同期，中国天然气的进口依赖度也将超过 50%，其中液化天然气（LNG）的进口将从目前的 900 余万吨增加到 3000 万吨。[③] 因此，寻求长期可靠的石油、天然气供应来源关乎中国的发展安全，[④] 而发展在未来很长一段时间内都会涉及中国的核心利益。[⑤]

表 4—3　　2014 年中国石油进口情况分析

排名	国家或地区	进口（万吨）	同比（%）	占比（%）	海运占比（%）
1	沙特阿拉伯	4966.2	-7.9	16.1	100.0
2	安哥拉	4065.0	1.6	13.2	100.0
3	俄罗斯	3310.8	35.4	10.7	36.0
4	阿曼	2974.3	16.7	9.6	100.0
5	伊拉克	2858.0	21.6	9.3	100.0
6	伊朗	2746.1	28.1	8.9	100.0
7	委内瑞拉	1478.8	-12.5	4.8	100.0
8	阿联酋	1165.2	13.4	3.8	100.0
9	科威特	1062.0	13.6	3.4	100.0
10	哥伦比亚	988.7	151.0	3.2	100.0

① BP, *Statistical Review of World Energy* 2015, http://www.bp.com.

② 中石油集团经济技术研究院：《2013 年中国油气数据概览》，2013 年 1 月。

③ 崔民选主编：《中国能源发展报告（2011）》，社会科学文献出版社 2011 年版，第 122—135 页。

④ 杨光：《中国与海湾国家的战略性经贸互利关系》，《国际经济评论》2014 年第 3 期。

⑤ 王宏禹：《国家营销视角下的中国外交战略分析》，《外交评论》2014 年第 4 期。

续表

排名	国家或地区	进口（万吨）	同比（%）	占比（%）	海运占比（%）
—	中东	16058.0	9.6	52.1	100.0
—	非洲	6804.1	6.2	22.1	100.0
—	拉美	3286.7	19.2	10.7	100.0
—	总计	30835.8	9.3	100.0	90.0

资料来源：根据 WTA，中国海关统计数据计算制成。

相应的，受欧美发达经济体石油供应来源多样化战略和国际石油市场板块化的影响，过去10年，中东国家逐渐失去了欧美第一大石油供应来源的地位，寻找长期稳定的石油出口市场成为海湾国家的重大战略关切。而中国经济的快速增长、石油需求的迅速增加、中国与海合会自贸区和“一带一路”的构建、亚洲尤其是东亚国家的群体性崛起等均为海湾国家解决石油天然气出口安全问题提供了重大机遇。据英国石油公司（BP）最新统计，2014 年，在中东国家8.5 亿吨的原油出口总量中，只有22.9%约1.95亿吨的原油流向了美国和欧洲；出口到中国、印度和日本等国家的原油则高达4.5 亿吨，约占中东国家原油出口总量的52.9%。在中东1309 亿立方米液化天然气（LNG）出口总量中，只有18.1%约237 亿立方米流向欧洲；而出口到东亚和印度的LNG 则高达884 亿立方米，约占中东LNG 出口总量的67.5%。

基于此，可以说今天的中阿“一带一路”或中国—中亚—西亚经济走廊已经不仅是一条单纯的贸易通道，更是一条能源通道。能源联系的长期性和双方核心利益（中国的发展安全和海湾国家石油出口安全需求）的一致性，将为中国与中东海湾国家共建“一带一路”带来新的机遇和保障。尽管中国目前也在推行能源供应来源和运输的多元化战略，但受独联体（CIS）石油管道运力的限制以及非洲的资源约束和大国竞争因素的制约，①

① 截至2014 年年底，中国石油已探明储量只有25 亿吨（约占全球探明储量的1.1%），储采比（R/P ratio）只有11.9 年；而2014 年非洲的石油探明储量只有171 亿吨（约占全球探明储量的7.6%），远低于海湾国家的1097 亿吨（约占全球探明储量的47.7%）。截至2012 年年底，中国油气管道长约8.7 万公里（约占世界管道总长的2.4%），其中天然气管道4.9 万公里。2013年，中国自俄罗斯进口原油（2444.6 万吨）的64%、自哈萨克斯坦进口原油（1198.1 万吨）的98.8%由管道运输。

在可预见的将来，中国将很难扭转“主要依赖从海湾国家进口石油的局面”。中国与海湾国家在能源安全这个涉及各自发展的核心利益问题上，实际上处在同一个能源安全相互保障体系中。[①] 当然，中国与中东海湾国家的合作并非局限于能源贸易。在未来的中国—中亚—西亚经济走廊建设过程中，中国与中东海湾国家有必要以共建“一带一路”为契机，在加快中国—海合会自贸区、中国—阿联酋共同投资基金，以及阿拉伯国家参与亚洲基础设施投资银行筹建进程的同时，继续推动在中阿合作论坛、中阿“1+2+3”框架下的贸易、[②] 投资和通关便利化进程以及主权财富基金的合作与共同投资，为中阿合作的深化和“能源共生关系”的超越创造条件、奠定基础。[③]

（二）“一带一路”经济走廊的地缘延伸

新亚欧大陆桥又名第二亚欧大陆桥，东起连云港，西至荷兰鹿特丹港，横贯欧亚大陆（哈萨克斯坦、俄罗斯、白俄罗斯、波兰、德国、荷兰），全长10900公里。作为一条国际运输大通道，新亚欧大陆桥东牵亚太经济圈，西系欧洲经济圈，为中国与欧盟、中国与沿线国家合作的深化与升级带来了新的历史机遇。中国和欧盟分别是世界第三和第一大经济体，二者合计约占全球经济总量的1/3；中欧经贸关系也是世界上规模最大、最具活力的经贸关系之一。据中国海关统计，2014年，中欧双边贸易达6169.1亿美元，约占中国对外贸易总额的14.3%，约占欧盟对外贸易总额的13.7%（见图4—1）。欧盟依然是中国第一大贸易伙伴和第一大进口市场；中国则是欧盟的第一大出口市场和第二大贸易伙伴。另据商务部

---

① 杨光：《中国与海湾国家的战略性经贸互利关系》，《国际经济评论》2014年第3期。

② 所谓“1”是以能源合作为主轴，深化油气领域全产业链合作，维护能源运输通道安全，构建互惠互利、安全可靠、长期友好的中阿能源战略合作关系。所谓“2”是以基础设施建设、贸易和投资便利化为两翼，加强中阿在重大发展项目、标志性民生项目上的合作，为促进双边贸易和投资建立相关制度性安排。所谓“3”是以核能、航天卫星、新能源三大高新领域为突破口，努力提升中阿务实合作层次。参见习近平《在中阿合作论坛第六届部长级会议开幕式上的讲话》，http：//cpc.people.com.cn/n/2014/0605/c64094-25109849.html。

③ ［黎巴嫩］纳萨·赛迪：《海湾国家应融入“新丝绸之路”》，孙西辉编译，《中国社会科学报》2014年5月15日。

统计，截至2014年年底，欧盟对华累计直接投资950亿美元，是中国的第四大实际投资来源地；中国对欧盟累计直接投资542.1亿美元，约占中国对外直接投资存量的7.9%。[①] 双向贸易和投资成为促进中欧各自经济发展和创新的主要动力。目前，中欧双边正在商签双边投资协定（中欧BIT），[②] 同时也在探讨签署自由贸易协定的可能性，旨在为中欧经贸关系的可持续发展创造更加有利的条件，为中欧贸易和相互间投资的可持续增长提供制度性保障。

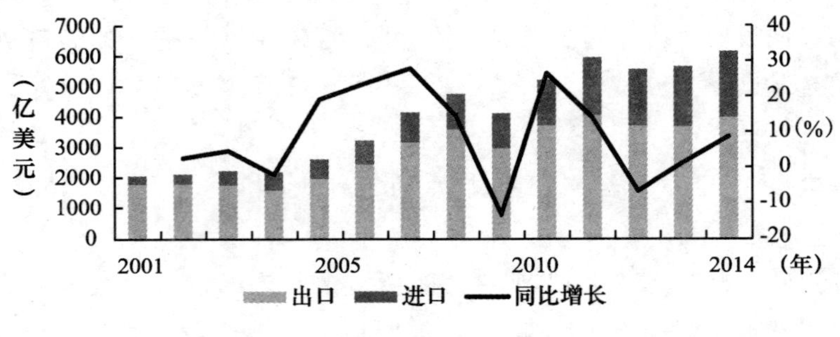

图4—1 中国与欧盟贸易情况

资料来源：根据WTA相关数据计算制成。

以此为基础，中欧双方完全可以把构建“一带一路”、新亚欧大陆桥与中欧合作相结合，在《中欧合作2020战略规划》的框架下，继续“加强双方在智能、高端和互联互通基础设施网络方面的合作；扩大亚欧供应链物流网络兼容、海上运输、铁路服务、物流、交通安全、能源效率方面的合作；积极探讨中欧开展基础设施建设合作，进一步统筹中国与欧盟及其成员国在项目债券、项目持股、联合承包和联合融资等领域的合作”；[③] 最大限度地发挥中国对外开放战略与欧盟一体化战略、“欧洲2020战略”

① 数据来源：中国商务部、国家统计局、国家外汇管理局《2014年度中国对外直接投资统计公报》。

② 截至2015年年底，中欧双边投资协定（中欧BIT）完成八轮谈判。双方在协定议题范围问题上已经取得重大进展，同意自2016年1月开始以合并文本为基础，推进实质性文本谈判。参见商务部《中欧投资协定第八轮谈判取得重大进展》，http://www.mofcom.gov.cn/article/ae/ai/201512/20151201201346.shtml。

③ 外交部：《中欧合作2020战略规划》，http://www.fmprc.gov.cn。

的对接效应。“一带一路”经济走廊不仅要适应亚洲发展的多样性，而且其地缘或空间分布应超越区域范围并更具开放性。唯有如此，才能确保“一带一路”和经济走廊的未来发展空间、活力和可持续性。

（三）中国构建“一带一路”经济走廊的独特优势

历史上，丝绸之路既是东西方物畅其流的象征，更是东西方文明交流的通道。今天，同样是在古丝绸之路沿线，中国已经成为全球120多个国家和地区的最大贸易伙伴，70多个国家和地区的最大出口市场。中国与世界各国的贸易额已从1978年的206亿美元增至2014年的4.3万亿美元，占全球货物贸易的比重则由1978年的0.8%提高到2014年的11.3%，并于2013年超越美国成为全球货物贸易第一大国（见图4—2）。对外投资则由1982年的0.4亿美元增加至2014年的8826.4亿美元。实践证明，对外贸易和投资的持续扩大不仅推动了中国的现代化，也极大地提高了中国与贸易伙伴国的福利水平。

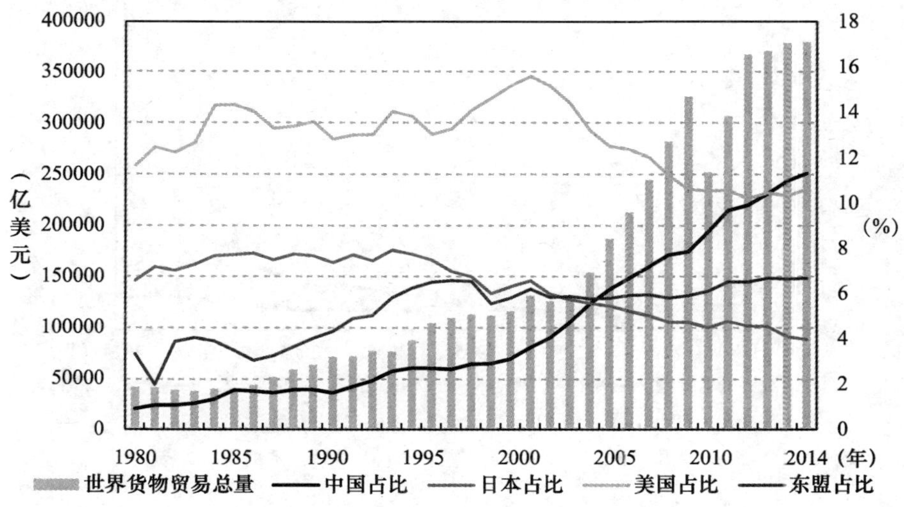

图4—2 世界主要经济体货物贸易世界占比

资料来源：根据联合国贸易发展会议数据库（UNCTADSTAT）数据计算制成。

经过30多年的改革与开放，中国已经成为全球最具活力的经济体之一。中国的经济总量已由1980年的3065亿美元增加至2014年的10.07万亿美元，年均增长10.8%，高于同期世界经济增速5.3个百分点。占全球经济总量的比例也由1980年的2.5%上升至2014年的13.0%，并于2010年超过日本成为世界第二大经济体（见图4—3）。对全球经济增长的贡献率更是由1990年的2.4%上升至2014年的27.8%。而同期美国和日本对全球经济增长的贡献率则分别由1990年的19.3%和30.5%下降到2014年的15.3%和-0.3%。中国经济的迅速崛起在改变全球经贸和投资格局的同时，也为中国与“一带一路”沿线国家进一步扩大互利共赢合作提供了新的契机。目前，中国经济正处在转型升级的关键阶段。未来一个时期，随着中国经济由效率驱动向创新驱动、由外需拉动向内需驱动的转型与升级，中国在“一带一路”沿线将由地区公共产品的消费者转型为地区公共产品尤其是经济类公共产品的提供者。这一历史性的转变或许才是中国构建“一带一路”（经济走廊）的真正要义所在。

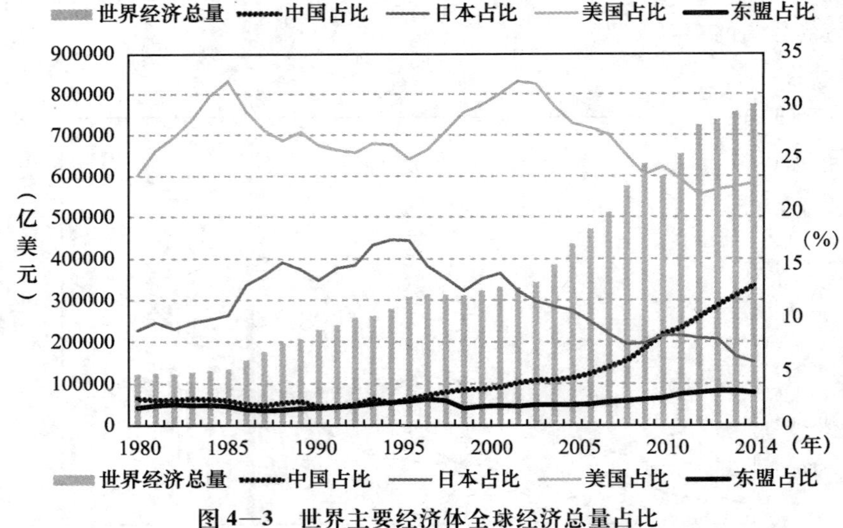

图4—3　世界主要经济体全球经济总量占比

资料来源：根据联合国贸易发展会议数据库（UNCTADSTAT）数据计算制成。

作为全球第一货物贸易大国和第一制造业大国，[①] 中国在常规制造业

① 据联合国工发组织（UNIDO）数据，2013年，中国制造业增加值为32万亿美元，约占全球制造业增加值的23%，高于美国的17.2%和日本的7.85%，居世界第一位。

方面的规模优势和在价值链贸易中的区位优势及其协同效应一起构成了中国与“一带一路”沿线国家构建经济走廊的独特优势。[①] 由于“一带一路”沿线多以发展中国家为主且资源禀赋各异，“一带一路”经济走廊的贸易创造效应、投资促进效应、产业集聚效应和空间溢出效应或许更契合沿线经济后进国家发展阶段的具体需求。“一带一路”（经济走廊）沿线国家中，既有世界第二大经济体的中国和人均GDP世界第三的卡塔尔，亦有人均GDP只有1000多美元的老挝、缅甸、柬埔寨和孟加拉国等联合国定义的最不发达国家；既有竞争力排名世界第二的新加坡，又有居世界第134位的缅甸；既有创新驱动型（如新加坡和卡塔尔）、效率驱动型（如中国、泰国）和效率驱动向创新驱动转型国家（如俄罗斯、土耳其和阿联酋），又有要素驱动型（如印度、巴基斯坦）和要素驱动向效率驱动转型国家（见表4—4）。正是“一带一路”沿线国家的多样决定了基于比较优势的国际贸易与投资和基于规模效应、溢出效应的产业或产业区段的国家动态转移能为“一带一路”由走廊到区域经济一体化、区域基础设施一体化发挥巨大的推动作用。

表4—4 “一带一路”经济走廊沿线国家竞争力及其所处发展阶段

国家	世界排名	竞争力指数	指数构成			发展阶段
			基础条件	效率水平	创新水平	
新加坡	2	5.6	6.3	5.7	5.1	5
阿联酋	12	5.3	6.2	5.2	4.8	4
卡塔尔	16	5.2	6.1	5.0	5.1	5
马来西亚	20	5.2	5.5	4.9	5.0	4
沙特阿拉伯	24	5.1	5.7	4.6	4.2	2
中国	28	4.9	5.3	4.7	4.1	3
泰国	31	4.7	5.0	4.5	3.8	3
科威特	40	4.5	5.2	3.9	3.4	2

① 有学者认为，“中国目前工业制造生产结构相对落后的某些特征属性，恰恰与‘一带一路’沿线经济后进国家大规模开发阶段具体需求具有更高契合度，构成中国与这些国家共建‘一带一路’的独特优势条件”。参见卢锋、李昕、李双双等《为什么是中国？——“一带一路”的经济逻辑》，《国际经济评论》2015年第3期。

续表

国 家	世界排名	竞争力指数	指数构成			发展阶段
			基础条件	效率水平	创新水平	
巴林	44	4.5	5.3	4.5	3.8	4
土耳其	45	4.5	4.8	4.4	3.9	4
阿曼	46	4.5	5.7	4.3	3.8	4
哈萨克斯坦	50	4.4	4.8	4.3	3.5	4
俄罗斯	53	4.4	4.9	4.5	3.5	4
越南	68	4.2	4.4	4.0	3.4	1
印度	71	4.2	4.2	4.2	3.9	1
塔吉克斯坦	91	3.9	4.2	3.5	3.5	1
老挝	93	3.9	4.1	3.6	3.5	1
柬埔寨	95	3.9	4.1	3.6	3.2	1
蒙古国	98	3.8	4.0	3.8	3.2	2
孟加拉国	109	3.7	3.8	3.6	3.0	1
吉尔吉斯斯坦	108	3.7	3.9	3.6	3.0	1
巴基斯坦	129	3.4	3.3	3.6	3.5	1
缅甸	134	3.2	3.4	3.1	2.6	1

资料来源：根据 WEF，*The Global Competitiveness Report*（2014—2015）相关数据制成。

注：发展阶段中，1 表示要素驱动，2 表示从要素驱动向效率驱动转型，3 表示效率驱动，4 表示从效率驱动向创新驱动转型，5 表示创新驱动。

二 “一带一路”经济走廊的经济效应

正如“一带一路”倡议将贸易畅通作为重要内容一样，“一带一路”经济走廊首先是一条贸易通道。“一带一路”经济走廊的贸易创造效应不仅有助于沿线各国融入全球价值链，拉动经济增长；还可以充分发挥沿线各国的比较优势，提升福利效应。

（一）“一带一路”经济走廊的贸易流量

受益于经济全球化、生产国际化和全球价值链的不断延伸，过去十几年，“一带一路”经济走廊所在区域与世界的贸易额一直呈持续增长态势（见图 4—4）。其中，中国与世界各国的贸易额由 2000 年的 4742.3 亿美元增加至 2014 年的 4.3 万亿美元，年均增长 17.1%；占全球货物贸易总量的比例也从 2000 年的 3.6% 增加至 2014 年的 11.3%。中国已经成为全球 120 多个国家和地区的最大贸易伙伴、70 多个国家和地区的最大出口市场。而“一带一路”经济走廊所在的东南亚、南亚、中亚（含俄罗斯）和西亚地区与世界各国贸易额则分别从 2000 年的 8108.4 亿美元、1878.8 亿美元、2414.1 亿美元和 4083.3 亿美元增加至 2014 年的 2.5 万亿美元、1.1 万亿美元、1.3 万亿美元和 2.2 万亿美元。世界贸易总额占比也分别由 2000 年的 6.2%、1.4%、1.8% 和 3.1% 增加至 2014 年的 6.7%、2.9%、3.8% 和 5.8%。

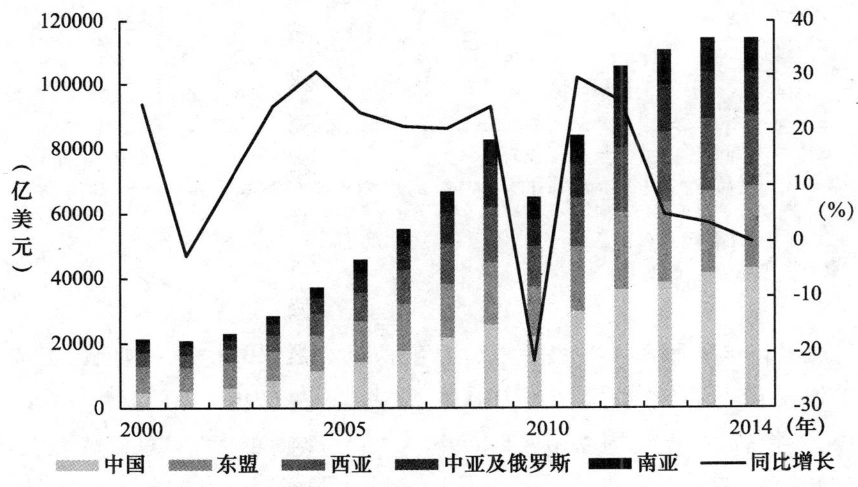

图 4—4 中国和“一带一路”经济走廊所在区域贸易概况

资料来源：根据 UNCTAD STAT 数据库相关数据制成。

同期，中国与“一带一路”经济走廊核心国家的双边贸易额也由 2000 年的 577.9 亿美元增加至 2014 年的 8663.9 亿美元，年均增长 21.3%，高于同期中国对外贸易增长 4.2 个百分点，高于同期全球贸易增长 13.4 个百分点；占中国对外贸易总额的比例也由 2000 年的 12.2% 上升至 2014 年的 20.1%。其中，中国与中南半岛、西亚、孟中印缅、中蒙俄、中亚、巴基斯坦的贸易额分别由2000年的282.1亿美元、138.1亿美元、44.6亿美元、83.2亿美元、18.2亿美元、11.6亿美元增加至2014年的3447.3亿美元、2500亿美元、1081.6亿美元、1025.3亿美元、449.7亿美元、160.1亿美元；年均分别增长19.6%、23.0%、25.6%、19.6%、25.7%和20.6%（见图4—5）。

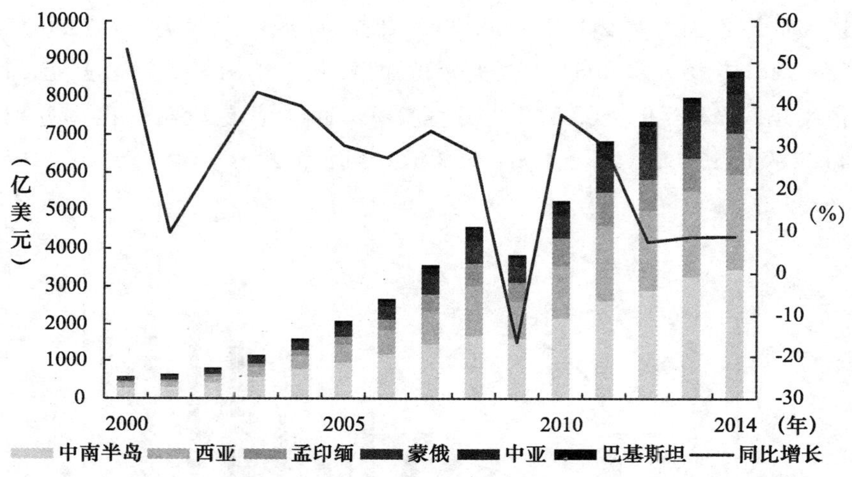

图4—5　中国与“一带一路”经济走廊国家双边贸易概况

资料来源：根据WTA相关贸易数据计算制成。

就具体国家而言，“一带一路”经济走廊中，2014年，中国已经成为新加坡（12.6%）、泰国（11.0%）、蒙古国（87.9%）和伊朗（4.1%）等中南半岛国家或周边国家的第一大出口目的地；欧盟则是印度（15.4%）、巴基斯坦（24.4%）、孟加拉国（74.7%）、柬埔寨（35.8%）、越南（19.6%）、俄罗斯（52.0%）、哈萨克斯坦（39.8%）和土耳其（42.4%）等南亚、中亚、西亚国家的第一大出口目的地；泰国则是缅甸（41.7%）的第一大出口目的地。“一带一路”经济走廊国家相互间贸易具有明显的区域化和板块化特征；部分国家对区域外国家或地区如美国和欧盟的贸易依存度要明显高于对区域内国家或地区的贸易依存度。

服务贸易和投资正在成为新一轮国际贸易和投资谈判的核心内容。[①]着眼于国际贸易和投资协定的最新趋势，服务贸易和投资应成为下一步中国与“一带一路”（经济走廊）沿线国家合作的重要增长点，服务贸易尤其是生产性服务贸易与投资领域的合作不仅有利于中国与“一带一路”沿线国家间形成新的生产网络，也会为双边贸易的持续增长注入新的活力。

据 WTO 统计，2014 年，中国服务贸易总额达 €140.4 亿美元（约占中国对外贸易总额的 14.3%，约占全球服务贸易总额的 6.3%，居世界第二位），同比增长 13.8%，高于世界增速的 4.4%（见图 4—6）。其中，出口 2324.6 亿美元（约占全球服务贸易出口总额的 4.7%，居世界第五位），同比增长 10.4%；进口 3815.8 亿美元（约占全球服务贸易进口总额的 8.0%，居世界第二位），同比增长 16.0%；逆差 1491.2 亿美元，同比增长 26.0%。出口主要以旅游（24.5%）、运输服务（17.9%）和其他商业服务（19.1%）为主；进口则以旅游（39.1%）、运输服务（28.7%）、金融保险服务（7.7%）、咨询（7.2%）、专有权使用费和特许费（6.4%）为主。[②]

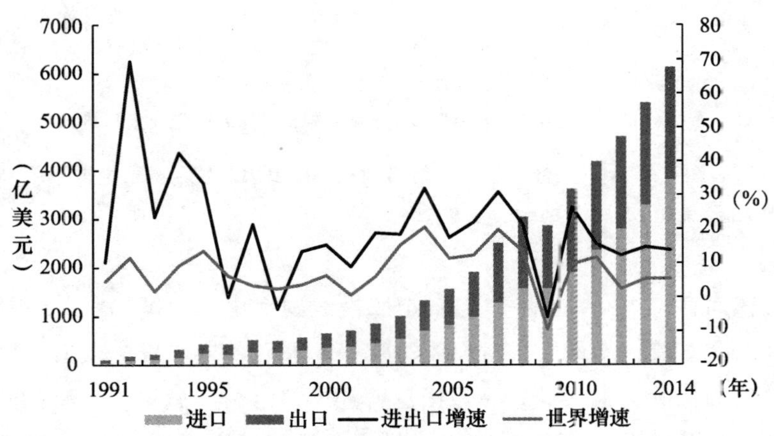

图 4—6　1991—2013 年中国服务贸易情况

资料来源：WTO 国际贸易统计数据库、中国商务部《中国服务贸易统计 2014》。

---

① 王金波：《国际贸易投资发展趋势与中国的应对》，《国际问题研究》2014 年第 2 期。

② 数据来源：商务部《中国服务贸易统计 2014》，中国商务出版社 2015 年版。

不过，与货物贸易的持续顺差和服务贸易规模的持续增长相比，中国的服务贸易自1995年以来一直保持逆差状态（见图4—7），从1995年的60.9亿美元迅速扩大至2014年的1491.2亿美元，年均增长18.3%。同期，在“一带一路”经济走廊沿线国家中，俄罗斯、阿联酋和沙特阿拉伯的服务贸易也一直呈逆差状态，分别从1995年的101.9亿美元、49亿美元、157.8亿美元增加至2014年的540.7亿美元、505.1亿美元、474亿美元。而印度和土耳其的服务贸易收支平衡能力则明显高于其他国家（土耳其从1990年、印度从2004年起一直保持顺差状态）。

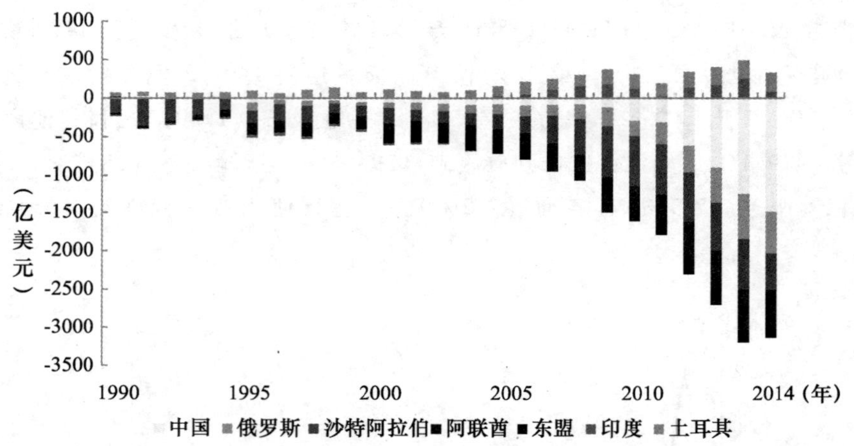

图4—7 “一带一路”经济走廊核心国家服务贸易盈余情况

资料来源：根据UNCTAD STAT相关数据制成。

总体而言，“一带一路”经济走廊沿线国家中，中国的服务贸易规模和FDI流入、流出量最大。新加坡的服务业水平最高（服务业占该国国内生产总值的比例达75.5%、占该国总就业比例达64.1%），竞争优势明显。印度和土耳其的服务贸易收支能力最强。俄罗斯和沙特阿拉伯在GATTS（服务贸易总协定）中的部门承诺数量最多。相比而言，柬埔寨（59.2亿美元）、缅甸（36.6亿美元）、蒙古国（27.1亿美元）、塔吉克斯坦（12.9亿美元）和巴林（48.6亿美元）的服务贸易规模还有很大的提升空间，而中国、俄罗斯、阿联酋和沙特阿拉伯的服务贸易收支平衡能力还有待加强。缅甸和孟加拉国的服务贸易开放水平还亟须提高（两国在GATS中的承诺部门数量分别为5个、9个，远远低于其他国家承诺水平）。

（三）“一带一路”经济走廊的投资促进效应

作为全球重要的能源和战略资源供应地，“一带一路”经济走廊及其辐射区域在全球投资格局中占据非常重要的位置。过去几十年，受益于全球投资规模的持续增长和外商直接投资的外溢效应（产业结构效应、技术外溢效应、贸易创造效应和制度变迁效应），“一带一路”沿线国家均不同程度地实现了全要素生产率的提高和经济的可持续增长。

与货物贸易的持续增长类似，自20世纪80年代至今，“一带一路”经济走廊沿线国家外商直接投资一直呈持续上升之势（见图4—8）。沿线国家或地区中，中国与中南半岛国家吸引外资分别从1981年的13.4亿美元和136.2亿美元累计增加至2014年的1.09万亿美元和1.35万亿美元，年均分别增长22.5%和15.0%，合计约占“一带一路”经济走廊沿线吸引外资总量的63%。而以海合会为主体的西亚国家吸引外资存量则从1981年的104.3亿美元增加至2014年的5849.6亿美元（年均增长13.0%），约占沿线吸引外资总量的15.1%。中亚与俄罗斯和蒙古国吸引外资则分别从1992年的0.18亿美元、0.13亿美元增加至2014年的1698.5亿

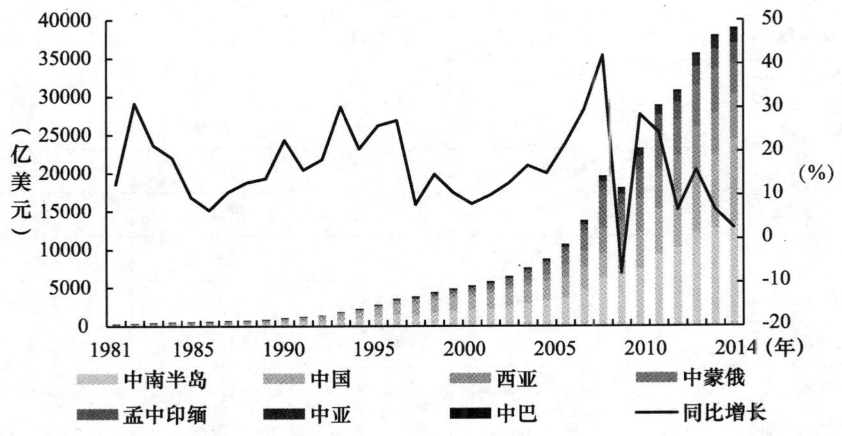

图4—8 “一带一路”经济走廊吸引外资情况（存量）

资料来源：根据UNTED, *World Investment Report 2015* 相关数据计算制成。

美元、3952.4亿美元，而印度、孟加拉国和缅甸三国吸引外资则从1981年的10.2亿美元增加至2014年的2793.4亿美元。

同期，“一带一路”沿线国家对外投资也呈持续扩大之势（见表4—5）。2014年，“一带一路”经济走廊国家对外投资流量达2888.3亿美元，约占当年世界对外投资流量的21.9%；累计投资达2.35万亿美元，约占当年全球对外投资存量的9.1%。其中，中国累计对外投8826.4亿美元，约占“一带一路”经济走廊国家对外投资总量的35.2%，约占全球对外投资总量的3.4%。中国已经成为仅次于美国、日本的世界第三大对外投资国。新加坡、俄罗斯、印度和海合会累计对外投资分别达5764.0亿美元、4318.7亿美元、1295.8亿美元和2008.4亿美元，分别占“一带一路”经济走廊国家对外投资总量的24.5%、18.4%、5.5%和8.5%，分别占世界对外投资总量的2.2%、1.7%、0.5%和0.8%。需要强调的是，至少就目前而言，除俄罗斯外，“一带一路”经济走廊大部分国家还是以资本进口为主。

表4—5 “一带一路”经济走廊核心国家FDI概况（2014年） 单位：亿美元

国家或地区	FDI流量		FDI存量	
	流入	流出	流入	流出
巴基斯坦	17.47	1.16	308.92	16.95
孟加拉国	15.27	0.48	93.55	1.30
印度	344.17	98.48	2523.31	1295.78
缅甸	9.46	—	176.52	—
老挝	7.21	0.02	36.30	—
柬埔寨	17.30	0.32	130.35	4.84
越南	92.00	11.50	909.91	74.90
泰国	125.66	76.92	1993.11	657.69
马来西亚	107.99	164.45	1337.67	1356.85
新加坡	675.23	406.60	9123.55	5763.96
蒙古国	5.08	1.03	166.93	3.55
俄罗斯	209.58	564.38	3785.43	4318.65
哈萨克斯坦*	95.62	36.24	1292.44	272.00

续表

国家或地区	FDI 流量		FDI 存量	
	流入	流出	流入	流出
塔吉克斯坦	2.63	—	18.87	—
乌兹别克斯坦	7.51	—	90.02	—
吉尔吉斯斯坦	2.11	—	35.20	4.27
土库曼斯坦	31.64	—	262.03	—
伊朗	21.05	6.05	430.47	40.96
海合会（GCC）	217.41	294.08	4163.14	2008.35
土耳其	121.46	66.58	1586.45	400.88
中国	1285.00	1231.20*	10852.93	8826.42*
合计	3410.85	2888.29	39417.10	23516.78
世界占比（%）	27.77	21.86	15.14	9.68

资料来源：根据 UNTED，*World Investment Report 2015* 相关数据计算制成。

注：* 表示 2013 年数据。中国对外投资数据来自商务部官方统计，与 UNTED 统计局数据存在些许差异。

随着全球和中国对外投资规模的不断扩大，过去几年，中国对“一带一路”经济走廊沿线国家的投资也呈不断增长之势（见表 4—6）。2014 年，中国对“一带一路”经济走廊核心国家投资合计达 120.1 亿美元，约占当年中国对外投资流量（1231.2 亿美元）的 9.8%；累计投资达 788.6 亿美元，约占当年中国对外投资存量（8826.4 亿美元）的 8.9%。其中，对新加坡投资最多，累计达 206.4 亿美元，约占该国吸引外资总量的 2.3%。对蒙古国、俄罗斯和哈萨克斯坦分别投资 98.9 亿美元、87.0 亿美元和 69.6 亿美元，分别占该国吸引外资总量的 22.5%、2.3% 和 5.4%。对缅甸、巴基斯坦和伊朗分别投资达 39.3 亿美元、37.4 亿美元和 34.8 亿美元，分别占该国吸引外资总量的 22.2%、12.1% 和 8.1%。对塔吉克斯坦、吉尔吉斯斯坦和柬埔寨分别投资 7.3 亿美元、27.9 亿美元和 24.7 亿美元，分别占该国吸引外资总量的 38.6%、27.9% 和 24.7%。

表4—6　中国对“一带一路”经济走廊核心国家直接投资情况（2014年）

国家或地区	流量（亿美元）	该国吸引外资流量占比（%）	存量（亿美元）	该国吸引外资存量占比（%）
巴基斯坦	10.14	58.06	37.37	12.10
孟加拉国	0.25	1.64	1.60	1.71
印度	3.17	0.92	34.07	1.35
缅甸	3.43	36.27	39.26	22.24
老挝	10.27	—	44.91	—
柬埔寨	4.38	25.33	32.22	24.72
越南	3.33	3.62	28.66	3.15
泰国	8.38	6.68	30.79	1.55
马来西亚	5.21	4.83	17.86	1.33
新加坡	28.14	4.17	206.40	2.26
蒙古国	5.03	98.94	37.62	22.54
俄罗斯	6.34	3.02	86.95	2.30
哈萨克斯坦*	8.11	8.49	69.57	5.38
塔吉克斯坦	1.07	40.76	7.29	38.63
乌兹别克斯坦	1.81	24.05	3.92	4.36
吉尔吉斯斯坦	1.08	51.10	9.81	27.88
土库曼斯坦	1.95	6.17	4.48	1.71
伊朗	5.93	28.16	34.84	8.09
海合会（GCC）	11.03	5.07	52.14	1.25
土耳其	1.05	0.86	8.82	0.52
中国对外直接投资占比（%）	9.76	8.93		

资料来源：根据商务部、国家统计局、国家外汇管理局《2014年度中国对外直接投资统计公报》和UNTED《世界投资报告》相关数据计算制成。

注：* 表示2013年度数据。

据商务部统计，截至2014年年底，中国对外投资存量的八成分布在发展中经济体。存量前二十位国家或地区中，新加坡、俄罗斯、哈萨克斯坦、老挝和缅甸等“一带一路”走廊国家在中国对外投资格局中一直占据非常重要的位置。如图4—9所示，2014年年末，中国对外直接投资覆盖了国民经济所有行业类别。存量规模上千亿美元的行业中，租赁和商务服务业（36.5%）、金融业（15.6%）、采矿业（14%）、批发和零售业（11.7%）累计存量达6867.5亿美元，合计约占中国对外投资存量总额的77.8%。

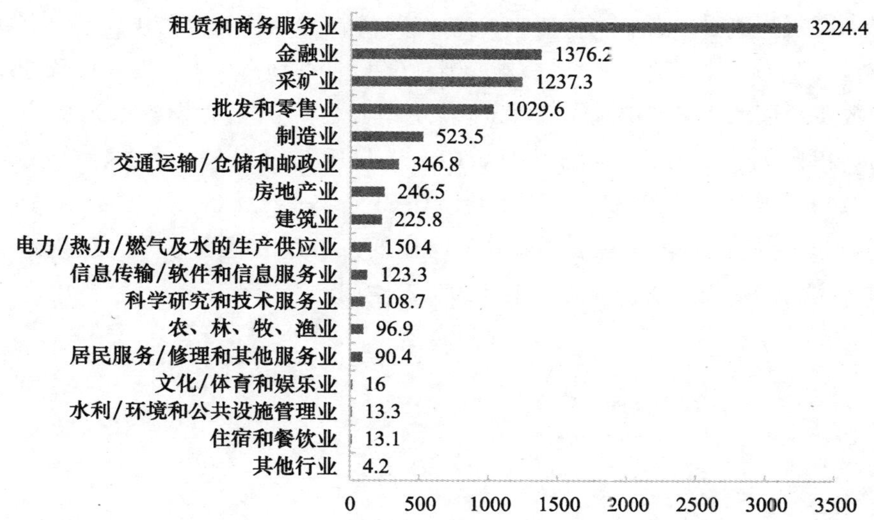

图4—9 2014年末中国对外直接投资存量行业分布（亿美元）

资料来源：根据商务部、国家统计局和国家外汇管理局《2014年度中国对外直接投资统计公报》相关数据制成。

在“一带一路”沿线，截至2014年年底，中国对中南半岛经济走廊所在东盟地区累计投资476.3亿美元，约占中国对外投资总量的5.4%，约占东盟吸引外资总量的2.8%；主要集中在电力/热力/燃气及水的生产与供应业（15.2%）、租赁和商务服务业（14.4%）、制造业（12.9%）、采矿业（12.7%）、批发和零售业（12.4%）以及金融业（12.3%）；涉及3300多家企业和15.95万名外方员工。同期，中国对新亚欧大陆桥所在欧盟地区累计投资542.1亿美元，约占中国对外投资总量的6.1%，约占欧盟吸引外资总量的0.6%；主要集中在租赁和商业服务业（27.5%）、金融（23.5%）、制造业（16.2%）、采矿业（9.4%）与批发和零售业（9.2%）；涉及2000多家企业，覆盖欧盟全部28个成员。中国对中蒙俄经济走廊所在俄罗斯累计投资86.9亿美元，约占中国对外投资总量的1.0%，约占俄罗斯吸引外资总量的2.3%；主要集中在制造业（31.6%），农、林、牧、渔业（24.1%），租赁和商务服务业（11.3%），采矿业（9.2%），金融业（8.8%），以及房地产业（6.5%）。

随着中国对“一带一路”沿线国家投资规模的不断扩大，中国与“一带一路”经济走廊国家间的投资联系日趋紧密。从中国与沿线国家的FDI密集度指数来看（见图4—10），① 中国与塔吉克斯坦（10.8）、吉尔吉斯斯坦（7.8）、柬埔寨（6.9）、蒙古国（6.3）、缅甸（6.2）的FDI密集度指数要远远大于其他国家，这意味着中国与这些国家的投资联系更为密切。相比而言，中国与巴林（0.01）、土耳其（0.15）、沙特阿拉伯（0.26）、卡塔尔（0.32）、科威特（0.63）、马来西亚（0.37）和泰国（0.43）等国家的FDI密集度指数要明显低于沿线其他国家，这意味着中国与这些国家相互间投资还有很大的上升空间。

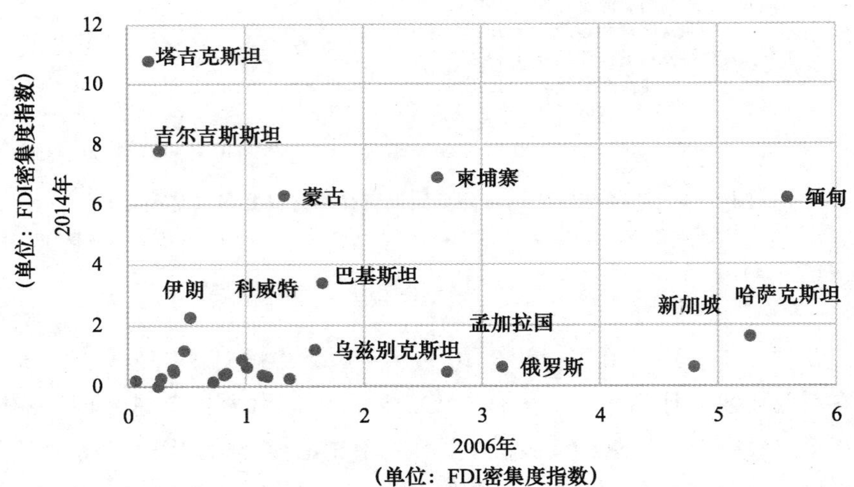

图4—10 中国与“一带一路”走廊国家直接投资密集度

资料来源：根据商务部、国家统计局和国家外汇管理局《2014年度中国对外直接投资统计公报》和UNTED相关数据计算制成。

① 本书采用FDI密集度指数（FDI intensity index）来考察中国与东盟的投资联系，其公式为：$FDII_{ij}=FDI_{ij}/EV(FDI_{ij})$，$EV(FDI_{ij})=(FDI_{iw}/FDI_w)(FDI_{wj}/FDI_w)FDI_w$，其中 FDI_{ij} 和 FDI_{iw} 为 j 国和世界流入 i 国的FDI总额；FDI_{wj} 和 FDI_w 分别为 j 国和世界的对外投资总额。该指数越大表明成员之间的投资联系越密切。

（四）“一带一路”经济走廊的产业聚集效应

当前，由跨国公司主导的全球价值链的深度分解和区域生产网络的深度融合正在成为整合全球市场、推动全球价值链治理结构变革的核心力量。① 未来一个时期，随着要素在“一带一路”经济走廊内的不断聚集和扩散、区域产业配套能力的提升和产业链分工布局的不断优化，“一带一路”走廊国家间产业与产业区段的动态转移、价值链的不断延伸和产业内贸易的持续增加，不仅会对沿线国家间产业集群的形成与发展起到积极的促进作用，为中国与沿线国家间价值链的延伸和产业内贸易的持续增加提供新的动力，还会为中国与沿线国家参与和构造区域或全球产业链带来新的机遇、奠定新的基础。

基于各自经济发展水平和所处发展阶段的不同，“一带一路”走廊沿线各国的产业结构存在很大差异。沿线国家中，中国目前正处于由要素驱动向创新驱动转型的关键阶段；尤其是发展中国家则处于产业升级的重要时期；各国均面临着产业升级的路径选择。基于中国的经济规模和在全球价值链中的优势地位，生产性服务业和先进制造业的融合正在成为中国实现跨越式升级、提高全要素生产率和国际竞争力的重要路径，而“嵌入”全球价值链仍将是“一带一路”沿线国家尤其是发展中国家产业升级的重要渠道。如图4—11所示，“一带一路”走廊国家中，服务业（第三产业）在新加坡和土耳其经济中的比重要明显高于其他国家，分别占该国国内生产总值的75%和65%；工业（第二产业）在阿曼、科威特、阿联酋、沙特等中东产油国和全球第一制造业大国——中国经济中依然占据非常重要的位置，分别占该国国内生产总值的69%、67%、59%、57%和43%；而农业在缅甸、柬埔寨、老挝、塔吉克斯坦和巴基斯坦等国经济中的比重则

① 全球价值链的形成是要素配置全球化和分工国际化的结果。在从全球价值链到区域/国际生产网络的动态演进过程中，由跨国公司主导的全球价值链的深度分解与延展细化不仅催生了模块化生产、国际外包、国际垂直产业分工与增加值贸易等生产方式和商业模式的创新，还推动了新型国际分工体系的形成和发展。未来很长一个时期，以跨国公司为主导的要素全球配置将会继续推动全球价值链的深度分解，而国际产业分工的细化、区域和国际生产网络的日益完善则为中国与“一带一路”沿线国家参与和构造区域或全球产业链提供了新的机遇。参见王金波《全球价值链的发展趋势与中国的应对》，《国外理论动态》2014年第12期。

明显高于沿线其他国家，分别占该国国内生产总值的57%、30%、28%、27%和25%。

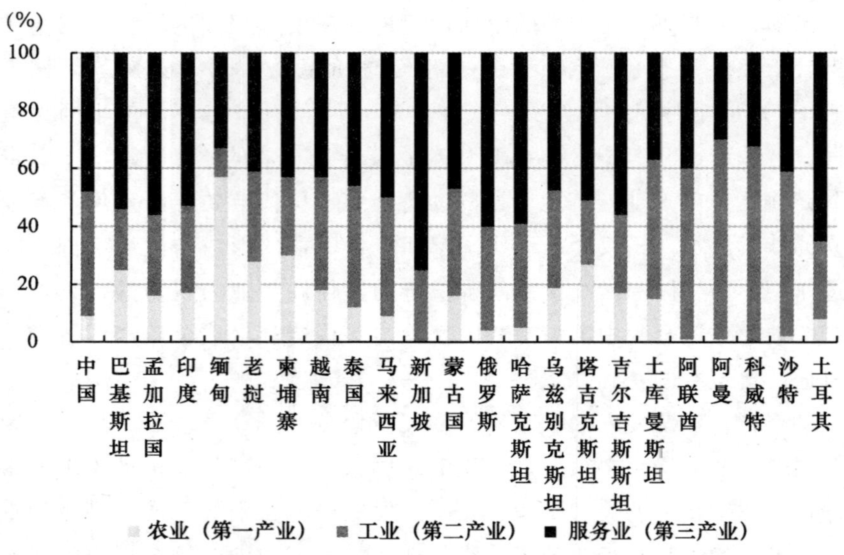

图4—11　“一带一路”经济走廊核心国家产业结构分析

资料来源：World Bank, *World Development Indicatorns* 2015。

另据，联合国工发组织（UNIDO）统计，“一带一路”走廊国家中，泰国和中国的制造业占国民经济的比例最高，分别达36.7%和34.2%（见表4—7）。中国和孟加拉国的制造业出口占比最高，分别达96.2%和91.74%。新加坡和塔吉克斯坦的制造业中，高新技术出口含量最高，分别达68.99%和66.30%。① 而中国无论是工业增加值（2.9万亿美元）还是全球制造业增加值占比（16.4%）均居世界第一。总体而言，“一带一路”走廊国家中，泰国、马来西亚、新加坡和越南等东亚区域生产网络国家的制造业和工业化水平要明显高于沿线其他国家，而中国在规模制造方面的

① 另据世界银行报告，2013年，“一带一路”走廊国家中，新加坡、马来西亚和哈萨克斯坦的高新技术出口含量最高，分别达47.0%、43.5%和36.9%，不仅高于大部分走廊国家，也高于全球平均水平的17.8%。孟加拉国、柬埔寨和巴林的高新技术出口含量则只有0.2%，明显低于其他国家。参见World Bank, *World Development Indicatiors*, http://data.worldbank.org/data-catalog/world-development-indicators/。

优势则为中国与沿线国家继续参与国际分工、提高自身在全球价值链中地位创造了新的条件。尤其是对于中国这样一个以规模化制造为基础的全球第一制造业大国而言，先进制造技术和战略性新兴产业的融合才是中国参与全球价值链竞争的独特优势所在，而战略性新兴产业的产业化、规模化和价值链的完善则为中国和“一带一路”走廊沿线国家的经济转型、产业升级和向全球价值链高附加值环节的移动带来了新的契机。①

表 4—7　“一带一路”经济走廊核心国家制造业概况　单位:%

国家	该国经济总量占比	全球制造业增加值占比	高新技术增加值占比	该国出口总额占比	出口技术含量	二业增加值（亿美元）
中国	34.15	16.42	40.70	96.17	58.96	29225.2
巴基斯坦	18.04	0.29	24.57	80.67	10.94	312.7
孟加拉国	17.58	0.17	20.20	91.74	4.34	246.6
印度	14.89	2.25	37.27	83.34	27.67	2967.7
柬埔寨	19.51	0.02	0.26	71.46	7.06	23.6
越南	23.57	0.21	20.26	70.01	33.65	299.5
泰国	36.66	0.88	46.16	81.90	58.53	1275.7
马来西亚	26.73	0.55	41.76	81.18	59.11	749.0
新加坡	26.24	0.53	73.41	89.76	68.99	525.8
蒙古国	5.97	0.00	5.30	58.53	13.60	11.2
俄罗斯	13.71	1.49	23.14	34.95	22.18	2675.9
哈萨克斯坦	11.03	0.11	6.84	23.01	34.55	—
塔吉克斯坦	20.47	0.01	2.40	13.82	66.30	—
吉尔吉斯斯坦	11.41	0.00	4.36	25.94	17.93	—
阿曼	8.90	0.04	16.75	16.07	49.55	85.0
卡塔尔	7.30	0.09	17.44	19.16	21.46	—
科威特	6.72	0.08	18.09	40.93	13.45	119.0
沙特阿拉伯	10.17	0.45	41.12	19.41	36.89	741.5
土耳其	18.07	1.27	30.04	88.60	41.19	1261.7

资料来源：UNIDO, *Industrial Development Report* 2013 相关数据制成。

① 目前，战略性新兴产业的国际分工机制还未完全明朗，行业创新模式也还存在很大的不确定性，这或许意味着中国和“一带一路”沿线国家在战略性新兴领域很有可能与发达国家站在相近的起跑线上。参见杨丹辉《全球竞争格局变化与中国产业转型升级——基于新型国际分工的视角》，《国际贸易》2011 年第 11 期。

而就具体国家而言，“一带一路”走廊国家中，新加坡的制造业以机械运输设备和化工为主，分别占该国制造业增加值的57%和23%，高新技术出口含量达47%。泰国以机械运输设备、食品饮料和纺织服装为主，分别占该国制造业增加值的12%、18%和26%，高新技术出口含量达20.1%。马来西亚以机械运输设备（28%）和化工（12%）为主；越南以食品饮料（23%）、纺织服装（15%）和机械运输设备（15%）为主；印度以纺织服装（9%）、机械运输设备（19%）和化工（15%）为主；土耳其以食品饮料（15%）、纺织服装（16%）和机械运输设备（18%）为主。就具体产业而言，纺织服装在柬埔寨（87%）、孟加拉国（40%）、巴基斯坦（33%）和老挝（22%），食品饮料在蒙古国（56%）、老挝（46%）、孟加拉国（24%）和巴基斯坦（21%），化工在沙特阿拉伯（42%）和新加坡（23%），机械运输设备在新加坡（57%）、马来西亚（28%）、泰国（26%）等国家的制造业中占据非常重要的位置（见图4—12）。

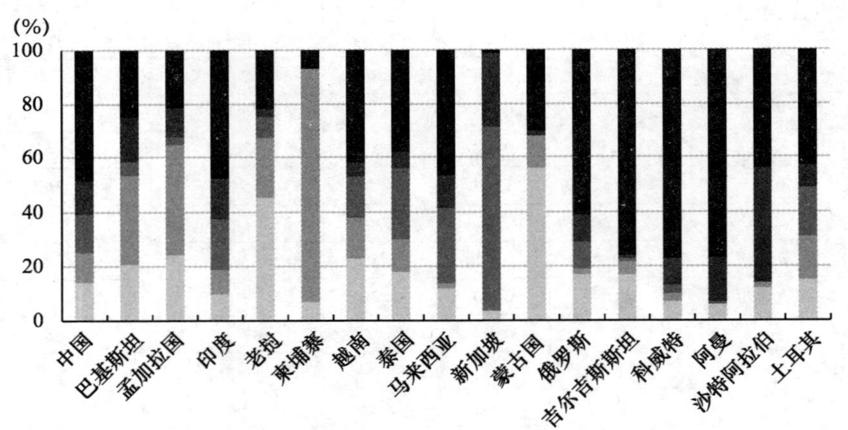

图4—12 “一带一路”经济走廊国家制造业结构

资料来源：根据 UNIDO, *Industrial Development Report* 2013 相关数据制成。

当前，全球服务业正在成为新一轮国际产业转移和要素重组的核心。以跨国公司为主体的全球服务贸易网络体系正在成为各国融入全球价值链、促进各国经济增长和产业升级的重要途径（其中，生产性服务业中间投入和创新效应更是成为各国尤其是制造业提升技术含量、附加值和劳动生产率的源泉）。“一带一路”走廊国家中，服务业在新加坡经济中的比例最高，占该国国内生产总值、总就业和外商直接投资总量的比例分别达75.5%、64.1%和45.8%。服务业在土耳其、俄罗斯、哈萨克斯坦和孟加拉国等国经济中的比例均超过50%；在阿联酋、俄罗斯、沙特阿拉伯、马来西亚、哈萨克斯坦和土耳其等国的总就业占比均超过50%；在越南、巴基斯坦、土耳其和哈萨克斯坦等国吸引外资总量中的比例也均超过50%（见图4—13）。相比而言，服务业在中国经济中的比例还有待进一步提高。第三次产业革命和新技术革命的含义也要求中国产业发展从过去不断强化成本优势向构筑新的综合竞争优势转变。现代服务业的发展将成为中国和“一带一路”走廊国家产业转型升级的重要推手和引擎。随着全球创新步伐的加快和一体化网络的形成，生产性服务业日益成为（制造业）产业集群纳入全球价值链的关键，而生产性服务业与先进制造业的融合则使得“一带一路”沿线那些要素资源禀赋丰富、产业分工体系完善的国家出现了跨越式升级的可能，在全球价值链上表现出更大的纵向和横向升级的潜力。

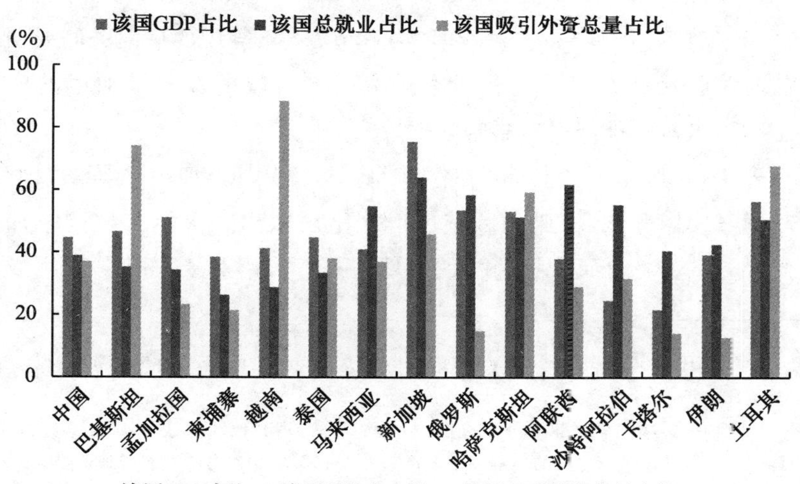

图4—13　“一带一路”经济走廊核心国家服务业情况分析

资料来源：根据WTO，*Services Profiles* 2015和UNCTAD相关数据计算制成。

（五）“一带一路”经济走廊与区域生产网络的完善

作为国际生产网络的微观基础，全球价值链的形成是要素配置全球化和分工国际化的结果，是价值增值在国际经济关系中的体现。着眼于全球价值链的最新发展趋势，中国有必要以“一带一路”建设为契机，在现有区域生产网络和价值链的基础上（在提高自身价值链地位的同时），继续推动中国与“一带一路”沿线主要贸易伙伴关系由产业间分工向产业内分工和产品内分工延伸与升级。

目前，“一带一路”走廊国家中，新加坡（82%）、马来西亚（68%）、中国（59%）、俄罗斯（56%）、沙特阿拉伯（56%）和泰国（52%）均具有较高的全球价值链（GVC）参与率，分列全球价值链参与率排名第1位、第7位、第11位、第13位、第14位和第16位，表明这些国家已经普遍融入了全球价值链和国际垂直产业分工体系。[①] 相比而言，俄罗斯和沙特阿拉伯等石油出口国的前向关联要高于其后向关联比率，在区域或全球价值链中的地位（处于全球价值链的起点）也要高于其他走廊国家。[②]而中国（32.1%）、马来西亚（40.6%）、泰国（39.0%）、新加坡（41.7%）、越南（36.3%）和土耳其（25.7%）等国的后向关联要明显高于其前向关联比率，表明这些国家的生产与出口中外国增加值的成分较高，生产和出口受外部因素影响程度较高。

见表4—8所示，“一带一路”走廊国家中，新加坡、马来西亚、泰国、越南和中国等东亚/亚太区域生产网络国家出口中所含外国增加值较高（均超过30%），而沙特阿拉伯、俄罗斯、印度和土耳其等国则以国内

---

① UNCTAD, *Global Value Chains And Development*, http://unctad.org/en/PublicationsLibrary/diae2013d1_en.pdf.

② （1）前向关联比率是指本国增加值作为中间投入品占其他国家总出口的比重，该指标反映了本国生产对于其他国家出口的影响的程度；（2）后向关联比率是指外国增加值作为进口中间投入品占本国总出口的比重，该指标反映了其他国家生产对本国出口的影响程度；（3）作为前后向关联比率之和，全球价值链参与率反映的是该国融入全球价值链的程度；（4）与最终需求的距离是指一国所生产的商品或服务在到达最终消费市场之前所经历的环节数量，该指标反映了一国在全球价值链中的相对位置。参见盛斌、果婷《亚太区域经济一体化博弈与中国的战略选择》，《世界经济与政治》2014年第10期。

增加值为主（均超过70%）。上述表明，东亚区域生产网络成员的垂直专业化水平相对较高，其国内生产和出口因此也更易受价值链上游国家影响。从国内增加值作为中间品出口总额占比情况来看，沙特（87.0%）、俄罗斯（69.7%）和印度（43.8%）等国要明显高于中国、马来西亚和泰国等东亚区域生产网络成员，表明以自然资源（沙特和俄罗斯）或服务（印度）出口为主的国家中间品出口要明显高于走廊其他国家，也表明沙特、俄罗斯和印度等国的国内生产与出口更加稳健，不易受价值链下游国家或外部因素的影响。①

表4—8　“一带一路”经济走廊核心国家价值链贸易关系（2011年）　单位：%

国家	GVC参与率	前向关联	后向关联	国内增加值占比	国内增加值最终产品出口占比	国内增加值中间品出口占比
中国	59	15.6	32.1	67.8（32.2）	31.8	37.4
印度	36	19.1	24.0	75.9（24.1）	32.1	43.8
越南	48	16.0	36.3	63.7（36.3）	29.2	34.6
泰国	52	15.4	39.0	61.0（39.0）	27.7	33.3
马来西亚	68	19.8	40.6	59.4（40.6）	20.9	38.5
新加坡	82	19.9	41.7	58.2（41.8）	21.1	37.1
俄罗斯	56	38.1	13.7	86.3（13.7）	16.6	69.7
沙特阿拉伯	56	42.0	3.3	96.7（3.3）	9.7	87.0
土耳其	41	15.3	25.7	74.3（25.7）	40.1	34.2

资料来源：根据OECD，Trade in Value Added（TiVA）和UNCTAD-Eora GVC Database数据制成。

注：括号内为外国增加值占比。

表4—9一步显示了“一带一路”走廊国家以中间品贸易为主要特征的价值链指标。首先从出口方面来看，“一带一路”走廊国家中，中间品占哈萨克斯坦、伊朗、沙特、阿曼、卡塔尔等石油输出国出口总额的比例

① 印度、俄罗斯和土耳其等国的全球价值链参与率较低，一个可能的原因在于其出口性质（自然资源和服务出口往往不太需要进口或国外附加值）。参见联合国贸易和发展组织《2013年度世界投资报告》，经济管理出版社2014年版，第138页。

（均超过90%），资本品占中国、泰国、新加坡、马来西亚和越南等东亚区域生产网络成员出口总额的比例（均超过10%），消费品占巴基斯坦、柬埔寨和越南等国出口总额的比例，明显高于走廊其他国家。从进口方面来看，“一带一路”走廊国家中，中间品占印度、中国、泰国、巴林等国进口总额的比例（均超过70%），资本品占俄罗斯、哈萨克斯坦、沙特阿拉伯和伊朗等国进口总额的比例（均超过20%），消费品占俄罗斯、哈萨克斯坦、吉尔吉斯斯坦、阿曼和沙特阿拉伯进口总额的比例（均超过20%），明显高于走廊其他国家。就具体产品而言，中间品在所有走廊国家进口和出口总额中的比例均高于资本品和消费品，这一结果体现了价值链贸易和垂直化分工在“一带一路”与全球贸易格局中的重要性。

表4—9　“一带一路”经济走廊国家价值链指标　单位：%

国家	出口				进口			
	资本品	中间品	消费品	其他	资本品	中间品	消费品	其他
中国	29.9	39.9	28.8	1.4	13.9	77.0	4.2	4.9
巴基斯坦	1.8	40.6	56.2	1.4	11.2	57.7	6.2	24.9
印度	6.3	46.6	27.1	20.0	9.3	85.0	4.4	1.3
缅甸	0.0	76.3	23.7	0.0	18.9	48.3	10.6	22.1
越南	12.6	39.1	46.0	2.3	14.7	67.3	7.9	10.1
柬埔寨	0.5	34.0	65.3	0.2	11.3	59.4	13.3	16.0
泰国	20.4	50.2	21.9	7.5	17.9	72.2	7.9	2.1
马来西亚	12.9	68.1	12.1	6.9	16.6	65.5	8.4	9.5
新加坡	13.2	57.7	9.5	19.6	12.4	57.8	8.7	21.1
俄罗斯	2.3	74.9	2.2	20.6	26.8	39.4	26.7	7.1
哈萨克斯坦	1.0	94.7	0.7	3.6	25.8	47.2	20.5	6.5
吉尔吉斯斯坦	2.2	62.2	27.3	8.3	14.9	34.5	26.0	24.6
巴林	0.7	24.7	3.0	71.6	9.0	72.5	13.4	5.2
阿曼	0.1	90.7	2.1	7.1	13.8	56.6	20.2	9.4
卡塔尔	0.0	91.9	0.0	8.1	—	—	—	—
沙特阿拉伯	0.2	92.0	1.4	6.4	21.3	47.8	22.0	8.9
伊朗	0.5	92.2	6.2	1.1	21.1	63.1	13.9	1.9
土耳其	9.0	51.0	31.3	8.7	17.6	61.3	9.4	11.8

资料来源：World Economic Forum, The Global Enabling Trade Report 2014。

相比而言，“一带一路”走廊国家中，中国与泰国、马来西亚和新加坡等中南半岛经济走廊国家的价值链贸易联系要高于走廊其他国家。以东亚/亚太完善的区域生产网络和价值链为基础，自2001年以来，中国与中南半岛经济走廊所在东盟国家间以产业内或产品内贸易（中间品贸易）和离岸制造为主要特征的“价值链贸易”均飞速增长。而“产业内贸易的持续增加则意味着中国与东盟成员间产业内或产品内分工的深化和以价值链、区域生产网络为基础的中间品贸易的可持续性”。[①] 中国和东盟有必要以构建“一带一路”和中国—中南半岛经济走廊为契机，在现有产业合作和产业集群的基础上（见表4—10），进一步提升与中南半岛国家和东盟成员的合作层次，为东亚/亚太区域生产网络的完善、价值链的延伸和地区统一市场的构建创造新的条件，为中国与东盟合作由自贸区和经济一体化向共同体的超越奠定新的基础。

表4—10　　中南半岛经济走廊重要产业集群概况

国家	产业集群类别	地理分布	主要跨国公司
印度尼西亚	电子产业	巴淡岛、西爪哇	ABB、爱普生、飞利浦、三洋、西门子、汤姆生、索尼、LG
	汽车产业	西爪哇、雅加达	丰田、三菱、铃木、本田、日产、通用、标致
马来西亚	电子产业	多媒体走廊区域、槟城、马六甲	松下、西门子、英特尔、超威半导体、惠普、摩托罗拉、戴尔
	汽车产业	丹戎、马林、北干、槟城	本田、丰田、日产、起亚、现代、奔驰、宝马、沃尔沃、标致、马自达
菲律宾	电子产业	内湖、甲米地、打拉、宿务、碧瑶	索尼、东芝、宏达、富士通、英特尔、西门子、飞利浦、三星、宏碁
新加坡	电子产业	裕廊工业园	惠普、IBM、戴尔、三星、LG、松下、博世、富士康、希捷
	石化产业	裕廊化工岛	埃克森美孚、壳牌、住友化学、中石油、中石化

① 王金波：《“一带一路”建设与东盟地区的自由贸易区安排》，社会科学文献出版社2015年版，第15页。

续表

国家	产业集群类别	地理分布	主要跨国公司
新加坡	生物医药产业	启奥生物医药研究园、大士生物医药园	葛兰素威康、默克、先灵葆雅
泰国	汽车产业	曼谷、北榄府、巴吞他尼府、大城府、罗勇府、北柳府、春武里府	丰田、铃木、日产、三菱、本田、马自达、奔驰、宝马、福特、通用、沃尔沃
	纺织产业	曼谷及周边区域	东丽、联业、百隆东方
越南	纺织产业	胡志明市周围	泰丰、天虹、百隆东方

资料来源：林丽钦、王勤：《东盟产业集群发展的现状与特点》，《东南亚研究》2015 年第 3 期。

三 “一带一路”经济走廊与区域基础设施互联互通

历史上，丝绸之路首先是商品的互通有无。今天，“一带一路”经济走廊同样也要做到物畅其流。要做到物畅其流，首先要做到基础设施互联互通。① 亚洲开发银行的数据显示，到 2020 年，亚洲在能源、电信与交通基础设施方面的投资需求将达到 8.2 万亿美元（约占 2010—2020 年亚洲 GDP 预测值的 6.5%）。② 据 OECD 测算，到 2030 年，全球基础设施需求将达 50 万亿美元。美国商会的数据则显示，美国到 2030 年的基础设施需求也将达 8 万亿美元。如此巨大的资金需求缺口，仅靠各国政府公共部门支出难以支撑。中国有必要以构建“一带一路”和经济走廊为契机，

① “互联互通”是一个广义的联通概念，既包括基础设施物理性的硬件联通（如铁路、公路、航空、海运、电信），也包括在政策与软件上的制度联通（如标准一致化、相互认证、海关通关程序、规制政策融合等），还包括自然人流动的人文流通。参见盛斌《共建面向未来的亚太伙伴关系：2014 年 APEC 峰会前瞻》，《国际贸易》2014 年第 9 期。

② Asian Development Bank and Asian Development Bank Institute, *Infrastructure for a Seamless Asia*, 2009, p. 4.

以亚洲基础设施投资银行（AIIB）为平台，在现有 APEC 互联互通[①]、东盟互联互通[②]、泛亚铁路网、[③] 泛亚能源网、大湄公河次区域互联互通、孟中印缅走廊、[④] 中巴经济走廊和新亚欧大陆桥的基础上，充分发挥沿线各国比较优势和异质性资源配置能力（如欧盟和中东海湾国家的融资能力、中国的制造能力和工程基建实力、俄罗斯和中亚国家的资源供给能力），[⑤] 一起打通欧亚交通网、泛亚铁路网东南亚走廊和泛亚能源网，构建横贯东西、连接南北的欧亚海陆立体大通道。

（一）“一带一路”经济走廊基础设施概况

基础设施是经济发展的重要前提和基础保障。良好的基础设施尤其是

① APEC 层面互联互通建设最早由印度尼西亚在 2012 年 12 月召开的 APEC 高官会预备会议上提出，并将其确定为 2013 年 APEC 年会的三大优先合作议题之一。涉及物理性基础设施建设、构建规制框架、完善金融市场、抗灾能力建设、跨境教育等九个领域。参见李文韬、樊莹、冯兴艳《APEC 互联互通问题研究》，《亚太经济》2014 年第 2 期。

② 东盟互联互通涉及七大目标：一是推进跨国交通合作；二是推进陆路交通基建，贯通“昆明—新加坡铁路线”；三是推进海事和航空运输基建，落实“东盟推进海洋交通一体化及竞争力路线图”“东盟开放天空政策”以及“东盟单一航空市场规划”；四是推进信息基建，促进成员国间信息高速联通；五是深化能源合作，落实东盟电网和油气管道建设规划，鼓励私人部门参与，并完善“东盟石油安全协定”；六是推进采矿业合作，强化相关贸易投资合作及人员和机构的能力建设，推进环境及社会可持续发展；七是深化基建项目融资合作，推动私人部门和国际机构参与东盟基建发展项目，并为此放松或撤销相关跨境融资障碍。参见宋颖慧《东盟经济共同体建设现状及其前景》，《现代国际关系》2014 年第 11 期。

③ 泛亚铁路网计划（TAR）由联合国亚太经济社会委员会（UNESAP）于 1992 年发起，目标是建设跨越 28 个国家、14.1 万公里的铁路，并通过与泛欧铁路网的对接将亚洲、欧洲与欧亚主要港口连接起来。

④ 缅甸位于南亚、东南亚和东亚三大地缘板块的接合处，控制着孟加拉湾东岸地区，南部邻近马六甲海峡的西北出入口，既是中国西南省份进出印度洋的战略通道，也是印度进入东盟的战略通道。目前，美国、日本、印度甚至韩国都相继加大了对包括缅甸在内的中南半岛或大湄公河次区域的战略投入，尤其是加大了在基础设施、能源资源以及环境保护等方面的参与力度。其中，印度正借助缅甸的“陆桥”地位，与缅甸加快推进“印缅泰三边高速公路”“印缅跨国铁路网络”“加拉丹综合过境运输项目”等互联互通网络的规划和建设，与中国西南和至新加坡或孟加拉湾的互联互通网络形成交汇局面。如果中印两国能够形成良性竞争的“双赢模式”，上述网络交会将会产生互惠互利的结果。参见李昕《印度与缅甸互联互通发展探析》，《南亚研究》2014 年第 1 期。

⑤ 陈绍锋：《亚投行：中美亚太权势更替的分水岭?》，《美国研究》2015 年第 3 期。

公路、铁路、桥梁、港口、能源、电力和电信等生产性基础设施对于一国经济增长、全要素生产率的提高和人均收入水平的提升起着非常重要的作用。①中国改革开放的实践和发达国家早期的经历均证明，基础设施投资的正溢出效应（如促进经济增长、提高生产效率和资源配置效率、改善公共卫生、增加优质就业、促进产业发展）对经济发展和人均福利水平的提升意义重大。② 目前，“一带一路”走廊国家中，新加坡、马来西亚和俄罗斯等国的基础设施条件相对较好，巴基斯坦、孟加拉国、蒙古国、缅甸、塔吉克斯坦和吉尔吉斯斯坦等国的基础设施不足或落后对该国经济发展制约明显。据世界经济论坛（WEF）全球竞争力报告，“一带一路”走廊国家中，新加坡（6.54）、马来西亚（5.46）和俄罗斯（4.82）的基础设施竞争力指数要明显高于孟加拉国（2.45）、巴基斯坦（2.66）、蒙古国（2.92）、缅甸（2.05）、塔吉克斯坦（2.65）和吉尔吉斯斯坦（2.80）等欠发达国家（见图4—14）。

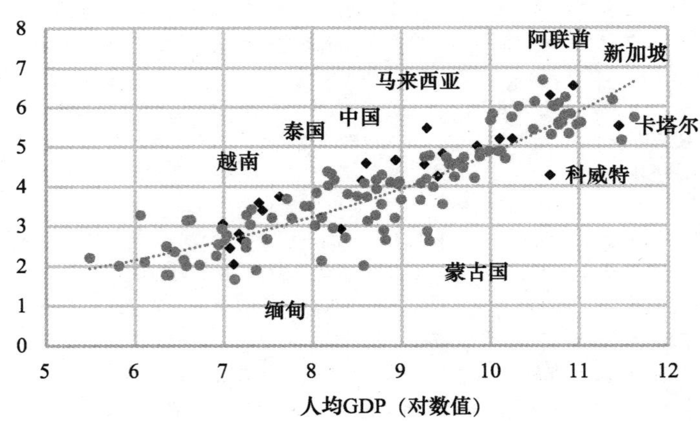

图4—14 “一带一路”经济走廊基础设施竞争力指数

资料来源：根据世界经济论坛 *The Global Competitiveness Report 2014 - 2015* 相关数据制成。

注：菱形标记为“一带一路”经济走廊国家，圆形标记为世界其他国家。

① 潘庆中、李稻葵、冯明：《“新开发银行”新在何处——金砖国家开发银行成立的背景》，《国际经济评论》2015年第2期。

② 林毅夫：《新结构经济学——重构发展经济学的框架》，《经济学》（季刊）2010年第10卷第1期。

据世界银行报告，“一带一路”走廊国家中，阿联酋（97.4）、新加坡（92.5）和泰国（91.7）的用电便利性与前沿水平距离指数（DFT）最高，分列全球第四位、第十一位和第十二位（见图4—15）。而孟加拉国（17.3）、塔吉克斯坦（38.6）、吉尔吉斯斯坦（49.6）的用电便利性与前沿水平距离指数要明显低于走廊其他国家。其他国家中，马来西亚、土耳其、哈萨克斯坦和伊朗的用电便利性与前沿水平距离指数均超过70，而缅甸、老挝、越南、印度、柬埔寨、蒙古国、俄罗斯、乌兹别克斯坦和巴基斯坦的用电便利性与前沿水平距离指数则处于60—70。这些表明，电力基础设施不足或电力发展水平的滞后依然是制约“一带一路”沿线发展中国家或最不发达国家经济的重要因素之一。

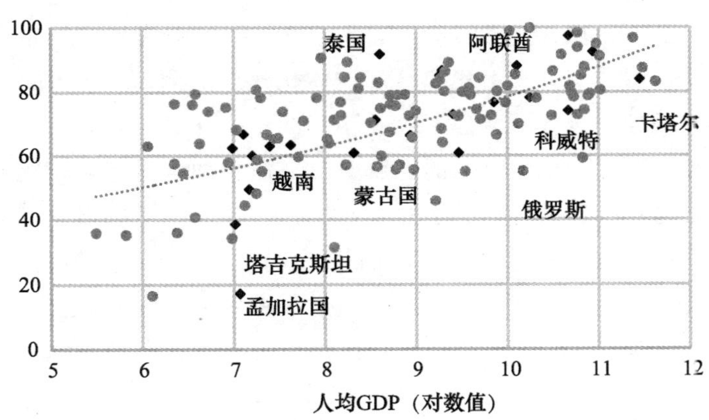

图4—15 “一带一路”经济走廊用电便利性与前沿距离指数

资料来源：根据世界银行 *Doing Business 2015* 相关数据制成。

注：菱形标记为“一带一路”经济走廊国家，圆形标记为世界其他国家。

另据，国际能源署（IEA）统计，“一带一路”走廊国家中，中国、印度和俄罗斯三国的发电量最多，年发电量分别达5432.8万亿瓦时、1193.5万亿瓦时和1059.1万亿瓦时，合计约占全球发电总量的1/3。相比而言，蒙古国、巴基斯坦、缅甸、柬埔寨、巴基斯坦、吉尔吉斯斯坦等国不仅发电量低、供电缺口大，供电损耗也要明显高于走廊其他国家。柬埔寨、吉尔吉斯斯坦和印度甚至达20%以上，远远高于发达国家水平的5%和世界平均水平的8.1%，表明这些国家无论是电力发展水平（涉及电源、电网和跨境电力贸易能力）还是行业效率都还有很大的改善空间，也从侧面反映了“一带一路”走廊国家间电力合作的必要性和紧迫性。中国和“一带一路”沿线国家尤其是周边国家有必要借助亚投行、丝路基金等多边开发金融机构的作用，优先支持中巴、中蒙俄、孟中印缅经济走廊等电力发展水平相对落后区域内重点电力项目的投资，在积极探索构建区域内电力合作框架、提高沿线国家电力合作紧密程度的同时，以生产性基础设施建设带动多领域协同发展。①

（二）“一带一路”基础设施互联互通的公共产品属性

需要强调的是，构建“一带一路”并非从零开始，而是现有合作的延续和升级。亚洲区域合作的复杂性和多样性决定了中国与“一带一路”走廊国家在积极参与贸易自由化和经济一体化建设的同时，还要创造性地推动其他形式的经济合作。② 正是“一带一路”的开放、多元特征决定了其可以容纳更高层次、更大范围的区域经济一体化和区域基础设施一体化进程。不过，与亚洲区域合作的多样性相比，当前亚洲基础设施互联互通主要依赖于亚洲开发银行、中日两国的优惠贷款及援助资金的支持。③ 客观而言，融资渠道的单一和有限的融资额度很难满足亚洲互联互通和基础设施一体化的需求。④ 亚洲开发银行的评估报告显示，2010—2020 年，亚洲

---

① 有学者认为，电力部门技术的特殊性（电力需要依靠实体网络传输，难以大规模地经济存储，生产消费在同时完成且对安全性、可靠性的要求极高）决定了中国与“一带一路”走廊国家间的电力合作在相当长一段时间内应以扩大投资为主要内容。正是发展阶段的落后决定了扩大投资将是“一带一路”沿线尤其是欠发达国家跨越电力基础设施、电力合作瓶颈的关键。参见冯永晟《中国参与孟中印缅电力合作：一些观察与思考》，中国社会科学院财经战略研究院，2015 年工作论文。

② 李向阳：《论海上丝绸之路的多元合作机制》，《世界经济与政治》2014 年第 11 期。

③ 竺彩华、郭宏宇、冯兴艳等：《东亚基础设施互联互通融资：问题与对策》，《国际经济合作》2013 年第 10 期。

④ 据世界银行估计，发展中国家存在大约 1 万亿美元的基础设施融资缺口，但既有的区域或多边开发金融机构仅能提供 40% 的融资（以世界银行为例，2013 财年，该行新增承诺贷款共计 315.47 亿美元，其中只有部分用于基础设施融资），根本无法满足发展中国家基础设施建设融资需求。另据，世界经济论坛（WEF）测算，全球每年对基础设施的投资为 2.7 万亿美元，而融资需求却达 3.7 万亿美元，每年缺口 1 万亿美元。参见潘庆中、李稻葵、冯明《“新开发银行”新在何处——金砖国家开发银行成立的背景、意义与挑战》，《国际经济评论》2015 年第 2 期；王震宇《全球共赢：亚太基础设施建设与互联互通》，外文出版社 2014 年版，第 8 页。

各国总计需要5.4万亿美元的投资用于国内新增基础设施建设（约占亚洲基础设施投资总体需求的68%）、2.57万亿美元用于现有国内基础设施的维护和更新（见表4—11）；需要2870亿美元的投资用于跨境区域基础设施项目，涉及989个交通运输项目和88个能源项目；① 年均基础设施投资需要7500亿美元。上述项目和投资若能成为现实，将为亚洲创造约13万亿美元的实际收入。其中，亚洲出口导向型经济体和对基础设施改善需求特别迫切的发展中经济体获益尤为明显。②

表4—11　　亚洲国家基础设施部门投资需求（2010—2020年） 单位：百万美元

部门/分部门	新增能力	更新	合计
能源（电力）	31764	9122	40886
电信	3254	7303	10557
移动电话	1818	5092	6909
固定电话	146	2212	3647
运输	17617	7045	24661
机场	65	47	113
港口	503	254	757
铁路	27	359	386
公路	17022	6384	23405
供水和环卫设施	1555	2258	3813
合 计	54189	25728	79918

资料来源：Asian Development Bank and Asian Development Bank Institute, *Infrastructure for a Seamless Asia*, 2009。

基于区域基础设施的公共产品属性，亚洲基础设施网络建设的融资约束决定了推进融资合作将是亚洲基础设施一体化的必由之路。③ 区域（间）基础设施作为国际公共产品具有一定的非排他性和非竞争性特征，容易出

① 这些项目包括亚洲公路网项目、泛亚铁路网项目、东亚与东南亚—中亚—南亚能源管道项目、大湄公河次区域运输和能源项目、中亚区域经济合作交通和贸易便利化项目、南亚运输物流和能源项目等区域和次区域基础设施互联互通项目。

② Asian Development Bank and Asian Development Bank Institute, *Infrastructure for a Seamless Asia*, 2009, pp. 199 - 200.

③ 王金波：《“一带一路”建设与东盟地区的自由贸易区安排》，社会科学文献出版社2015年版，第54页。

现“搭便车”(free-riding) 甚至“集体行动困境”,[①] 从而导致区域或多边金融机构不愿对区域性或区域间基础设施投入过多资金。[②] 以亚洲开发银行为例，该行 1996—2002 年只有 7% 的资金用于区域性或区域间公共产品，而用于受援或贷款国国内公共产品的资金却达 47% 。[③] 正是区域基础设施的公共产品属性决定了“一带一路”(经济走廊) 沿线国家间区域基础设施建设必然会面临资金不足或供应不足的局面。为了避免或解决这种局面，中国与“一带一路”沿线国家有必要在加强跨国合作以满足区域性及区域间基础设施融资需要的同时，进一步探索区域性及区域间国际公共产品(包括基础设施) 供给的渠道与方法。

正如区域多中心理论将区域性或区域间制度建设作为国际公共产品供应的核心条件一样,[④]“一带一路”走廊国家间的互联互通也离不开广泛的区域协调、稳定的区域金融市场、良好的基础设施投资环境、有效的融资措施以及公私部门的密切合作。欧盟的经验表明，仅靠公共部门不足以弥补跨境基础设施的资金缺口，但能否获得私营部门的融资则将取决于金融市场的发达程度和稳定性及其调动本地区国内储蓄的有效性。由于“一带一路”(经济走廊) 沿线多以发展中国家为主且缺乏完善的金融市场 (无法实现对基础设施投资期限错配的有效调整和对市场失灵的有效纠正),中国有必要以亚投行和“丝路基金”为平台，以提高区域经济联通的全面性和超越地理局限性为目标，在优先解决本地区基础设施互联互通瓶颈问题的同时，加快构建全方位、多层次、多渠道的区域基础设施一体化新格局。[⑤]

---

① 张春:《国际公共产品的供应竞争及其出路》,《当代亚太》2014 年第 6 期。

② 黄河:《公共产品视角下的“一带一路”》,《世界经济与政治》2015 年第 6 期。

③ Antoni Estevadeorda, Brian Frantz, *Regional Public Goods*: *From Theory to Pracitce*, Washington, D. C. , The Inter-American Development Bank, 2002, p. 37.

④ 区域多中心理论认为,“区域性或区域间公共产品供给模式的有效运行还需要在更高层面上实施一种具有多重性和差异性的供给体制，以避免管辖界限之间以及集体物品界限之间的大量鸿沟”。参见 [美] 文森特·奥斯特罗姆《美国公共行政的思想危机》, 上海三联书店 1999 年版，第 76 页。

⑤ 王金波:《亚投行与全球经济治理体系的完善》,《国外理论动态》2015 年第 12 期。

（三）“一带一路”经济走廊与区域基础设施一体化

作为“一带一路”倡议的优先领域，“一带一路”基础设施互联互通不仅会对沿线国家间区域生产网络的完善和重构、地区统一市场的构建、贸易和生产要素的优化配置起到积极的促进作用，也为沿线国家提升经济发展质量带来了新的历史机遇。[①] 据世界银行测算，对基础设施的投资每增加10%，GDP将增长1个百分点。[②] 而据世界经济论坛估计，如果全球供应链壁垒的削减能够达到最佳实践水平的一半，全球GDP预计将增长4.7%，贸易量将增加14.5%，远超取消所有关税所带来的福利收益（GDP增长0.7%，贸易量增加10.1%）。[③]欧盟和北美区域基础设施一体化的实践证明，要素的自由流动能够带来国家间经济发展水平的收敛。同样，“一带一路”走廊国家间经济差距的缩小、地区内部的平衡发展、国民福利的提高和经济的可持续增长能够满足沿线各国共同发展并从“一带一路”（经济走廊）建设中获益的基本愿望。

客观而言，除了上述融资约束以外，当前“一带一路”沿线国家间以基础设施、通关便利化、国际运输、物流能力、跟踪与追踪、国内物流成本、运输时间为指标的“跨边界”供应链质量水平及推进互联互通的基础条件还无法满足沿线国家间要素自由流动和一体化要求。据世界银行报告，“一带一路”走廊沿线既有物流绩效指数（LPI）位列前10名的新加坡（4.06），也有排名非常靠后的老挝（2.42）、塔吉克斯坦（2.40）、土库曼斯坦（2.39）、吉尔吉斯斯坦（2.31）、蒙古国（2.30）和缅甸（2.27）。这一发展差异或许会导致“一带一路”沿线发达经济体和发展中国家对于基础设施互联互通合作目标及优先领域的理解产生较大分歧，从

---

① 基础设施互联互通主要通过两个途径来拉动经济增长：一是降低运输成本和生产成本；二是提高市场进入的便利程度。不过，“由于存在市场失灵，基础设施的实际供给量通常都小于最优供给量”。参见潘庆中、李稻葵、冯明《“新开发银行”新在何处——金砖国家开发银行成立的背景、意义与挑战》，《国际经济评论》2015年第2期。

② World Bank, “Can Infrastructure Investments Generate Growth?”, http: //web. worldbank. org/WBSITE/ EXTERN AL/ TOPICS/EXTINFRA/0, contentMDK: 23154473 ~ pagePK: 64168445 ~ piPK: 64168309 ~ theSitePK: 8430730, 00. html.

③ 转引自王震宇《全球共赢：亚太基础设施建设和互联互通》，外文出版社2014年版，第9页。

而影响丝绸之路沿线国家互联互通或区域基础设施一体化进程。

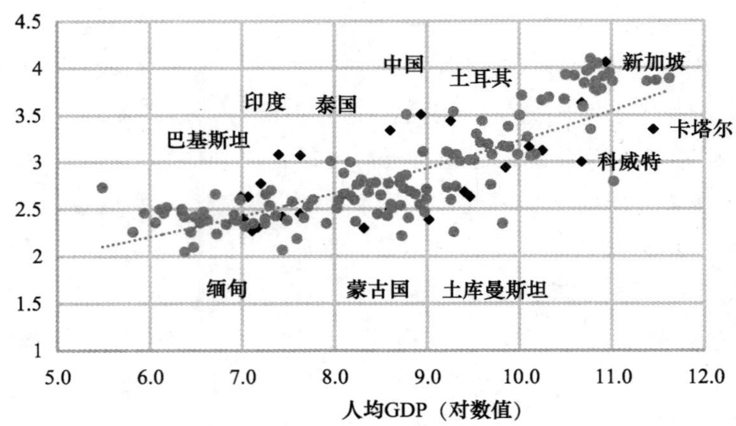

图 4—16 “一带一路”经济走廊国家物流绩效指数

资料来源：根据世界银行报告 *Connecting to Compete 2014* 和 IMF 相关数制成。

注：菱形标记为“一带一路”经济走廊核心国家，圆形标记为世界其他国家。

对此，在未来的“一带一路”经济走廊和区域基础设施互联互通建设过程中，中国有必要在积极拓宽融资渠道、加大交通运输关键节点和通道对接方面投资的同时；适度兼顾沿线发达经济体（更加强调规制融合）和发展中经济体（更加关注本国交通基础设施建设水平的提升）在区域基础设施互联互通领域的不同利益诉求。首先在发展中国家亟须的物理性基础设施互联互通领域，中国可以在交通运输和通信设施方面优先选择一批重点或节点项目，以提高市场尤其是发展中国家市场和公共服务的可获得性。① 而在沿线发达经济体如新加坡和新亚欧大陆桥所在欧盟国家所关心的制度联通（如标准一致化、相互认证、海关通关程序、规制融合等）方

① 亚洲开发银行的数据显示，未来 10 年间，交通运输的改善将会大幅降低马来西亚（11.4%）、泰国（12.1%）、越南（13.2%）、印度（21.6%）、巴基斯坦（12.9%）和中亚（11.5%）等“一带一路”经济走廊国家或地区的贸易成本；而通信设施的改善则会有效降低印度（11.2%）、泰国（5.9%）和越南（3.1%）等孟中印缅经济走廊或中南半岛经济走廊国家的贸易成本。参见 Zhai Fan, “Quantifying the Benefits of Regional Infrastructure Investment in Asia”, Background Paper Presented for the Study Infrastruture and Regional Cooperation, Tokyo: ADBI, 2009。

面，中国应积极倡导和推动沿线国家间基础设施技术框架与标准体系的统一；[①] 通过简化政策、体系和程序（如相互认证安排、“单一窗口”计划的实施、相关法律法规信息的透明度和共享性、商务人员跨境移动签证程序的便利化）以扩大、深化和提高区域生产网络和供应链的效率。[②] 上述措施均会对中国和“一带一路”沿线国家间基础设施互联互通或“无缝”（seamless）连接产生积极的促进作用。[③]

四 “一带一路”经济走廊与区域经济一体化

正如本章开篇所言，“一带一路”经济走廊是一个从产业集群到贸易投资便利化，再到基础设施一体化、区域经济一体化的动态演进过程。未来一个时期，随着“一带一路”和区域基础设施互联互通建设的不断推进，“一带一路”经济走廊的辐射效应、联动效应和自贸区框架下的贸易自由化、投资便利化不仅会对沿线国家间价值链的延伸起到积极的促进作用，为沿线国家尤其是发展中国家经济的内生发展提供新的动力，还会为沿线国家由利用比较优势向创造比较优势、由走廊向一体化的超越提供一个新的链接范式。

（一）“一带一路”经济走廊与自贸区网络的构建

当前，全球区域合作正进入一个新的“框架重构”阶段。自 2009 年美国重返亚太并将“跨太平洋伙伴关系协定”（TPP）作为亚太经济一体化的主要路径以来，亚太地区事实上形成了 TPP 和“区域全面经济伙伴关

① 李文韬、樊莹、冯兴艳：《APEC 互联互通问题研究》，《亚太经济》2014 年第 2 期。

② 亚洲开发银行研究院：《亚洲基础设施建设》，社会科学文献出版社 2012 年版，第 138 页。

③ 据东亚东盟经济研究中心（ERIA）最新报告，2021—2030 年，亚洲基础设施互联互通和区域基础设施一体化将使以中南半岛经济走廊国家为主体的东盟各国 GDP 累计增加 42.08%，东亚各国（“10 + 6”）GDP 累计增加 5.87%；而供应链和非关税措施的削减将使东盟各国 GDP 累计增加 31.19%，东亚各国 GDP 累计增加 7.76%。参见 Economic Research Institute for ASEAN and East Asia（ERIA），*The Comprehensive Asia Development Plan* 2.0（*CADP* 2.0），http：//www.eria.org。

系”协议（RCEP）并行的区域合作格局。[①] 同时，由“跨大西洋贸易与投资伙伴关系协定”（TTIP）和“服务贸易协定”（TISA）所引领的国际贸易与投资规则的“重塑”正在成为影响全球贸易格局和区域经济发展的新的重大外部因素。截至目前，“一带一路”经济走廊沿线及其辐射区域中，中国已经与新加坡、马来西亚、泰国、越南、老挝、缅甸、柬埔寨、巴基斯坦签有自由贸易协定，与印度（RCEP）和海合会的FTA谈判、与欧盟的双边投资协定（BIT）谈判也在进行中。中国与中南半岛、孟中印缅和中巴经济走廊等周边国家已经初步形成了较高水平的自由贸易区网络，而中国与中亚、蒙古国和俄罗斯等国之间还缺乏自由贸易协定安排。其他国家或地区中，东亚以东盟、中亚以俄罗斯和哈萨克斯坦、西亚以海合会为主体也形成了各自的自由贸易协定网络。这一“中心—辐条”体系使得“一带一路”走廊尤其是东亚与中亚、东亚与西亚国家间的一体化格局呈现出“天然的”分割特征;[②] 在一体化的路径上则面临着TPP与RCEP的融合与竞争、TTIP与欧亚经济联盟的对接等一系列问题。而沿线国家在关税与非关税壁垒、贸易和投资便利化方面的差异也加大了“一带一路”从走廊到经济一体化的难度。

“一带一路”走廊国家中，乌兹别克斯坦、孟加拉国、老挝、哈萨克斯坦、巴基斯坦、俄罗斯等国的货物贸易平均关税税率均超过9%（见表4—12），意味着关税壁垒的削减仍将是沿线尤其是发展中国家实现一体化协议的重要领域。就具体产品而言，印度和泰国的农产品平均关税税率均超过40%，明显高于其他经济体；在非农产品领域，乌兹别克斯坦、孟加拉国、巴基斯坦、哈萨克斯坦、老挝等国的平均关税均超过8%，明显高于走廊其他国家。就具体贸易自由化水平而言，新加坡的零关税占比最高，而老挝的贸易自由化水平则最低。其他经济体中，老挝、蒙古国、乌兹别克斯坦和中国的农产品零关税占比明显较低；新加坡、马来西亚、吉尔吉斯斯坦、越南和中国的非农产品贸易自由化水平明显较高。

---

① 王金波:《国际贸易投资规则发展趋势与中国的应对》,《国际问题研究》2014年第2期。

② 盛斌、果婷:《亚太区域经济一体化博弈与中国的战略选择》,《世界经济与政治》2014年第10期。

表 4—12　“一带一路”经济走廊国家关税结构　单位：%

国家	平均关税	农产品		非农产品	
		平均关税	零关税占比	平均关税	零关税占比
中国	4.6	13.5	0.9	4.0	50.4
巴基斯坦	9.2	7.1	34.9	9.5	41.5
孟加拉国	13.9	16.8	10.4	13.4	3.2
印度	6.2	45.0	7.0	4.5	42.1
缅甸	5.6	8.6	10.4	5.1	2.9
越南	5.1	7.3	44.5	4.9	56.5
老挝	10.0	20.1	0.0	8.3	0.0
泰国	6.6	41.2	14.3	4.9	47.1
柬埔寨	8.0	8.7	20.1	7.9	30.2
马来西亚	4.4	14.0	67.7	3.6	76.6
新加坡	0.5	15.7	98.2	0.0	100.0
蒙古国	5.0	5.9	0.1	4.9	1.3
俄罗斯	9.1	14.8	15.6	8.2	28.7
哈萨克斯坦	9.5	16.3	12.0	8.9	32.5
塔吉克斯坦	7.7	10.7	1.1	7.2	4.6
乌兹别克斯坦	14.8	18.8	0.5	14.2	9.1
吉尔吉斯斯坦	3.9	5.9	40.1	3.6	57.8
阿曼	5.2	10.2	34.7	4.6	8.1
阿联酋	4.7	5.4	23.4	4.6	8.2
巴林	6.4	17.4	33.2	4.2	15.8
卡塔尔	4.5	6.0	37.1	4.3	13.6
科威特	4.5	6.7	40.5	4.1	18.0
沙特阿拉伯	4.4	6.7	49.1	4.0	19.1
土耳其	5.2	32.0	26.6	3.5	39.9

资料来源：根据 WTO，World Tariff Profiles 2015 相关数据制成。

与货物贸易关税壁垒类似，“一带一路”走廊国家的服务贸易壁垒也存在很大差异（见表 4—13）。沿线国家中，印度、伊朗、卡塔尔、科威特、巴林等国的服务贸易限制指数均超过 50%，明显高于蒙古国、吉尔吉斯斯坦、哈萨克斯坦和土耳其等国家。表明沿线各国的服务贸易开放水平还有很大的提升空间。就具体部门而言，伊朗、卡塔尔和巴林对银行部门，卡塔尔、伊朗、阿曼、巴林、俄罗斯和沙特阿拉伯对保险部门，卡塔尔、科威特、伊朗、阿曼和孟加拉国对电信部门，印度、伊朗和海合会成员对零售业，孟加拉国、印度、马来西亚对运输业，土耳其、印度和泰国对会计部门，沙特阿拉伯、土耳其、印度和马来西亚对法律部门的服务贸易限制程度要明显高于其他经济体，意味着这些国家敏感部门的贸易自由化成本也要高于其他经济体。总体而言，“一带一路”沿线各国的货物贸易和服务贸易自由化水平还有很大的改善空间，关税和非关税壁垒仍然是制约沿线各国从走廊迈向经济一体化的重要因素。

表 4—13　“一带一路”经济走廊国家服务贸易壁垒限制指数

国家或地区＼部门	金融	银行	保险	电信	零售	运输	会计	法律	总体
中国	34.8	32.5	38.3	50.0	25.0	19.3	45.0	80.0	36.6
巴基斯坦	48.7	50.0	46.7	12.5	0.0	25.3	27.5	61.7	28.3
孟加拉国	46.3	48.1	43.3	62.5	25.0	62.9	35.0	35.0	44.2
印度	48.1	50.0	45.0	50.0	75.0	62.4	90.0	85.8	65.7
越南	40.8	51.9	23.3	50.0	50.0	38.6	30.0	32.5	41.5
柬埔寨	5.8	0.0	15.0	25.0	0.0	35.5	70.0	53.3	23.7
泰国	49.4	57.5	36.7	50.0	25.0	47.1	80.0	70.0	48.0
马来西亚	44.6	44.4	45.0	25.0	25.0	55.4	60.0	81.7	46.1
蒙古国	5.2	0.0	13.3	0.0	0.0	41.6	35.0	23.3	13.7
俄罗斯	46.7	42.5	53.3	50.0	0.0	14.2	20.0	40.0	25.7
哈萨克斯坦	22.1	21.3	23.3	25.0	0.0	16.4	35.0	23.3	17.0
乌兹别克斯坦	24.6	21.3	30.0	50.0	0.0	32.0	37.5	27.5	23.4
吉尔吉斯斯坦	8.4	0.0	21.7	0.0	0.0	45.7	35.0	23.3	15.2
阿曼	38.9	21.3	66.7	62.5	50.0	48.5	40.0	50.8	47.4
巴林	55.5	53.8	58.3	50.0	50.0	46.8	35.0	61.7	50.8
卡塔尔	71.3	63.8	83.3	100.0	50.0	52.8	40.0	50.8	60.1
科威特	41.5	42.5	40.0	75.0	50.0	50.0	60.0	55.0	51.8
沙特阿拉伯	46.1	42.5	51.7	25.0	25.0	38.6	40.0	93.3	42.5
伊朗	87.4	96.3	73.3	75.0	50.0	51.3	50.0	63.3	63.3
土耳其	2.4	1.9	3.3	0.0	0.0	28.9	95.0	86.7	25.0
欧盟	4.2	3.8	5.0	0.0	25.0	37.1	50.0	56.7	26.1

资料来源：世界银行服务贸易壁垒数据库，http：//iresearch. worldbank. org/servicetrade/home. htm。

（二）“一带一路”经济走廊与区域价值链的延伸

如前所述，关税和非关税壁垒的削减将是“一带一路”走廊国家实现贸易自由化和经济一体化的重要领域；同样，贸易和投资便利化也是“一带一路”（经济走廊）建设的重要内容。中国和“一带一路”走廊国家有必要以现有的自由贸易协定为基础，进一步推动中国与沿线国家的贸易自由化和经济一体化，为沿线国家经济的持续增长和价值链的延伸与升级创造新的条件。“一带一路”走廊国家中，既有贸易便利化程度世界排名第41位的新加坡（与前沿距离指数为89.4）和排名第49位的马来西亚（86.7），亦有排名第170位的俄罗斯和（37.4）和第172位的孟加拉国（34.9），而其他国家的贸易便利化排名均在第50名以后。总体而言，“一带一路”走廊国家间贸易便利化程度呈两极分化态势。各国尤其是沿线发展中国家的贸易便利化还有很大的提升空间。

就通关效率而言，沿线国家中，新加坡通关效率最高，其进口通关时间只需1.5天，每个集装箱的通关费用也只有257美元；巴基斯坦的通关费用最高，每个集装箱需1742.8美元；伊朗的通关时间最长，需20.2天；其他国家中，孟加拉国（1663.8美元）、俄罗斯（1625美元）、卡塔尔（1371美元）的通关费用相对较高，而印度（16.9天）、沙特阿拉伯（15.5天）和科威特（15.2天）的通关时间相对较长。据联合国亚太经社会（ESCAP）研究显示，贸易便利化和通关电子化（无纸化贸易）措施每年将为亚太地区减少310亿美元（20%）的通关费用，而通关效率的提升和通关成本的减少将为该地区带来250亿美元的潜在贸易受益。[①] 据世界经济论坛测算，如果全球供应链壁垒达到区域最佳实践水平的一半，全球经济将增长2.6%，世界贸易可增加9.4%。[②] 有鉴于此，在未来的“一带一路”经济走廊和一体化建设过程中，中国与沿线国家有必要以提高通关效率为贸易和投资便利化的突破口，在降低贸易和投资成本的同时，进一步提高沿线各国间供应链的连通性，为沿线各国间价值链的延伸和供应链

---

① 转引自王金波《“一带一路”建设与东盟地区的自由贸易区安排》，社会科学文献出版社2015年版，第18页。

② 转引自王震宇《全球共赢：亚太基础设施建设与互联互通》，外文出版社2014年版，第9页。

能力的提升产业创造条件。①

另据，世界经济论坛最新报告，“一带一路”走廊国家中，新加坡的贸易投资便利化水平（综合得分5.9）居全球首位，而缅甸、蒙古国和伊朗的便利化水平最低，在全球138个国家中分别居第121位、第130位和第131位（见表4—14）。就具体领域而言，新加坡、阿曼、缅甸、越南、吉尔吉斯斯坦、老挝、柬埔寨和马来西亚在市场准入方面得分较高（均超过4分），市场开放程度要明显高于走廊其他国家。在跨境管理方面，新加坡、阿联酋、卡塔尔、马来西亚和巴林表现出较高的效率和透明度（得分均超过5分），而蒙古国、哈萨克斯坦、孟加拉国、缅甸、吉尔吉斯斯坦和伊朗在此方面还有待加强。在基础设施方面，全球得分最高的新加坡（6.1）比第136名的缅甸高4分，这一巨大差异意味着沿线部分国家的基础设施条件仍有很大改善空间。在营商环境方面，新加坡和阿联酋在知识产权保护、争端解决、融资、外资准入、治安环境等细分领域的综合得分要明显高于沿线其他国家，而蒙古国、伊朗、缅甸和孟加拉国等国在这些细分领域还有许多要改善的地方。就具体国家而言，中国在基础设施、营商环境和跨境管理方面拥有一定优势，但在市场准入方面还有待改善。

表4—14　“一带一路”经济走廊贸易和投资便利化指标

国家	市场准入	跨境管理	基础设施	营商环境	综合评价
中国	3.1（119）	4.9（48）	4.6（36）	4.6（37）	4.3（54）
巴基斯坦	2.7（133）	4.3（72）	3.3（94）	3.5（116）	3.5（114）
孟加拉国	3.8（57）	3.2（123）	2.8（119）	3.7（99）	3.4（115）
印度	2.4（136）	4.2（74）	3.8（67）	4.1（73）	3.6（96）
缅甸	4.3（25）	3.3（117）	2.1（136）	2.9（134）	3.2（121）
越南	4.2（34）	4.0（86）	3.9（60）	4.0（81）	4.0（72）
老挝	4.1（39）	3.4（114）	2.9（115）	4.2（68）	3.6（98）
柬埔寨	4.1（36）	3.4（108）	3.1（101）	4.1（74）	3.7（93）
泰国	3.9（51）	4.7（56）	4.3（46）	4.1（75）	4.2（57）

① 孙俊新：《21世纪海上丝绸之路实施的贸易基础：国家价值链视角》，赵江林主编《21世纪海上丝绸之路》，社会科学文献出版社2015年版，第106—125页。

续表

国家	市场准入	跨境管理	基础设施	营商环境	综合评价
马来西亚	4.0（40）	5.2（33）	5.1（23）	5.0（27）	4.8（25）
新加坡	5.5（2）	6.3（1）	6.1（1）	5.8（2）	5.9（1）
蒙古国	2.9（126）	2.4（137）	3.0（103）	3.7（105）	3.0（130）
俄罗斯	2.8（132）	3.6（103）	4.2（52）	3.5（119）	3.5（105）
哈萨克斯坦	3.2（108）	3.0（127）	4.2（53）	4.2（67）	3.7（94）
吉尔吉斯斯坦	4.2（32）	3.3（118）	3.0（104）	3.4（121）	3.5（109）
巴林	3.5（72）	5.1（41）	4.9（29）	5.0（28）	4.6（33）
阿联酋	3.2（109）	5.7（17）	5.8（10）	5.3（13）	5.0（16）
阿曼	5.2（17）	4.5（38）	5.1（40）	3.8（54）	4.7（31）
卡塔尔	3.8（59）	5.2（36）	5.1（24）	5.7（4）	4.9（19）
科威特	3.2（113）	4.5（66）	4.1（57）	4.2（63）	4.0（74）
沙特阿拉伯	3.3（105）	4.7（52）	4.5（37）	4.7（3.4）	4.3（48）
伊朗	1.9（138）	3.3（119）	3.4（92）	3.4（125）	3.0（131）
土耳其	3.7（62）	4.9（44）	4.3（47）	4.3（56）	4.3（46）

资料来源：World Economic Forum，The Global Enabling Trade Report 2014。

注：括号内为世界排名。

（三）“一带一路”经济走廊还需早期收获

自2013年中国提出共建“丝绸之路经济带”和21世纪“海上丝绸之路”倡议以来，“一带一路”尤其是经济走廊建设已经进入具体项目实施阶段。作为中国对外开放新战略，“一带一路”（经济走廊）对中国国家和社会的相互协调以及政治、经济、文化的相互整合均提出了更高要求。①

鉴于“一带一路”（经济走廊）建设的长期性、沿线国家的差异性和外部环境的复杂性，争取早期收获自然成为“一带一路”经济走廊布局和起步阶段的关键。由于“一带一路”（经济走廊）的福利效应是一个逐步释放的过程，早期收获首先必须具有很强的示范效应。考虑到“一带一

① 王金波：《构建“一带一路”区域新合作》，《中国社会科学报》2015年7月1日，总第757期。

路”走廊沿线国家众多且以发展中国家为主，一些“敏感度低、可复制、可升级且能够很快产生经济效益”的项目，或许更容易形成早期收获。而在具体的项目建设和工程推进过程中，早期收获还需统筹兼顾所选项目的技术可行性、预期营利性和环境可持续性的平衡，既要考虑项目的技术和资金成本，又要考虑项目所面临的风险、不确定性或社会成本；既要遵循市场规律，又要兼顾项目与“一带一路”倡议目标的匹配程度（具体到项目的设计，应兼顾市场盈利与社会责任目标，避免短期行为或竭泽而渔；具体到项目的实施，则应贯彻市场化、国际化和专业化的原则，避免自身特色与各方目标的失衡与错位）；既要着眼于六大经济走廊和海陆互联互通等“一带一路”骨架项目的战略收益，更要着力于贸易自由化和投资便利化、产业园等非战略性项目的经济效应和示范性效应。

作为“一带一路”倡议的有机组成部分，未来一个时期，随着“一带一路”经济走廊建设的不断推进，“一带一路”经济走廊的贸易创造效应、投资促进效应、产业聚集效应、空间溢出效应和一体化框架下的联动效应将会对沿线各国提升（经济）发展水平起到积极的促进作用。未来一个时期，在“一带一路”由走廊向基础设施一体化、区域经济一体化的动态演进过程，中国需要不断细化与沿线国家不同形式的合作关系，进而采取差异性策略予以应对，做到区别对待；需要区分沿线不同国家或地区的内部制度，将市场细分和受众分析做得更加细致。唯有如此，才能确保“一带一路”（经济走廊）的发展空间、活力和可持续性。

第五章

孟中印缅经济走廊(BCIM-EC)：区域经济一体化的安全困境[①]

2013 年 5 月，在中国国务院总理李克强出访印度期间，中印发表联合声明，声明第 18 条要点倡议建设孟中印缅经济走廊（BCIM-EC）。该要点提出成立联合工作组（JSG），研究加强该地区互联互通，促进经贸合作和人文交流。声明还提到了孟中印缅区域合作论坛，并指出双方称赞在此论坛下所取得的合作进展（MEA 2013）。那么，BCIM 的想法是“新瓶装旧酒”吗？中印两国是怎样达成 BCIM-EC 想法的？这一想法是怎样演变的？该地区的安全困境是否会阻碍区域经济一体化？此外，中国发起了“一带一路”倡议（BRI），视自身为一条互通走廊，这种背景下，印度能否与中国通力合作？

一　回顾孟中印缅历史

探访中印的历史记录，我们可以确定，中印之间的交流始终是双向交流，而且物质和精神文化交流是其两个要素。事实上，阿萨姆邦—缅甸—云南路线（Assam-Burma-Yunnan route）就是印度和中国之间的最早路线；这一路线起于印度东北部，经缅甸北部，进入保山腾冲、云南大理，并最终到达四川成都。它进一步连接孟加拉国，最终与中亚路线汇合。

① 执笔人：狄伯杰，印度尼赫鲁大学教授。

来自四川社会科学院的段渝教授[①]认为，印度河流域文明消失在公元前1500年前后，然而，此时的三星堆文明正在四川蓬勃发展，而且从三星堆遗骸及文物中可以确定三星堆文明与印度阿萨姆邦和缅甸的联系，如来自印度洋地区（IOR）的宝贝螺、大量的象牙以及柳叶形青铜短剑。关于这条路线的可靠信息始见于中国伟大的历史学家司马迁［前145年—前90（?）年］撰写的《史记·西南夷传》。《史记·西南夷传》叙述了张骞出使西域后于公元前122年返回汉朝的故事。他觐见汉武帝（前140年—前87年在位）时称，在大夏国（今巴克特里亚）的时候，他看到了产自蜀地（今四川）的蜀布和邛竹杖。他从当地商人那里得知，这是当地商人从身毒（印度）的蜀市上买来的。身毒国位于大夏东南部数千里（1里为0.5千米）远。根据这些记载，可以确定，早在公元前2世纪，阿萨姆邦—缅甸—云南路线就已经出现，也许是中印之间最古老的一条路线。

人们认为，中国的丝绸是通过阿萨姆邦—缅甸—云南路线进入印度的。孔雀王朝时期（前340年—前298年）的官员考底利耶（Kautilya）（前370年—前283年）在其经典著作《政治经济理论》一书中记录了丝绸产自中国。如果考底利耶的说法得到证实，那么公元前4世纪中国丝绸在印度就已流行开来。四川是中国最早的养蚕地之一。由于四川靠近云南，而云南是中国通往印度最早的门户，因此买卖丝绸事实上是印度东北部的早期产业之一。到公元7世纪，阿萨姆邦的丝绸产业已经达到鼎盛时期。波那（Banabhatta）在《戒日王传》（*Harsacarita*）中记载，迦摩缕波国国王鸠摩罗巴斯卡拉·跋摩（Bhaskara Varma）向戒日王展示了“纯净如秋之月光的丝巾……柔滑似桦树皮的腰布”[②]。

宋、元、明时期（960—1644年），贸易取代宗教成为跨文化潮流的主要内容，在此情况下这条路线依然发挥了重要作用。600年前，云南人郑和（1371—1433年）率领大批海船沿该路线先后抵达缅甸、孟加拉国、印

① 段渝：《藏渝走廊与丝绸之路》，《西南民族大学学报》（人文社科版）2010年第2期。

② Himanshu Praha Ray, The Archeology of Seafaring in Ancient South Asia, Cambridge: Cambridge University Press, 2003, p. 89.

度尼西亚、印度甚至非洲的港口。即便是在20世纪，阿萨姆邦—缅甸—云南路线也在第二次世界大战期间发挥了抗日盟军救援通道的作用。

二　复兴路线的倡议

随着世界经济全球化以及经济相互依赖程度的与日俱增，全球范围内涌现出各种区域经济组织，如东南亚的东盟（ASEAN）、欧洲的欧盟(EU)、北美洲的北美自由贸易区（NAFTA）、拉丁美洲的南方共同市场(MERCOSUR）以及南亚的南亚区域合作联盟（SAARC），此外还有更多的次区域组织。很多组织刚刚起步，如2015年成立的欧亚经济联盟(EEU)。就亚洲而言，尽管孟中印缅四国加入了一个或多个本区域的经济组织，但它们各自的政策依然为加强区域经济抱团和一体化创造了有利条件。比如，中国实施的改革开放政策（特别是自邓小平1992年南方谈话以来)，印度于1991年实行的经济改革和自2014年起实施的“东向政策”(LEP)，孟加拉国于20世纪90年代和缅甸于20世纪80年代后期实施的类似开放政策。

中国与东盟经济的积极接触使云南和广西的邻近地区受益匪浅。云南边界线长达4061公里，与越南、老挝、缅甸等东南亚和南亚地区接壤。中国与东盟签订的自由贸易区（FTA）进一步提倡在这些区域打造一流的基础设施。为此，中国大力投资云南和广西的基础设施建设，将两省与东盟连接起来，使这些边境地区转变为物流及贸易中心。2006年，广西壮族自治区的南宁和友谊关之间建成长达179.2公里的高速公路，将中国与越南河内连接起来，从云南飞往东盟城市的航线达上百条。此外，到达越南的铁路、公路和水路网已经开通，昆明—曼谷公路和昆明—新加坡铁路也已在建设中。

在此背景下，20世纪90年代，云南社会科学院的学者在省政府的支持下，提出孟中印缅区域经济合作的想法。1998年11月，时任云南省人民政府经济技术研究中心副主任的车志敏教授在出访印度期间发表题为《建立中印缅孟次区域合作机制的构想》的专题论文，文中提出了孟中印缅经济合作的构想。欧贝罗伊因此将这一想法归功于车志敏教授。虽则如此，来自四川大学的陈继东教授[①]却认为这是中印学者共同努力的成果。在1994年6月出版的《中国西南杂志》（第3卷第64期）上，中印学者发表了不少相关文章。随着时间的推移以及中国政府宣布云南是连接南亚的门户，许多云南学者在省政府的支持下确实对此做了更多的努力。审议过程中，他们谈到了重建旧的中印公路（后称史迪威公路），这条公路起于阿萨姆邦雷多（Ledo），直达缅甸勐育（Mong Yu）。在缅甸，它连接缅甸公路并一直通往云南省省会昆明。史迪威—缅甸公路（Stillwell-Myanmar road）长达1726公里，其中仅有61公里位于印度境内，另外688公里在缅甸境内、976公里在中国境内。故此，该公路辐射的受益区将包括中国西南地区、印度东北部地区以及缅甸。

同时，鉴于存在多个区域和次区域组织和倡议，比如东盟、缅印孟斯泰经济合作组织（BIMST-EC）、南亚自由贸易区（SAFTA）、亚太贸易协定（APTA），以及印、缅、泰、柬、老、越六国发起的湄公河—恒河合作倡议（Ganga-Mekong Initiative）等，孟中印缅地区经济和文化关系的范畴得以进一步扩大，因此该区域有必要与这些经济组织进行整合。

三　从《昆明倡议》到孟中印缅经济走廊

自孟中印缅经济合作的构想被提出以来，1999—2013年，孟中印缅地区合作论坛已进行了三轮共11次会议。起先，会议主要围绕所谓的“3Ts”（运输、贸易和旅游）进行探讨，随着会议的进展，讨论的问题逐渐多元化，扩展到包括该区域的传统和非传统安全及许多其他软问题领域。举例而言，1999年一次会议发表了《昆明倡议》[②]，该倡议讨论了六大主题——区域合作的实际战略意义；经贸和技术合作的可行性；沟通渠道和网络建设的研究；经济合作的基础和前景；对外开放政策及贸易和投资环境；以及区域合作框架。倡议还提出建立区域经济合作论坛，后在2013年上升为“一轨”合作机制。2000年，第二次会议在新德里召开，

① 陈继东：《中印缅孟区域经济合作的构想与地区范围问题》，《南亚研究季刊》2005年第1期。

② 《昆明倡议（一九九九年八月十七日）》，《南亚研究》1999年第2期。

其间开通了昆明和新德里之间的商务包机。2011 年，第九次会议在昆明举行。会议就成立孟中印缅商务理事会、四国联合通信以及汽车集结赛陆路考察签署了谅解备忘录（MoU）。会议认为，该合作机制已发展成为“一轨”领导下的“多轨”合作平台。2012 年 2 月 18—19 日，第十次会议在加尔各答召开。此次会议也签署了一份联合声明，呼吁通过公路、铁路、水路及航空加强互联互通。道路考察组在完成调查后建议 2013 年孟中印缅汽车集结赛在加尔各答至昆明的路线上进行。该次会议进一步探讨了科技、公共卫生、教育、农业、气候、水资源和能源安全等重要课题，推动了孟中印缅四国合作多样化。

2013 年 5 月，在李克强总理访印期间，孟中印缅经济走廊被写入联合声明。2013 年 10 月，印度总理曼莫汉 · 辛格（Manmohan Singh）在访华期间签署的联合声明中也重申了这一倡议。中印双方提出创建联合工作组，旨在研究孟中印缅经济走廊的构想、合作领域以及相关的时间框架和成本。可以说，尽管大多数会员都是来自先前的孟中印缅地区合作论坛，但自此以后，学术界主导的“二轨”机制正式转变为四国国家层面的“一轨”机制。截至目前，联合工作组已召开了三次会议，最近一次会议于 2017 年 4 月在新德里召开 。

四 评估孟中印缅区域合作的进展

许多印度人认为，由于印度在许多其他此类区域和次区域倡议组织中的不积极表现，其他类似的合作机制取得的成效十分有限。然而，如果我们回顾始于 1999 年的孟中印缅地区合作论坛并观察它过去十多年的进展，可以说，尽管还有更多的事需要做，但是孟中印缅在许多领域已经取得了成功。

（一）空中航线的互联互通

如上所述，2000 年第二次孟中印缅会议的亮点是开通了昆明和新德里之间的商务包机。印度和中国时隔半个世纪再次通过航班联系起来。2002

年3月28日，中国东方航空公司的MU563航班，首飞便是从北京首都机场直飞印度首都新德里，开启了中印两国直达航班的伟大篇章。后来，该航班转从上海飞往新德里，而印度航空公司也开通了新德里到上海的航班。2002年4月1日，云南航空公司开通了往返于昆明和仰光以及昆明到曼德勒的航班，这是云南首次开通区域内的国际航线。同时，在云南省政府的帮助下，自2002年10月27日开始，中国东方航空公司同意北京至新德里的航班技术性经停昆明。至此，昆明—加尔各答、昆明—加德满都、达卡—昆明、达卡—加尔各答以及达卡—仰光之间都开通了航线。此外，未来预计还将开通昆明—古瓦哈提以及吉大港—仰光的直航班机。①

（二）陆路和水路

这里，我们再次看到中国成功将其地区发展规划与孟中印缅区域合作联系起来，或配合孟中印缅合作计划发展地区经济。自1999年中国启动西部大开发战略以来，云南积极发展与东南亚、南亚邻近地区的联系，这是云南参与西部大开发战略的总体目标之一，其他两个目标是建成“绿色经济强省”和“民族文化大省”。根据任正非的说法，自2004年以来，云南每年投资高速公路建设的资金达到100亿元以上；到2005年，全省各个地州均有直达高等级公路与昆明相连。2004年以来，云南开工建设了10条高等级公路，年投资额为160亿元。特别是昆瑞公路，将陇川（章凤）、盈江和片马等口岸连接起来，还可进一步连接通往缅甸、孟加拉国和印度的公路。缅甸也加大了基础设施投资；2001年，印度援缅建成一条连接印缅的160公里的公路。2002年4月，泰、缅、印三国又商定修一条从印度莫雷（Morey）经缅甸至泰国麦索（Messo）的公路。三国还同意开辟一条海上航道，将泰国与缅甸土瓦深水港及印度港口连接起来。2004年4月，孟加拉国与缅甸签署协议启动修筑达卡至仰光长达133公里的高等级公路。

① M. Rahmatullah，“Presentation on Regional Connectility for Trading in Transport Services”，Centre for Policy Dialogue，2010.

（三）贸易与商业

在这一领域，云南一方面积极推动与东亚和南亚国家的商业合作，另一方面积极改善投资环境。除了提出孟中印缅倡议外，它还打造了各种交流平台，如展出南亚国家商品的昆交会以及南亚商务论坛。滇印贸易额从2004年的8224万美元增长到2011年的8.42亿美元，年均增长23.8%。滇印贸易占云南与南亚国家贸易总额的近80%。然而，2013年，由于中印贸易的整体下降，滇印贸易额仅达到5.46亿美元。在南亚，孟加拉国是云南的第二大贸易伙伴。而滇缅贸易额达到41.7亿美元，缅甸成为云南最大的贸易伙伴。

随着经贸往来的发展，人员交流与日俱增。2013年，云南接待了大约30000名外国留学生，其中超过80%的留学生来自东南亚和南亚。

五　基础设施的互联互通及挑战

交通的互联互通是所有十一次孟中印缅合作会议的主旋律。虽然基础设施有了一定的改善和发展，但目标依然任重道远，而且由于投资巨大，可能还需要几年时间才能实现完全开放和畅通共享通道。不管怎样，我们先来了解当前的公路、铁路、水路及航空等方面的基础设施情况。

（一）公路

关于印度境内的道路建设，因迪瑞桑教授①提出了两套方案：一是重建阿萨姆邦雷多至缅甸密支那（Mytkina）的史迪威公路，该公路全程403公里，重建工作固然困难，但这条道路是通往中国的最短路线。二是通往东南亚的最佳方式是延伸印度在建道路，印度正在建设从曼尼普尔的摩瑞和（Moreh）经德穆（Tamu）到钦敦江葛礼瓦（Kalewa）的路线。该路线

① P. V. Indiresan, "Regional Cooperation: Kunming Initiative", *Frontline*, Vol. 17, 2000.

将连接已处于铁路交通网的缅甸城市曼德勒。因迪瑞桑教授认为这两套方案都很重要，都必须实施。此外，印度还可将米佐拉姆邦与缅甸实兑（Akyab）连接起来，如果孟加拉国同意，还可将特里普拉邦的阿加尔塔拉（Agartala）与吉大港连接起来。如此一来，整个印度东北部地区将彻底开放，成为东部贸易的商业出口。[①] 瑞曼努拉认为，英帕尔（Imphal）—道基（Dauki）—塔马比尔（Tamabil）（与孟加拉国接壤）地区是丘陵，不适合货运卡车通行；然而，贯穿英帕尔和锡尔赫特县（Sylhet）的卡里姆甘吉（Karimgonj，印度）—奥斯特拉各拉姆（Austragram，孟加拉国）路线较短，将使达武县（缅甸）和锡尔莱特（孟加拉国）之间减少近 400 公里的路程。瑞曼努拉偏爱这条路线，并表示相比英帕尔—石龙镇路线，这条路线更平稳。

对于孟加拉国的道路建设，瑞曼努拉提出将道基（印度）— 塔马比尔（孟加拉国）—锡尔赫特（孟加拉国）路线以及其后的延伸路段转变为 2 级或 3 级双车道公路。在横越贾木纳河的贾木纳大桥后，A1 路线将穿过班纳普（Benapole）进入加尔各答；而 A2 路线将连接加德满都。

中国也许是唯一一个已经积极并有效地升级其公路网络的国家。连接楚雄、大理、保山和瑞丽的滇缅公路早已完成。该公路在木姐市（Muse）进入缅甸。木姐—曼德勒一线共 451 公里，沿途四季如春，之后继续延伸约 600 公里可连接德穆（Tamu，印度）。当前需完成的工作是吉大港—仰光公路以及昆明—实兑公路的建设。

（二）铁路

大多数国家都有良好的铁路网络，但国家之间的互联互通依然是一个问题。中国正在建设昆明—曼德勒线（Kunming-Mandalay line），该条铁路线将大致沿高速公路运行。昆明—大理铁路线已经完成，而对下一阶段大理—保山—瑞丽路线的调查工作也已开展，一切都在进行中。中国的铁路线将连接到缅甸东北部的木姐（Muse）和腊戍（Lashio）。而腊戍可连接至曼德勒；缅甸只需要将该铁路线从实皆省卡莱区（Kalay）延伸到印度边

---

① P. V. Indiresan，“Regional Cooperation：Kunming Initiative”，*Frontline*，Vol. 17，2000.

境上的德穆就可连接到印度。

印度的情况也还不错；由于印度的吉利布（Jiribum）和孟加拉国的边境曼森（Mahisasan）已开通米轨铁路，印度只需开通德穆至吉利布的铁路段即可。库马尔加特—阿加尔塔拉（Kumarghat-Agartala）的铁路线正在建设中，一旦完成将连接阿萨姆邦至阿加尔塔拉（Agartala）。在孟加拉国，Parvatipur-Jamtoil 铁路线轨距拓宽工程正在进行中，并计划将其延伸到吉大港（Chittagong）。未来迫切需要统一孟中印缅经济走廊铁道建设的轨距。

（三）水路

瑞曼努拉认为，滇缅和孟印之间需要开通水上路线。就滇缅水路而言，双方可以考虑在伊拉瓦底江（Irawadi River）的八莫（Bhamc）建一个港口。船舶的承载能力为 400—800 吨。在印孟之间修建水路存在很多问题。印方提出可充分利用吉大港和仰光等港口进一步发展水路运输。

六　孟中印缅经济走廊的重要性

孟中印缅经济走廊地区拥有世界 40% 的人口，以及近 14 万亿美元的 GDP。该地区储存了丰富的自然财富，如动植物、石油和天然气、矿产资源以及丰富的水电资源。此外，这一走廊还有人口最多、号称“世界经济增长双引擎”的中印两国。孟中印缅经济走廊将促使这些国家进行更深层次的整合，为解决多元化合作领域问题提供更多的机会。以下介绍潜在的合作优势及领域。

（一）一体化的交通运输网络

交通运输网络的一体化是所有参与国家的福利，尤其是对内陆地区而言，如印度东北部省份、中国西南各省以及孟加拉国和缅甸的大部分地区。四川大学文富德教授认为，比起广州到加尔各答的海上航线（必须绕道马六甲海峡），从中国昆明经缅甸到加尔各答的陆路路线将缩短 4000 公里。就一体化的水路而言，孟加拉国正蓄势待发，以便发挥越来越重要的作用，为本国贸易和投资带来巨大利益；由于交易成本大大降低，其他国家也将受益匪浅。通过一体化的交通运输网，南亚可直接与东亚连接；孟加拉国的吉大港将逐渐崛起，充当起跨海大桥的角色。

正如四川大学陈继东教授[①]所指，就互联互通而言，孟中印缅区域的一些地区，特别是云南省西南部、印度东北部以及缅甸北部，一直是“最末端”地区；一到这些地区，船舶搁浅，车马停立，一切都不再向前。因此，这些地区在历史上一直处于“封闭或半封闭”状态。这些地区经济落后且极端不发达；《东北展望报告 2020》（*North East Vision 2020*）详细地描绘了印度东北部的落后情况。《东北展望报告 2020》由印度东北地区发展部的东北理事会制定，并于 2008 年发布。[②] 发展该区域交通运输的互连互通将减轻这些地区的贫困，并将这些地区纳入各自国家经济发展的主流中。

（二）市场连接以及更好的准入

几个世纪以来，孟中印缅地区就存在着密切的贸易联系，一旦该地区通过更佳的铁路和公路网络整合一体，它将为一些感兴趣的企业，尤其是中印企业，提供更好的市场准入。抛开所谓的安全问题，我们先看看 2007 年北京—拉萨铁路通车的积极方面：来自尼泊尔、印度北部和不丹的货物不仅可以很容易地运到拉萨，还能进一步运到北京。如果在印度东北部、孟加拉国、缅甸和中国之间建立起类似的连接，先前通过海路运输的货物将通过陆路运输。医药、信息技术、农产品、食品加工、纺织品、化肥和矿产等行业将由此受益。此外，像孟加拉国和缅甸这样规模较小的合作伙伴除了扩大现有产能和多样化产品外，还可通过进入更大的市场而受益颇多。外国直接投资流入也将转化为技术转让，从而进一步推动经济增长。此外，中国产品通过非法路线涌入市场的现象也将终止。

---

① 陈继东：《中印缅孟区域经济合作的构想与地区范围问题》，《南亚研究季刊》2005 年第 1 期。

② 该报告下载链接：http：//www. mdoner. gov. in/sites/default/files/silo2_content/ner_vision/Vision_2020. pdf。

当前，中国发起了“一带一路”倡议，将云南的发展融入国家发展战略中，并与“一带一路”沿线国家协调政策、规划、资源配置以及市场整合。到2020年，中国计划在邻近东南亚和南亚国家的云南边境建成八个物流基地；小型基地投资额为20亿元人民币，大型基地投资额为60亿元人民币。预计到2020年，当前小型基地的年输出额将增加到1000亿元人民币，占中国整个物流输出额的10%左右。

（三）能源合作

孟中印缅经济走廊地区储存有丰富的自然和矿产资源。例如，中国西南地区和印度东部有许多未开发的石油和天然气、煤炭、矿产以及水资源。能源合作将促进对该地区相关产业建设的联合投资。该地区拥有巨大的水力发电潜力，能充分带动该地区的工业活动的需要。此外，由于这些问题将从根本上涉及跨境及河流分界问题，因此对待这些问题，特别是印孟与中国之间存在的问题，可以引进更好的问题解决机制。

（四）旅游合作

在孟中印缅经济走廊的成员国中，中印两国都是文明古国，拥有许多具有历史文化意义的地方。所有成员国都有美丽的自然风光及丰富的生物多样性。交通运输的互联互通不仅会促进贸易关系向深层次发展，而且会加强区域及国际旅游业的发展。该区域内的生态旅游、遗产旅游、精神探索旅游以及人文旅游等旅游领域将得到发展。这也将吸引相关领域的投资，为当地人提供就业机会。

（五）孟中印缅经济走廊将建立“政治互信”

首先我们必须认识到，由于孟中印缅四国之间的现有安全问题，该区域一直处于“封闭”状态，包括旅游、贸易和运输在内的正常人类活动都被禁止。因此，该区域的不发达和落后状态是自己造成的。回顾过往，我们在印中边境、印孟边境采取的隔离措施解决这些问题了吗？没有解决，相反，还使该地区极端不稳定，甚至滋生暴动。此外，我们亦未能阻止该地区的武器买卖及其他贸易物品的走私。因此，只要基于合作、共同安全并通过建立信任措施，我们就能够找到解决问题的方法，并最终建立起国家间的政治互信。而密切的贸易关系肯定会推动各国长期朝此方向发展。

（六）睦邻政策的战略意义

2014 年 5 月 26 日，印度总理莫迪在其宣誓就职仪式上邀请到南盟（SAARC）国家领导人出席，并向这些邻国发出强烈信号，表示优先发展睦邻关系，同年 6 月 15—16 日莫迪选择邻国不丹作为首访国。访问期间，莫迪正确地评价了印度与邻国之间的经济关系。而孟中印缅经济走廊为加强印度与邻国之间的商贸和人文交流提供了这样的机会。中国已经完全开放中国西南部的商业和基础设施的互联互通，印度也需要使印度东北部地区成为其“东向政策”的一个重要组成部分，而不是将加尔各答作为孟中印缅经济走廊倡议的中心。无论是从区域一体化、地缘政治，还是邻国安全等来看，印度及其邻国的经济更加强大都是有益无害的。

七 挑战

（一）区域代表的缺乏

如果我们审视这些年孟中印缅区域合作论坛主要倡导者派来的主要代表，就会发现中方代表一直以云南为中心，主要由云南社会科学院的学者和云南省政府官员组成。中方代表里没有来自四川、西藏、贵州和广西等地区的参与者。但是，成立孟中印缅经济走廊后，这一论坛将上升至政治层面，参与代表的格局可能会改变。而从印度方面而言，不论是 11 次会议，还是正式成立经济走廊后在昆明举行的联合工作组会议，“二轨”层面的交流都完全由位于新德里的印度中国研究所（ICS）掌控。印方代表里没有来自印度东北部的参与者，甚至也没有来自加尔各答的参与者。中方已经注意到这一现象，并对这种“学术”论坛能否影响政府决策的制定表示怀疑。①

尽管孟中印缅经济走廊是国家政府间的倡议，但其辐射范围不同，表明辐射地区的地区政府才是这一倡议的主要驱动力。因此，如果这种合作机制想要取得成功，相关地方机构必须予以重视。另外，还存在一些涉及区域范围的相关问题；印度方面不愿向中国开放东北部地区，但他们认为中国应开放整个西南地区。相对而言，孟加拉国和缅甸的定位更加明确，它们视本国所有地区都为孟中印缅经济走廊的一部分。

（二）安全环境是一个主要的负面因素吗

虽然印度已经基本同意与中国和缅甸合作，开放印度东北部的新老路线，然而，由于长期以来对印度东北部的高度敏感，这里的安全问题让印度相当焦虑。“一朝被蛇咬，十年怕井绳”，尤其是在喜马拉雅问题上失策后，中印冲突的一个结果是中国与巴基斯坦的靠近。维诺德·阿南德（Vinod Anand）退役准将是维韦卡南达国际基金会（Vivekananda International Foundation）的高级研究员，他认为②：“目前的安全局势阻碍了孟中印缅论坛取得成果，并阻碍相互信任的建立。”他列举了该地区少数民族武装之间的冲突、中印边界的紧张局势以及罗兴亚人（Rohingyas）从缅甸逃难至孟加拉国等原因，这些原因造成的负面影响不利于投资和发展。

（三）低效且落后的交通运输连通性

尽管四国都采取了措施加强基础设施的互联互通，但到目前为止，孟中印缅经济走廊构想与实现这一伟大构想所需的交通一体化之间依然存在着巨大差距。谈到古代的“南方丝绸之路”“茶马古道”和现代的“史迪威之路”，人们都仅是纸上谈兵，并没有重建这些交流要道的具体策略和

---

① 陈继东：《中印缅孟区域经济合作的构想与地区范围问题》，《南亚研究季刊》2005年第1期。

② Vinod Anand, “Geopolitics of RCEP and TPP: Implications for India”, Vivekananda International Fowntation, Sep. 2013, http://www.vifindia.org/article/2013/spetember/10/geopolitics-of-rcep-and-tpp-implications-for-India.

时间框架。即使有迹象表明这些路线尚在使用且有人员往来，但在人员、车辆和海关等问题上依然存在限制。对于公路、铁路和航运设施的发展，这里没有标准规范可言。其次，孟中印缅国家需要就如何发挥内河优势及潜在作用进行联合研究。最后，在考虑该地区的铁路和公路项目时，四国应该进行统一协调。

（四）区域经济合作的不平衡

对于区域经济合作，优惠贸易安排、自由贸易区（FTA）、统一的海关法规、共同市场和经济联盟以及全面经济一体化等标准和惯例必不可少。如果我们就此对照孟中印缅经济走廊的情况，就会发现该区域明显还需要几年的时间才能满足这些要求。例如，虽然孟中印缅经济走廊国家之间有良好的贸易关系且双边贸易关系正在蓬勃发展，但是没有一个国家实现了关税自由化。此外，非关税壁垒（NTBs）仍然是这些国家之间贸易的主要争论点。通常提到的非关税壁垒包括认证及标准化、海关程序的缺乏、运输限制、签证困难、海关规定以及有限的信贷等。孟中印缅内部的外国直接投资（FDI）流，特别是来自印度和中国的外国直接投资仍然非常少。

八 结论

印度的“东向政策”在范围上已有所扩大，而孟中印缅经济走廊可以成为该政策另一个协调的领域，特别是谈到发展内陆且欠发达的印度东北部地区时。印度确实需要效仿中国的经验，学习中国是如何将其西南部和南部省份与东盟国家连接起来的。在地区经济发展的转折期，印度政府准备放弃对东北部地区的敏感态度吗？中国与东盟以及印度与东盟的大量贸易可以渗透到印度东北部和中国西北部吗？这些问题的答案是肯定的，只要我们将边界视作门户而非障碍。

随着“中国+东盟”和“印度+东盟”两个“10+1”自由贸易区的建立，该地区基础设施建设的蓬勃发展显得更为重要。第二次世界大战时的史迪威公路在这一时期发挥了“输血线”的重要作用；如果重新开放，它将成为该地区21世纪经济发展的大动脉。随着中国经济的蓬勃发展，中国对重建这条道路表现出极大的兴趣；印度应抛开忧虑，展现自信，与中缅开展积极详尽的合作，从而提高边缘化的印度东北部地区的生活水平，并将该地区转变为印度与东盟和中国进行贸易往来的物流枢纽。

孟中印缅四国在处理该地区的运输一体化、贸易和旅游以及提高该地区传统和非传统安全方面面临各种各样的挑战。但是，在各方的共同努力下，可以克服挑战，抓住机遇。在这样的背景下，复兴连接印度东北部与滇缅的“南方丝绸之路”只是时间问题。就经济发展和地区安全而言，以同样方式促进标准化铁路的连接，并通过河流和深水港提高水路网的互联互通，可能会为该地区的发展带来转机。

第六章

中巴经济走廊的地区意义[①]

“一带一路”倡议成功的关键是必须体现互利互惠的精神。中国经济面临转型，在向内需引导的增长模式转变过程中，一方面，出口产业不能放弃继续寻找新的市场；另一方面，为了最大限度延长投资回报周期，也要向生产成本的低地国家转移已不再具有竞争力的产能。包括巴基斯坦在内的发展中国家有潜力，但更有瓶颈，因此，积极加快中巴经济走廊建设更具有务实意义。

一　中巴经济走廊的战略意义

（一）中国成为推进亚洲经济再平衡与经济一体化的主要力量

1. 全球经济再平衡与亚洲经济一体化迫在眉睫

2008 年美国的次贷危机和 2010 年欧债危机暴露的不仅是金融体系存在问题，更使人们看清全球增长机制本身存在弊端，即全球失衡问题，主要表现为，一方面美国过度消费造成巨额贸易赤字，另一方面出口导向型的亚洲新兴经济体手中持有庞大的外汇储备，于是便出现了与这种失衡共生的一个全球性的资金大循环。危机使各方认识到失衡已经到了必须面对和解决的时候，否则全球经济增长之路注定是不平稳的，危机会一而再地发生，危害程度也会更加严重。

① 执笔人：刘小雪，中国社会科学院亚太与全球战略研究院副研究员。

作为解决失衡的一种途径，“亚洲脱钩”也因此受到更大的关注。亚洲脱钩，简单地说，就是亚洲新兴经济体不再依赖西方市场，从而也不再受西方经济波动的影响。以往亚洲各新兴经济体借着西方发达国家繁荣的消费市场，不断提高产能、扩大出口，最终纷纷实现了高速增长。目前它们的出口额占 GDP 的比重已接近一半，它们之间的区内贸易也已占到它们对外贸易总额的一半，远高过与北美自贸区、欧盟以及日本的贸易比重。如果再对它们的贸易流向进行更仔细的观察，就会发现中国俨然已成为地区贸易的中心：从周边国家进口原材料和零部件，进行组装，然后出口到世界各地。它有接近一半的出口是面对欧美日市场。正是通过这样一个国际生产网络，整个亚洲新兴经济体联系在了一起。然而真正的“亚洲脱钩”，不仅在亚洲内部形成一个生产网络，而且还要通过区内最终消费市场将各方联系起来。

世界主要人口大国多集中在亚洲，仅中印两国就占了世界人口的1/3。而且区内国家除日韩外大都是发展中国家，这意味着随着它们工业化和城市化的推进将释放出巨大的消费潜力。而开拓市场本身也意味着要培育市场。亚洲国家如能形成一个集生产消费于一体的经济共同体，则不仅有助于地区经济整体发展，更将有助于亚洲地区实现政治的和平与稳定。

因此亚洲国家之间的次区域乃至区域合作有了新的推力。2008 年之后在以东盟为核心的“10 + 3”“10 + 6”机制下各方频繁对话，最终促成了区域全面经济伙伴关系（Regional Comprehensive Economic Partnership, RCEP）的出台：16 个国家同意通过削减关税及非关税壁垒，建立统一市场。若 RCEP 谈成，将涵盖约 35 亿人口，GDP 总和将达 23 万亿美元，占全球总量的 1/3，所涵盖区域也将成为世界最大的自贸区。

2. 中国进一步开拓海外市场需要新思路

2009 年、2010 年中国迅速从危机中恢复过来，使它能够借业已形成的国际分工网络大量吸收亚洲其他经济体的产品，其不再仅是产品的装配基地，也开始成为最终产品的消费市场。2009 年年底，亚洲对华出口大幅增长，来自中国的需求已成为该地区经济复苏的引擎。由于政府的补贴措施，中国已经成为世界汽车销量第一大国。家电的销量也上升很快。而交通设施以及电子产品正是亚洲产业内贸易最为活跃的产品类别，它们的零部件出口占东亚和东南亚制成品出口的一半以上。中国的强劲需求与亚洲经济体对美国和日本出口普遍下降形成鲜明对比。即使是 2011 年后中国经济有所放缓，它的进口依然以高于出口的速度在增长。然而，中国的经济从出口导向型转向依靠内需、产业从价值链的中低端向掌握核心技术的高端迈进，不可能一蹴而就。目前，东南沿海过剩产能无处消化，企业开工不足，就业问题如影相随。正是在这样的背景下，国家领导人高瞻远瞩地提出“一带一路”倡议，这是中国新一轮高水平的对外开放战略。

中国要想起到发挥引领亚洲经济增长的作用，必须转变以往只重贸易的重商主义倾向，全方位地开展地区合作。在亚洲地区，中国在与东盟、南亚 8 国以及西亚诸国的贸易中一直保持顺差，而且顺差逐年扩大，这已令大多数国际收支状况相对脆弱的国家深感不安，认定将不利于双边贸易的可持续发展。中国目前已经是南亚所有国家最大的逆差来源国。2014 年与印度双边贸易总额 706 亿美元，其中中方顺差 378 亿美元，占印度贸易逆差总额的 26%；与巴基斯坦双边贸易 160 亿美元，中方顺差 105 亿美元，占巴贸易逆差的 63%。印巴两国又是国际收支危机频发的国家，自 1958 年以来，巴基斯坦就曾不断向国际货币基金组织求援，迄今已接受过 20 次国际货币基金组织中期贷款安排。① 如果说中国在西方国家确立了重商主义的贸易格局，在积累了巨量外汇的同时也备受指责，那么中国在广大发展中国家若再重复上述做法，则收获的很可能不仅是关于操纵货币进行不公平贸易的指责，而且是动摇他国经济根本、制造危机了。因此，在以发展中经济体为主的周边地区，中国不仅要开拓市场，也更需要培育市场，即强调共同发展，这才是 2.0 版本的开放，也即“一带一路”倡议的核心内容。

为此，中国倡议成立了亚洲基础设施投资银行以及丝路基金，通过构建基础设施的互联互通，以及加快国内国际自贸区的建设步伐，以期从物理空间和制度空间的建设来推动亚洲国家的经济整合。

3. 有效回应美国的“重返亚洲战略”

2009 年奥巴马政府在执政之初即开始调整对美国全球外交政策，认为当时美国在中东地区投入过大，而对力量格局正在发生变化、中印两国迅

---

① Fair. C. Christine, Watson, Sarah J., (eds.) *Pakistan's Enduring Challenges*, Chapter 7 "Pakistan's Self-Inflicted Economic Crises", Philadelphia: University of Pennsylvania Press, 2015.

速上升的亚太地区重视不够。因此，最初这一战略调整被命名为“重返亚太”，后为了避免误解美国将完全撤出中东转向亚太，又将其改为“再平衡战略”。2011 年 7 月，美国国务卿希拉里·克林顿将亚太地区定义为“从印度次大陆至美国西海岸”的地区，美国 2012 年 1 月公布的新国防战略也特别提到了“从西太平洋和东亚延伸到印度洋地区和南亚的弧形地带”，意味着南亚必然包括在其中。

美国除了政治外交上加强与亚太地区的合作外，还提出了 TTP 经贸合作新框架，亚洲地区的合作主导权开始向美国偏移。此前东亚合作已经走过了无往而不利的阶段，在出现“面碗效应”之后，如何整合东亚合作成为摆在“10+3”“10+6”各成员面前的一道难题。东亚已经形成了一个明显的产业分工链条，中国也正成为地区的一个重要的最终消费市场，这本来为东亚“10+3”合作创造了良好的条件，然而，由于东亚国家之间缺乏政治互信，历史遗留问题又一直未得到彻底清算，对于如何进一步深化经济合作，各国开始犹疑不定。中国与菲律宾的南海冲突之后，东盟对中国的态度变得模棱两可：它们既希望与中国合作，又不希望因合作而变得过度依赖中国；中日钓鱼岛之争在各自国内甚嚣尘上，经济合作被搁置。未来“10+3”“10+6”何时能有所突破尚不得而知。

美国之前牵头跨太平洋伙伴协定（TPP）谈判，目的是在亚太地区建立一个高标准的自贸区，但实际是要构建一个具有前瞻性的全球性贸易制度框架。东盟的新加坡、文莱、马来西亚和越南都被邀请加入，日本也在 2011 年宣布参加协商。而中国、印度作为两个最大的新兴经济体却没有收到邀请，因而也无权参与到对未来贸易投资制度的构建过程中来。未来这样一个体系要获得成功，扩大到中印两国是必然的。但当前阶段，中印两国要做的就是努力营造自己的合作空间，通过组织与组织之间竞争，从外部影响美国主导的体系内规则制定。从这个角度看，中国与南亚的合作、印度与东亚的合作都是它们各自应对 TPP 的必要选择。

（二）中巴经济走廊的双重意义

从地区范围来看，中巴经济走廊既是中国“一带一路”倡议的必要组成部分，也是中国推进亚洲经济一体化的新举措、新落脚点。

在东亚地区，从日本战后的经济起飞到亚洲四小龙、四小虎，再到中国，地区发展被归纳为“雁型模式”。正是由于各国所走的道路相似，差别只在时间先后和不同时点所处的发展阶段，这使得资本和技术在它们中不断向下传递，在当今全球化的时代，整个地区形成了一个高效的生产分工网络。2008 年，国际金融危机之后，东亚生产网络面临着挑战：一是如何从单一生产网络向生产—消费网络转变；二是为保持竞争力，在中国生产成本上升之后东亚网络亟须吸纳新成员。中国已成为这一轮转变的最主要推力。而南亚、西亚以及中亚作为邻近区域也因此成为中国经济外交的重点关注区域。

随着高层对“一带一路”倡议不断阐释，中国国家发改委、外交部和商务部联合最终出台了《推动共建丝绸之路经济带和 21 世纪海上丝绸之路的愿景与行动》。在已公布的“一带一路”上的六大走廊中，中巴经济走廊成为旗舰项目，意义举足轻重。

1. 巴基斯坦是连接南亚、西亚的通道国家

作为中国全天候的盟友，巴基斯坦地理位置重要。历史上的陆地丝绸之路不止一条，张骞开辟的经敦煌的沙漠之路向西在翻越帕米尔高原（古称葱岭）之后又分出了北、中、南三道，而经巴基斯坦的就有两条：一条是向南经白沙瓦进入印度的南道，还有一条就是经巴基斯坦北部，穿阿富汗通往伊朗、波斯湾、欧洲的中道。巴基斯坦南端守望印度洋，它的卡拉奇港和瓜达尔港也是“21 世纪海上丝绸之路”的重要节点。规划中的中巴经济走廊南起巴基斯坦的瓜达尔港，向北延伸至中国南疆重镇喀什。将来随着铁路公路的建成，中国新疆乃至整个西部地区因此将有了最近的出海口，西部产能的投射范围可远达西亚和非洲；同时，非洲和西亚的石油也可由此上岸，无须再经过拥挤的马六甲海峡，有助于纾解中国能源安全困局。

从文化地缘上看，巴基斯坦是伊斯兰世界世俗政治的中坚力量。尽管从 1947 年建国以来巴基斯坦为了推进国民的身份认同，历届领导人不断强调国家的伊斯兰教属性，以致国民中非穆斯林的比例从 1947 年建国初的 23% 降至目前的 3%，但它的宪法始终坚持了世俗的民主政治。尽管民主不断被干政的军人所打断，但其世俗性一直没有改变。自冷战结束以来，世界范围内意识形态的斗争转移了阵地，从共产主义与资本主义的对抗转

到了异质的文明宗教之间。随着从西亚到中亚到北非具有压迫性质的世俗政权的衰落，穆斯林世界的现代化进程出现了逆转，极端势力的影响迅速扩大，其中一部分甚至走向了恐怖主义，以民族或宗教的理由向世俗政权宣战。中国新疆地区也被席卷其中。与新疆接壤且一直奉行世俗政治的巴基斯坦也就成为中方反对三股势力斗争的天然盟友。中国已有一部分越境“东突”分子藏身巴基斯坦、阿富汗山区，以那里为基地，实施危害新疆稳定的活动。而来自巴基斯坦政府的反恐情报和行动配合将是中国反三股势力斗争胜利的一个有力的外部保障。同时，鉴于贫困是滋生宗教极端势力的温床，通过中巴协作发展地区经济，在一定程度上可遏制宗教极端势力在这一地区由点到面的蔓延趋势。

2. 巴基斯坦是中国在“一带一路”上唯一的全天候伙伴

在“一带一路”上的地区和国家中，东盟与中国的经贸合作最为紧密，合作机制也最为多样化，从双边、多边到次区域合作，互动频繁。然而政治关系却没有因此提升，反而变得更为复杂。随着中国实力和地区影响力上升，东盟一些国家对华疑虑也不断增加，担心东盟十国在面对南海冲突或可能的中日冲突、台湾问题时不得不选边，这将破坏东盟内部来之不易的团结。在中亚地区，自苏联解体以后中国与中亚五国的经贸往来便有了长足的发展。中亚国家具有丰富的油气、矿产等资源，而双方土地接壤也为产品运输提供了便利条件。然而，作为地缘政治板块的中心地带，美俄都不会放弃对这一地区的争夺，这使得中国在该地区的经济活动有时会被外部政治力量所干扰；同时，中亚五国与俄罗斯之间千丝万缕的联系和它们一直以来对中国所抱有的警惕，都使得双方以能源为基础的合作很难再进一步深化，而交通基础设施的连通也因各种各样的顾虑一再搁置。

中巴两国自1951年正式建立外交关系以来，在和平共处五项原则基础上发展起睦邻友好和互利合作关系。利益决定国家间关系，而共同的利益需求是国家间关系的基础。中巴全天候友谊和全方位合作关系的形成，是两国彼此利益需要基础上的共同选择，更是两国苦心经营并精心维护的结果。在心理认知上，发展并深化双边关系已经成为两国领导人和普通民众的共识，中巴友好可谓深入人心、不可动摇，甚至“成为一种崇高而坚定的信念”。长期的相互理解、相互信任与相互尊重培养起两国高度的战略互信，并且经受住了国内、地区和国际上重大突发事件的考验；在对外政策与目标上，两国都致力于积极发展与周边国家的平等、合作、稳定的关系，都希望维护和平的地区形势和国际环境，对重大的地区和国际问题有着相同或相似的观点和看法；在国内发展目标的定位上，两国都将维护国内社会稳定和保持经济平稳增长作为长期的发展目标；在利益诉求上，两国之间不仅没有根本的利害冲突，而且在双边和多边框架内的利益汇合点还不断增多。目前，巴基斯坦是中国唯一的全天候战略合作伙伴。

3. 中巴经贸关系亟须拓展

2015 年，中巴双边贸易额 189.27 亿美元，同比增长 18.2%；其中中国出口 164.50 亿美元，同比增长 24.2%，进口 24.77 亿美元，同比下降 10.3%。中巴双边贸易结构较为稳定。中国对巴基斯坦出口主要集中在机械设备、化肥、化学制品、人造纤维、钢铁及其制成品以及陆路交通工具上；巴基斯坦对中国出口主要集中在初级产品上，如棉产品、大米、非铁类矿石和皮革等。据商务部统计，截至 2015 年年底，中国企业对巴基斯坦直接投资 39.47 亿美元。其中，2015 年非金融类投资流量 2.10 亿美元，同比下降 79.2%。截至 2015 年年底，巴基斯坦企业累计对华直接投资项目 510 个，外资实际到位 1.11 亿美元。截至 2015 年年底，中国在巴基斯坦累计签订工程承包合同额 454.48 亿美元，完成营业额 330.79 亿美元。其中 2015 年，中国在巴基斯坦新签承包工程合同额 121.80 亿美元，完成营业额 51.63 亿美元，分别同比增长 3.8 倍和 21.6%。

两国早在 2006 年签署了《中巴自由贸易协定》、2008 年签订了《中巴自贸协定补充议定书》、2009 年签署了《中国—巴基斯坦自由贸易区服务贸易协定》，这些都为两国的经贸合作构建了较为完善的制度空间。然而，尽管两国不断努力，但是两国目前经贸关系中依然存在两个主要障碍：一是贸易规模小，潜力尚未发挥出来，政热经冷十分明显；二是贸易严重失衡，2014 年巴基斯坦方贸易逆差已占到巴对外贸易逆差的 63%。贸易不平衡问题已经威胁到未来中巴贸易的可持续发展。解决问题的关键还是要改善巴基斯坦自身的贸易条件，在加快其工业化进程的基础上使之能有更多具有国际竞争力的产品销往国内外市场。中巴经济走廊的建设就是要改变以往重贸易、轻投资的做法，通过基础设施领域的投资以及工业技术合作，最终提高巴基斯坦经济自身的造血能力。

在南亚，斯里兰卡、孟加拉国在与中国开展合作时不得不顾及印度的态度，只有巴基斯坦对与中国开展经济合作没有任何政治顾虑。目前也正是它最需要外部投资的时候。2013 年，巴基斯坦再次陷入经济危机，不得不向 IMF 求援。国内私人投资和公共投资严重不足，全社会固定资本支出降至 GDP 的 15%，在同等收入的发展中国家中都为最低；基础设施严重不足，尤其是电力短缺严重，因而巴基斯坦对中国投资持最为开放的态度。

（三）中巴经济走廊建设助力中国西部经济进一步开放搞活

改革开放 30 多年，新疆的经济发展取得了辉煌的成就。动力主要来自制度改革释放的活力以及内地源源不断的投资。然而，从产业发展的角度看，新疆作为边疆内陆地区，增速明显落后于东部沿海省份，因而与东部地区居民收入之间的差距逐渐拉大。与此同时，北疆与南疆之间的差距也在拉大。如何能加快新疆的发展使之不再成为全国经济的洼地？如何能够促进南疆的发展，使少数民族聚居的、曾经丝绸之路上的重镇喀什、和田重焕生机？中巴经济走廊将促进新疆的对外开放，而进一步开放对新疆未来的发展意义重大。

1. 西部开发必须与西部开放相结合，发挥新疆的区位优势

新疆经济只有“走出去”才能拥有更大的市场。起步原本就晚的新疆很难与资本、人才都相对富足的内地竞争。但是若向西、向南看，它在很多领域都领先于周边国家，产品和服务在当地具有一定的竞争力。对外开放的新疆经济，将不仅意味着它离海洋更近了——喀什离巴基斯坦的瓜达尔港 3000 公里，而到上海 5100 公里——更意味着它还拥有了中亚、南亚的广大市场。

新疆毗邻中亚能源富饶地带，是中国又一条能源生命线必经的地区。中国与中亚的管道合作始于 2004 年中国石油建设的中哈原油管道，目前已经形成了中哈原油管道与中亚天然气管道 A/B/C/D 四线的中国西北部能源战略通道，贯穿中亚五国，连接中国西部。中国与中亚各国开展能源合作，油气管道已成为丝绸之路经济带构想的有效载体。

新疆虽然是中国的边疆省份，但在整个世界地图上，它位于欧亚大陆的中心地区。地势相对平坦，向周遭辐射能力强，历史上它曾是中国中原

政权抵挡中亚、俄罗斯势力东来的一个辽阔的缓冲区域。而今天一个充分发展的新疆通过对外开放同样可以将我们发展的经验、发展的成果传播出去，这将是我们对世界和这一地区的一大贡献。

2. 在开放中实现新疆的产业结构调整，使之更上一个台阶

早在2010年新疆就提出了经济转型的目标，当时新疆三大产业比重为17.3∶50∶42.7，与全国平均水平相比，第一产业发展比重过高、第二产业发展滞后、第三产业发展不充分，而第二产业又长期呈现“重工业过重、石油超重、轻工业过轻”的特点，石油工业曾占工业总量的60%—70%。产业结构单一、层次低，是新疆经济面对外部冲击显得尤为脆弱的原因。2014年，全球石油价格骤跌，而新疆油气跟着量价齐跌，同时煤炭市场持续低迷、铁路运价持续上升，新疆经济遭遇“严冬”。

然而，结构调整远非一蹴而就。2015年调结构成为新疆经济发展的一大特点，但在很大程度上属于被动调整。从三次产业的发展来看，第一产业平稳增长，第二产业动力接替，第三产业引领增长。从三次产业对经济的贡献率来看，第一产业对经济增长的贡献率为4.5%，同比回落0.5个百分点；第二产业对经济增长的贡献率为22.6%，同比下降了24个百分点；第三产业对经济增长的贡献率为72.9%，同比提高24.5个百分点。实际上，石油工业产值下滑是导致第二产业贡献率下降的关键，而且也带动了地区公有制经济比重的下滑。值得关注的是，这期间纺织服装业投资增长了230%，高新技术产业和新能源、装备制造、农副产品加工等产业同样也在实现快速发展。这些工业部门与服务业的目标市场仅限于新疆境内，显然增长空间必将有限。未来它们的增长以及新疆经济结构转型之大局将取决于对外开放。

3. 通过与周边地区实现共同繁荣，打击恐怖势力的影响

与新疆接壤的周边一些地区即使在它们自己的国家也是偏远和落后的，在那里政府的行政力往往鞭长莫及，经济发展政策也难以惠及于此。另外，这里又离动荡的西亚、阿富汗太近，使得那里的极端思想可以肆无忌惮地向它们渗透，而贫穷落后正是恐怖主义滋生的土壤。极端的宗教激进主义只有在那些被全球化、现代化遗忘的人群中才最有吸引力。当前，巴基斯坦、阿富汗、中亚地区以及中国新疆的极端势力正在形成相互照应之势。周边国家除了通过在上合组织框架内加强反恐合作外，中国也寄希

望于"一带一路"包括中巴经济走廊能够促进当地经济发展、创造更多的就业，使当地年轻人能够感受到现代文明的便利，最终放弃极端思想，从而也减轻来自外部的、对中方安全可能构成威胁的不利影响。

二　中巴经济走廊的稳步推进与早期成果

（一）中巴经济走廊的机制建设

1. 中巴经济走廊的提出

2013 年 5 月，国务院总理李克强访问巴基斯坦，提出要打造一条北起喀什、南至巴基斯坦瓜达尔港的经济大动脉，推进互联互通，促进两国共同发展。双方签署了一系列合作协定和谅解备忘录。在中国与巴基斯坦发表的《全面战略合作联合声明》中指出，双方同意，在充分论证的基础上，共同研究制定中巴经济走廊远景规划。

2013 年 7 月，巴基斯坦总理谢里夫访华，两国政府发表题为《关于新时期深化中巴战略合作伙伴关系的共同展望》的联合声明。在第十六条中表示："双方认为，提升中巴互联互通水平对扩大两国经贸合作促进两国经济一体化、推动两国经济发展有重要意义。"在第十七条中表示："为推动制定中巴经济走廊远景规划，双方同意成立中国和巴基斯坦经济走廊远景规划联合合作委员会，由中国国家发展和改革委员会与巴基斯坦计划发展部牵头，并在上述两部门设立秘书处。两国部级官员近期在北京举行了会谈，中方将尽快派工作组访巴展开磋商。"

为积极稳妥推进中巴经济走廊建设，两国政府一致同意设立"中巴经济走廊远景规划联合合作委员会"（以下简称联委会）。联委会由中国国家发展和改革委员会与巴基斯坦计划发展和改革部牵头组成，其职责在于制定中巴经济走廊建设的远景规划，确定中巴经济走廊项目的安排与实施。联委会协商并达成共识，每半年举行一次工作会议，至今已经举行了五次。

2. 联委会的工作

首次联委会工作会议于 2013 年 8 月 27 日在伊斯兰堡召开。此次会议主要是就联委会成立及工作机制进行双边磋商。同时，联委会商讨了中巴经济走廊的重点建设目标。经过协商，确定了以交通和能源基础设施建设为突破，帮助巴基斯坦缓解制约其经济发展的能源危机；确保中巴经济走廊建设能够坚持“急巴方之所急”的帮扶原则，为巴基斯坦后期的经济发展打好基础。

第二次联委会于2014年2月19日在北京举行。双方根据首次会议所确定的中巴经济走廊重点建设目标，就交通基础设施、能源和信息技术等领域的建设规划和项目编制进行了充分有效的磋商。两国在这次会议上圈定了下一阶段中巴经济走廊建设的优先推进项目。中巴两国相关部门坦诚沟通，务实高效，紧密配合，达成了广泛共识。

第三次会议于2014年8月29日在北京召开。这次会议的重点在于将前一次会议所确定的优先推进项目，以协议的形式落实下来，两国的企业开始实施具体的项目筹备和建设。这也意味着，中巴经济走廊建设已经从两国政府间的磋商阶段转入两国企业的具体实施阶段。

第四次会议于2015年4月21日在伊斯兰堡召开。这次会议最大的亮点在于会议是配合着习近平主席对巴基斯坦的访问进行的。联委会使中巴经济走廊建设能够在最短的时间内在最需要的领域实现突破，有针对性地推进能够打破巴基斯坦经济发展瓶颈的项目。这些项目的顺利开工建设基本上能够改善巴基斯坦亟待解决的能源短缺和交通落后局面。在计划层面，这次联委会对《中巴经济走廊远景规划》进行了深入探讨，双方充分交换了意见，决定加快中巴自贸协定第二阶段谈判，特别是要扩大两国银行业的相互开放。双方同意，以中巴经济走廊为引领，以瓜达尔港、能源、交通基础设施和产业合作为重点，形成“1+4”经济合作布局。

第五次会议于2015年11月12日在卡拉奇召开。习近平主席此前对巴基斯坦的访问取得了圆满的成功，硕果累累，签署的51项协议中，达成了总值为460亿美元的能源、基础设施投资计划。其中有36项属于中巴经济走廊联委会框架范围内的项目，21项涉及能源基础设施建设。因此，这次会议的重点放在了如何加快落实习近平主席访问巴基斯坦的成果，推动中巴经济走廊建设更快更好地进行。

在两国领导人的关心下，在联委会的统筹安排下，中巴经济走廊建设已经进入快车道。根据中巴经济走廊的特点和巴基斯坦国内经济发展的需要，中巴经济走廊建设的项目安排包括了早期收获项目和中长期项目。早期收获项目主要集中在基础设施、能源和水利建设等领域。

2013 年 9 月，中国国家发改委组团访问巴基斯坦，与巴基斯坦有关方面就中巴经济走廊建设远景规划问题进行磋商。至此，中巴经济走廊建设开始进入实际推进状态。

2014 年 2 月，巴基斯坦总统侯赛因访华，两国表示，中巴经济走廊建设契合两国发展战略，有助于两国发展经济、改善民生及促进本地区的共同发展与繁荣。两国领导人敦促双方有关部门加速推进中巴经济走廊建设。双方应共同努力确保中巴经济走廊尽快成型，并取得实实在在的成果。2015 年 4 月，中国国家主席习近平对巴基斯坦的国事访问，极大地促进了中巴经济走廊项目的开展。双方对中巴经济走廊建设取得的进展表示满意，强调走廊规划发展将覆盖巴全国，造福巴全体人民，促进中巴两国及本地区各国共同发展繁荣。其中，超过 30 项协议、备忘录与中巴经济走廊相关。同时，中巴经济走廊联委会第四次会议成功举行，丝路基金首个投资项目选在巴基斯坦。

（二）双方在基础设施领域的合作取得进展

2015 年巴基斯坦的税收占 GDP 的比重仅为 11%，低于同等收入发展中国家的平均水平。即使最高点也仅为 12.4%（1996），仍远低于印度、斯里兰卡等。一方面是税收不足，另一方面与印度的常年敌对使国防开支居高不下，结果就是国家财政常年赤字，收支危机频频，同时，政府在基础设施、公共教育与卫生等方面的公共投入严重不足。现在，巴基斯坦不仅在社会发展方面已经倒退为南亚地区最为落后的国家，而且因基础设施瓶颈经济陷入低增长困境中，过去 5 年平均增长率仅为 4%，还不及它潜在增长率的一半。在巴基斯坦实现税收改革之前，它更寄希望于外资能够以 PPP 或者 BOT 的方式在巴开展基础设施建设。但鉴于巴基斯坦的安全形势，外国资本都纷纷回避这个市场。中国是为数很少甘愿冒风险进入巴基斯坦的国家。这既是因为高风险可能带来高回报，又是因为它是我们的“巴铁”——一个急需帮助的朋友，中国的资本以政府优惠贷款或者企业投资的形式进入这个市场也就变得顺理成章。

1. 能源合作成为亮点

2015 年是中巴经济走廊从规划步入全面实施的重要一年。在 51 项协议中，能源项目占据半壁江山。这些项目帮助巴基斯坦突破了经济发展的“瓶颈”，变给巴基斯坦“输血”为让巴基斯坦获得“造血”功能，使其真正获得了能够自我发展的新动力。

巴基斯坦电力短缺已极为严重，任何时间国内都有 70% 的地区处在停电的状态中。据估计，缺电至少使巴经济增长降低了 2 个百分点。① 实际上，从 20 世纪 70 年代中期起，巴基斯坦就出现了电力短缺问题，却未引起政府的重视，此后日益恶化。到 90 年代中期贝布托上台后，政府又采取了错误的政策，在国内电力严重不足的条件下，以过度优惠的政策吸引私人资本进入发电领域，完全倚仗私人资本来增加国内电力的供给。在这个过程中，私人资本大都选择了建造成本低、建设周期短的以进口石油为燃料的火力电厂，而放弃了在水利资源相对丰富的巴基斯坦发展水电项目。每度火电的成本是水电的 10 倍。高电费更加剧了私人和政府所欠的电费债务，也即循环债。由于电厂不能及时回收发电成本，所以只能减少电力供应。因此，在中国进入巴基斯坦电力市场时，首先考虑的是最大限度地利用本地资源，为巴基斯坦人民提供廉价的煤电和清洁的水电、光电、风电等。

中巴太阳能合作主要集中在旁遮普省的真纳太阳能工业园里。中国新疆特变电工股份有限公司承建的 100 兆瓦太阳能光伏发电项目自 2015 年全部建成投入运营后一直安全运转。据该电站负责人赵超峰介绍，截至 2015 年年底，项目已累计为当地输送 1.2 亿千瓦时清洁电力。工业园里还有中兴能源的 900 兆瓦光伏项目，这也是中巴经济走廊优先实施项目，总投资额逾 15 亿美元，是世界上最大的单体光伏发电项目之一，也是迄今为止中企最大规模海外光伏投资项目。习近平问巴基斯坦主席访巴基斯坦期间，项目正式开工建设。如今，一期 50 兆瓦工程并网发电，其余 250 兆瓦工程施工已近尾声。

中巴大型风电合作项目有两个，一个是东方联合能源集团在巴基斯坦信德省吉姆普尔风电项目一期工程 100 兆瓦项目（UEP 100MW Wind Farm,

---

① IMF, Country Report “Pakistan”, Dec. 2015.

Jhimpir Thatta)，它已于2017年6月15日正式并网投入商业运行，后期项目预计装机总容量将达到500兆瓦；还有一个是由中国电建承建的巴基斯坦萨恰尔50兆瓦风电项目，该项目已于2015年5月开工建设。

中巴大型的水电合作开发项目有两个，包括已开工的中国长江三峡集团承建的卡洛特水电站主体工程。这是中巴经济走廊首个水电投资项目，也是丝路基金首单项目，项目建成后每年将为巴提供逾31亿千瓦时的清洁能源，将有效缓解巴电力短缺问题。卡洛特水电站在为中国水电技术和标准走向海外提供典范的同时，还将为当地提供2000多个就业岗位，大大带动当地电力配套行业的协调发展和产业升级。还有位于西北开伯尔—普什图省境内的苏克阿瑞大型水电站，总装机容量870兆瓦，年发电量约30.81亿千瓦时，能够有效促进巴基斯坦西北部地区的经济发展。该水电站总投资额约19.62亿美元，2015年12月8日，中国工商银行已经通过给予该项目的贷款审批。作为中巴科技合作的一个重要组成部分，中巴核电合作也取得了一定的成果。在巴基斯坦沿海的信德省，中国核工业集团正在承建卡拉奇核电厂出席K2和K3核电项目。

煤电项目有由中国、巴基斯坦和卡塔尔联合投资，由中国电建承建及未来运营的卡西姆港燃煤电站项目，预计2017年年底投产发电，年发电量将达到95亿千瓦时；另外，位于旁遮普省萨希瓦尔市的萨希瓦尔燃煤电站，是由中国华能集团承建，该项目已于2017年7月3日正式投运，年发电量预计约90亿千瓦时。此外，还有由中国机械设备工程股份有限公司、巴基斯坦安格鲁集团、中国国家开发银行以及哈比布银行牵头的中巴经济走廊首个煤电一体化项目，这也是巴基斯坦首个煤电一体化项目——塔尔煤矿二期650万吨煤矿开采及4台33万千瓦发电机组，相关方已在2015年12月21日在北京签署融资协议。

2. 交通领域合作率先起步

区域经济的发展离不开良好的交通基础设施。2015年12月22日，中巴经济走廊两项道路交通建设合同——卡拉奇至拉合尔高速公路（苏库尔至木尔坦段）和喀喇昆仑公路升级改造二期（哈维连至塔科特段）正式签署。2016年5月6日，“中巴经济走廊”最大交通基础设施项目——白沙瓦至卡拉奇高速公路项目（苏库尔至木尔坦段）开工仪式在巴基斯坦信德省苏库尔地区举行，白卡高速公路全长1152公里，是连接巴基斯坦南北的经济大动脉。现在开工的苏克尔—穆尔坦段全长 393 公里全线，按照双向 6 车道、时速 120 公里标准设计，工期 36 个月，总合同金额折合人民币约 184.6 亿元，由中国建筑股份有限公司负责设计和建设，中国进出口银行提供融资支持。这是中巴经济走廊迄今落地的最大的基础设施项目，项目顺利开工标志着中巴经济走廊基础设施领域合作取得重大进展。项目建成后将极大地改善巴基斯坦的交通状况，为中巴互联互通发挥积极作用，同时还将深度改善当地民生，惠及巴所有地区。

中巴经济走廊的另一个重点公路项目——喀喇昆仑公路升级改造二期（哈维连至塔科特段）也于 2016 年 4 月在巴基斯坦西北部开伯尔—普什图省曼塞赫拉地区正式开工。始建于 20 世纪 60 年代，由中国援建、中巴两国工人共同完成的喀喇昆仑公路，被称为中巴友谊路。它东起中国新疆喀什，穿越喀喇昆仑、兴都库什和喜马拉雅三大山脉，经过中巴边境口岸红其拉甫山口，直达巴基斯坦北部城镇塔科特，全长 1224 公里，全线海拔 600—4700 米，是目前中国和巴基斯坦唯一的陆路交通通道。项目二期将在对原有公路进行提升改造的基础上，逐渐将喀喇昆仑公路延伸至巴基斯坦腹地。中国路桥工程有限责任公司将用 42 个月的时间，在哈维连至塔科特间新建一条全长 120 公里、双向四车道（部分两车道）的高速公路及二级公路。项目金额为 1339.8 亿卢比（约合 13.15 亿美元）。中方将提供优惠贷款。该项目不仅拓展了巴公路网的覆盖范围，提高了其等级水平，而且有利于加强沿线地区与伊斯兰堡及巴南部的经济联系，从而促进沿线经济发展。例如，罕萨地区位于巴北部，旅游资源得天独厚，但以前交通不便以致藏在山中无人识，喀喇昆仑公路的贯通将有效盘活当地各种资源，充分释放旅游潜力。

巴基斯坦 1 号铁路干线是从卡拉奇向北经拉合尔、伊斯兰堡至白沙瓦，全长 1726 公里，是巴基斯坦当前最重要的南北铁路干线。1 号铁路干线升级和哈维连陆港建设，是中巴经济走廊远景规划联合合作委员会确定的中巴经济走廊交通基础设施领域优先推进项目。喀喇昆仑公路二期南端的哈维连站同时也是巴基斯坦铁路网最北的一站，中巴规划建设由此向北延伸经中巴边境口岸红其拉甫至喀什铁路，这样巴基斯坦就连入了中国的铁路网。哈维连拟建成一陆港，主要办理集装箱业务，但目前还处在项目可研阶段。至于直通瓜达尔港的中巴铁路目前还没有被列入双方政府的计划，这主要是因为瓜达尔所在的巴基斯坦西部地区目前几乎没有任何建成的铁路线路。升级人口稠密、经济发达的东部地区现有铁路，至少目前看来是一种更为方便和廉价的选择。但这不可避免地会引起瓜达尔港所在的俾路支省人民的不满。

拉合尔轨道交通橙线项目由中国铁路总公司与中国北方工业公司组成的联营体承建，中国进出口银行提供总额约16.1亿美元的贷款。该项目线路全长27公里，共设26座车站。截至2015年年底，已完成约1500根桩基础施工。2015年10月26日，中国国际航空股份有限公司开通了北京—伊斯兰堡航线，这是国内航空公司开通的首条连接北京和伊斯兰堡的空中通道。

在中巴经济走廊框架下，瓜达尔港自贸区地位格外重要。截至2016年5月，港口扩建工程已经完工，预计2017年年内瓜港的货物吞吐量将达到100万吨，但这个数字与瓜港管理局期待的每年3亿—4亿吨相差甚远。最大的问题是瓜港目前配套设施差，很难与460公里外的卡拉奇港形成竞争。2015年11月中巴双方已签署协议，巴方将瓜港周边2281亩土地使用权正式移交给中国，租期43年。这将有利于中方进行综合开发。目前双方正积极推进瓜达尔港东湾快速公路、新国际机场等项目。为帮助当地民众改善生活水平，中国企业积极援助建设瓜达尔港小学、瓜达尔医院、瓜达尔技术职业学院。

一个个交通基础设施项目的落实，增添了巴基斯坦经济发展活力，也为中巴进一步密切交流创造了更为有利的条件。

（三）双方积极加强能力建设合作

中巴关系长期政热经冷，除了高层定期互访外，民间往来并不密切。随着中巴经济走廊建设的全线铺开，双方都感觉到有加深了解和沟通的必要性。能力建设的合作也只有在更加密切的交往和交流中才能实现。

蓝迪国际在其2015年通过的中巴经济走廊行动计划中，已很好地阐述了能力建设所包含的内容，即培养中巴双方各领域的优秀精英，加强组织能力建设，分享治理和管理经验。由此看来，加强两国政策对话、文化交流及不同层次的人员往来都对能力建设意义重大。具体措施应包括以下几点。

一是加强政府相关机构的合作，共同搭建沟通平台，推动落实高层政治承诺，强化战略领导力与执行力，提升彼此的政策影响能力。笔者在巴基斯坦参与访谈的一个感受就是，巴方非常渴望了解中方的改革实践，特别是希望从中方的税收改革中获取经验，而且非常佩服中方经济规划所具有的科学性和可操作性，希望能与中国发改委展开相关合作。甚至希望委托发改委来为巴基斯坦做中长期规划。目前中华人民共和国发展改革委员会（NDRC）已签署了与巴基斯坦计划发展和改革部之间开展的合作的谅解备忘录。这既是一个双方学习交流的过程，又是一个让巴方了解中方在做项目规划时必须经过的各种考量，这将有助于巴方对合作的期望更贴近现实。

二是加强两国智库、工商业团体、文教机构的交流合作，践行“共商、共建、共享”原则，借助政府资金的杠杆效应，让政府、市场、社会一道发挥建设“一带一路”的三元支撑作用。在网络化时代，政府的决策越来越受到民众的监督并常常为民意所左右。中巴经济走廊规划公布之初，国内就有部分民众对于中国向巴基斯坦投入460亿美元感到不满，不满的原因：首先是不知道这460亿美元究竟是援款、贷款还是投资，倘是援款，那为什么不用来帮助中国8000万贫困人口摆脱贫困呢？其次是即使是投资，向那个时不时发生恐怖袭击的“遥远”的国度投入巨资是否太草率？这就需要智库学者、媒体以及企业家代表们以他们自己的声音来回答民众的质疑，这样才更有说服力。民心通是中巴经济走廊建设可持续发展的社会基础。

三是利用现代化手段，搭建网络对话平台，以更便捷的方式服务于能力建设目标。中巴经济走廊规模宏大，项目众多，能让不同人群都对此或深或浅有所了解，网络应该是最快捷的选择。在政府部门，既然双方已经有了一个联委会，并且定期举行会议，那么就可以各自建立一个联委会网站，如同政府其他机构的网站一样，将以往对话的成果和未来的目标及时发布给公众，并设立一个开放的窗口以接受普通民众的意见。两国智库的合作也应该有一个公共的网上平台，蓝迪国际刚刚开始这项工作，目前来看，首先是网站建设没有受到重视，内容少、更新慢；其次是接入的巴基斯坦研究机构太少，未形成真正的对话。

加强双方在合作方面的能力建设，最重要的是要有一个平等的心态和对对方必要的尊重。中巴经济走廊的建设既需要巴基斯坦向中国政府和企业学习管理经验、改善自身效率，又需要中国人了解当地风俗、更快更好地适应当地投资环境，积累更多的走向海外的经验。

三　中巴经济走廊建设与新疆的发展相契合

（一）新疆经济需进一步开放搞活

1. 经济成就

1955 年新疆维吾尔自治区成立。当时新疆几乎没有工业生产能力，农业经营粗放，畜牧业仍在逐水草放牧，靠天养畜，基本处于自给自足状态。经过 60 年的发展，新疆综合实力显著增强。从经济总量来看，1955 年的新疆地区生产总值为 12 亿元人民币，到 1978 年也只有 39 亿元，而 2015 年达到了 9324.80 亿元。扣除物价因素，60 年年均增长 8.4%，比同期中国平均增速快 0.3 个百分点。特别是 2014 年前约 5 年，新疆地区生产总值年均增速 11.1%，高于中国同期平均水平 2.6 个百分点，增速在全国的位次由 2009 年的第 30 位跃升至 2014 年的第 4 位，创历史最好水平。新疆综合实力的增强还体现在新疆经济发展在全国经济发展战略中的地位提升。现在新疆是全国重要的粮食、棉花、林果、畜牧生产基地，其中棉花、啤酒花、枸杞产量分别占全国的 40%、70%、50%，番茄酱出口量占国际贸易量的 1/4，特色林果超过 1600 万亩，能源、矿产等自然资源丰富，石油储量占全国陆上石油资源量的 30%，天然气储量占全国陆上天然气资源量的 34%，煤炭预测储量占全国的 40%。

近年新疆也加快了产业结构调整的速度。2008 年，第一、第二、第三产业占国内生产总值的比重分别为 16.4%、49.7%、33.9%，到 2015 年变成了 16.7%、38.2%、45%。第三产业在新疆经济发展中作用日益突出，批发、零售贸易和餐饮业发展迅速，邮电通信网络快速普及，房地产、金融等新兴行业快速发展。目前，新疆已建立起了一个以农业为基础、以工业为主导、服务业占重要地位的现代产业结构。

2. 面临的挑战

新疆经济面临的挑战主要包括以下几个方面。

一是经济结构相对单一使得它更易受到外部市场的冲击。2013 年前后，国际大宗物资开始大幅下滑，国内经济增速整体放缓，钢铁、煤炭、水泥等传统行业的产能过剩尤为突出。新疆经济增速也从 2013 年的 11% 降至 2015 年的 8%，下降势头短期内很难遏制。某种程度上这已被定义为“资源陷阱”，即尽管煤炭卖出白菜价，但由于经济已形成对资源的高度依赖，除此之外再无获得收入的有效途径，所以即使贱卖依然要卖。因为这些资源多属不可再生资源，因而也被称为吃子孙饭。

二是资源利用率低、生态破坏严重。尽管煤炭价格不断下跌，但是在过去两年新疆上马的煤电、煤焦化项目有增无减，甚至发生了煤矿与自然保护区争地的矛盾。新疆维吾尔自治区就曾为准东煤矿建设先后数次调减卡拉麦里自然保护区。对资源的粗放开发，高耗能、高污染、高排放项目低水平重复建设，造成了对环境的极大破坏，大气和水体污染严重、地表塌陷、尾矿堆积。在新疆这样一个水资源匮乏、生态环境相对脆弱的地区，环境和生态的破坏往往是难以修复的。

除了上述源于资源型经济转型所遭遇的困境外，新疆经济发展面临的第三个挑战是如何缩小南疆北疆之间的经济差距。北疆和南疆经济发展的起始条件不一：北疆自然条件优越，灌溉水源充足，使得建立在先进农业技术基础上的大规模农业快速发展，尤其在兵团辖区，而南疆依然以一家一户的小农经济为主，技术水平相对落后；新疆的工业基地多集中在北疆，南疆产业结构单一，尤其工业发展落后。随着时间的推移，流入北疆的投资越来越多，南北差距也越来越大。2013 年北疆的生产总值占全疆 GDP 的 66%，北疆外贸进出口总额占全疆 94%，而北疆人口仅为 46%。相比之下，南疆三地州占全疆人口 30%，但 GDP 仅为 9%，外贸出口总额仅为 3%，且仍呈下降趋势。在新疆这样一个多民族的地区，经济发展不平等导致的收入不平等很可能会最终演变成火药味十足的政治问题。

（二）中巴经济走廊促进南疆对外开放与经济发展

与内地省份相比，新疆的对外开放最早是从边境上活跃的易货贸易开始的。新疆总面积166万平方公里，周边分别与8个国家接壤，边境线总长5700多公里，有17个国家一类口岸，12个自治区批准的二类口岸，口岸数为全国最多，目前已经初步形成了沿边、沿桥和沿交通干线向国际国内拓展的全方位的对外开放。2005年，边贸最高时占到全疆对外贸易的70%（全国平均水平为44%）。但在这29个口岸中，只有位于伊犁州的、与哈萨克斯坦开展贸易的口岸最为活跃，过货量也最大。从当前新疆对外贸易格局来看，其边境贸易比重虽有所降低，但与一般贸易仍保持基本持平的格局；对外贸易流向主要集中在中亚五国，占全疆对外贸易总额的70%；从贸易商品构成来看，新疆的出口主要集中在劳动密集型、低附加值的产品上，而且由于它与周边国家在资源禀赋、产业结构上的相似性，它的产品竞争优势并不明显。新疆的进口主要集中在资源产品，但由于本地市场有限、加工水平不足，资源进口最终都流向了东部地区，新疆只是扮演了一个“贸易通道”的角色。

新疆与巴基斯坦的贸易2014年仅为3.5亿美元，还不到新疆对外贸易的2%，究其原因还是交通不便。实际上，新中国成立后，新疆与巴基斯坦的往来要比与周边其他国家开始得早，1968年兴修喀喇昆仑公路时主要的援建工程人员就来自新疆生产建设兵团。1979年喀喇昆仑公路正式通车，但仅作为战略战备公路，1986年才正式对外开放。截至目前这仍是中巴两国之间唯一的陆上通道。但由于公路沿线气候条件恶劣、地质灾害频发，一年有半年不能通行；而且由于南疆地区经济落后、对外贸易规模小，“走出去”的动力不足，同时政府出于对安全形势的考虑，严格限制边民往来，而新疆的边贸很大程度就来自边民互市和旅游购物。从贸易结构上看，2014年新疆出口巴基斯坦的纱线就占了40%，剩下机电产品占25.7%。而巴基斯坦出口中国的则主要是干果类农产品。由此看来，新疆很多有竞争力的工业产品并未进入巴基斯坦市场，从边贸反馈回来的信息是由于巴基斯坦基础设施建设正由于中国资本的到来而全新铺开，对钢铁水泥的需求正在上升，而这部分行业在新疆已经出现产能过剩。鼓励企业乘着中巴经济走廊的东风“走出去”，正是从中央到地方政府着力推进的一项工作（见表6—1）。

表6—1 新疆2005—2014年对巴基斯坦贸易状况 单位：万美元

年份	进出口总额	出口额	进口额
2005	34275	34188	87
2006	34330	34185	145
2007	41409	41056	353
2008	41181	40889	292
2009	19192	19084	108
2010	12728	12534	194
2011	38202	37983	219
2012	13956	13696	269
2013	14716	13315	1401
2014	31854	29051	2803

资料来源：《新疆统计年鉴2014》。

2014年5月，中央第二次新疆工作会议特别提出，要加快新疆对外开放的步伐，着力打造丝绸之路经济带的核心区，这是新疆的重大历史机遇。为了在丝绸之路经济带中发挥更加积极的作用，新疆已经提出建设丝绸之路经济带的区域性交通枢纽中心、商贸物流中心、金融中心、文化科教中心、医疗服务中心。新疆已公布了《关于在喀什、霍尔果斯经济开发区试行特别机制和特殊政策的意见》，正式拉开两个“特殊经济开发区”建设序幕，力争在对外开放中经济发展释放出新的活力。喀什经济特区的发展必须与中巴经济走廊紧密结合起来，才能实现带动整个南疆经济发展的可能。

喀什经济特区成立于2010年，2014年9月又建立了喀什综合保税区。喀什经济特区的建立使得喀什在产业、税收、金融、土地、外贸等方面享受特殊的扶持政策，新疆当地企业销往巴基斯坦等南亚国家的商品在此可以享受到更优惠的政府补贴。但喀什经济特区的出台正是在新疆边贸开始下滑之际。从2008年11月起，国家就取消了边境贸易进口关税和进口环节增值税减半征收政策，改由通过转移支付方式专项扶持边贸企业。税收减半和银行信贷支持等优惠政策是新疆边贸企业的主要利润来源，这导致边贸企业利润空间大幅度缩减，边境贸易呈逐步萎缩状态。另外，国家在边贸资质管理、商品配额等方面的标准较高，实行对成品油、原油、羊毛、化肥、小麦、棉花等商品进口的资质和配额管理，限制了这些产品边境贸易方式下的进口。中巴之间原本就有自贸协定，2015 年两国又开始了自贸区第二阶段的谈判。就是说，喀什能够享受到的额外的政策优惠空间并不大。从这个角度说，“中巴经济走廊”建设将是喀什特区发展难得的机遇，使之真正有别于北疆其他口岸城市——服务于这条正在建设中的走廊并最终利用这条走廊实现自身在开放中的腾飞。

（三）新疆积极参与中巴经济走廊建设

1. 进一步完善两国陆路交通的条件

互联互通本身就是中巴经济走廊建设的一部分。两国间的互联互通正在如火如荼地建设中。经过升级改造后的喀喇昆仑公路已经可以全年通车了，再到喀喇昆仑公路升级改造二期工程完工后，从新疆公路运输的货物就能够便捷地运到塔维连，在此即可接入巴基斯坦的铁路网。中巴铁路也已进入可研阶段。从新疆自身的互联互通看，离它自己确立的成为丝路带上交通枢纽中心、商贸物流中心的目标尚有不小的距离。2014 年年底，新疆铁路总里程 4480 公里，公路总里程 15.51 万公里，国际航线 37 条。然而，新疆运输网络密度与全国相比差距巨大，铁路密度不到全国的 25%，公路里程在各省中排名靠后，机场航空可达性和货物吞吐量均低于全国平均水平，国际航线无法满足“空中丝绸之路”的建设需要。由此可见，新疆交通运输的水平和能力仍然薄弱。目前，喀什国际枢纽机场改扩建计划已通过评审并纳入“十三五”规划，同时正在积极组建喀什航空公司，已开通至伊斯兰堡客货运输机，并已着手利用目前已经具备条件的喀什机场和喀什经济开发区临空经济区，喀什综合保税区开通四通八达的周边客货航线，搭建空中丝路。

2. 进一步转变观点，鼓励疆内企业目光向外，勇于开拓海外市场

由于深处内陆，面对复杂的周边环境，地方政府在突出国土安全的同时，对通过开放实现发展一直有所保留，再加上新疆经济落后于内地的现

实，改革开放30多年来新疆经济的开放度依然远低于内地，2014年新疆外贸依存度仅为18%，而全国平均水平为42%，这同新疆与8国接壤且有着漫长的国界线的事实形成鲜明对比。现在巴基斯坦基础设施匮乏，产业结构落后，工业化严重不足，农业技术相对落后，这些都是新疆企业可以大有作为的领域。新疆的企业与其困守泥沼、等待政府救援，不如“走出去”、寻找更大的市场机会。但这首先需要政府和智库的引导，通过组织市场考察、专业人士座谈、定期发布市场信息等方式开阔新疆企业家的视野，方便他们了解外部市场信息。有一些新疆企业已有了成功的经验，需要将这些经验及时推广。比如，由新疆特变电工承建的巴基斯坦第一座装机容量达到100兆瓦的大型太阳能光伏电站已顺利投入运行。该电站位于巴基斯坦旁遮普省巴哈瓦尔布尔地区塔尔沙漠中，每天向附近的旁遮普省提供清洁电源50万千瓦时，有效缓解了该省电力紧缺状况。

3. 发挥新疆农业优势，推进与巴基斯坦的农业合作

新疆生产建设兵团在农业的工业化、城镇化和农业自身现代化方面都走在全国的前列。在过去60多年的发展过程中积累了丰富的经验。这是新疆农业资本和技术走出去的有利条件。而与新疆邻近的巴基斯坦不仅主要农作物相同，都是小麦、棉花、玉米，而且两地也面临着同样的挑战——水资源短缺。虽然巴基斯坦信德省和旁遮普省位于印度洋信风带内，但对于两熟作物而言，依然有一半的时间要依赖灌溉系统。一方面，由于水源主要是从印占克什米尔地区流入的，属于印度河水系的三条支流，为争夺有限的水源，不仅印巴之间时有危机，在巴基斯坦境内作为上下游的旁遮省和信德省也是争执不断。另一方面，巴基斯坦农业以大水漫灌为主的粗放用水方式又导致水资源大量浪费。与此相对照，新疆兵团从20世纪末就开始了大规模推广农业节水技术，目前兵团高效节水灌溉面积已占总灌溉面积的70.9%。推动新疆兵团的节水技术应用和推广企业走出国门、走向巴基斯坦将是两地开展农业合作的一个重要方向。还有，从农作物本身的产量来看，中国和巴基斯坦都是世界最主要的棉花产区，中国和巴基斯坦又是世界上棉花的主要进口国。随着中国产业结构转型、对棉花消费需求将逐步下降，而巴基斯坦未来将进一步推动以纺织为主的出口工业发展，可以预料它的棉花缺口将进一步扩大。新疆作为中国最重要的棉花产区，更应仅仅盯住巴基斯坦这个市场。

4. 推动新疆与巴基斯坦的文化交流，提升新疆对巴的文教医疗服务出口

新疆不仅与巴基斯坦接壤，而且它的主要少数民族还与巴基斯坦人民宗教信仰相同，尽管如此，两地的文化交流却并不密切，以致若干年前学习乌尔都语的学生（巴基斯坦国语）在新疆很难找到工作，而这里本该是全国最有可能用到这种语言的地方。目前中巴两国之间最大的障碍是语言，中国的乌尔都语熟练使用者相对较少，巴基斯坦的汉语熟练使用者也不够多且民间英语使用范围有局限，单靠英语，中国很难深入巴基斯坦民众人心。在中巴经济走廊协议中列出的51个项目清单中，就包括巴基斯坦国立现代语言大学和中国乌鲁木齐新疆师范大学的国际教育中心合作协议。在中央第二次新疆工作会议之后，新疆提出了一个非常宏伟的目标，就是把自己打造成丝路上的金融中心、文化科教中心、医疗服务中心。这三个中心的构建无疑离不开更紧密的文化交流。新疆还可以引进更多巴基斯坦的专业人才，如新疆高校就可以聘请巴基斯坦从西方受教归来的学者，他们的语言能力和学术水平都已经具有相当的水准，以此推动新疆国际化人才队伍的建设。新疆的医疗服务无论是硬件还是软件与周边国家相比也都具有一定的竞争优势。随着新疆与巴基斯坦之间的人员往来更为便利，文化隔膜不断消减，借助地缘上的独特优势与巴基斯坦在这一领域开展服务贸易还是大有可为的。

四　中巴经济走廊建设任重道远

（一）发展困境

巴基斯坦是一个政治上各方利益诉求多元民主政体脆弱、经济上自我造血机制严重受损的国家。1947年印巴分治，巴基斯坦独立。1971年东巴、西巴分裂，孟加拉国独立。每一次分裂，都为人民带来了惨痛的记忆，但巴基斯坦并没有因此成为真正的铁板一块的国家。民族多元依然存在，大民族（旁遮普人占人口63%）与小民族（信德人、普什图人和俾路支人）的矛盾一直存在。尽管从各国的发展经历来看，在经济起飞阶段，

或多或少民族间经济发展的不平等、地方差距的扩大都是不可避免的，但由此带来的政治冲击对巴基斯坦会更大。这是因为巴基斯坦的民主政治还相对脆弱。除了西方民主体制共有的总统、议会和司法三权外，巴基斯坦还有一个经常凌驾于三者之上的军队，随时窥伺着权力。实际上，巴基斯坦独立以来有近一半的时间就是由军人执政。直到今天，军队作为一个独立的利益团体，与民选政府之间还时有对立。这是巴基斯坦短时间内不会消失的一个政治特色。

过去几年巴基斯坦经济增速下滑，国内储蓄和投资严重不足，亟待外部投资促进经济发展和就业。因而，在巴基斯坦各利益团体的眼中，中巴经济走廊沿线项目以及由此涌入的大量中国投资不啻一个大蛋糕。开伯尔—普赫图赫瓦和俾路支两省原本就落后于旁遮普省，近年又深受恐怖活动打击，经济凋敝，很自然会对中巴经济走廊绕道而过严重不满，认为这是旁遮普人的阴谋（谢里夫即是旁遮普人）。同样值得注意的是，巴基斯坦军队最近也提出，中巴经济走廊不仅对巴基斯坦经济尤为关键，而且对于国防也同样意义重大，不应由国家计划委员会独揽大权。它主张建立一个独立的管理机构。很明显，军队也希望能对项目有发言权。未来谢里夫政府有没有能力摆平这些利益团体，又该如何去摆平它们，这都是巴基斯坦的内政，中国只能采取旁观态度。

（二）安全挑战

巴基斯坦各方势力已不满足于议会斗争，开始诉诸武力，更兼外部恐怖势力的渗透，巴基斯坦已沦为恐怖活动重灾区。一是巴基斯坦政府与巴塔“谈不拢、打不赢”，巴塔的恐怖活动还将持续。2013 年，谢里夫领导的穆盟（谢派）之所以赢得大选，一个重要原因就是当时他表示愿意与巴塔进行谈判，通过谈判为国家赢得真正的和平。但谈判一经开始就暴露出了双方不可弥合的分歧：巴塔要求在全国推行伊斯兰律法，要求联邦军队撤出部族控制区。这显然已经违背了巴基斯坦宪法，是已经上台的谢里夫政府不可能答应的。因此在 2014 年 6 月政府军开始了在联邦管理的部落区（FATA）以清剿巴塔势力的“利剑”行动。巴塔的报复就是发起更多针对军用设施、平民的恐怖袭击。从巴政府反恐怖主义活动的历史来看，它一直存在着两面性，甚至可以说今天的巴塔出现就是它自己长期“养痈为患”的后果。军方以及情报部门与恐怖组织有着千丝万缕的联系，这就注定了巴的反恐将是不彻底的。

二是地方与联邦政府矛盾重重，分离运动的军事化和恐怖化倾向时强时弱，但不会消弭。在信德地区冲突主要集中在巴基斯坦最大的城市，也是最重要的商业中心卡拉奇。随着2015年8月地方性政党统一民族运动党的成员全数退出了联邦和地方政府，自我关闭了所有政治通道，可以预见它将组织更多的街头政治。而统一民族运动党的选民基础是印巴分裂时来自印度的移民，这个党一直被认为与卡拉奇地下黑社会有着各种牵连。因此未来卡拉奇的暴力活动将可能加剧。在俾路支省，最近随着中巴经济走廊进入实施阶段，俾路支人认为政府故意更改了路线以期有利于旁遮普省。这对于在巴经济发展过程中日趋边缘化的俾路支部落民众而言是最不能接受的事。中巴经济走廊的起点就在位于俾路支省的瓜达尔港，集中了很多大型项目，故有可能成为俾路支解放军的袭击目标，而俾路支解放军一直被认为是巴最致命的恐怖组织之一。

三是民选政府缺乏制约军方的能力，军方干政的阴影犹在。在巴基斯坦，军队既是短期内维持国家稳定的最强力量，又是长期妨碍国家内政外交正常化的阻力所在。军方已经成为巴实力最强、影响力最广的利益集团。谢里夫政府很难独立于军方制定国内反恐政策以及对印度、阿富汗的外交政策。而历史上没有一支军队的利益目标是定位在完全的和平上。

（三）印度因素

印度对中巴经济走廊有太多顾虑和保留，不仅不可能提供合作，而且还会设置很多障碍。印度近年经济增势强劲，增速已超越中国，反观巴基斯坦，经济依然难以摆脱低水平发展均衡，依然要依赖外部资金的支持，根据国际权威机构的预测未来两年巴的增速仅在5%左右。因而，印度并不担忧巴基斯坦会借助CPEC（中巴经济走廊）在国际市场上对印构成威胁。这使得它更倾向于从战略安全的角度来考虑CPEC，它的态度简单说是否定多于肯定、消极多于积极。它的顾虑主要来自以下三个方面。

一是不满于中巴经济走廊穿过克什米尔争议领土。无论是印度政界还是学界对此都颇有意见。最近的一次是2015年2月穆迪视察该邦。尽管中方认为印度抗议理由不充分，中方在巴控克什米尔地区修建道路并不针对第三方，也不表示对现状的认可或否定，可印方显然没有接受此种解释，反而效仿中方，在南海上公开与越南合作在争议水域进行勘探。未来随着中巴互联互通项目逐渐落实，印方的这种干扰还会出现，中方应及早应对。

二是担心中国借助瓜达尔港扩大其在印度洋上的影响力，形成对印竞争的有利之势。借助中巴经济走廊另一端的瓜达尔港，中国不仅为深处内陆的新疆找到了最近的出海口，从而有利于边疆地区的对外开放，而且更重要的是形成了一条新的陆上能源通道，方便了中方与中东、非洲的能源产地的连通，因而分散了马六甲的压力。

三是担忧巴基斯坦因中国支持而更不愿放弃对印度的挑衅。2015年4月巴基斯坦允许孟买恐怖袭击案主犯被保释，引起了印度的强烈抗议，并诉至联合国安理会，但议案被安理会成员之一的中国技术性搁置起来。印方媒体以此大做文章，丝毫不提及中方的合理解释，更加深了印度各界对中巴友谊完全针对印度、以牺牲印度利益为代价的看法。

巴基斯坦军方和情报部门虽未掌握确凿证据，却一直认定巴基斯坦发生的暴恐事件背后有印度的身影。在目前中印、印巴之间缺乏政治互信的背景下，三方都无法避免疑邻偷斧的心理。

（四）投资风险

目前，中国企业大量以独资和合资的方式参与巴基斯坦基础设施建设，其中存在的社会风险中方亦必须予以重视，因其最终有可能带来更大的经济风险和政治风险。

在巴基斯坦私人电站项目已成为腐败之源和政治上的众矢之的。贝布托上台后就开始引入私人独立电力供应商（IPP），HUCBO是第一个。在政府与之签订的合约中，政府不仅同意为私人固定投资连本带利提供担保，而且还考虑到电站的原油进口支付，同意按美元计价为电费收入提供担保，仅这两项就免除了企业经营的大部分风险；同时，企业还可享受政府的其他税收减免。之后更多私人投资进入该领域。但是，在经过巴国内学者认真核算之后，认为按照这些商业合约，考虑到政府一方承担的各种义务，与其让私企来建设电站，不如由国家自己建设更为合算。政府之所以会接受这样“不平等的条约”，完全是因当权的政治人物与投资商之间存在“私情”，使私电项目沦为了“政治分肥”的一部分，罔顾企业经营的效率与公平，增加了全社会不必要的成本。其结果就是，私电因为规模偏小又主要燃油，成本较水电和大型国有火电厂成本奇高，作为消费者一方的私人和国家因此累积了大量债务而无力偿还；为减少亏损，企业只能减少供电。巴基斯坦电力市场出现了无法摆脱的恶性循环。

谢里夫上台后，宣称要进行电力改革，一方面通过司法渠道与私电供应商重签合同，以降低政府的担保负担并要求它们降低电费；另一方面在还清了政府欠电力供应商的款项之后，又要求四大电站从燃油转向燃煤以降低成本，但没有涉及重新确定私人电厂的地位、削减政府过度的电力补贴问题。现有的措施只是治标不治本，这是由于谢里夫身边重要的几个能源顾问都是巴私人电厂的所有者，他们不可能鼓励政府推进真正的电力改革，相反还会督促政府继续还清后续欠款。既然谢里夫不能根本解决矛盾，也不能阻止媒体和学界对矛盾背后存在的政治腐败日益深刻的认知和坚定的曝光，那么他就只能选择转嫁矛盾。引入外资、将国内不满引向外国投资者不啻是一个聪明的选择。

中国目前介入巴电力市场的项目不仅包括水电、风电等清洁能源，还有火电项目。而且中方在当地的合作伙伴不仅有巴基斯坦国家电厂，更有巴基斯坦私人电厂，中国电力国际发展有限公司就与巴基斯坦第一个私电供应商 HUCBO 合作开发了 660MW 项目。目前，中国企业参与巴基斯坦电站建设的具体商业合作条款不得而知。但可想见，中企已不可能独立享受之前巴基斯坦私人电站与政府签订的显失公平的合同，而作为合作伙伴的巴基斯坦私电供应商，是否能够放弃与政府千丝万缕的联系，愿意自我约束、主动采取公平竞争的策略，也同样令人怀疑。那么这么多有中方参与的电力项目，存在的问题一旦被媒体曝光，作为利益相关方的中企也许就会成为巴基斯坦私企甚至政府抵挡攻击的靶子。

对此，中方必须认识到，尽管巴基斯坦的民主政体支离破碎，但是巴基斯坦媒体从未丧失独立发声的勇气，而且随着新媒体的出现，言论自由更被无限扩大；尽管中方通过选择当地合作伙伴可以最大限度地规避经济风险，但因此产生的道德风险不能不考虑。最重要的是还须认识到，尽管中巴友好是巴基斯坦国家利益不可分割的一部分，但“巴铁”的政客们为了自己的利益还是会随时牺牲这部分国家利益的。因此，中方要做的就是坚持做到项目前期国内论证的科学性和招投标过程中的透明性，不能走“巴铁”的所谓捷径。总之，要总结在缅甸、斯里兰卡等国的教训，规范企业在当地的经营，提高企业的道德意识，即使在巴基斯坦也不能例外。

最后，需要明确的是，中方投向巴基斯坦的460亿美元不是赠款，有贷款也有投资。市场经验告诉我们，高风险往往意味着高收益，只要将风险控制在合理的范围内就好。已经立项的基础设施项目包括几个中方投资的电站、公路都是以BOT或PPP的形式进行，考虑到巴基斯坦对华政治友好，再考虑到其现有电力、运力严重不足，投资边际收益高等特点，运营期内回收投资应不成问题。

第七章

中国与东北亚国家之间的互联互通战略研究[①]

中国实施“一带一路”倡议以来，与“一带一路”沿线以及与周边国家的互联互通成了实施该倡议的具体方式。在中国的周边地区中，东北亚几个国家因其独特的地缘环境对中国的对外发展战略产生了重要影响。本章从地缘政治、国家发展战略、外交战略、经济互惠等不同角度考察了中国与东北亚国家互联互通的意义。中国和东北亚国家之间互联互通的目标选择是实施的切入点与抓手，可根据不同国家的不同诉求分为中俄蒙联通、中朝俄联通、中日韩朝联通等。分析中国与东北亚国家之间的互联互通战略需要考察其发展现状，包括高层互访与交流，双边贸易，对外直接投资，区域经济合作的制度安排、规章制度、标准、政策的联通，金融合作与联通，人文联通，基础设施联通，其他领域的交流与联通等。为了顺利实施中国与东北亚国家之间的互联互通，必须考虑各种影响因素、障碍与投资风险，也有必要考察相关国家对互联互通的态度，并为加快推进互联互通提出相关的政策建议。

互联互通作为“一带一路”倡议的主要内涵，是一个带有全方位的、多元化的、网络化的立体发展体系。在 2014 年 11 月 8 日举行的加强互联互通伙伴关系对话会上，中、孟、柬、老、蒙、缅、巴（基斯坦）、塔等相关国家发表《联合新闻公报》，指出当前在国际金融危机的消极影响尚未完全消退的形势下，亚洲国家普遍面临需求不足，资本、市场和技术竞争日趋激烈的压力。为了亚洲各国的经济建设和改善民生，深化地区经济合作与和平发展、推进区域一体化，寻找新的经济增长点，培育新的竞争

---

① 执笔人：金英姬，中国社会科学院亚太与全球战略研究院副研究员。

优势，为区域合作与持续繁荣提供新的动力，相关国家高度认可实行亚洲国家间互联互通的必要性与现实意义。《公报》还具体指出，发展中国家特别是内陆国家面临运输和贸易成本高以及资金、技术、自然条件等多方面制约，国际社会包括过境国应充分考虑上述国家的特殊需要和困难，加大支持力度。而推进互联互通也有利于减少或者降低各种不利因素给国家间经济交流与合作带来的困难。[①]

一 什么是互联互通

互联互通与传统的区域经济交流合作有所区别。首先是实施主体的扩展。相关国家都强调，为了亚洲地区全方位、高水平的交流与合作，互联互通的主体应包括各相关国家政府、国际和区域组织、私营部门以及广大民众。其次是实施内涵的扩大。《公报》明确指出，21 世纪的亚洲互联互通是“三位一体”的联通，即，①交通基础设施的硬件联通；②规章制度、标准、政策的软件联通；③增进民间友好互信和文化交流的人文联通，并涵盖政策沟通、设施联通、贸易畅通、资金融通和民心相通五大领域。其中基础设施建设是互联互通的基础和优先。[②] 由此看出，互联互通不仅局限于区域经济交流与合作，还致力于相关国家之间增进政治互信，加深民间往来，加强文化交流。

第一，加大交通等基础设施建设力度，以利于整合相关国家在全球供应链、产业链和价值链上的优势资源，加强物流和交通运输基础设施合作，促进地区货物和商品过境运输，扩大地区生产网络。

第二，实行开放的区域主义，优势互补，利益共享，协商解决有关制度和标准问题，降低人员、商品、资金跨境流动的财务成本与时间成本。

第三，坚持以人为本的发展导向，结合亚洲国家政治、经济、社会、文化、生态等重大发展战略，与产业升级、创造就业、增加收入和消除贫困并行推进，解决电力、饮水、医疗、教育等领域的现实困难。

---

① 《加强互联互通伙伴关系对话会联合新闻公报》，新华网，2014 年 11 月 8 日，http://news.sina.com.cn/c/2014-11-08/230731115988.shtml。

② 同上。

第四，完善体制和机制，政府间积极沟通协调，并动员各方面力量，建立私营部门、智库和学术机构等广泛参与的合作网络，分工协作，形成合力。

第五，为解决资金瓶颈，创新融资机制，支持中国等有关国家共同成立亚洲基础设施投资银行，并对中国宣布出资 400 亿美元成立丝路基金表示赞赏。①

在本章所指的东北亚国家（朝鲜、韩国、日本、蒙古国）中，只有蒙古国在中国提出的"一带一路"通道上。在"一带一路"沿线的环阿尔泰经济走廊、欧洲高加索中亚运输走廊、中亚南高加索次区域经济走廊、中巴经济走廊等次区域经济带中，蒙古国位于环阿尔泰经济走廊经济带。这是连接中国、俄罗斯、哈萨克斯坦、蒙古国的交通运输走廊和交通大动脉，东起俄罗斯远东经中国黑龙江、内蒙古，经过蒙古国乌兰巴托、科布多；再经中国新疆阿拉山口到达哈萨克斯坦里海畔港阿克套与欧洲对接。但由于东北亚国家在地理上毗邻中国，在地缘政治、外交、对外经济交流与合作等方面对中国有着举足轻重的作用。因此，进一步加强中国与东北亚国家之间的互联互通具有重要的战略意义。

二　中国与东北亚国家之间互联互通的发展现状

互联互通与传统的区域经济交流合作有所区别。首先是实施主体的扩展。参加 2014 年 11 月 8 日举行的"加强互联互通伙伴关系对话会"的相关国家都强调，为了亚洲地区全方位、高水平的交流与合作，互联互通的主体应包括各相关国家政府、国际和区域组织、私营部门以及广大民众。其次是实施内涵的扩大。互联互通不仅局限于区域经济交流与合作，还致力于相关国家之间增进政治互信，加深民间往来，加强文化交流。

国家之间的互联互通离不开相关国家的政治体制和经济管理方式。一个国家的政治体制和经济管理体制直接影响甚至决定该国家与其他国家互联互通上的态度与行为。东北亚国家在独立经济主体、经济管理体制和政

① 《加强互联互通伙伴关系对话会联合新闻公报》，新华网，2014 年 11 月 8 日，http://news.sina.com.cn/c/2014-11-08/230731115988.shtml。

治管理体制等方面大不相同，因此国内及国家之间的互联互通类型也各不相同（见表7—1）。

表7—1　　中国和东北亚国家的国内国际互联互通基本类型

	国家	独立经济主体	经济管理体制	政治管理体制	互联互通类型
1	中国	政府主导	市场经济	人民代表大会制	市场经济下政府主导式议会制型
2	日本	社会主导	市场经济	议会制	市场经济下社会主导式议会制型
3	韩国	社会主导	市场经济	议会制	市场经济下社会主导式议会制型
4	蒙古国	社会主导	市场经济	议会制	市场经济下社会主导式议会制型
5	朝鲜	政府主导	计划经济	人民代表大会制	计划经济下政府主导式议会制型

近年来，作为互联互通基础的东北亚国家之间双边交流与合作持续加强并得以深化，呈现出以下特点：一是交流纽带日益巩固。相关国家保持频繁的高层交往，建立起涵盖政府、议会、学术、新闻等各领域丰富的沟通渠道。二是相关国家之间的共同利益更加扩大。在应对金融危机、反对贸易保护主义、东亚一体化、亚太经合组织、亚欧会议、20国集团以及全球气候变化等问题上有着越来越多的共同利益。三是相关国家就地区局势以及国际事务积极进行沟通与协调，在本地区发生突发事件时，确保地区局势稳定。相关国家在中日韩、“10+3”、G20、APEC等现有的协商机制和框架内保持密切联系，共同反对贸易保护主义，呼吁加强金融监管，推动金融机构改革，并在应对气候变化等领域保持着良好沟通与合作。

（一）高层互访与交流

近年来，中国与东北亚国家高层互访较多，一些双边政治关系定位得到提升或巩固。

1. 中韩关系

中韩高层交流一直不断，非常频繁。近期来看2013年韩国总统朴槿惠访华，翌年习近平主席访韩。2017年5月习近平主席正式邀请韩国新任总统文在寅访华。

2. 中蒙关系

中蒙政治交流也比较多，两国高层互访，双边关系不断向前迈进。2014 年是中蒙建交 65 周年、两国友好合作条约修订 20 周年及双方政府商定的友好交流年。两国于 2003 年建立睦邻互信伙伴关系，2011 年建立战略伙伴关系，并于 2013 年签署了中蒙战略伙伴关系中长期发展纲要，两国关系发展进入新的历史阶段。①

3. 中日关系

中日政治关系比较冷淡，尤其是高层交流不多，但地方政府之间和行业之间的合作交流依然不断。

4. 中朝关系

近年来，中朝政治关系进展相对缓慢。

（二）双边贸易

对外贸易是互联互通的基础和实行范围最广、最容易的内容。中国与东北亚周边国家的双边贸易量比较大。

从 1996—2013 年的情况来看，中国与东北亚国家中的日本和韩国双边贸易不断增加，两国皆为中国的主要贸易伙伴，近期日本和韩国分别为中国的第三大和第四大出口目的地以及第二大和第一大进口来源地（见表 7—2）。

表 7—2　　1996—2013 年中国与主要贸易伙伴的进出口统计　单位：百万美元

		1996 年	1998 年	2000 年	2002 年	2004 年	2006 年	2008 年	2010 年	2012 年	2013 年
出口总额		151050	183710	249200	325600	593330	968980	1430690	1577750	2048710	2210019
十大出口目的地	1. 美国	26683	37948	52099	69946	124942	203448	252384	283287	351777	368427
	2. 中国香港	32906	38742	44518	58463	100869	155309	190729	218302	323431	384792
	3. 日本	30886	29660	41654	48434	73509	91623	116132	121043	151522	150275
	4. 韩国	7500	6252	11292	15535	27812	44522	73932	68766	87678	91176
	5. 德国	5843	7354	9278	11372	23756	40315	59209	68047	69210	67348

① 除特别注明之外，蒙古国资料主要来源于中国驻蒙古国大使馆商务参赞处网站，中国驻蒙古国大使馆、蒙古国经济发展部、财政部合编《中华人民共和国与蒙古国建交 65 周年经贸合作回顾（1949～2014）》及新华网等。

续表

		1996年	1998年	2000年	2002年	2004年	2006年	2008年	2010年	2012年	2013年
十大出口目的地	6. 荷兰	3537	5162	6687	9108	18519	30861	45919	49704	58897	60317
	7. 印度	686	1017	1561	2671	5936	14581	31585	40915	47678	48443
	8. 英国	3201	4632	6310	8059	14967	24163	36073	38767	46297	50949
	9. 新加坡	3749	3944	5761	6984	12688	23185	32306	32347	40742	45864
	10. 俄罗斯	1693	1840	2233	3521	9098	15832	33076	29612	44056	49595
进口总额		138830	140240	220590	295170	561230	791460	1132570	1396240	1818410	1950289
十大进口来源地	1. 日本	29181	28275	41510	53466	94327	115673	150600	176736	177834	162278
	2. 韩国	12482	15014	23207	28568	62234	89724	112138	138349	168738	183073
	3. 中国台湾	16180	16631	25494	38061	64759	87099	103338	115739	132204	156637
	4. 美国	16155	16883	22363	27238	44657	59211	81360	102099	132897	152575
	5. 德国	7324	7021	10409	16416	30356	37879	55790	74261	91921	94204
	6. 澳大利亚	3434	2683	5024	5851	11552	19323	37435	61122	84618	98818
	7. 马来西亚	2244	2674	5480	9296	18175	23572	32101	50447	58307	60143
	8. 巴西	1484	1133	1621	3003	8673	12909	29863	38125	52329	54086
	9. 沙特阿拉伯	829	804	1954	3435	7523	15085	31023	32829	54862	53461
	10. 泰国	1890	2414	4381	5600	11541	17962	25657	33196	38555	32738

资料来源：亚洲开发银行，http：//www. adb. org/statistics。

1. 与韩国的双边贸易

中韩两国建交以来，在经贸交流与合作领域发展迅猛，两国双边贸易量逐年稳步增加，中国已超过美国和日本成为韩国第一大出口目的地和第一大进口来源地，而且双边贸易额远远大于韩国的其他贸易伙伴（见表7—3）。

表7—3　　1996—2013年韩国与主要贸易伙伴的进出口统计　　单位：百万美元

年份		1996	1998	2000	2002	2004	2006	2008	2010	2012	2013
出口总额		137699	132837	172268	162322	253754	325360	421998	466377	547860	559625
十大出口目的地	1. 中国	11377	11981	18455	23754	49763	69459	91389	116838	134323	145869
	2. 美国	21925	23076	37806	32943	43027	43321	46501	49992	58807	62327
	3. 日本	15767	12262	20466	15143	21701	26534	28252	28176	38796	34662
	4. 中国香港	11131	9275	10708	10146	18127	18979	19772	25294	32606	27756
	5. 新加坡	6439	4070	5648	4222	5654	9489	16293	15244	22888	22289

续表

年份		1996	1998	2000	2002	2004	2006	2008	2010	2012	2013
十大出口目的地	6. 中国台湾	4004	5147	8027	6632	9844	12996	11462	14830	14815	15699
	7. 越南	1600	1364	1686	2240	3256	3927	7805	9652	15946	21088
	8. 印度	1177	1669	1326	1384	3632	5533	8977	11435	11922	11376
	9. 印度尼西亚	3198	1786	3505	3146	3678	4874	7934	8897	13955	11568
	10. 巴西	1498	1795	1724	1247	1785	3063	5926	7753	10286	9688
进口总额		150157	93371	160481	152125	224462	309381	435274	425211	519584	515585
十大进口来源地	1. 中国	8538	6488	12799	17400	29585	48557	76930	71574	80785	83053
	2. 日本	31448	16843	31828	29856	46144	51926	60956	64296	64363	60029
	3. 美国	33323	20423	29286	23111	28919	33797	38556	40589	43654	41766
	4. 沙特阿拉伯	6667	4385	9641	7551	11800	20552	33781	26820	39707	37665
	5. 澳大利亚	6272	4620	5959	5973	7438	11309	13000	20456	22988	20785
	6. 卡塔尔	343	529	2292	2173	3650	6985	14375	11915	25505	25874
	7. 德国	7240	3346	4625	5472	8486	11365	14769	14305	17645	19336
	8. 科威特	1445	1328	2716	2230	3832	8133	12129	10850	18297	18725
	9. 阿联酋	2260	2124	4703	4210	7290	12931	19248	12170	15115	18123
	10. 印度尼西亚	4013	3070	5287	4723	6368	8849	11320	13986	15676	13190

资料来源：亚洲开发银行，http：//www.adb.org/statistics。

2014年，中国继续为韩国第一大贸易伙伴、第一大出口目的地和最大的进口来源国，韩国是中国第六大贸易伙伴。而韩国的传统盟友美国是其第二大出口目的地和第三大进口来源国，日本则为韩国第三大出口目的地和第二大进口来源国（见表7—4）。

表7—4　　2014年韩国与十大贸易伙伴的贸易额　　单位：百万美元

韩国对主要贸易伙伴出口额				韩国自主要贸易伙伴进口额			
国家或地区	金额	同比（%）	占比（%）	国家或地区	金额	同比（%）	占比（%）
总值	573091	2.4	100.0	总值	525564	1.9	100.0
中国	145328	-0.4	25.4	中国	90072	8.5	17.1
美国	70327	13.3	12.3	日本	53776	-10.4	10.2

续表

韩国对主要贸易伙伴出口额				韩国自主要贸易伙伴进口额			
国家或地区	金额	同比（%）	占比（%）	国家或地区	金额	同比（%）	占比（%）
日本	32248	-7.0	5.6	美国	45275	9.1	8.6
中国香港	27276	-1.7	4.8	沙特阿拉伯	36724	-2.5	7.0
新加坡	23906	7.3	4.2	卡塔尔	25728	-0.6	4.9
越南	22333	5.9	3.9	德国	21286	10.1	4.1
中国台湾	15103	-3.8	2.6	澳大利亚	20441	-1.7	3.9
印度	12785	12.4	2.2	科威特	16907	-9.7	3.2
印度尼西亚	11417	-1.3	2.0	阿联酋	16196	-10.6	3.1
墨西哥	10850	11.5	1.9	中国台湾	15690	7.2	3.0

资料来源：商务部国别货物贸易及双边贸易概况：《国别贸易报告——韩国 2015 年第 1 期》，http：//countryreport. mofcom. gov. cn/record/qikan110209. asp？ id =6846。

2. 与日本的双边贸易

过去一段时间中日双边贸易稳中有升，但近期中日关系从“政冷经热”转变为“政冻经冷”，两国之间的双边贸易也由此受到影响，进出口额均连续几年减少，且日本的贸易逆差逐年加大（见表 7—5）。

表 7—5　　2005—2014 年日中贸易情况（日本财务省统计）　单位：百万美元

年份	出口额	增长率（%）	进口额	增长率（%）	总额	增长率（%）	贸易收支
2005	79948	8.1	108594	15.0	188542	12.0	-28646
2006	92722	16.0	118437	9.1	211159	12.0	-25715
2007	109279	17.9	127844	7.9	237123	12.3	-18564
2008	124952	14.3	143657	12.4	268609	13.3	-18705
2009	109577	-12.3	122515	-14.7	232091	-13.6	-12938
2010	149679	36.6	153425	25.2	303104	30.6	-3746
2011	162013	8.2	184129	20.0	346142	14.2	-22115
2012	144174	-11.0	188450	2.4	332624	-3.9	-44276
2013	129093	-10.5	180841	-4.0	309933	-6.8	-51748
2014	126483	-2.0	180996	0.1	307479	-0.8	-54514

资料来源：日本贸易振兴机构（JETRO）：《2014 年中日贸易》，2015 年 2 月，http：//www. jetro. go. jp/ext_images/2014. pdf。

从贸易比重来看，近年来中国超过美国和韩国成为日本第一大出口目的地，并超过美国成为日本第一大进口来源地，日本从中国的进口占进口总额的比重较大。韩国为日本的第三大出口目的地和第六大进口来源地（见表7—6）。

表7—6　　1996—2013年日本与主要贸易伙伴的进出口统计　　单位：百万美元

		1996	1998	2000	2002	2004	2006	2008	2010	2012	2013
出口总额		411574	388040	478363	416797	565822	646798	782049	769773	798620	714613
十大出口目的地	1. 中国	21827	20182	30356	39958	73917	92789	124969	149626	144203	129052
	2. 美国	113174	119717	144009	120198	128606	147230	138932	120483	142053	134398
	3. 韩国	29369	15400	30703	28612	44247	50290	59426	62270	61515	56503
	4. 中国台湾	25986	25601	35977	26312	42015	44106	46042	52395	46006	41617
	5. 中国香港	25364	22454	27187	25432	35414	36437	40287	42303	41051	37348
	6. 泰国	18301	9352	13634	13217	20274	22907	29495	34222	43695	35985
	7. 新加坡	20800	14781	20830	14183	17976	19492	26631	25226	23290	20962
	8. 德国	18230	19091	19998	14126	18972	20415	23987	20316	20798	18931
	9. 马来西亚	15341	9330	13886	11016	12565	13211	16439	17637	17701	15236
	10. 澳大利亚	7411	8020	8580	8318	11818	12579	17291	15869	18419	16953
进口总额		349664	280867	379581	337180	454823	578746	762590	694052	886036	832343
十大进口来源地	1. 中国	40405	37079	55156	61792	94335	118444	143678	153369	188495	180785
	2. 美国	79897	67518	72514	58589	63605	69329	78975	69027	78231	71939
	3. 澳大利亚	14228	12989	14774	13986	19404	27776	47683	45188	56509	50970
	4. 沙特阿拉伯	10672	7176	14188	11638	18484	36986	50848	35880	54782	49874
	5. 阿联酋	11506	8341	14815	11607	18324	31720	46763	29276	43991	42508
	6. 韩国	15980	12142	20454	15498	22063	27385	29505	28649	40526	35839
	7. 印度尼西亚	15223	10824	16371	14174	18652	24216	32559	28255	32295	28839
	8. 卡塔尔	2470	2785	5857	5251	7887	15049	26427	21695	35862	36993
	9. 马来西亚	11762	8684	14490	11173	14093	15587	23244	22715	32873	29768
	10. 中国台湾	14968	10225	17891	13553	16663	20270	21828	23083	24079	23705

资料来源：亚洲开发银行，http：//www. adb. org/statistics。

从2014年日本的对外贸易情况来看，中国为日本第一大贸易伙伴、第二大出口目的地和第一大进口来源地，美国是日本第一大出口目的地和第二大进口来源地，韩国则是其第三大出口目的地和第七大进口来源地（见表7—7）。此外，日本是中国的主要外资来源国之一，也是中国最大的劳务外派市场。

表7—7　　2014年日本与十大贸易伙伴的贸易额　　单位：百万美元

日本对主要贸易伙伴出口额				日本自主要贸易伙伴进口额			
国家或地区	金额	同比（%）	占比（%）	国家或地区	金额	同比（%）	占比（%）
总值	690906	-3.4	100.0	总值	812760	-2.4	100.0
美国	128782	-2.7	18.6	中国	180996	0.1	22.3
中国	126483	-2.0	18.3	美国	71364	2.2	8.8
韩国	51594	-8.7	7.5	澳大利亚	48144	-5.6	5.9
中国台湾	40034	-3.8	5.8	沙特阿拉伯	47584	-4.6	5.9
中国香港	38119	2.0	5.5	阿联酋	41778	-1.8	5.1
泰国	31400	-12.8	4.6	卡塔尔	33577	-9.3	4.1
新加坡	21033	0.3	3.0	韩国	33394	-6.9	4.1
德国	19119	1.0	2.8	马来西亚	29196	-2.0	3.6
印度尼西亚	14781	-13.3	2.1	印度尼西亚	25664	-11.0	3.2
澳大利亚	14227	-16.1	2.1	俄罗斯	24768	5.0	3.1

资料来源：商务部国别货物贸易及双边贸易概况：《国别贸易报告——日本2015年第1期》，http：//countryreport. mofcom. gov. cn/record/qikan110209. asp？ id = 7075。

3. 与蒙古国的双边贸易

过去俄罗斯为蒙古国的主要贸易伙伴。近20年来中蒙双边贸易发展较快，20世纪末中国已超过俄罗斯成为蒙古国第一大出口目的地，最近几年中国还超过俄罗斯成为蒙古国第一大进口来源地。韩国和日本分别为蒙古国的第六大、第八大出口目的地和第三大、第五大进口来源地（见表7—8）。

表7—8　　1996—2013年蒙古国与主要贸易伙伴的进出口统计　单位：百万美元

		1996	1998	2000	2002	2004	2006	2008	2010	2012	2013
出口总额		424.3	345.1	535.8	523.9	869.1	1542.0	2534.5	2802.9	4025.4	3530.5
十大出口目的地	1. 中国	81.0	101.1	267.1	220.5	413.3	1049.4	1635.9	2288.3	3580.8	3179.5
	2. 加拿大	0.1	0.2	0.8	0.6	14.7	171.2	174.6	225.4	166.0	126.0
	3. 俄罗斯	87.6	40.6	45.2	48.0	20.6	45.1	86.3	71.9	58.5	51.1
	4. 英国	19.3	12.8	17.5	17.5	137.4	38.6	165.8	55.7	10.7	10.2
	5. 意大利	10.7	10.1	14.5	8.6	17.3	40.4	42.2	38.3	39.2	40.1
	6. 韩国	34.0	33.2	12.2	22.5	9.7	21.4	29.9	35.3	48.7	24.5

续表

		1996	1998	2000	2002	2004	2006	2008	2010	2012	2013
十大出口目的地	7. 美国	17.8	29.4	130.2	165.7	156.3	119.0	114.2	11.6	38.4	18.4
	8. 日本	35.0	12.6	8.1	6.3	33.4	7.1	27.6	21.5	23.3	17.5
	9. 德国	4.7	2.1	1.9	2.7	11.7	9.2	11.0	9.3	8.6	11.8
	10. 卢森堡	—	—	0.0	0.0	0.0	11.9	162.0	0.0	0.0	0.0
进口总额		450.9	503.3	614.5	690.4	1019.3	1431.4	3232.0	3820.7	7814.7	7137.6
十大进口来源地	1. 中国	66.0	58.5	109.5	167.3	255.4	365.0	898.7	1594.2	2917.8	2693.8
	2. 俄罗斯	154.9	150.2	206.2	237.6	341.9	547.8	1242.3	1030.2	2036.5	1970.4
	3. 韩国	18.0	37.7	55.6	86.3	61.2	82.5	194.8	210.8	476.8	439.4
	4. 美国	11.1	36.4	28.4	23.4	46.5	43.6	84.1	126.4	731.7	310.4
	5. 日本	77.8	59.3	73.3	42.8	75.0	97.6	238.5	177.1	379.5	329.2
	6. 德国	21.5	25.9	29.7	30.4	33.5	43.0	92.6	120.7	201.1	241.6
	7. 新加坡	13.4	17.3	10.6	11.2	15.0	20.7	45.6	81.8	75.9	89.3
	8. 白俄罗斯	9.1	1.4	4.2	5.6	5.5	5.6	8.9	14.5	122.5	119.5
	9. 法国	1.3	26.6	8.4	4.8	14.9	16.8	33.7	46.1	52.4	46.8
	10. 加拿大	0.3	0.4	0.9	2.5	6.2	9.9	10.8	28.9	79.2	39.0

资料来源：亚洲开发银行，http：//www.adb.org/statistics。

蒙古国和朝鲜由于土地面积、人口规模、经济发展程度、政治关系等多种原因与中国及东北亚其他周边国家的贸易量不大，但近期也有所增加。其中，中蒙两国经贸合作发展迅速。2013 年，中蒙双边贸易额近 60 亿美元，比 10 年前增长了 15 倍，占蒙古国外贸总额 56%。

（三）对外直接投资

对外直接投资是对外贸易的更高层次和补充。垄断优势理论、比较优势理论、国际产品周期学说、寡头垄断行为学说、市场内部化学说及国际生产折中学说等各种理论和学说阐释了企业的对外直接投资行为。对外直接投资的动机包括获取原材料等资源、寻求知识和技术、降低成本、扩大市场、形成规模经济、避开贸易壁垒以及发挥企业特定优势等经济性动机和战略性动机。对外直接投资对母国和投资对象国都具有重要的意义和作用。

改革开放以来，中国从外商直接投资中受益良多，也成为世界各国争相投资的目的地，其中除了欧美等国之外，也包括区域内的日本、韩国等国家。从近几年的外商直接投资情况来看，日本和韩国成为中国利用外资的主要来源之一。2014 年日本、韩国分别为中国的第四大、第五大外资来源地（见表 7—9）。

表 7—9　　近几年对华直接投资前十位国家/地区　　单位：亿美元

序号	国家（地区）	实际投入外资金额				
		2014 年	2013 年	2012 年	2011 年	2010 年
1	中国香港	857.4	783.02	712.89	770.11	674.74
2	新加坡	59.3	73.27	65.39	63.28	56.57
3	中国台湾	51.8	52.46	61.83	67.27	67.01
4	日本	43.3	70.64	73.8	63.48	42.42
5	韩国	39.7	30.59	30.66	25.51	26.93
6	美国	26.7	33.53	31.3	29.95	40.52
7	德国	20.7	20.95	14.71	11.36	9.33
8	英国	13.5	10.39	10.31	16.1	16.42
9	法国	7.1	7.62	8.78	8.02	12.39
10	荷兰	6.4	12.81	11.44	7.67	9.52

资料来源：商务部商务数据中心，http：//data.mofcom.gov.cn/channel/includes/list.shtml?channel = wzsj&visit = E。

注：未包括银行、保险、证券领域吸收外资数据。上述国家/地区对华投资数据包括这些国家/地区通过维尔京、开曼群岛、萨摩亚、毛里求斯和巴巴多斯等自由港对华进行的投资。

近期东北亚国家的对外投资不断增加。从韩国来看，两国建交以来中国一直是韩国的主要对外直接投资对象国，2015 年，中国为韩国的第二大投资对象国。除中国和欧美一些国家之外，韩国对日、蒙、朝等东北亚国家的直接投资较多（见表 7—10）。

表 7—10　　韩国对外直接投资统计　　单位：家、百万美元

国家（地区）	新设海外企业数	协议投资金额	实际投资金额
美国	12184	82278	58927
中国	24251	66051	49503
中国香港	1770	19856	16116
越南	3332	19287	11473
澳大利亚	624	17055	10598
荷兰	180	15020	10329
英国	322	12385	10156

续表

国家（地区）	新设海外企业数	协议投资金额	实际投资金额
加拿大	607	13565	8880
开曼群岛	205	14142	8538
印度尼西亚	1764	12773	8405
日本	2463	6411	5200
蒙古国	514	773	394

资料来源：韩国进出口银行，http：//www.koreaexim.go.kr/en/index.jsp。

注：数据截至2015年3月。

日本由于出生率持续下降、人口老龄化加速、国内需求萎缩等，近年来加大了对外直接投资的力度。日本财务省发布的统计数据显示，2013年，日本对外直接投资额达1350.94亿美元，比上年增加10.4%，创历史最高纪录，且连续三年保持两位数增长。

2013年，日本对外直接投资主要集中在美国、东亚和欧洲等国家和地区，占当年整个对外直接投资总额的90%以上。从国别来看，美国是日本最大的投资对象国，占日本整个对外投资总额的32.4%。自20世纪80年代以来，美国一直是日本最重要的投资国。日本对东亚地区的投资也出现了20.9%的增幅，上升到405亿美元。其中，最引人注目的是对泰国的直接投资达到了102亿美元，泰国超过中国成为日本2012年在东亚地区最大的投资对象国。

在对华投资方面，由于中国经济经过多年高速增长之后，工资上涨、生产成本上升，影响了部分日资的投资热情，加上2013年大型项目减少以及中日关系恶化等原因，日本企业对华投资出现观望情绪。从近期来看，2009年、2012年和2013年日本对华投资件数都出现了萎缩，投资额在2009年和2012年有所减少（见表7—11）。不过，日本贸易振兴机构的“企业动向调查”结果显示，虽然日资对华直接投资出现较大幅度下降，但由于中国市场巨大、需求强劲，仍然有54.6%企业表示要继续扩大或新增在中国的投资和从事商业活动。①

① 资料来源：中国驻日本大使馆经济商务参赞处，http：//jp.mofcom.gov.cn/。

表7—11　近年来日本对华投资情况　单位：亿美元

年份	合同基准		实际执行基准	
	件数	增长率（%）	金额	增长率（%）
2009	23435	-14.8	900	-2.6
2010	27406	16.9	1057	17.4
2011	27712	1.1	1160	9.7
2012	24925	-10.1	1117	-3.7
2013	22773	-8.6	1176	5.3

资料来源：日本贸易振兴机构（JETRO）：《2013年对华投资动向》，2014年8月，http://www.jetro.go.jp/ext_images/china/data/trade/index.html/2013.pdf。

（四）区域经济合作的制度安排

经济制度安排有各种形式，如特惠关税协议（PTA）、自由贸易协定（FTA）、自由贸易区（FTA）、经济伙伴关系协定（EPA）、全面经济伙伴协定（CEPA）、全面经济合作协定（CECA）、更紧密经济伙伴协定（CEPA）、更紧密经济关系协定（CER）、战略性经济互补协定（SECA）等。这些以各种协议或协定的形式签署的经济制度安排一般涉及货物贸易、服务贸易、投资、技术标准、人员交流等多个范围，内容包括关税、非关税措施、服务、投资、标准与一致化、海关程序、知识产权、竞争政策、政府采购、放松管制/管理改革、WTO义务/原产地规则、争端调解、商务人员/自然人流动、贸易便利化、资源报告等。有些协定只包含少数几个领域和内容，有些则覆盖多个领域和内容。其中，自由贸易协定（FTA，Free Trade Agreement）是重要的政策选择和最常见形式。其主要内容为降低或撤销关税、减少非关税壁垒、促进商品贸易/服务贸易/对外投资的便利化、自由化、协调并改善反倾销、保护措施（safeguard）等贸易管制和规范、改善产品标准和认证等规则。

经济制度安排是一种高层次的互联互通，涉及内容广泛，还可以扩大互联互通的地理范围。在东北亚地区，中国、日本、韩国积极参与区域和双边经济制度建设，成果较多，成效显著（见表7—12）

表 7—12 东北亚国家的经济制度安排

<table>
<tr><th>国家</th><th>已签署生效或正在谈判或已提出并研究的经济制度安排总数</th><th>其中东北亚地区的经济制度安排</th></tr>
<tr><td>中国</td><td>29</td><td rowspan="4">CEPEA/ASEAN +6（提出并研究）
EAFTA（ASEAN +3）（提出并研究）
中日韩 FTA（正在谈判）
中韩 FTA（已签署）
中蒙 FTA（提出并研究）
区域全面经济伙伴关系（RCEP）（正在谈判）
亚太贸易协定（签署生效）
日韩 FTA（提出并研究）
日蒙经济伙伴关系协定（正在谈判）
跨太平洋伙伴关系协定（TPP）（签署）
韩蒙 FTA（提出并研究）
亚太贸易协定（签署生效）</td></tr>
<tr><td>日本</td><td>27</td></tr>
<tr><td>韩国</td><td>33</td></tr>
<tr><td>蒙古国</td><td>3</td></tr>
</table>

资料来源：根据亚洲开发银行 Asia Regional Integration Center（ARIC）的数据整理。http：//aric. adb. org/fta-country。

2014 年 5 月 17 日，《中日韩关于促进、便利和保护投资的协定》正式生效。这是中、日、韩三国之间第一个促进和保护三国间投资行为的制度安排。中、日、韩于 2012 年 5 月在北京举行的三国首脑会谈上正式签署该协定，但因各国法律程序未理顺，生效时间不得不被推迟。之前韩国已与日本签署更高水平的双边投资协定（BIT）。因此，该协定的生效将为进入相关国家的企业提供更为稳定的投资环境，对促进相互投资发挥积极作用。①

2014 年 3 月，新万金中韩经济合作园区开发项目正式启动，负责新万金内部开发工作的新万金开发厅为了有效推进韩中 2013 年 12 月达成协议的新万金中韩经济合作园区项目，2014 年 3 月专门成立了企划小组，并已开展相关工作。

① 除特别注明之外，韩国资料主要来源于中国驻韩国大使馆商务参赞处网站、新华网等。

（五）规章制度、标准、政策的联通

规章制度、标准、政策的联通有助于经贸以及其他相关行业的交流与合作，为其提供便利，降低成本，提高效率，减少摩擦与纠纷。

1. 中韩之间的相关联通

中韩之间关于标准、制度、政策等方面的交流较多。近期来看，两国海关启动“中韩进出口安全认证机构（AEO）相互认定协议（MRA）”通关试点，有效提高了通关效率，降低了通关成本。韩国国家技术标准院和中国国家认证认可监督管理委员会召开会议，商讨了改善认证程序以降低贸易技术壁垒的方案。目前，韩国国家技术标准院对他国出口产品实施强制认证 KC 标志制度，中国国家认证认可监督管理委员会则进行 CCC 强制认证。双方已决定在韩中合格评定分委会下设工作小组，使韩中政府和民间负责人能经常进行交流。韩中质量监督检验检疫部门也举行磋商机制会议，韩方在会议上要求中方进一步放宽韩国泡菜、参鸡汤、乳制品等对华出口产品的检验标准，建议两国积极采取简化产品通关程序的有关措施。双方还就中国产荔枝出口韩国、修改《韩中水产品卫生协定》等事宜深入交换意见。韩国关税厅还表示放宽“海淘族”通关程序，采取简化物品通关程序的政策，将“特定报关商品”由 6 个扩大至 10 个。今后关税厅还将把玩具、家电、运动用品及装饰品 4 个品种纳入该政策。韩国法务部对在最近 5 年内购物金额超过 3 万美元的外国人、白金级信用卡持有者和社会著名人士等发放“访韩优惠卡”。法务部将向持有这一优惠卡的外国人签发 5 年多次往返签证、在出入境时为他们提供便利以及汇率优惠等，鼓励这批外国游客再度访问韩国，进一步促进韩国旅游业。此外，韩国的仁川、襄阳、金海、清州和务安 5 个机场实施 72 小时过境免签政策，便于游客过境。

2. 中日之间的相关联通

日本自 2015 年 1 月开始实施对华新签证政策，冲绳成为“有一定经济能力、想申请赴日旅游 3 年内多次往返签证”的中国游客的必选地之一。冲绳县政府正计划增加观光扶持预算，迎接更多中国游客赴冲绳旅游。

3. 中蒙之间的相关联通

2013 年 10 月蒙古国家大呼拉尔通过了新《投资法》，促进外商对蒙古

国投资。新《投资法》规定对外国投资和蒙古国本国投资无区别对待，均享受同等法律保护和协调；对于投资额超过150亿图格里克（约900万美元）的投资者提供四类税种的税收稳定政策。

（六）金融合作与联通

1. 贸易结算

中国交通银行首尔分行已经开展了在韩国人民币结算业务，在韩国境内为韩国金融机构提供货物贸易和资本交易的人民币流动性并提供实时资金结算服务。交行还与韩国主要金融机构签订了人民币相关业务协议。

韩国央行宣布，新韩银行、友利银行、企业银行、产业银行、外换银行等韩国本地银行和渣打银行、花旗银行，以及中国交通银行、中国工商银行、德意志银行、摩根大通银行、汇丰银行等外国银行韩国分行共12家银行也成为人民币与韩币直接交易做市商者。中韩银行间韩元对人民币直接交易在韩国外换银行总行已启动，韩元对人民币可避开美元直接交易，大幅减少兑换手续费。韩政府计划以此为开端，将中韩贸易中人民币结算比例由现有1.2%提高至20%。

中国银行与日本交易所集团签署《业务合作备忘录》，双方拟在离岸人民币产品的研发与交易、人民币资金清算、证券保管业务、结算会员、人民币债券等领域开展广泛业务合作。

日本三大金融集团的三菱东京日联银行、三井住友银行和瑞穗银行宣布通过增加注册资本金、增设分支机构和营业网点等方式扩大在中国的金融业务。三菱东京日联银行把在中国注册的子银行资本金从20亿元人民币增加到100亿元人民币，并在今后一段时间内逐步提高在中国的贷款余额。三菱东京日联银行还在苏州增设了分行，并在上海自贸区设立了分理处，在香港市场参与了以人民币结算的债券发行等金融业务。瑞穗银行为增加在中国市场的放贷能力，也增加了在中国子银行的资本金，并分别在上海自贸区和常熟新增设了分理处。三井住友银行也先后在上海自贸区和昆山新设了分理处。

2. 货币互换

中韩之间早在2008年全球金融危机爆发后就开始进行货币互换。2011年，中蒙两国在乌兰巴托签署双边货币互换协议，协议金额为50亿元人民币，有效期 3 年。

3. 银行间合作

韩国产业银行与中国国家开发银行签署合作谅解备忘录，双方将在 SOC（社会间接资本）、基础设施、资源、电力、能源、环境领域开展业务合作，还将进一步深化在贸易金融、贷款、咨询、外汇及衍生产品、债券等各领域合作。

此外，中国银行乌兰巴托代表处成为第一家正式进入蒙古国的中资金融机构。中国银行乌兰巴托代表处向蒙古国 Tuushin 集团贷款 2500 万美元，这是中国银行在蒙古国开展的第一笔金融业务。

4. 证券市场合作

中国与韩国在金融合作与联通方面取得了多项成果。中国企业在多年前开始可在韩国证券市场发行股票。近期韩国预托结算院 KSD（预托证券结算机构）与中国工商银行签署合作备忘录，决定进一步推动首尔人民币债券市场的发展，并就人民币证券新产品的开发展开共同调查与研究，共同努力提高韩国的人民币离岸中心的国际竞争力。此前工行在韩国发行了 1.8 亿元人民币债券，成为首家在韩发行人民币债券的外国机构。

此外，中国人民银行允许外换银行进入中国银行间债券市场（CIBM），外换银行成为韩国首家取得中国银行间债券市场投资资格的银行，这意味着今后韩国可将韩中贸易结算中获得的人民币返投至中国内地债券市场，获得更高收益。

在日本，三菱东京日联银行在 2009 年 6 月发行首支以人民币计价的公司债券，该债券为期 2 年，年利率 3.64%，面向银行、保险公司等日本国内机构投资者，用于帮助在华日本企业筹集人民币。

（七）人文联通

人文联通范围广泛，包括培训、教育、旅游等。中国商务部进行长期对蒙培训，在经贸合作领域招收、培训蒙古国政府官员、各类技术人员、留学生等。此外，中国政府及相关机构还通过多种形式开展对蒙古国技术人员的短期培训。中蒙两国在北京签署《南南合作》项目。中方专家在蒙古国的企业和其他部门提供农牧业技术示范、培训和咨询服务。中国还派遣援蒙古国志愿者，主要在汉语和体育教学、医疗卫生、信息技术、农业科技、国际救援等领域提供有效服务。目前，中国每年给蒙古国学生提供中国政府奖学金赴华留学。中国对朝鲜也有类似的技术培训、行业教育、留学生互换等人文交流。

中国和日本、韩国之间的人文交流更是涉及教育、文化、旅游、体育、培训等几乎所有的领域，范围广，人员多，层次高，人员往来和交流非常频繁。以旅游为例，中韩两国之间游客数量不断上升，两国互为重要或首要的旅游目的地国。从日本的情况来看，2012 年受钓鱼岛问题影响，中国赴日游客数量一度下滑，但不久便得到恢复。2014 年因办理日本签证条件放宽、飞机航班增多等因素，海外赴日游客增加不少，其中中国游客数量上涨居多。

中国还在世界多个国家和地区设立孔子学院，传播中国语言与文化。截至 2014 年 10 月，全球已建立 472 所孔子学院和 730 个孔子课堂，分布在 125 个国家（地区）。孔子学院设在 119 国（地区）共 472 所，其中亚洲 32 国（地区）有 102 所；孔子课堂设在 54 国共 730 个，其中亚洲 14 国有 58 个。东北亚三国也设立了孔子学院（见表 7—13）。

表 7—13　　东北亚国家的孔子学院、孔子课堂情况　　单位：所、个

国　家	孔子学院	孔子课堂
韩国	20	4
日本	13	7
蒙古国	1	2

资料来源：国家汉办，孔子学院总部官网。http：//www. hanban. edu. cn/。

（八）基础设施联通

1. 铁路

2012 年 8 月，内蒙古自治区政府与蒙古国达成了中方援建二连至扎门乌德口岸货运专用线项目合作协议，11 月 27 日该货运专线正式开通运营。2013 年 11 月 19 日，中国建设集团承接的乔伊尔—赛因山达—扎门乌德方向的 62. 2 公里（NP1）公路建设项目开通。此外还有新疆北新路桥承建阿尔拜赫雷至巴彦洪格尔 58. 3 公里公路项目。该项目作为蒙古国政府 2013

年度连接六个省城道路建设规划中第一个完成施工任务的项目，得到了蒙古国政府的高度认可与赞赏。

2. 航空

2014 年 3 月，四家外国廉价航空公司获批在韩国开通定期航线。中国首家廉价航空公司——春秋航空从当月 30 日起开通上海至济州航线，每天一班。

同年 4 月，韩国济州航空新增从仁川、釜山和济州前往中国七大城市的不定期航线，包括仁川至齐齐哈尔、温州、泉州和济州至广州、西安、成都以及釜山至郑州航线。庆尚南道泗川至上海航线于同月开通，是泗川机场时隔一年重新开通该航线。

此外，韩国希杰大韩通运与中国圆通速递当月签署了跨国事业合作推进战略谅解备忘录，双方将共享中韩两国的快递配送网络，共同开发中韩电子交易产品配送服务，共享大韩通运在美国、东南亚等地的流通网络。

3. 港口

韩国忠清南道瑞山市大山地方海洋港湾厅 2014 年 2 月在大山港第一码头举行国际客运站奠基仪式，大山港湾厅将建造一座客运站和一个码头。该客运站是为开通瑞山市大山港到威海市龙眼港的客轮航线而建，竣工后将开通快船航线，届时往返中韩所需时间将缩短到 5 个小时，成为中韩最短海运航线。

2014 年 6 月，运营中国至东南亚航线的中国新海丰集装箱运输有限公司（SITC）在原有航线的基础上增设了厦门至韩国瑞山航线。该航线途经港口包括中国上海、厦门、香港，越南海防、胡志明，泰国林查班港，印度尼西亚雅加达等，每周一停靠瑞山港，为定期集装箱航线。

2014 年 11 月，韩国国会表示韩外交部 2015 年“欧亚倡议”预算达 7 亿韩元，其中 3.5 亿韩元用于外包研究连接韩中铁路的方案，或将包括朴槿惠总统 2007 年提出的“韩中铁路轮渡”方案。国会外交统一委员会已审议通过该预算案，将由预算结算特别委员会作出最终决定。

当月末，3 万吨俄罗斯产煤炭首次通过朝鲜罗津港运入韩国。这是韩国、朝鲜和俄罗斯三方合作的“罗津—哈桑项目”示范项目之一，由浦项制铁、现代商船和韩国铁道公司联合推进。“罗津—哈桑项目”是朴槿惠“欧亚倡议”（Eurasia Initiative）的核心项目。

（九）其他领域的交流与联通

中国与东北亚国家在其他领域的交流与联通也非常广泛且活跃。

1. 地方政府之间的交流

韩国首尔市政府宣布，为加强与中国的交流，特别新设了负责与中国进行交流与合作的中国地区专门负责组。该“中国组”主要负责加强与包括姐妹友好城市在内的中国主要城市的战略交流，为旅游和经济领域的合作打下坚实基础，还将协助进军中国的首尔地区中小企业在当地举行投资说明会以及博览会等。

2. 讨论各种相关议题的双边或多边论坛和会议

2013 年 10 月，由中国驻蒙古国大使馆和蒙古国中华总商会共同主办的“蒙古国投资环境与在蒙中资企业社会责任”论坛在乌兰巴托举行。

2014 年 3 月，第十九届中韩未来论坛在北京召开，韩国国会副议长朴炳锡、中国前外交部部长李肇星等出席论坛，就朝核问题、韩中自贸协定、环境和能源领域合作以及历史和领土纠纷等事宜深入交换了意见。韩国国会副议长朴炳锡表示，两国合作机制以经济合作为重点，逐渐向政治、军事等领域扩展。

2014 年 4 月，中日韩合作事务局（TCS）与韩国的朝鲜日报共同举办了“韩中日三国合作国际论坛”。会上，中、日、韩三方就克服历史和领土问题，最终建成类似欧盟或东盟的东北亚共同体达成一致，认为中、日、韩三国的共同利益远大于分歧，应尽快推进中日韩自贸协定谈判，达成三国间投资协定。与其纠结领土问题，不如建立相关管理机制，防止三国间出现紧张局面，同时要建立保护三国共同利益的规范和制度。2014 年 4 月，第 16 届中日韩环境部长会议在韩国大邱国际会展中心举行，就三国环境合作方案进行商讨。

3. 有关应对大气污染、水资源合作、矿产资源合作、科技合作、无偿援助等事宜的交流与联通

2014 年 4 月，韩国首尔市市长朴元淳访问北京并会见北京市市长王安顺。双方签署了有关联合应对微尘等大气问题的协议。这是北京市首次和

海外城市签署有关大气问题的协议。协议主要内容包括：为预防大气污染两大城市在政策、技术信息和人力资源等方面进行交流与合作；在“首尔—北京综合委员会”下新设环境小组；首尔和北京联合主办大气质量改善论坛等。2014 年 3 月，韩国水资源公社与中国延吉市签署自来水项目合作协议，提高延吉市自来水流水率合作，以此推动韩国自来水管道管理技术对中国的出口。

中蒙两国早在 1989 年就成立经济、贸易和科技合作联合委员会，并决定每两年举办一次联委会会议，间隔一年举行工作组会议，致力于推动双边经贸合作。目前，联委会已举行 13 次会议。2009 年，中国发展改革委和蒙古国原矿产能源部代表两国政府签署了《两国政府关于在矿产能源领域开展合作的协议》，并成立中蒙矿产资源和能源合作委员会，决定每年召开一次委员会会议，轮流在两国举行。委员会成立以来，在积极推动两国矿产能源、基础设施和金融“三位一体”互利合作方面发挥了重要作用。中蒙技术合作也为两国的交流发挥了重要作用。中国水产科学研究院黑龙江所与蒙古国国立农业大学签署《中蒙渔业技术合作协议》，并启动对蒙古国渔业养殖技术培训工作。

中国的对外无偿援助也没有间断。2014 年 4 月，中国援助蒙古国乌兰巴托残疾儿童发展中心项目可行性考察会谈纪要在乌兰巴托签署。乌兰巴托残疾儿童发展中心项目是使用中国政府无偿援助实施的大型重点民生项目，也将成为中蒙友好合作的标志性项目。

三　影响中国与东北亚国家之间互联互通的主要因素

（一）中国与东北亚国家之间互联互通的障碍

1. 中美博弈

冷战结束之后，美国成为世界唯一的超级大国，并希望继续保持这一地位；而中国则主张建立多元化的国际新秩序。因此，美国的超级大国战略与中国追求多元化国际体系的新安保秩序观存在着矛盾。针对中国在东亚地区影响力的提高以及中国在世界的崛起，美国采取了各种牵制中国的行动。

中美海上争端不断升级。《联合国海洋法公约》规定专属经济区（EEZ）的宽度从领海基线算起不超过200海里，但美国至今没有批准《联合国海洋法公约》，根本拒绝加入该《公约》，不承认专属经济区，所以可以游离在《公约》之外，不受约束，完全按照一己之利行事，其在中国南海的活动构成了对中国安全利益的侵犯。中美并非海洋邻国，但美国却以自己12海里外皆公海的原则和保障“航行自由”的借口多次入侵中国的南海进行情报搜集和刺探活动，其中典型的有2001年的南海撞机事件和2009年的中美船只对峙事件。

2010年3月，中国政府明确向美国官方表示，南海的海洋权益是关系到中国领土主权的“核心利益”。同年7月23日，在越南举行的东盟外长会议上，参加东盟地区论坛（ARF）的美国务卿希拉里·克林顿称南海是“直接关系到美国利益的问题”，高调介入南海事务，企图利用东南亚国家打压中国的海上优势。

2010年以来，南海地区冲突不断，如2011年中越电缆事件、2012年中菲黄岩岛对峙事件、2013年菲律宾提交南海国际仲裁事件、2014年越南围攻中国981钻井平台事件等。南海争端呈现日渐激化的态势，菲律宾、越南等国一面强化本国对于南海岛礁的主权要求，一面拉拢美、日、印等域外大国介入南海问题，不仅使南海的局势更加复杂和动荡，也使中国南翼的周边环境日益严峻和恶化。

中国与东南亚国家在这一地区的争端与冲突使得南海问题持续升温。尤其是2014年下半年，美国和南海地区的菲律宾等国家开始关注、猜测并质疑中国在南海的岛礁建设一事。到2015年，更多的国家和国际组织开始关注这一问题，美国首当其冲，在各种国际场合指责中国的岛礁建设，并认为美国必须相应地有所作为，还联合菲律宾等国家呼吁中国停止在南海的填岛活动，表示这对本地区和美国，甚至对整个国际社会的利益构成直接挑战，后果非常严重。除了外交批评，美国还通过联合菲律宾、日本等盟国以及拉拢东盟、派出侦察机对南中国海进行侦查巡逻以显示军事实力等方式不断向中国形成威慑，施加压力。

美国虽然是南海域外国家，但南海问题与美国在亚太地区的主导地位和霸权战略有着密不可分的关系。美国认为，南海是关系亚太地区乃至全球经济繁荣的重要国际航道，为了自身在亚太地区的控制权和绝对地位，美国应该采取加强军事威慑等强有力的遏制措施。美国 2014 年 8 月在东盟地区论坛提出“南海冻结论”，再次公开表明了其积极介入南海问题的意志和态度，并组织国际社会以多种方式削弱中国对亚太地区贸易伙伴的影响力，以此来约束中国、对抗中国，以应对中国的崛起对美国在亚太地区经济和安全主导权所形成的挑战。

中美之间的博弈不仅体现在南海地区。除了南海之外，中国和美国还围绕东亚海洋控制权展开竞争。中国迅速发展成新兴海洋势力，呈现出同原有的海洋强国——美国的利益相对立的局面。近来，美国不顾中国的多次强烈抗议，仍然联合多国在太平洋、东北亚、东南亚等地区，特别是在中国周边海域内频繁举行军事演习。这一个时期成为近年来美国主导进行联合军事演习最密集的一个时期，对中国形成南北围堵之势。这些联合军事演习规模之大、层次之高远远超出以往的军演，各种演习理由背后的目的也很清晰，即向地区其他国家发出信号——美国仍然是世界上最强大的国家，仍然在东北亚甚至在整个亚洲、亚太地区有着不可挑战和动摇的军事优势，同时向中国等国家发出警告信号，防备亚太地区新兴军事力量。

2. 韩美、日美同盟

中美之间的博弈还体现在东北亚地区。美国的对华长期战略是，加强与印度、越南、韩国、日本等中国周边国家的双边关系，以牵制中国。韩国、日本与美国是同盟关系，美国成为韩、日两国半个多世纪以来最重要的军事、政治盟友和经济伙伴，韩美同盟和日美同盟是美国东北亚战略的两大支点，两个同盟关系在近期进一步得到强化。韩、美、日一致行动，成为韩美日处理朝鲜核问题、防止武器扩散以及东北亚安全机制问题的原则立场。美国把韩美关系提升为战略同盟关系，几年前已经与韩国缔结了双边自贸协定。2014 年 3 月 25 日，朴槿惠在荷兰海牙同奥巴马和安倍晋三首相举行首脑会谈，就朝核及核不扩散问题、联合军事演习、导弹防御系统等外交、军事领域的具体合作方案交换了意见，韩、美、日三方都表示要在朝核问题上进一步加强合作，并一致认为三国牢固的同盟关系为地区和平与稳定作出了重要贡献。同年 7 月，韩美日总参谋长召开会议商讨军事合作事宜，就共同应对朝鲜核与导弹威胁等军事合作事宜进行磋商，表示加强合作应对朝鲜的核与导弹威胁等。当月，美国国家安全委员会韩半岛政策主管悉尼·塞勒对韩国加入中国主导的亚洲基础设施投资银行（AIIB）一事发出了警告。这是美国政府高官首次出面呼吁韩国对参与筹建 AIIB 一事保持谨慎。

对于日本来说，加入 TPP 可深化日美同盟，牵制在经济和军事方面影响力与日俱增的中国，营造出“亚太地区秩序由日美来构筑”，“日本不可轻视”的战略环境。因此，韩美、日美同盟关系将影响和牵制中国与东北亚国家之间关系的深入发展。

3. 地区安全局势不稳

在东北亚地区，朝鲜和日本、韩国尚未建立外交关系。由于历史积怨和冷战时期两个阵营的分割，朝鲜和韩国、日本以及本地区的影子国家美国长期实行冷战，意识形态上对立，政治上对抗，军事上对峙，经济上几乎隔绝往来。

2014 年年底，美国索尼影业公司投资拍摄的影片《采访》因包含“抹黑朝鲜国家形象”的“高度敏感”内容一直遭到朝鲜抵制，这使得原本就紧张的美朝关系雪上加霜。12 月 27 日，朝鲜国防委员会政策局发言人强烈谴责《采访》上映，并怒斥奥巴马是推动该片上映的“罪魁祸首”，指其言行不稳重，行事鲁莽，不计后果。这名发言人说，美国不仅无端指责朝鲜对制作该片的索尼影业公司发动网络攻击，更强行公映亵渎朝鲜最高领袖尊严、煽动恐怖主义的反动影片，并说，“如果美国不顾朝鲜的反复警告，仍然继续该国特有的傲慢、专横以及类似恶棍的行为，美国势必会因其失败的政策招致致命打击”。[①] 2015 年 2 月 4 日，朝鲜媒体谴责美国在幕后操纵联合国朝鲜人权决议，呼吁联合国将其取消。美国驻韩大使李柏特在前一日称，美国已做好与朝鲜对话的准备，但表示朝鲜应首先“与国际社会接轨”、放弃核计划，否则会继续受到制裁。翌日，朝鲜国防委员会就朝美关系发表了一份措辞严厉的声明，表示会对美国的敌视朝鲜政策展开强力反击，并宣布与美国谈判已无必要。声明说，鉴于美国日益强化敌视朝鲜政策，朝方不得不通知美国政府，不再愿与其进行对话。声明说，2015 年伊始，美国政界、军界就叫嚣要将朝鲜重新列入“支持恐怖主

---

① 除特别注明之外，朝鲜资料主要来源于新华网。

义国家”名单、考虑对朝实行追加制裁，以构筑对朝包围、封锁网。美国还以维持美韩同盟为借口，继续推行美韩联合军演。为了粉碎美国的对朝敌视政策，朝鲜军民将加强应对措施。只要美国不断强化对朝制裁和压迫，扩大对朝战争演习的规模和范围，朝鲜就将无限制地提高应对级别。

朝鲜祖国和平统一委员会于2015年2月11日发表声明警告韩国，如继续追随美国，参与其扼杀朝鲜、破坏朝鲜半岛和平与安定的“战争行为”，韩国当局必将无法逃脱最凄惨的结局。韩国统一部官员当天回应称，朝鲜将韩国发出的共同解决韩朝问题的提议置之不理，反复发出扭曲和歪解事实的威胁言论，对此韩国表示遗憾。一旦朝鲜发起挑衅，韩国将作出坚决回应。12日，韩国联合参谋本部议长崔润喜在视察庆尚南道镇海的潜艇司令部时表示，潜艇司令部是韩军核心力量。一旦受到敌方挑衅，要能“一弹击沉”对方战舰。韩联社称，韩军将发展具有攻击性的“潜艇作战概念”应对包括朝鲜在内的潜在威胁。

2015年2月8日，朝鲜向半岛东部海域发射5枚飞行物，疑似短程战术导弹，再次引发了本地区的紧张局势。翌日，韩国和美国军方为“应对朝鲜威胁”举行韩美联合战术讨论会。为了在韩美举行2015年“关键决断”联合军演之前拓宽两军对联合作战的理解，构建无障碍合作体系，会议主要讨论了针对朝鲜“挑衅”如何应对，韩美野战军司令部决定今后保持紧密联系，进一步加强合作。朝鲜经常进行导弹和火箭弹试射。对于朝鲜此次试射举动，可能与3月初举行的韩美大规模联合军演有关。而朝鲜一直认为，韩美联合军演是一种挑衅行为，一再要求停止军演。朝美关系的走向近来引发外界持续关注。

进入2015年以来，朝鲜和韩国两国关系在表面上出现一定程度的缓和，有关举行朝韩领导人对话的提议开始浮出水面。但朝鲜和韩国在诸多问题上依然存在严重分歧，领导人对话能否举行仍然存在很大变数。朝鲜“实践6·15共同宣言”北方委员会发言人日前强调，停止韩美大规模军事演习是改善北南关系的先决条件。朝鲜主张，实现自主统一的根本钥匙在于消除半岛战争危险，创造和平环境，加强北南对话协商和交流，而改善北南关系的先决条件是韩国当局抛弃“体制统一论”和停止与外部势力联合举行大规模军演。

除朝鲜和美国、韩国关系紧张之外，朝鲜和日本历史积怨深重，加上冷战时期的分割和对立以及独岛主权纠纷，一直处于对抗状态，日本对朝鲜也长期实行经济制裁。2015 年 1 月底，日本和朝鲜两国代表再次就“绑架问题”举行非正式会面，了解朝方最新调查情况。所谓“绑架问题”，是指 20 世纪 70 年代朝鲜特工绑架多名日本人到朝鲜的历史遗留问题。日方认定 17 名日本人遭绑，并怀疑更多失踪者被绑架。朝方只承认绑架 13 人，并称其中 8 人死亡。朝方 2002 年 10 月送返 5 名遭绑者，随后称问题已解决。日方则要求继续调查其余 12 人下落。

韩日两国在外交、经济、文化等各领域有着广泛的交流与合作，日本为韩国第二大贸易伙伴，但不属于韩国对外关系六个等级中的任何一级，韩国将两国关系定义为“面向未来的成熟伙伴关系”，两国有着“民主主义”“市场经济”和“对美同盟关系”等最基本的价值和最重要的体制。但历史问题和领土争端仍是干扰两国关系的因素，长期以来两国之间龃龉和外交纠纷不断。日本首相参拜靖国神社、修改历史教科书、争夺独岛（日本称“竹岛”）主权和进行海底勘探、否认慰安妇问题等经常引发韩日关系的紧张。韩国对日本缺乏信任，对日本成为政治大国和军事大国的野心保持高度警惕。2015 年 2 月 12 日，日本自民党总务会长访韩，向朴槿惠转交日本首相安倍晋三的亲笔信，希望韩日举行首脑会谈。朴槿惠表示，只有日本改变在慰安妇问题上的态度才有可能举行韩日首脑会谈。6 月，正值韩日邦交正常化 50 周年纪念日，日本首相安倍晋三在东京会见了韩国外长尹炳世，双方举行了短暂会谈。但韩日之间建立政治信任任重道远。

4. 缺乏政治互信与向心力

目前，中国与韩国之间经济关系密切，经济依赖程度提高，政治关系也不断迈向新台阶，中韩之间从“友好合作关系”（1994 年）、“面向 21 世纪的合作伙伴关系”（1998 年）发展到“全面合作伙伴关系”（2003 年）。2008 年 2 月，中韩决定将两国关系进一步提升至“战略合作伙伴关系”。两国关系定调很高，但未能形成真正意义上的战略合作关系，尤其是在韩美同盟和朝鲜半岛问题上中韩之间存在着不同的立场。从近期一些外交事务的处理过程中可以看出，中韩双方都没有将对方视为足以信赖的战略合作伙伴。比如，2010 年金正日委员长访华，中国是事后通报韩国有关结果的；发生天安舰沉没事件之后，韩国也是事后通报中国有关天安舰调查结果的，将中国排斥在调查过程之外。在朝鲜半岛事务这一对中国和韩国关系重大的核心战略问题上，中韩战略伙伴关系至多只是停留在事后通报的水平，没有做到事前协调。

韩国政府一直主张强化韩美同盟和美、日、韩三国合作。这种主张加剧了中国的忧虑和怀疑，一些中国人对韩国外交偏重美国心存芥蒂，认为似乎韩国在帮助美国围堵中国。

而近来中朝迅速走近也让韩国感到不舒服。在朝美举行双边对话前夕，中国防长访问平壤，强调“鲜血凝成的中朝友谊”。对此，韩国政府相关负责人表示不快。韩国希望中国尽早放弃现在对韩国、对韩鲜的等距离外交，或者说政治上倾向朝鲜的政策，支持韩国在半岛问题上发挥主导作用。2010 年朝韩之间发生的“天安舰”事件和延坪岛交火事件加深了两国之间的不信任和韩国对中国的失望情绪。中国未能在“天安舰事件”问题上满足韩国的要求，韩国就此推导出中国没有将韩国视为战略合作伙伴。韩国社会中弥漫着对中国的遗憾、失望和愤怒情绪。韩国政府和保守势力以及一些国民认为“韩中战略合作伙伴”不过是韩国人一厢情愿的期待，应该打破对中国的幻想。因此，一些韩国人甚至对建立中韩自贸区表示担忧，担心自贸区成立后中国对韩国的影响力和话语权过于强大，以致阻碍半岛的民族统一。

从中日关系来看，钓鱼岛主权争端与历史教科书、慰安妇、南京大屠杀等历史遗留问题一直都是横亘在两国之间的巨大障碍。而且，由于日本政府对钓鱼岛实施所谓“国有化”以及日本首相安倍晋三参拜靖国神社（2014 年 8 月 15 日安倍通过代理人向靖国神社供奉祭祀费）等，中日两国之间的政治关系严重受损，双方经贸关系也受到不同程度的影响，贸易和投资出现“双降”情况，双边经贸交流进入寒冬期，日本的国家战略也从东亚共同体转向 TPP。之前人们往往用“政冷经热”来形容中日关系，但现在用“政冻经冷”来形容中日关系会更贴切。近年来中日关系的恶化源于安倍晋三的右倾化路线，但就日本从东亚共同体向 TPP 的转变过程来看，中日经贸寒潮的背后是日本亚洲战略变化的结果。而且，近期日本企业加速从中国撤资的报道不断，日本对企业的行政指导政策基本上要求企业“1 +1”投资，一份在中国，另一份投资到东南亚或是印度，这也反映出中日经济关系正日趋冷淡。

从日本的政治动向来看，安倍晋三在第二次当选首相后重启“安保法制恳”，成立“国家安全保障会议”，修改“武器出口三原则”，以内阁决议方式解禁集体自卫权。安倍还破例提前修改《防卫计划大纲》和《中期防卫力量整备计划》，并制定了日本首部《国家安全保障战略》。这引起了包括中国在内的国际社会的不安与警觉。此外，日本政府于 2015 年 2 月 10 日通过新的“开发合作大纲”，首次允许对其他国家军队提供“非军事目的”援助。这存在被转用于军事目的的可能性，因此新大纲引发强烈担忧。根据安倍政府的新安保政策，解禁政府援助的军事领域用途、解禁武器出口、解禁集体自卫权，这标志着日本踏出“军事扩张”之路的重要一步。安倍晋三以完成修改和平宪法第九条作为其最高政治目标，而只有维持地区紧张局势与中国的政治对抗，其修宪的必要性才能得到认同。因此，中日政治关系难有起色。

日本安倍政权的“俯瞰地球仪外交”还增添了中亚这一新目标。2014 年 7 月 16 日，日本外相时隔 10 年首次访问吉尔吉斯斯坦，参加在当地举行的“日本 + 中亚五国”外长会议。日本承诺恢复向吉尔吉斯斯坦提供日元贷款，以帮助其实现民主和开放市场。日本政府认为有必要通过恢复日元贷款来重塑日本在当地的影响力。评论指出，东南亚国家是中国的“正门”，中亚则是中国的“后门”，日本在这一地区提高存在感非常必要。近年来，中国在中亚的影响力进一步增强，对于正在推动“俯瞰地球仪外交”的安倍政权来说，召开日本与中亚五国外长会议意义重大，具有“牵制中国”的意味。

5. 海洋资源纠纷与海洋问题

中韩对《联合国海洋法公约》存在认知分歧，由于《公约》对专属经济区（EEZ）、大陆架划界原则的模糊规定，致使中韩在黄海、东海由于各自划界逐行不同而存在利益之争。

中韩两国共濒黄海（韩国称为西海）、东海（韩国称南海），且在黄海、东海大多数海域中韩两岸间的直线距离不足 400 海里。韩国和中国分别在 1996 年和 1998 年宣布其专属经济区的范围为 200 海里。在黄海、东海大陆架划界问题上，韩国提出了“中间线”划界原则，中国则主张“自然延伸”原则。韩国西海岸有诸多岛屿，且有很多外沿岛屿距其陆地有数十公里。而中国在黄海、东海沿岸岛屿较少。因此，按“中间线”原则划分大陆架对韩国有利，按“自然延伸”原则划分对中国有利。

在中韩两国就专属经济区和大陆架划界存在分歧的情况下，两国开发和利用黄海、东海资源的一系列行为引发了中韩之间的渔业纠纷、大陆架开发纠纷、岛屿争夺纠纷。比如，近几年由于中国渔船在韩国西海北方分界线（NLL）附近海域进行大量非法捕捞，给韩国渔民造成巨大损失，还发生了互相伤害的事件，使得两国人民之间感情受到严重伤害，两国关系也因此蒙受了不少阴影。

此外，近期国际社会高度关注的南海问题可能会影响中韩关系。韩国虽然不位于南海地区，也非南海争端当事国，比起美、日等国来也很少涉入南海的纠纷，但是韩国与中国和东盟国家有着紧密的经贸关系，南海扼守着以贸易立国的韩国海上运输线的要道，南海局势关系到韩国海上生命线的通畅，韩国近期尤其对南海争端高度关注。韩国对南海争端整体上持中立但不支持中国的态度与立场。这不仅是韩国为了维护其政治、经济、安全利益，也有着借此增强本国在中韩海洋划界问题上筹码的考虑。此外，作为亚洲第四大经济体，韩国本地区拥有一定的影响力，且与中国在黄海、东海划界问题上存在一定争议。因此，韩国也是菲律宾、越南试图拉拢以介入南海问题的重要域外国家之一，这也会成为中韩之间潜在的不和谐因素。

韩日之间也有类似的海洋资源摩擦与冲突。2014 年 6 月 25—27 日，韩日两国于在首尔举行渔业共同委员会会议，就 2014—2015 年捕鱼期（2014 年 7 月 1 日至 2015 年 6 月 30 日）在对方专属经济区（EEZ）可作业的渔船数海洋资源摩擦与冲突量和渔获重量展开讨论，但双方未能达成协议，会谈最终破裂。

此外，苏岩礁归属问题成为中韩在东海的主要争端。苏岩礁，韩国称为离於岛，是位于东海的一块水下礁石，面积仅 2 平方公里，一年大部分时间处于水深 4.6 米至 5.4 米。从 20 世纪 50 年代开始，韩国对此岛礁进行探查，目前由韩国管辖。近来这块礁石让中韩两国绷紧了神经，双方都认为该礁石位于自己的专属经济区内，这一争端至今没有得到彻底解决。

6. 经济过于依赖中国，一些机构主张适当脱离中国

韩国银行（央行）2014 年 6 月 26 日发布“2011—2012 产业投入产出表”显示，韩国经济的对外依存度不断提升。韩国的对外贸易比重 2010 年为 33.6%，2011 年为 36.1%，2012 年为 36.2%，呈逐年上升趋势，韩

国经济活动的对外依存度不断提升。

韩国关税厅发表的进出口分析报告显示，近期韩国对华出口依存度在不断提高，2014 年对华出口额占出口总额的 25.4%。另外，韩对美贸易依存度从 1991 年的 24.42% 下降到 2014 年的 12.3%，对日本依存度从同期的 21.82% 下降到 2014 年的 5.6%。2000 年，韩国主要出口目的地为美国、欧盟、日本，向其出口总额占韩国对外出口总额的一半。但自 2005 年后，中国逐渐成为韩国最大的出口对象国，韩国对华依存度逐年上升。为避免过度依赖中国，韩国一些研究机构主张适当脱离中国，应努力将出口市场扩展到东南亚、中东和非洲等新兴经济区。

韩国产业研究院也发表报告称，国际金融危机后，韩国经济对中国市场依存度进一步加深，电子、石油、化学、非铁金属等部分产业须警惕中国经济变化带来的风险。韩国部分出口商品对中国市场依赖度已超危险水位，一旦中国经济出现变动，势必受到巨大影响。

2014 年，韩国对华出口 1453.28 亿美元，同比减少 0.4%；对美国出口 703.27 亿美元，同比增长 13.3%；对日出口 322.48 亿美元，同比减少 7.0%。韩国对华出口额同比增幅远低于对美国和东盟的出口增幅。韩国有关机构分析称，在持续多年高速增长之后，中国经济发展面临着一系列挑战。当前中国出口疲软、经济下行风险加大可能是韩国对华出口下滑的主要原因。报告建议韩国政府应积极开拓海外市场、推动出口市场多元化，降低对中国市场的依赖。

7. 民族主义情绪浓厚

民众之间缺乏深入了解和相互信任，容易产生误解。例如，2014 年 6 月，蒙古国电视台节目宣称“中国对蒙古国铁路有‘远谋’，在蒙古国铺设标准轨铁路的话中国将占领蒙古国”，虽然蒙古国总统额勒贝格道尔吉于当月 26 日就新铁路建设表明立场，驳斥了节目内容，但这表明蒙古国的一些媒体和舆论仍然对中国的互联互通心怀疑虑。

中韩两国在文化交流方面的历史非常悠久，但也有不和谐音。比如，几年前韩国的“端午祭”申遗问题，引发了中国人的不满。以至于韩国驻华大使出面澄清“端午祭”申遗误会，表示此端午非彼端午。

在网络和现实生活中，一部分韩国人和中国人对对方国家心存偏见，互相挑剔和毁谤对方，还有一些人为了引起注意，用一些扩张或者歪曲的事实进行报道，进行炒作。比如，2008 年 7 月末，中国广州的《新快报》编造出“孙中山是韩国人”这样的虚假新闻出来后，网络上对韩国的激烈攻击和批评给中韩关系蒙上了不小的阴影。此外，前几年发生的有关高句丽问题的争论、泡菜风波等使两国官方和民间关系都有所疏远，两国之间的互信不仅没有提升，反而大幅下降。2015 年 2 月发生的山东大蒜遭韩方退货也在中国民众之间引起了不小反响。

从中日关系来看，自 2012 年下半年以来，由于日本政府对钓鱼岛实施所谓“国有化”以及日本首相安倍晋三参拜靖国神社等原因，中日两国之间的政治关系严重受损、高层交往受阻、国民感情再度恶化。

（二）中国与东北亚国家之间互联互通的风险

本章涉及的东北亚国家中韩国和日本政局相对稳定，经济发达，法制健全，社会文明程度高，基础设施条件完善，劳动力素质高，中国和上述两个国家在贸易投资、社会文化等各个领域已经开展了程度较高、范围较广的互联互通，因此风险较小，主要是经济景气与否带来的财务风险。另外两个国家则因为国内政治不稳，政策缺乏连续性和稳定性，投资环境和社会环境较差。

1. 蒙古国方面

一是政府投资政策的连续性差。蒙古国的政治制度为宪政共和国，设有总统的一院制议会民主体制国家；国家大呼拉尔（议会）是国家最高权力机关，行使立法权；国家大呼拉尔可提议讨论内外政策的任何问题。国家大呼拉尔主席、副主席、总理和总统任期均为 4 年，政府成员由国家大呼拉尔任命。每届政府新成员上任，对上届未实施的决议要重新审议，这为中资企业来蒙古国投资增加了较大的风险。蒙政府投资政策的连续性和稳定性较差，对来蒙古国投资者来说至关重要。二是基础设施较差。来蒙投资建工厂或矿山开发，基本涉及道路、水电、通信等均需投资者自行解决，这使投资者必须考虑投资成本。三是非经济的人为因素也是中蒙经贸合作的一个不可忽视的障碍，如个别政府官员腐败问题、效率低下问题、个别人对中国心存疑虑问题等。四是蒙古国在资源开发方面不愿单纯出口原材料，主张深加工和附加值高产品出口，为此，需要外资企业的技术支持。①

2. 朝鲜方面

朝鲜目前仍然在大部分经济领域实行计划和指令经济，与外商投资需要的市场环境差距较大。而且，朝鲜基础设施落后，配套设施不足，投资成本高，政策缺乏稳定性，外商投资需要的熟练工、成熟的市场、资金流动性、资源多样性等严重匮乏。此外，朝鲜社会比较封闭，对外开放程度不高，对于市场经济规则等不熟悉，且对外资及外国人尚有很大程度的管制。

综上所述，东北亚国家中经济发达、工业化程度高的日本和韩国在与中国的互联互通中经济风险相对较小，而蒙古国和朝鲜经济风险较高。此外，由于东北亚国家在政治体制、社会文明发达程度以及与中国及周边国家的历史渊源不同，在政治体制、社会文化、社会治安等方面存在不同的风险（见表7—14）。

表7—14　　中国和东北亚国家之间互联互通的风险

国名	政治风险	经济风险	社会文化风险	社会治安风险
日本	缺乏政治互信；钓鱼岛问题；日本领导人参拜靖国神社；慰安妇问题	经济不景气、通胀压力	日本侵华历史造成的中国民众敌对心理	社会治安良好，风险较小
韩国	对专属经济区和大陆架划界存在分歧；海洋资源争端与纠纷；苏岩礁领土归属问题	经济不景气、通胀压力、双边贸易与投资严重不平衡	民族主义情绪	社会治安良好，风险较小
蒙古国	政局较稳定，但政府行政管理效率低下，法制法规不健全，腐败问题比较严重	经济发展比较落后，工业化和产业发展程度低，基础设施薄弱，资金技术短缺	民族主义情绪，两国历史观	社会治安较差

① 孙维仁：《中国企业投资蒙古国的几点思考》，2014年11月10日，中国驻蒙古国大使馆商务参赞处网站，http：//mn. mofcom. gov. cn/article/ztdy/201411/20141100790312. shtml。

续表

国名	政治风险	经济风险	社会文化风险	社会治安风险
朝鲜	目前政局稳定，但政治体制僵化，法制法规不健全，地区安全隐患多，与周边国家关系有待改善	经济发展程度低，工业化和产业发展程度低，基础设施薄弱，资金技术短缺，能源、粮食、原材料、辅料等供给困难	自然灾害比较频繁严重，存在非法过境问题	社会治安良好，风险较小

四 相关国家对互联互通的态度

（一）日本方面的态度

由于历史原因，日本一向对中国持有戒备心理，尤其是随着中国国力的上升以及提出“一带一路”倡议，日本感觉威胁到了其在亚洲地区的地位以及对其“后院”东南亚的影响力，日本对中国的畏惧感加剧，更是对中国防范有加。

日本在几年前大力鼓吹“东亚共同体”。2009 年 9 月，日本民主党政权上台之初，鸠山由纪夫内阁提出的东亚共同体构想一度被视为日本今后的发展方向，即在加强与中韩等东亚各国合作的同时，重新构筑日美关系。鸠山高度重视中日关系，他认为日本和亚洲的发展、东亚共同体的实现都离不开中国的协助，所以更该强化中日关系。鸠山上任后，中日关系出现明显改善的势头。鸠山提出“东亚共同体构思”，尽管其总体思路并未成行、设计并不完善，但其“回到亚洲、立足亚洲、倚重亚洲”的思维转变有助于于民主党发展中日关系。

民主党成为执政党后不久，日本政界大佬民主党干事长小泽一郎就率领包括 140 名国会议员在内、总人数多达 643 人的第 16 届“长城计划”访华团前往北京，与时任中国国家主席胡锦涛等高层进行了会谈，“半个日本国会的访华”成为当时中日诸多媒体争相报道的主题。4 天后，当时的国家副主席习近平回访了日本，2010 年中日关系出现了一丝转机。

鸠山和小泽在不断推动改善包括中韩在内的东亚合作关系的同时，作为民主党竞选公约，鸠山内阁开始就冲绳县的普天间基地事宜向美国发难，希望美军的普天间基地能够撤出冲绳。小泽更是发表了日本不需要太多美军、驻日美军需要缩减等言论，导致美日关系恶化。

不久鸠山由纪夫倒台，菅直人上台，这成为中日经贸关系乃至中日关系发生巨大变化的转折点。2010 年之后，“东亚共同体”一词在公众视野中出现的频率开始逐渐减小，相比之下 TPP 备受关注。为了改善由于基地问题所引起的美日关系恶化，并凸显出与前政权的区别，菅直人上台伊始就强调 TPP，鸠山提出的东亚共同体构思随之被打入冷宫。自从 2010 年 9 月菅直人在就职演说中正式提出以后，日本媒体纷纷发表社论为 TPP 保驾护航，将加入 TPP 视为与 19 世纪中叶的“黑船开国”相同等的“平成开国”。

菅直人的后任野田佳彦则更进一步，在 2011 年出版 *Voice* 一书中“我的政治哲学”一节写道，“现在无须考虑东亚共同体”，彻底否定了鸠山政权加强中日合作的战略方针。日本的外交模式回归此前自民党执政时期的隐性意识形态外交。野田在宣布参加 TPP 谈判时强调日本参与亚太地区贸易的重要性。这种做法激起了中方强烈的不信任感。

日本强烈要求加入 TPP，一方面可以深化日美同盟，牵制在经济和军事方面影响力与日俱增的中国；另一方面还可以营造出“亚太地区秩序由日美来构筑”“日本不可轻视”的战略氛围，挤压中国。

日本政府在提出加入 TPP 的同时也完成了从加强东亚合作向强化日美同盟的战略转变。随着日本的国家战略从东亚共同体向 TPP 转移的过程，中日关系更加恶化，两国经贸关系进入寒冬期。此前提到中日关系往往会形容为“政冷经热”，但现在人们更多用“政冻经冷”来形容中日关系。一些人将中日关系恶化归根为安倍晋三的右倾化路线，但日本从东亚共同体转向 TPP，可以看出中日经贸寒潮的背后是日本亚太战略转变的必然结果。[①]

---

① 资料来源：中国驻日本大使馆经济商务参赞处，http：//jp. mofcom. gov. cn/article/jmxw/201408/20140800715330. shtml。

因此学界认为日本从“东亚共同体”转向 TPP，表明日中关系渐行渐远，日本自然对中国的“一带一路”“互联互通”反应不积极。2015 年年初日本表示加入亚投行，但同时表示中国须理顺人权、腐败等问题。

（二）韩国方面的态度

尽管韩国一些学者和舆论对韩国经济过于依赖中国市场表示担忧，但由于地理、历史、文化等原因，多数韩国人仍希望韩国能够与中国进行广泛的交流与合作。

中国正在大力推进的“一带一路”“互联互通”经济外交政策与韩国的“欧亚倡议”及其他经济外交政策具有很高的契合度和很强的互补性。韩国的有关专家认为这是扩展两国合作新空间的良好机遇。韩方也提出了各种方案，比如仁川—烟台之间的轮渡、中韩铁路等，表现出了积极参加中韩互联互通的意愿。在 2015 年 2 月 11 日于中国泉州召开的 21 世纪海上丝绸之路国际研讨会上，韩国中央日报中国研究所所长韩友德对 21 世纪海上丝绸之路延伸到韩国的港口城市釜山和仁川表示期待，并认为这将为东北亚地区的共同发展作出贡献。

习近平主席 2014 年访韩时，韩国总统朴槿惠也表示同意建立“一带一路”共同产业协商体制。2013 年 10 月，中国提出筹建亚洲基础设施投资银行（简称“亚投行”）。2014 年 10 月 24 日，孟加拉国、文莱、柬埔寨、中国、印度、哈萨克斯坦、科威特、老挝、马来西亚、蒙古国、缅甸、尼泊尔、阿曼、巴基斯坦、菲律宾、卡塔尔、新加坡、斯里兰卡、泰国、乌兹别克斯坦和越南 21 国在北京签署《筹建亚投行备忘录》，亚投行正式成立。截止到 2015 年 4 月 15 日，亚投行成员数为 57 个国家或地区。韩国于 2015 年 3 月 27 日加入亚投行，这表明，韩国官方欢迎并支持中国的“一带一路”倡议和“互联互通”，也愿意参与到中国的这一大外交行动之中。

（三）蒙古国方面的态度

蒙古国一些人士对于中国的“一带一路”倡议和“互联互通”心存疑虑和戒备。2014 年 6 月，蒙古国电视台节目宣称“如果铺设标准轨铁路中国将占领蒙古国”，但政府方面对于中国的这一对外经济倡议表示欢迎和支持。上述电视节目播出后，蒙总统额勒贝格道尔吉于 6 月 26 日接见了据说为节目幕后推手的巴特图勒嘎议员，就新铁路建设表明立场。总统驳斥了节目内容，认为蒙古国的政策不是要国民分裂，诋毁邻邦，高官不应参与这种蓄意炮制的节目。总统还强调铁路对于蒙古国经济发展的重要性，特别是在蒙古国出口煤炭、连接中国出海口方面具有重大意义，同时指出蒙古国内针对这一问题争论了 6 年，丧失了发展机遇。

蒙古国媒体指出，总统这一发言表明蒙古国议会可能决定向北连接俄罗斯铁路修建宽轨，向南连接中国的铁路修建标准轨，其依据是 2010 年通过的《国家铁路政策》。同时，蒙古国媒体认为当前诟病中国对铁路有“远谋”是多余的，而且蒙古国较为丰富的矿产资源终究都要出口到世界上最大的市场——中国，或者通过中国领土出海。因此，可以认为，尽管有一些人士和舆论对中国的互联互通有所戒备，但政府方面认为通过互联互通来连接中蒙两国是符合蒙古国的发展政策和长远利益的。

五　东北亚互联互通的机遇与前景

（一）国际环境

目前，东北亚国家加强互联互通与交流合作面临着新的机遇。全球金融危机之后，世界的经济中心正在逐渐转向亚洲，中国和韩国等亚洲新兴国家成为引领世界经济复苏的主力。同时，东亚主要的出口导向型国家意识到过度依赖出口的经济增长方式恐难以为继，正着力转变经济增长方式。一方面通过提高货币弹性、发展服务业扩大国内消费市场；另一方面通过加强区域内经济联系、谋求区域经济一体化，减少对发达国家的依赖。有关国家近期出台的经济发展规划使得地区国家间的合作前景更加广阔。近期相关国家还陆续制定或采取了有利于深化双边或多边交流与合作的举措，使得进一步加深合作的条件更趋成熟，也为东北亚国家的互联互通提供了良好的氛围。

近期港口、河流通道、高速公路、铁路、管道和电缆等基础设施的互联互通在全球范围内受到了广泛关注。不仅是2014年11月中旬在北京举行的亚太经合组织（APEC）峰会，同月在尼泊尔首都加德满都举行的南亚区域合作联盟（简称南盟）峰会上印度总理纳伦德拉·莫迪在其议程中也提到了互联互通。在当年11月中下旬于澳大利亚布里斯班举行的20国集团（G20）峰会上，互联互通也成为议题之一。

2014年9月，习近平主席宣布了现有区域基础设施增建计划，包括第二阶段斯里兰卡汉班托塔港口项目（Hambantota Port Project）等，作为中国“打破亚洲连通性瓶颈”战略的一部分。在同年10月举行的2014年亚太经合组织（APEC）财长会议上，与会国将如何切实推动亚太区域合作，尤其是将推动地区互联互通作为讨论重点。其中，促进基础设施投融资合作成为会议的最大亮点，相关国家希望在推广基础设施PPP（公共一私营部门伙伴关系，即政府为了建设基础设施项目向社会力量或私人组织购买服务）模式方面形成一系列具体成果。此外，关于筹建亚洲基础设施投资银行、致力于修建区域性基础设施的《政府间框架备忘录》草案终稿已于2014年9月出炉。

近期APEC成员每一个经济体的投资都在增加，经济整体呈扩张之势。这显示该地区成员之间的互联互通基础良好，前景广阔。普华永道的亚太经合组织CEO调研报告显示，CEO们表示在APEC各经济体内修建或扩大各种生产和流通设施，中国将是吸引资本的首选地点。未来3—5年，亚太地区企业基建项目的预计投入将高达560亿美元，而数据及分销中心是亚太地区基建项目的重点。报告显示，67%的企业计划未来一年增加其在亚太区的投资，企业家们也希望能够消除或减少影响经济增长的障碍。①

作为亚太经合组织（APEC）峰会前最后一个专业部长级会议，2014

① 资料来源：《“互联互通”：亚太经济的引擎——普华永道发布亚太经合组织CEO调研报告》，光明网，2014年11月9日，http://news.gmw.cn/2014-11/09/content_13793416.htm。

年10月底举行的APEC财长会议重点讨论了如何推动亚太区域务实合作，尤其是亚太区域的互联互通。其中促进基础设施投融资合作成为最大亮点。这些都为中国与东北亚国家的互联互通提供了良好的国际环境与机遇。

东北亚地区是全球经济最具活力的地区之一，资源丰富，市场空间巨大，劳动力供给充足，后发优势明显。互联互通和基础设施建设是吸收投资、创造就业、改善民生、增强区域经济融合的重要抓手。加强全方位的互通互联和基础设施建设将进一步促进东北亚经济突破发展瓶颈，实现平稳、可持续的增长。

为推进东北亚地区经济发展，给大图们区域交通、能源、跨境互联互通基础设施建设等项目提供充足的资金及融资支持，2014年9月18日，中国、韩国、蒙古国及俄罗斯在第十五次“大图们倡议”政府间协商委员会部长级会议期间，共同成立了历经一年多筹备的东北亚进出口银行/开发银行联盟。银联体成员中国进出口银行、韩国进出口银行、蒙古国开发银行及俄罗斯外经银行代表参加会议，共同签署了合作框架协议。东北亚进出口银行/开发银行联盟的后续建设将有益于解决本地区基础设施建设的资金瓶颈问题，为深化东北亚全方位互联互通提供有力支撑。

（二）周边国家的相关计划

2014年9月，基于身处欧亚之间的地理优势，蒙古国启动“草原之路”计划，通过运输贸易来振兴蒙古国经济。“草原之路”计划由5个项目组成，总投资需求约为500亿美元，具体包括：连接中俄的997公里高速公路，1100公里电气线路，扩展跨蒙古国铁路、天然气管道和石油管道。蒙古国政府相信此计划的实施将为本国带来更多投资并带动产业升级，蒙古国的能源和矿产行业也会因此提升到新的水平。

2013年12月18日，中国、蒙古国、俄罗斯三国交通运输部门及铁路公司代表乌兰巴托召开国际会议，探讨三国跨境铁路运输发展问题，并签署了相关议定书。蒙古国铁路主线路联通着中国与俄罗斯，南端扎门乌德与中国二连浩特接壤，北端苏赫巴托与俄罗斯纳乌什基搭界。中、俄、蒙三国代表还就“二连浩特—集宁铁路运行规划”“纳乌什基—乌兰乌德地区铁路运行规划”“蒙古国铁路主线路的技术改造”等议题进行讨论，并就提高铁路运力及乌兰巴托铁路技术改造三方合作等方面签署了议定书。

朴槿惠上台执政后提出了“欧亚倡议”，希望通过朝鲜半岛纵贯铁路（TKR）和西伯利亚纵贯铁路（TSR）连接亚欧大陆（简称丝绸之路快线）。但该倡议受朝鲜阻碍，一直原地踏步。2015 年 1 月 20 日，韩统一部等部门在向总统朴槿惠报告新年工作时，提议推进试运行首尔—新义州、首尔—罗津两条路线的韩半岛纵贯火车，将其作为韩朝共同开展的纪念活动。政府计划推进韩半岛火车与西伯利亚横贯铁路（TSR）相连接，全面推进韩朝经济共同体基础设施建设，继续推进开城工业园区的全球化，发展罗津—哈桑物流产业，在首尔和平壤设立韩朝互派人员常驻的“韩朝民族文化院”。该计划的实施还要看朝鲜的态度与回应。

2015 年 2 月 9 日，韩国新世界党新任政策委员会议长元裕哲主持召开了“黄海—丝绸之路物流讨论会”。会议认为，“黄海—丝绸之路物流通道”将为“欧亚倡议”的实现另辟蹊径，即通过“火车轮渡”的方式往返平泽港和山东烟台港，通过中国铁路网与“丝绸之路快线”进行连接。该项目有助于促使朝鲜改变立场，有利于东北亚的和平与稳定，并借助中韩 FTA 带动低迷的韩国经济。

朴槿惠提出“欧亚倡议”，并提出从釜山出发直至欧洲的“欧亚快线铁路”设想，但目前这些倡议和设想的前提条件——朝韩关系尚未得到改善，朴槿惠的设想短期内无法实现。因此，2015 年 7 月 14 日韩国外交部和韩国铁道公社（KORAIL）启动“欧亚丝绸之路亲善特级列车”项目，参加人员先乘飞机前往俄罗斯符拉迪沃斯托克和中国北京，再分别搭乘“北线”和“南线”列车抵达柏林和伊尔库茨克，并开展经济文化交流活动，总距离长达 1.44 万公里。该项目体现了韩国政府为改善南北关系、连接亚欧大陆加强合作的殷切希望，有利于形成社会共识。

此外，韩国在 2015 年 7 月 14 日举行的“欧亚倡议与一带一路国际研讨会”上还提出成立东北亚开发银行的建议。这一建议由朴槿惠于 2014 年 3 月在德国德累斯顿首次提出，其内容包括：如果朝鲜弃核，韩国将与周边国家及国际机构共同成立银行为朝鲜发展经济提供支援。韩国认为“欧亚倡议”与“一带一路”构想都是想通过包容性与开放性构建区域内和平，实现共同繁荣，两者可互补发展。同时，两大构想的连接将在今后朝鲜接受变化实行开放时促进东北亚的稳定与繁荣，而东北亚开发银行可成为亚洲基础设施投资银行（AIIB）的补充，致力于东北亚基础设施的开发，成为连接两大构想的一环。

韩国副总理崔炅焕在9月初召开的G20财长会议上表示东北亚开发银行是亚投行（AIIB）的补充，东北亚开发银行将有助于中国正在推进的“一带一路”延伸至朝鲜半岛和促进亚洲地区经济融合。韩政府希望通过东北亚银行，在推动朝鲜经济开发的过程中，加强中韩合作、中朝韩合作等。朴槿惠在参加中国抗战胜利庆祝活动时向李克强提出邀请中国积极参与东北亚开发银行，加强两国间的经济合作。

从中蒙俄的情况来看，习近平主席于2014年9月11日在杜尚别同俄罗斯总统普京、蒙古国总统额勒贝格道尔吉举行中俄蒙元首会晤。中蒙俄三国如能加强铁路、公路等互联互通建设，推进通关和运输便利化，促进过境运输合作，研究三方跨境输电网建设，开展旅游、智库、媒体、环保、减灾救灾等领域务实合作，可将丝绸之路经济带同俄罗斯跨欧亚大铁路、蒙古国“草原之路”倡议进行对接，打造中蒙俄经济走廊，促进三国经济“共商共建共赢”的局面。

互联互通是东北亚国家的共同需要，相关国家可从交通基础设施的硬件联通，规章制度、标准、政策的软件联通，以及增进民间友好互信和文化交流的人文联通中共同受益。东北亚国家已经在以上三个方面进行了多种尝试，在一些领域取得了良好成效。这也成为东北亚国家进一步推进互联互通的基础和动力，有助于相关国家加强沟通与联系，深化务实合作，共同谋求发展。

六　加快推进中国与东北亚国家之间互联互通的政策建议

通过互联互通，亚洲国家可以更好地整合区域内的优势资源，打造亚洲大市场，共同培育新的经济增长点和竞争优势。在中国与东北亚国家之间的互联互通上经济交流与合作是重中之重，也是基础。东北亚国家各自具有一定的相对优势或绝对优势，优势互补便成了中国与东北亚国家之间互联互通的实施模式。这些优势主要体现在资源禀赋、资金实力、科技水平、市场规模等方面。根据这些优势，可得到中国与东北亚国家之间互联互通的基本实施模式（见表7—15）。

表7—15 东北亚各国的相对优势和与中国互联互通的实施模式

	东北亚各国的相对优势				中国与东北亚国家之间互联互通的实施模式
	自然资源	资金	技术	市场	
日本	不丰富	充足	充足，水平高	较大	以中国的市场优势换取日本资金、技术等，并扩大日本市场
韩国	不丰富	充足	充足，水平高	较大	以中国的市场优势换取韩国资金、技术等，并扩大韩国市场
蒙古国	矿藏资源丰富	匮乏	不充足，水平低	潜力较大	以中国的资金、技术优势换取蒙古国资源、市场
朝鲜	较丰富	匮乏	不充足，水平低	潜力较大	以中国的资金、技术优势换取朝鲜资源、市场

在确定中国与东北亚国家之间互联互通的实施模式之后，需要考虑具体的实施策略，即实施路径与方式。在不同国家之间的互联互通上政治互信发挥着非常重要的作用，政治互信是经济交往与文化、人文交往的基础。其次是经济互信，因为经济利益是各国之间来往的最基本的诉求和目的。再次是文化互信，这是为国家之间的交往添砖加瓦、锦上添花的重要因素，否则会因为民众之间的敌对情绪或负面情绪影响正常的政治、经济交流。最后是安全互信，这是前几项能够顺利进行的保障。

根据官方定义，互联互通是指实体的、政府机构的以及民间的联通。实体互联互通的内容主要包括交通运输、信息与通信技术、能源；政府机构互联互通的内容主要包括贸易自由化和便利化、投资与服务自由化和便利化、相互承认协议/机制、区域运输协议、跨境流程；民间互联互通则主要包括教育、文化和旅游。

可以看出，互联互通不仅包括修路架桥等基础设施的联通，还包括制度规则等软联通以及“人员联通、文化联通、人心联通”，强调了经济硬实力的建设，更突出了制度、文化等软实力的培养。根据两国之间的互信情况以及其他因素，中国与东北亚国家之间的互联互通可考虑以下实施策略（见表7—16）。

表7—16　中国对东北亚国家互联互通应采取的实施策略

	互信程度	风险程度	实施模式	实施策略
日本	政治互信低；经济互信高；文化互信较低；安全互信高	政治风险较高；经济风险低；社会文化风险较高；社会安全风险低	以中国的市场优势换取日本资金、技术等，并扩大日本市场	进行全方位联通，重点在于经济与文化联通。加强高层交往，增加政治互信，进一步促进贸易与投资的便利化与制度化，深化文化、教育、旅游等交流，促进人员往来，增进民众互信，在传统与非传统安全领域加强合作
韩国	政治互信高；经济互信高；文化互信高；安全互信高	政治风险低；经济风险低；社会文化风险低；社会安全风险低	以中国的市场优势换取韩国资金、技术等，并扩大韩国市场	进行全方位联通，在强化经济与文化联通的同时增进政治互信，确保地区安全。加强高层交往，进一步促进贸易与投资的便利化与制度化，深化文化、教育、旅游等交流，促进人员往来，加深了解，在传统与非传统安全领域加强合作
蒙古国	政治互信较高；经济互信高；文化互信高；安全互信高	政治风险低；经济风险较高；社会文化风险低；社会安全风险较低	以中国的资金、技术优势换取蒙古国资源、市场	重点在于经济联通。在加强政治交往的同时通过基础设施投资、资源共同开发利用等方式实现经济的互利共赢，并进一步促进文化、教育、旅游与人员交流
朝鲜	政治互信不高；经济互信不高；文化互信高；安全互信高	政治风险较高；经济风险高；社会文化风险低；社会安全风险低	以中国的资金、技术优势换取朝鲜资源、市场	重点在于政治联通与高层信息沟通，确保东北亚地区安全和经济安全。加强经济交流与合作，促进贸易与投资，增加文化、教育、旅游等人员往来

为了深化中国和东北亚国家之间互联互通，需要采取有效可行的对策，进一步消除或者减少互联互通的各种障碍。因此，政策建议上有以下

几点。

第一，关注东北亚国家的政治局势变化，加强双方的政治互信。政治决策是国家之间互联互通的基础和保障，这需要两国或多国之间基于基本政治互信的共识。这就要求中国时刻关注东北亚各相关国家的政治动向。东北亚主要国家都是政党政治，需要中国密切关注并准确把握相关国家的政治动态，如政党选举、政党力量的变化、政治制度和政治体制的变化等；实现首脑之间、各政党之间及各职能部门的高层互访制度化、常态化；通过进一步加强各种双边政治交流，政党、政府及议会之间增进相互交流与理解，促进双方的政治互信，为互联互通奠定坚实的政治基础，减少政治障碍。

第二，根据各国的对外经济发展战略及互联互通定位，实现双方战略的有效对接。东北亚各国的发展情况不同、资源不同、优势不同，发展战略及互联互通的定位也不同，为了中国与东北亚国家之间互联互通的有效开展，需要准确把握相关信息，充分发挥各国的独特优势或相对优势，使东北亚各国在互联互通中能够资源共享，实现各国的对外经济发展战略意图，互利共赢，打造东北亚的“利益共同体”。这种对接应由浅到深、由易到难，循序渐进。例如，进行环保、能源（包括矿产勘查与开发）、通信、教育、旅游、海洋与渔业、劳务合作，设立联合科技研发中心或联合科研（研发）基金，加强科技合作，促使科技成果尽快投入使用等。此外，加强与政府以及非政府组织、媒体的交流与合作，及时了解当地不同领域、不同层次多元化的诉求，促进多方位多层次的互联互通。

第三，根据各国的不同情况确定有效的实施主体。互联互通的落实需要依靠具体的实施主体。东北亚国家由于不同的政治体制、经济管理体制以及经济发展水平，对外经济联系的主体也各不相同。为了互联互通的顺利实行与有效运作，需要了解不同国家的不同经济活动主体，积极引导政府、国有企业、私营企业、第三方组织等不同实施主体之间相互配合，同时进一步推进体制与机制改革，完善有关的政策制度、法律法规等，积极鼓励各国不同的实施主体参与相关项目，进一步促进跨国投资、跨国合作与跨国生产，实现资源、技术的优化配置与合理分享，整合区域内的产业链与生产链。通过相关国家政府的特殊政策支持，并依托亚洲基础设施投资银行、上海合作组织开发银行、金砖国家开发银行和丝路基金等多边地区性金融开发机构，互联互通能够顺利实施。此外，加深区域内相关友好城市之间以及环黄海、环渤海城市之间的交流与合作，促进贸易往来与双向投资，以利于东北亚地区的互联互通。

第四，共同应对互联互通的影响因素，减少和降低相关风险，密切关注并及时把握影响互联互通的各种因素及其动向，根据不同情况制定有效的应对措施；通过签订双边或多边法律文件，构建地区安全机制，逐步建立东北亚地区的风险合理分担和有效化解机制，加强沟通和交流，减少分歧，减少障碍，将风险控制在最低水平。

第八章

亚投行、新开发银行面临的机遇与挑战研究[①]

当前，亚洲很多国家正处在工业化、城市化的起步或加速阶段，基础设施总体上依然比较落后，基础设施发展依然滞后于其经济增长，且无论在质还是量上均低于国际标准，已经对亚洲经济发展形成了相当严重的制约。特别是亚洲对能源、通信、交通等基础设施需求很大，但供给却严重不足，面临建设资金短缺、技术和经验缺乏的困境，亟须改善地区内各国基础设施和实现国家间的互联互通，从而提高亚洲经济增长和全球经济增长的动力。

一　亚投行、新开发银行成立的背景和意义

（一）发展中国家基础设施建设资金需求缺口巨大

根据世界银行《1994年世界发展报告》估计，一个国家基础设施存量增加1%，将带动该国的GDP增加1%。东亚经济增长远远高于撒哈拉以南非洲的一个重要原因是基础设施投资。目前，亚洲地区已经形成复杂精密的生产网络，但是偏远地区、内陆国家及孤岛等还在一定程度上处于隔绝状态。基础设施项目融资困难较多，特别是区域基础设施项目在开发审批和执行过程中涉及重大风险和不确定因素，面临额外的管理、商业和主权风险，情况更加复杂。即使在区域一体化程度很高的欧盟，区域项目也只

① 执笔人：张中元，中国社会科学院亚太与全球战略研究院副研究员。

占基础设施总投资的很小一部分。

亚洲地区作为世界上最有经济活力和潜力的地区，需要大量的资金进行基础设施建设。开发规划良好、高质量和可持续的基础设施项目不仅有助于推动经济增长、提高生产率、促进就业，还可以通过基础设施的互联互通促进商品、服务和人员的跨境自由流动，进而促进亚洲区域经济一体化的发展。[①] 根据亚洲开发银行[②]的测算，2010—2020 年亚洲国家基础设施投资需求为 8 万亿美元（见表 8—1），其中新增能力占 68%，维护和更新现有基础设施占 32%，年均基础设施投资需求将达到 7300 亿美元；电力和公路分别占总体需求的 51% 和 29%。东亚和太平洋岛的需求总计 4.67 万亿美元，南亚为 2.87 万亿美元，中亚为 4600 亿美元。

表 8—1　　按部门统计的 2010—2020 年亚洲国家基础设施投资需求

单位：百万美元

部门	新增能力	维护和更新	总计
能源（电力）	3176437	912202	4088639
电信	325353	730304	1055657
移动电话	181763	509151	690914
固定电话	143590	221153	364743
运输	1761666	704457	2466123
机场	6533	4728	11260
港口	50275	25416	75691
铁路	2692	35947	38639
公路	1702166	638366	2340532
供水和环卫设备	155493	225797	381290
环卫设备	107925	119573	227498
供水	47568	106224	153792
总计	5418949	2572760	7991709

资料来源：Asian Development Bank, 2009, *Infrastructure for a Seamless Asia*, Tokyo: Asian Development Bank Institute。

① 《亚洲基础设施投资银行如何创新模式》，南都网，2014 年 12 月 3 日，http://www.nandu.com/nis/201412/03/301131.html。

② Asian Development Bank, 2009, *Infrastructure for a Seamless Asia*, Tokyo: Asian Development Bank Institute.

除了上述国家基础设施总需求之外，亚洲开发银行还确定了同一时期正在进行的 1077 个具体的双边、次区域和泛亚基础设施项目，估计这 1077 个区域项目的投资需求总计为 2900 亿美元，年均基础设施投资需求接近 300 亿美元（见表 8—2）。1077 个项目中，989 个交通运输项目的成本为 2000 亿美元（占 70%），88 个能源项目的成本为 820 亿美元（占 30%）。仅泛亚交通运输项目就占总需求的 60% 以上、东南亚和中亚的能源投资总需求的 60% 以上。因此，这一时期的基础设施投资总体需求共计 8.28 万亿美元（国家和地区），年均约为 7500 亿美元。

表 8—2　　2010—2020 年具体区域基础设施项目投资需求　　单位：百万美元

	交通运输项目		能源项目		总计	
	成本	数量	成本	数量	成本	数量
亚洲	177077	931			177077	931
亚洲公路	43276	121			43276	121
泛亚铁路	82801	45			82801	45
亚洲集装箱码头	51000	765			51000	765
东亚/东南亚—中亚—南亚			22975	5	22975	5
东南亚	5858	17	41444	33	47302	50
大湄公河次区域	5858	17	2604	14	8462	31
泛亚—东盟天然气管道			7000	1	7000	1
东盟东部增长区			100	1	100	1
其他			31740	17	31740	17
中亚	21414	38	11131	44	32545	82
中亚区域经济合作	21414	38	10861	43	32275	81
其他			270	1	270	1
南亚	293	3	6846	6	7139	9
总计	204642	989	82396	88	287038	1077

资料来源：Asian Development Bank, 2009, *Infrastructure for a Seamless Asia*, Tokyo: Asian Development Bank Institute。

根据亚洲开发银行[①]测算，如果在2010—2020年每年向交通和通信领域投资约3200亿美元，交通运输的改善将使印度尼西亚的贸易成本下降1/4，印度则下降1/5，中国下降1/7，亚洲其他国家和地区的贸易成本也将下降1/5。通信设施改善将减少印度11.2%的贸易成本。表8—3给出了泛亚交通、通信与能源建设收益的现值，如果泛亚联网所需的投资在2010—2020年投向本地区交通、通信和能源基础设施，按贴现率5%的2008年美元现值计算，亚洲发展中经济体作为一个整体从扩大区域交通、通信和能源基础设施中获得的总净收益有可能达到12.98万亿美元，其中2010—2020年收益能达到4.43万亿美元，2020年以后还能产生8.55万亿美元收益。其中中国和印度是最大的受益者，分别获益3.55万亿美元和3.14万亿美元。由于东南亚各国对贸易的高度依赖和巨大的基础设施需求，各国也获益匪浅，印度尼西亚（1.28万亿美元）、马来西亚（8300亿美元）、菲律宾（2241亿美元）、泰国（1.24万亿美元）以及越南（3954亿美元），东南亚五国从改善泛亚联网中获得的总收益为3.97万亿美元，高于中国和印度。南亚和中亚国家也将获得巨大收益。尽管亚洲发展中经济体获得了基础设施投资总收益的大部分（超过90%），但其他如澳大利亚、新西兰、日本也会从亚洲发展中经济体完善的基础设施网络中获益，澳大利亚和新西兰能够从中获益983亿美元，日本可以从中获益1977亿美元。

表8—3　　泛亚交通、通信与能源建设收益的现值　　单位：10亿美元

	2010—2020年	2020年以后	总计
亚洲发展中经济体	4430.3	8550.4	12980.7
中国	1247.7	2301.5	3549.2
印度尼西亚	415.4	869.2	1284.6
马来西亚	278	551.9	829.9
菲律宾	77.9	146.2	224.1
泰国	402.6	832.8	1235.4

① Asian Development Bank, 2009, *Infrastructure for a Seamless Asia*, Tokyo: Asian Development Bank Institute.

续表

	2010—2020 年	2020 年以后	总计
越南	136.5	258.9	395.4
印度	1049	2092.6	3141.6
巴基斯坦	50	93.1	143.1
中亚	163.7	304.5	468.2
澳大利亚和新西兰	34.7	63.6	98.3
日本	68.5	129.2	197.7
总计	4816.1	9424.1	14240.2

资料来源：Asian Development Bank, 2009, *Infrastructure for a Seamless Asia*, Tokyo: Asian Development Bank Institute。

（二）世行、亚行对发展中国家基础设施建设金融支持不足

作为现有全球性和区域性开发银行的代表，世界银行（简称“世行”）和亚洲开发银行（简称“亚行”）以发展和减贫为宗旨，并为发展中国家的经济和社会发展提供资金支持和专业咨询，它们均在消除贫困和促进经济社会发展方面发挥了重要作用。但近年来对发展的金融支持不足，治理模式与新兴经济体和发达国家实力对比变化不匹配。当前全球基础设施融资需求巨大，但资金投入严重不足。

1. 世行对发展中国家基础设施建设金融支持状况

根据《世界银行 2014 年度报告》，2020 年年底之前发展中国家需要每年投入约 1 万亿美元才能解决基础设施不足的问题。《世界银行 2015 年度报告》显示，2015 年世行承诺贷款总额为 424.95 亿美元。其中，在国际复兴开发银行（IBRD）承诺的 235.28 亿美元贷款中，按承诺主题划分获得承诺资金最多的依次是金融与私营部门发展（26%）、城市发展（15%）以及社会保障与风险管理（14%）；在国际开发协会（IDA）承诺的 189.66 亿美元贷款中，用于基础设施的资金承诺为 58 亿美元，占 30.58%。主要新兴市场国家增长乏力拖累了 2016 年全球增长，世行宣布下调 2016 年的全球经济增长预期至 2.9%。金融危机前的 2006 年国际复兴开发银行的贷款额为 140 亿美元，到 2010 年中等收入国家的贷款需求额达到 440 亿美元。在 2016 年世界银行春季会议召开前，世界银行称

2013—2017年4年间，在全球经济持续低迷、未能达到预期发展标准的大背景下，世行放贷额将达到1500亿美元。在全球经济放缓的情况下，中等收入国家将面临新的经济挑战，发展中国家借贷需求量进一步上升。贷款飙升一定程度上是因为请求援助的情况增加，以应对各种危机，从埃博拉病毒到数百万人逃离叙利亚和其他遭受冲突的国家以及对气候变化等问题的长期回应。

世行一直由美国主导，其对发展中国家的金融支持在国别和项目的选择等问题上常常受到美国政府的左右。如1972年的《冈萨雷斯修正案》（*The Gonzalez Amendment*）规定，总统应授意每一个多边开发银行的执行董事，投票反对（没收美国资产的）国家运用这些机构的资金。1994年的《赫尔姆斯—冈萨雷斯修正案》（*The Helms Gonzalez Amendment*）也有类似的规定。世行常常通过提供贷款对发展中国家的经济决策过程施加影响，为了符合世行要求的建立市场经济机制的条件，接受贷款的发展中国家要设置一系列的改革计划，才可以获得贷款，世行甚至还对一些受援国施加政治压力。①

世行的贷款方向也并不完全适合发展中国家的需求。很多发展中国家正处在工业化、城市化的起步或加速阶段，对能源、通信、交通等基础设施有很大需求，但是由于供给严重不足，这些国家面临建设资金短缺、技术和经验缺乏的困境。由发达国家主导的世行在融资项目选择上对发展中国家亟待突破的瓶颈问题考虑不够，导致对基础设施建设等开发性投资重视和支持不足。世行在2016年发放的贷款中近乎半数（约45%）将以世行所称的“发展政策贷款”的形式发放，即直接贷款给国家预算，与具体实际项目无关。2016年4月安哥拉向IMF请求紧急贷款，这是不到7年内该国第二次向IMF求助；然而就在9个月前安哥拉刚从世行收到6.5亿美元的预算支持贷款，而且该国曾花费多年时间争取获得中国财政支持，以避免再次向IMF求助。石油和其他大宗商品价格暴跌导致尼日利亚等国预算缺口扩大，其已向世行求助补足2016年预计达到110亿美元的预算赤字。因此有评论称世行可能侵蚀了

---

① 耿楠：《多边开发金融体系新成员：创新与合作——新开发银行与亚投行机制研究》，《国际经济合作》2016年第1期。

IMF 应对危机的角色，它实际上让各国政府避免作出向 IMF 求援助的艰难政治决定。世行提供的贷款至少帮助各国政府推迟向 IMF 寻求援助，IMF 贷款往往附带改革要求。

2. 亚行对发展中国家基础设施建设金融支持状况

成立于 1966 年的亚行一直以来由日美主导，历任行长均由日本人担任。20 世纪 60 年代初，日本成为发达工业国家，具备向亚洲地区国家提供经济和技术支持的能力和意愿。日本需要扩大在海外的商业利益，特别是在亚洲欠发达国家扩展商品出口市场；同时日本需要改善战后国际形象，提高其在亚洲地区和国际上的影响力。通过亚行向亚洲国家提供经济援助是帮助日本实现这一目标的有效做法。作为域外大国，美国成为亚行的背后主导者。美国的介入在一定程度上促成了其他西方发达国家对亚行项目的经济支持，推动了亚行的建成。一直以来，亚行融资门槛较高，亚洲地区的发展中国家要想获得贷款，需要通过政府透明度、意识形态，以及环保、雇佣、招投标等多方面的考核要求。这种种考核不仅耗费大量时间、人力、物力、财力，更重要的是有可能延误贷款时间，造成发展中国家不能及时获得所需金融支持。此外，日美联盟甚至把亚行作为维护自身国家利益和政治利益的途径，通过附加苛刻条件或者减少项目贷款来打压与自己存在价值观和政治冲突的国家。目前，亚洲很多发展中国家还处在工业化、城市化进程中，面临能源、通信、交通等基础设施供给严重不足的问题，需要投入大量建设资金，摆脱当前发展的瓶颈。

虽然亚行拥有投资基础设施建设的功能，但其主要任务是社会事业、扶贫开发，自 1999 年以来，亚行强调扶贫为其首要任务，亚行受资本金规模的限制，可用资金相对有限。亚行最近一次增资计划是在 2009 年，将资本金从 550 亿美元增加到 1650 亿美元。但是目前亚洲基础设施融资需求依然存在较大缺口。《亚行 2015 年年度报告》显示，2015 年亚行的各项业务，包括获批贷款和赠款、技术援助及联合融资创下 271. 5 亿美元的历史新高（见表 8—4），与 2014 年的 228. 7 亿美元相比增长了近 19% 。其中亚行批准的主权（政府）和非主权（主要为私营部门）贷款及赠款为 162. 9 亿美元，较 2014 年增长 23% ；亚行 2015 年的技术援助总额达 1. 41 亿美元，联合融资为 107. 4 亿美元，同比增长 16. 5% 。在 162. 9 亿美元的贷款和赠款中，主权贷款和赠款批准金额高达 136. 7 亿美元，同比增长

18.1%；非主权贷款和赠款的批准金额由 2014 年的 19.2 亿美元增加到 2015 年的 26.3 亿美元。除了量的增长，亚行给赤贫国家的非主权批准金额比例也增至 40%（见表 8—5）。为了促进小额非主权业务，亚行引入了快速审批流程。目前亚行正积极利用本币向私营部门贷款，并扩大了以本币发行的债券规模，为贷款业务提供支持。

表 8—4　　2014—2015 年亚行批准贷款　　单位：百万美元

年份	2014	2015
项目批准		
主权	11571.139	13569.25
贷款	11165.799	13304.105
赠款	405.34	365.145
非主权	1918.4994	2625.5066
贷款	1713.4994	2150.3366
股权投资	185	134
担保	20	341.17
总计	13489.638	16294.757
技术援助		
主权	148.139	135.85319
非主权	10.742265	5.4477
合计	158.88127	141.30089
联合融资（含信任基金）		
主权	4216.2529	6142.4117
信任基金	147.3	205
双边	901.8	2232.2
多边	2733.5	3492.3
其他	433.7	213
非主权	5005.6375	4592.851
合计	9221.8904	10735.263
总计	22870.41	27171.32

资料来源：Asian Development Bank, *Annual Report* 2015。

表 8—5 获得亚行批准贷款最多的经济体（包括联合融资）（2015 年）

单位：百万美元

国家/地区	普通资本资源			亚洲发展银行基金					合计
				亚洲发展基金		技术援助特别基金	联合融资		
	贷款	担保	股权	贷款	赠款		项目批准	技术援助	
印度	2571	0	86	0	0	3	1244	7	3911
巴基斯坦	1345	0	0	420	0	5	1342	16	3128
印度尼西亚	1375	0	0	0	0	2	1539	5	2920
中国	2054	0	0	0	0	16	743	6	2819
孟加拉国	620	0	0	565	0	2	1464	2	2653
越南	738	0	0	290	0	5	982	5	2019
菲律宾	661	181	0	0	0	3	455	2	1302
哈萨克斯坦	1098	0	0	0	0	3	0	0	1101
缅甸	192	110	0	240	0	4	490	3	1042
阿塞拜疆	345	0	0	0	0	1	658	0	1005
亚洲区域内	0	50	45	0	0	61	329	51	537
其他国家	1942	0	3	999	358	36	1365	26	4734
总计	12941	341	134	2514	358	139	10610	125	27171

资料来源：Asian Development Bank, *Annual Report* 2015。

（三）亚投行为发展中国家提供了新的投融资平台

1. 亚投行可以提高调动亚洲区域内剩余资金的能力

世行和亚行等多边开发机构主要致力于全球和区域范围内的减贫，投向亚洲域内基础设施的资金非常有限，亚洲开发银行 2013 年仅提供 210 亿美元贷款，即使把世界银行集团、发达国家发展援助（ODA）等都考虑在内，资金缺口依然很大，现有的世界银行、亚洲开发银行等国际多边机构都无法满足这样庞大的资金需求。另外，由于基础设施投资的资金需求量大、实施的周期很长、收入流不确定等因素，私人部门大量投资于基础设施的项目也有难度，全球私人金融机构的基础设施投资则主要流向发达国家的成熟资产，包括亚洲在内的广大发展中国家和新兴经济体的基础设施建设需求始终难以得到真正满足，因此亚洲多数国家在基础设施建设方面常常心有余而力不足。

亚洲国家通过保持国际收支经常项目顺差而积累了大量外汇储备（见表8—6），如中国经过30多年的经济高速发展，外汇储备迅速增加，2005年超过8000亿美元，到2013年中国外汇储备更是达到了3.8万亿美元，远超第二位日本的1.2万亿美元。2013年韩国外汇储备为3416亿美元，印度和新加坡也达到2700亿美元以上。外汇储备的快速增加反映了亚洲地区缺少有效的投、融资机制，区域内金融体系调动剩余资金的能力不足，亚洲大量储备和储蓄资金都流至美国或欧洲的国际债券市场，然后再从这些中心投资到亚洲，亚洲既是主要的资本输出地，又是全球最大的资金流入地区。据UNCTAD[①]统计，2013年亚洲发展中经济体的直接外资流入总量为4260亿美元，占全球总量约30%，成为全球外资流入量最多的区域。流入东亚的直接外资增长了2%，达到2210亿美元。2013年，中国吸收外资1240亿美元，再次位居全球第二位。与此同时，中国对外直接投资在与发达国家的多笔巨额交易的带动下增长了15%，达到1010亿美元，已经成为世界第三大对外投资国，但投资领域和渠道依然比较狭窄，且投资与实体经济严重失衡。2013年，东南亚直接外资流入量上升7%，达到1250亿美元；流入南亚的直接外资增长了10%，达到360亿美元。该次区域吸引直接外资最多的国家印度，直接外资流入增幅达到17%，跃升至280亿美元。

表8—6　　　亚洲国内储蓄与外汇储备　　　单位：十亿美元

国家	2005年			2013年		
	外汇储备	国内储蓄占GDP比率（%）	国内储蓄额	外汇储备	国内储蓄占GDP比率（%）	国内储蓄额
中国	821.5	48.0	1082.5	3839.5	51.3	4738.1
日本	834.3	26.0	1190.5	1237.2	21.8	1070.4
韩国	210.3	33.5	301.2	341.6	34.6	451.7

① UNCTAD, 2014, *World Investment Report* 2014: Investing in the SDGs: An Action Plan.

续表

国家	2005 年			2013 年		
	外汇储备	国内储蓄占 GDP 比率（%）	国内储蓄额	外汇储备	国内储蓄占 GDP 比率（%）	国内储蓄额
印度尼西亚	33.1	26.0	74.4	96.4	29.0	251.9
马来西亚	69.9	36.8	52.8	133.4	30.4	95.1
泰国	50.7	27.8	49.1	161.3	28.5	110.4
新加坡	116.0	43.3	55.1	272.9	47.4	141.1
菲律宾	15.9	52.9	54.6	75.7	43.2	117.7
越南	9.1	34.5	19.9	25.9	32.0	54.8
印度	131.9	33.7	280.8	276.5	31.8	596.0
巴基斯坦	10.0	25.6	28.0	5.2	21.0	48.9

资料来源：世界银行 WDI 数据库。其中外汇储备不包括黄金部分；国内储蓄额为现值美元。

基础设施是公共物品，需要大量资金投入支持，但其投资回报周期长、风险大、融资难度较高，私营部门和企业并不愿意从事和投资基础设施项目和工程的建设工作，大部分基础设施项目工程均由政府部门牵头进行支持。由于基础设施投资资金巨大，需要金融机构等外部力量的参与共建，但目前的外部金融并不能提供充足的金融服务和支持，其主要原因是功能和定位要求不能紧跟经济形势变化，受意识形态和思维惯性的制约。大多数亚洲国家的外汇储备较为丰富，并不缺少资金，而是缺少一个具有统筹资金、运作资金的区域性组织机构或平台。而且世界银行以及亚洲开发银行不能提供足够规模的资金用于基础设施投资建设领域，不能满足亚洲地区以及其他地区经济发展的基础设施建设资金需求，所以需要构建一个以亚洲国家新兴经济体为主导的、其业务范围和资金运营主要是为亚洲国家/地区基础设施建设投融资而服务的多边开发合作银行，为亚洲地区经济建设发展提供资金支持和服务。

也正是在这样的困境和需求之下，为构筑基础设施所必需的资金池，中国积极倡议发起亚投行，作为一种创新的多边投融资平台，可以促进本地区充裕的储蓄资金直接注入亚洲内部的生产性投资（包括区域基础设施）。如果中国向现有的国际金融组织大规模增资，势必大幅改变该机构的现有股东结构。因此，成立一个新的国际金融机构，不仅对中国是合理选择，对现有金融机构也是友好的选择。新成立的亚投行不仅可以为亚洲经济社会发展提供高效而可靠的中长期金融支持，有利于夯实作为经济增长动力引擎的基础设施建设，还将提高亚洲资本的利用效率，从而促进区域内全方位的互联互通建设，这对亚洲国家，乃至全球经济的可持续发展都具有非常重要的意义。[①] 亚投行主要是以新兴经济体为主导的、为亚洲国家和地区基础设施建设投资而服务的区域性开发银行，亚投行的成立能够有效弥补其他区域性金融机构组织的功能缺失，缓解亚洲地区基础设施建设的资金短缺现状，推动亚洲地区间的互惠共赢。亚投行旨在通过在基础设施及其他生产性领域的投资，促进亚洲经济可持续发展、创造财富并改善基础设施互联互通，与其他多边和双边开发机构紧密合作，推进区域合作和伙伴关系，应对发展挑战。通过成立亚投行，将在更大范围内以及更深层次的交流合作项目上同亚行一起支持亚洲地区经济建设，形成合力，为亚洲经济基础设施建设提供资金服务和资金支持，从而推进亚洲地区工程和项目的基础设施投资建设。亚投行的宗旨是为了亚洲地区基础设施建设投资而服务，所以必然会掀起亚洲国家/地区基础设施投资热，推动亚洲地区经济发展，实现区域经济一体化以及基础设施互联互通，带动亚洲乃至全球经济长期稳定增长。

2. 亚投行给各成员国带来的收益

虽然经济增速放缓，但是中国经济的崛起已成为事实。2014 年，中国成为继美国之后第二个国内生产总值（GDP）超过 10 万亿美元的大国，这也使得中国的经济总量是日本的 2 倍、印度的 5 倍。赢得与之相应的国际话语权将成为中国的下一步努力目标。虽然亚投行背后有值得考量的政治意图，但是回归经济角度能够更好地进行解读。[②] 据英国《金融时报》报道，2015 年中国国家开发银行和中国进出口银行向拉美和加勒比地区国家政府和国有企业发放贷款总共 291 亿美元，是 2014 年的近 3 倍，超过世界银行和美洲开发银行对拉丁美洲和加勒比地区（LAC）的贷款总和。中

---

① 《亚洲基础设施投资银行如何创新模式》，南都网，2014 年 12 月 3 日，http：//www. nandu. com/nis/201412/03/301131. html。

② 徐瑾：《亚投行背后的中国梦》，FT 中文网，2015 年 3 月 24 日，http：//www. ftchinese. com/story/001061195。

国这两家政策性银行发放的贷款金额接近 LAC 从资本市场筹措的 334 亿美元，相比之下，该地区 2015 年通过国际银团贷款筹措到的 7.86 亿美元显得微不足道。迄今为止委内瑞拉是中国所发放贷款的主要接收国，自 2005 年有记录以来该国已累计从中国获得 650 亿美元贷款，占中国对该地区贷款总额的一半以上。2015 年，委内瑞拉获得了 100 亿美元贷款实施能源相关项目。中国还宣布设立 350 亿美元的投资基金专门用于 LAC 的基础设施等项目。[①] 对于亚投行的倡议者中国而言，立足于国家利益倡导建立亚投行，一方面为大量的外汇储备开拓新的使用途径，连同中国设立的丝路基金共同服务于“一带一路”倡议；另一方面，今天中国的企业已经开始全面进入全球化的时代，民间有大量的海外投资需求，亚投行如果能够和民间的资金嫁接、合作，将会撬动比股本金大得多的资源，这既能为中国项目找资金，也能为中国资金找出路，尤其是通过亚投行的平台找到更多合作伙伴，将中国产能合作覆盖到亚洲更多地区。

对参与亚投行的亚洲国家来说，在本国资金供给不足以及世界银行和亚洲开发银行等多边金融机构资金使用限制过多的情况下，亚投行作为针对亚洲各国量身打造的金融服务机构则提供了一种可行的选择，对于亚洲广大资金需求国而言，积极参加亚投行意味着能够获得亚投行给予的基础设施改造升级的金融支持；对于资金供给国而言，亚投行代表着一个新的投资平台，亚洲不少国家（特别是中东地区的石油出口国和东亚部分贸易顺差国）拥有的外汇储备主要通过主权财富基金、对外直接投资以及在既有国际金融体系内流动的方式使用，受到较多的规则约束，亚投行则开辟了新的投资渠道，能够部分容纳资金富裕国的外汇储备。[②] 亚投行不仅能给亚洲发展中国家带来收益，亚洲发达经济体也同样会获益匪浅，以澳大利亚为例，2014 年 10 月，澳大利亚收到中方加入亚投行邀请后，从政界到学界、从企业界到主流媒体，支持澳大利亚加入亚投行的意见占据大多数。在 11 月的内阁会议上，由于外交部部长毕晓普反对，称澳大利亚加入亚投行将增加美国的担忧，阿博特本来是“赞成派”，但在那次会议后倒

---

① 《外媒：中国在拉美金融影响力显著去年贷款额超世行》，《参考消息》，2016 年 2 月 21 日，http：cankaoxiaoxi. com/finance/20160221/1080366. shtml。

② 宋国友：《亚投行的最大魅力是互利共赢》，《参考消息》，2015 年 3 月 20 日，http：//ihl. cankaoxiaoxi. com/2015/0320/712252. shtml。

向了“反对派”。但随着2014年11月中国国家主席习近平访问澳大利亚后，中澳关系迅速升温，到2015年，包括总理阿博特在内的多位澳大利亚政要公开表示正重新考虑是否加入亚投行[①]，加入亚投行，特别是作为创始国加入亚投行符合澳大利亚利益，澳大利亚和本地区其他各经济体都会从亚投行推进的基础设施投资中受益，就澳大利亚来说，基础设施建设基本是在20世纪30年代和八九十年代两个阶段完成的，现在已经出现设备老化等问题。澳大利亚政府估计，澳基础设施更新换代在未来10年将需要约1万亿美元。

英、法、德、意等欧洲国家选择和中国一起共建亚投行，也是因为各国找到了共同利益。亚太地区被认为是近年来世界上发展最快的区域市场之一，欧洲目前面临的经济形势却是复苏乏力，欧洲对经济增长前景信心不足。作为成熟经济体的欧洲，目前并没有明显的新经济增长点，经济增长率低迷，投资回报率不高，这些资本正在全球各处迫切寻找高回报的投资出口。欧洲几大强国在基础设施建设方面都有强大的企业，参与亚投行就意味着在亚洲后期的基础设施开发中拥有独特的优势，如德国的装备制造、法国的核电水务、英国的金融服务。[②] 亚投行要做的是，通过交通和基础设施将亚洲和欧洲连在一起，如果能够把欧洲的资本与亚洲的廉价劳动力结合起来，与亚洲国家迫切想改变落后的基础设施现状的刚需结合起来，这些项目的直接受益者是亚洲和欧洲各国。因此在世界经济复苏仍然乏力的情况下，亚洲作为全球最具发展活力和潜力的地区，欧洲加入亚投行这个新兴的多边开发机制，在充满活力的亚洲地区进行投资可以缓解国内的经济压力。英国作为第一个申请加入亚投行的西方发达经济体，所释放的信号清晰而明确：基础设施投资是世界的一个短板，亚投行作为支持亚洲国家基础设施投资、促进亚洲地区经济发展和区域经济及金融合作的区域多边开发机构，具有弥补这方面不足的巨大潜力和发展前景。英国除了国防、能源等涉及国家安全的领域，英国政府对于商业活动持开放的市场经济立场，西亚、南亚和东南亚国家的基础设施建设较为落后，如果由

---

① 《国家利益驱动澳大利亚转变对亚投行态度》，新华网，2015年03月20日，http：//news. xinhuanet. com/2015 -03/20/c_1114709382. htm。

② 《亚投行将还世界一个惊喜，各国找到了共同利益》，环球财经网，2015年3月19日，http：//www. 2258. com/news/zjyw/1364467. html。

中国牵头为这些国家提供基础设施建设，潜在盈利机会非常大，而英国可提供高质量的设备。

3. 亚投行有助于新兴经济体及发展中国家的融资嫁接

新开发银行是金砖五国——巴西、俄罗斯、印度、中国和南非——倡导成立的跨区域的开发性金融机构，新开发银行成立的主旨是为新兴经济体及发展中国家的基础设施建设和可持续发展项目提供融资支持。根据《全球竞争力报告 2014—2015》提供的数据显示，金砖国家仍然需要对基础设施建设进行极大的投入。在 144 个国家和地区中，金砖国家的基础设施质量总体排名靠后，巴西在总体基础设施质量上的排名更是在百名开外，而印度则需在总体上加大对基础设施建设的投入。金砖国家中除巴西与南非外，中国、印度、俄罗斯三国的总储蓄率均高于世界平均水平，如此规模巨大的储蓄无疑应当善加利用，而新开发银行的成立为新兴经济体的巨额储蓄找到了投资方向，也为基础设施建设找到了融资渠道，搭建了资金需求方与供给方之间的桥梁。

世行更倾向于培育法治环境、公共部门治理能力等“软件设施”，而在一定程度上忽视了硬件基础设施的建设。2014 年 7 月，在《关于成立金砖国家新发展银行的协定》中，金砖国家明确表示“新开发银行应为金砖国家及其他新兴经济体和发展中国家的基础设施建设和可持续发展项目动员资源，作为对现有多边和区域发展金融机构的补充，促进全球经济的增长和发展”。因此，同为全球性多边开发银行并致力于为基础设施建设和可持续发展项目提供融资支持的新开发银行，无疑是对世行全球业务的一个很好的补充。如世行对信息和通信部门的投入向来有所忽视，而这也是许多低收入国家在基础设施上尤为薄弱之处。中国和印度在电信基础设施建设方面有着丰富的经验，新开发银行恰恰可以此为重点投入部门，并作为中介引导中印两国的电信公司参与欠发达地区的电信基础设施建设。在初始运营阶段，新开发银行的贷款发放对象将主要为金砖五国。未来新开发银行作为一个开放的机构还将吸收新成员加入，金融支持对象也将扩展到更大范围。作为覆盖拉美、欧洲、亚洲和非洲等多个区域的多边开发金融机构，新开发银行是对世行等机构金融支持不足的补充。

新开发银行建立的基础在于金砖五国共同发展的现实需要，有别于传统多边开发银行和发展机构所强调的共同价值观基础，也不会在发展合作项目中附加具有价值观导向的政治或者经济条件。因此，新开发银行不是一个价值观绑定和输出的开发机构，而是以实现共同发展为纽带的新兴开发银行。对于金砖国家而言，不同的政治体制、文化传统、宗教信仰、民族构成和发展阶段等导致它们很难找到或构建共同的价值观基础。与普通的多边集团不同，金砖国家在地理上相对分散，不具备地缘上的亲近感。从根本上来看，促使金砖国家加强机制化合作的纽带在于其共同的发展使命。金砖国家都处于工业化进程当中，基础设施建设、产业能力等方面有较强的互补性。作为由发展中国家主导的多边开发银行，新开发银行可为新兴经济体和发展中国家的公司提供与发达国家公司同台竞技的机会，新开发银行的成立有利于新兴经济体的技术输出，参与全球竞争，对接技术输出方与需求方。如中国在基建方面的技术和经验、印度在 IT 领域的优势等都可以通过新开发银行这一平台进行有条件的对外技术输出。新开发银行通过提供金融支持，推进各国基础设施改善和工业化水平提升，实现经济升级和可持续发展。如金砖国家中基础设施相对落后的印度、巴西、南非等国可以通过新开发银行获得贷款支持，与中国进行合作。这种合作能够达到互利共赢，也能为发展中国家之间的合作作出有益探索。

二　亚投行与新开发银行面临的风险与挑战

（一）成员国之间的沟通合作

第二次世界大战结束以来，全球经济治理体系的基本特征是“不平等”，现有的多边开发银行没有充分体现新兴经济体的代表性，基础设施建设领域主要是由借贷国所控制，但是在这些借贷国和借款国之间并没有非常有效的合作伙伴的关系。在亚投行、新开发银行当中特别强调平等的伙伴关系，如在新开发银行当中所有的成员国都有平等的发言权，新开发银行当中所有的金砖国家都是20%的资本比重，大家的权利是相同的，而且在代缴资本方面的分配比例也是完全平等的。需要注意的是，新开发银行中，金砖五国虽同为新兴经济体，但五国的发展道路不同，经济治理的理念存在较大差异，各国的经济规模、发展阶段也差别较大，其中尤其是中国的经济实力远远超过其他国家，因此如果采用平等治理的原则“均等享有话语权”，会不会导致新开发银行难以作出决策，陷入效率低下的尴尬境地？采用“等额出资”的办法，会不会导致新开发银行的资本金只会向“最低水平”看齐，从而限制了新开发银行本可以发挥的更大作用？这就使得在股权投票权平等的治理模式下，内部协调的困难依然可能存在。在新兴经济体主导创建的亚投行中，意向创始成员国既包括发展中经济体，也有发达经济体。当发展中经济体和发达经济体出现分歧时，如何协调它们的利益关系也将是亚投行面临的重大挑战。

如果从新南南合作的战略定位来看，新开发银行采用“等额出资”和“均等享有话语权”的制度安排，体现了金砖国家合作所蕴含的巨大国际机制创新能力，以及中国作为一个新型的发展中大国所展现出的对权力进行自我约束以及推进新南南合作的政治意愿和决心。金砖国家的共识就是新开发银行在治理结构上要体现平等性，这是国际关系民主化在国际金融领域的一个尝试，它的成功有待于金砖国家在今后新开发银行的实践中努力加以维护和推进，并把合作的精神加以推广。但在平权决策大原则已经确立的前提下，尊重和追求效率是非常有必要的。为有效化解平权决策可能带来的效率损失问题，在制定新开发银行治理架构和内部工作流程时，应当加强对决策效率的考量，充分优化机制设计。这样做不仅有益于该组织的健康发展，也符合新兴市场经济体发展这一根本政策出发点。强调双赢和互动，并不是刻意回避矛盾和竞争，光靠各成员国的自觉去解决现有种种问题是不现实的，因此应在新开发银行内建立完善的沟通和交流机制，就各自不同的利益诉求协商解决问题，共同致力于全球治理的议题。

就新开发银行而言，目前合作基础尚不牢固，须进一步化解分歧、巩固合作。国际合作的基础在于共赢和发展，这一点对于发展中国家之间的合作来说更为重要。新开发银行的良好运行取决于未来金砖国家之间的合作关系。新开发银行决策模式的一大特点是平权决策，这意味着与大多数现有多边金融机构以某一或某些大国为主导的发起、决策方式不同，新开发银行没有制度上的主导发起人和主导决策者，任何一国都不拥有制度上的主导权。这种平权的发起、决策模式可以说是国际多边合作的一次创新和试验。其优势是充分尊重参与各方的意愿，彰显公平，避免机构被个别大国主导从而偏离设立之初的宗旨和愿景；劣势是在注重公平的同时可能部分损失效率，特别是当考虑到五个创始成员国在文化背景上具有较强的异质性、利益诉求不尽相同的时候。平等划分投票权的制度架构决定了金砖国家开发银行的决策模式依然是外交式的，而非组织式的。通常情况下，外交式决策模式的效率要低于组织式的决策模式，因为前者主要基于事中的外交博弈，后者主要基于既定章程中对主导者权利的事先确认。[①]

在亚投行中，按现有各创始成员的认缴股本计算，中国投票权占总投票权的26.06%，是现阶段投票权占比最高的国家，以中国掌握的投票权，应该能通过自己想通过的重大决策，但一个国际多边组织的运营并非如此简单，股权和投票权仅仅是“硬实力”，在这样一个高度复杂的机构中“软实力”远比“硬实力”重要。[②] 布雷顿森林体系最大的缺陷就是美国股份不到20%却拥有否决权，中国正是回应现行国际机构已落后于世界格局变化的历史趋势而倡导设立亚投行。亚投行的目标是带动周边国家经济的长期发展，因此，其治理机制必须要有创新。亚投行首席谈判代表会议主席、中国财政部副部长史耀斌曾表示，亚投行将遵循公开、透明、高效的方式建立一个全新的多边开发机构，随着成员国数量的逐步增加，每一个成员的股份比例都会相应下降，所谓中方寻求或放弃一票否决权是一个不成立的命题。[③] 因此中国虽然是亚投行第一大股东，但中国不能单纯依靠投票权行事，应尽量以达成一致的方式决策。[④] 具体说来，亚投行决策要体现多方利益、聆听多方声音，重大决策本着协商一致的原则来解决。虽然协商一致作为一种政治制度而非法律制度，很大程度上受制于国际政治格局的现状，但它体现了双方在互利共赢理念下的相互妥协和退让，协商一致机制在亚投行决策中的进一步运用，无疑将增强表决的权威性，并有助于提高弱小国家在该组织中的地位。如果执行董事之间关系融洽，拥有较多投票权的董事对投票权的运用非常谨慎，投票权较小的董事除迫于

---

① 潘庆中、李稻葵、冯明：《“新开发银行”新在何处——金砖国家开发银行成立的背景、意义与挑战》，《国际经济评论》2015年第2期。

② 王维嘉：《亚投行面临的五大挑战》，FT中文网，2015年3月25日，http://www.ftchinese.com/story/001061209。

③ 《中国财政部副部长：所谓中方寻求或放弃亚投行一票否决权为不成立的命题》，新华网，2015年3月25日，http://news.xinhuanet.com/2015-03/25/c_1114763452.htm?prolongation=1。

④ 金立群：《亚投行并非为颠覆而生》，FT中文网，2015年3月23日，http://www.ftchinese.com/story/001061171。

压力，也轻易不反对大国董事的意见，这就使董事之间的矛盾和对抗减少了；此外协商一致还能在一定程度上减少成员国间由于投票权的差异而带来的不满。

（二）实践开明、高效和包容的“合理标准”

美国一开始就排斥由中国主导的亚投行，美国政府官员在公开场合声称对亚投行运转方式上的一些技术性问题感到担忧，多次以对亚投行内部管理机制、项目审核透明度以及投资项目环境与社会影响评估标准有疑虑为由，游说其他国家不要参加。但随着英国之后，德国、法国、意大利等欧洲国家的加入，美国立场开始有所软化，从原来的坚决反对亚投行，到美国财政部发表声明表示美方愿与亚投行合作，但这些声明依然提到了一些关切，如亚投行与项目层面上的社会环境影响有关的保障政策，亚投行能否遵循“最高标准”等。2015 年 3 月 22 日，亚投行多边临时秘书处秘书长金立群在“中国发展高层论坛 2015 年会”上发言时表示，亚投行的核心理念是精干、廉洁、绿色。亚投行将是高度精简的机构，对腐败实行零容忍度，并建立相关制度规定防止腐败行为的滋生；亚投行在从事基础设施投资中，将十分重视生态环境的保护和改善，促进绿色经济和低碳经济的发展，重视搬迁居民的利益，实现人类和自然的和谐共处。① 亚投行首席谈判代表会议主席、中国财政部副部长史耀斌强调，亚投行是一个开放、包容的多边开发银行，亚投行在治理结构、保障政策等方面将充分借鉴现有多边开发银行通行的经验和好的做法，不走同样的弯路，寻求更好的标准，亚投行将同世界银行、亚洲开发银行等现有多边开发机构开展合作。②

1. 信息披露与问责机制

治理结构的规范透明和机构的运行效率往往是矛盾的，几十个国家在一起互相协调，沟通成本很高。在过去 60 年中，世界金融机构的每一个失

① 金立群：《亚投行并非为颠覆而生》，FT 中文网，2015 年 3 月 23 日，http：//www. ftchinese. com/story/001061171。

② 《中国财政部副部长：所谓中方寻求或放弃亚投行一票否决权为不成立的命题》，新华网，2015 年 3 月 25 日，http：//news. xinhuanet. com/2015 -03/25/c_1114763452. htm？prolongation =1。

败的实践都可能增加否定性的规范，这使得本来就具有复杂的多边治理结构的组织运行流程更加繁复，这也就是许多国际金融机构都被批评为低效和官僚的主要原因。[①] 事实上，国际货币基金组织、世界银行、亚洲开发银行等金融组织，近年来之所以越来越难以满足世界经济发展的需要，除了其资金来源、治理结构等存在问题外，恰恰问题出在“最高标准”上，越是欠发达国家，越需要外部金融组织的帮助，却越不容易符合“最高标准”，事实上大多数项目危害社会和环境的风险是有限的、可控的，现在这种对所有项目都采用同一指导方针的趋势不必要地增加了成本。[②] 一味强求“最高标准”，往往使欠发达国家难以从三大国际金融组织获得急需的资金支持。

三大国际金融组织已努力建立效率和响应度更高的准则，但其进展缓慢，因此亚投行的目标不是简单复制世界银行、国际货币基金组织以及亚洲开发银行等现有机构的所谓“最高标准”，关注那些旨在避免或减轻发展项目负面社会和环境影响的保障政策；亚投行的目标不是降低标准，而是制定更加合理的标准，逐渐告别过于僵化的规则的法律框架，转向一种综合考虑效果、关注风险的策略，亚投行的建立不应被视为对达到高标准构成了威胁，而应被视为一个来树立、实践“合理标准”的难得机会。环保、参与和良治等目标固然美好，但在制定标准时需要考虑到各国不同发展阶段的制约，过于强调廉洁、良治等制度环境的重要性，执行过于苛刻的环保标准，而不以具体的发展项目来推进制度、环境的逐步改善，将最终阻碍发展中国家的经济增长。亚同行的决策应该以经济发展为主要目标，强调开明、高效和包容，在决策上不宜过多考虑政治与意识形态因素。

2. 生态环境的保护和改善与移民

对任何一个国际多边开发银行而言，保护环境、保障劳工权益是民主与人权的体现，也是符合当前国际经济发展规律的行为，但一系列的限制条件却在很大程度上忽略了多边开发银行的根本职能。多边开发银行的职

---

① 王维嘉：《亚投行面临的五大挑战》，FT 中文网，2015 年 3 月 25 日，http://www.ftchinese.com/story/001061209。

② 黄育川：《亚投行如何树立正确标准?》，FT 中文网，2015 年 4 月 15 日，http://www.ftchinese.com/story/001061499? full=y。

能之一是“发展”，是通过发达成员对发展中成员包括贷款建设基础设施、减少贫困等项目促进区域经济的整体发展，环境与社会保障条款限制了发达成员对发展中成员或极不发达成员的援助。以亚行为例，在2010—2013年基础建设项目中60%的拟投资项目因环境或社会保障达不到其标准而被拒绝。[①] 而无论是泛美发展银行、亚行还是欧洲复兴发展银行，其对环境保护的要求及社会保障的相关规定标准都远高于受援助的发展中成员能够承受的实际水平，且发展程度及经济背景各异的发展中成员在项目援助审查时使用的环境与社会保障条款相同，如此标准大大降低了发展中成员或不发达成员受援助的比例。亚洲各国不仅在社会结构方面的差异性较大，不易达成共识；在实际经济来往中，因各国环境保护标准不一致，也很难统一规制。现行多边开发银对环境保护和社会保障的标准设置严重限制了亚洲基础设施建设的投融资进程。

项目建设涉及环境污染、生态破坏、资源开发、土地征用、移民安置和补偿、社区文化影响等一系列复杂而又绕不开的问题，而开发机构失职、保障政策得不到落实使得开发项目带来环境与社会的消极影响的案例并不鲜见。金立群表示，亚投行在发放贷款方面将遵守最严格的环境和社会标准，同时在许多方面都将仿照现有的多边开发银行。亚投行践行绿色原则，“绿色”是指“亚投行在促进经济的发展同时，信贷政策能遵循绿色可持续发展的原则，这要求亚投行给客户提供的服务必须在技术、金融、环境和社会等方面都是可持续的”。《亚投行协定》属于“基本大法”，关于环境与社会保障政策的内容，《协定》中第13条“业务原则”第（四）款规定“银行应保证其从事的每项业务均符合银行的业务和财务政策，包括但不仅限于针对环境和社会影响方面的政策”，因此关于保障政策的制定和执行机制缺乏具体规定。2015年8月25日，金立群在记者会上表示“要制定高标准的政策，在保证投资效率之外，严格遵守各投资国的环境和社会政策”。这意味着亚投行将把环境与社会保障作为其业务工作的重要部分。金立群在开业前夕接受《财新周刊》专访时谈到，美国和日本没有加入亚投行，“担忧主要包括银行标准，特别是环境保护和移

① ADB：“Evaluation Recommendations, Management Responses and Action Plans in Report Year 2015”, http：//www. adb. org/documents/2016 - annual-evaluation-review.

民问题上”。金立群在多个场合谈到，亚投行会十分重视生态环境的保护和改善，重视搬迁居民的利益。亚投行在项目甄别、筹备和实施过程中谨遵可持续发展原则，对于潜在的环境及社会风险以及冲击进行有效管理对于取得成功的发展结果至关重要。故此，亚投行作为一开发机构所应承担的职责，应重点关注其在环境、社会、人权、可持续发展等方面的保障政策，实质性地承担起国际社会责任。

亚投行于2015年9月公布了《环境与社会框架草案》（以下简称《草案》），并同部分利益关联方进行了首轮磋商。《草案》的出台便是践行“绿色”原则的第一步，这份长达38页的草案提出，亚投行将会在今后的业务中“确保环境与社会的完好无损，以及行动的可持续性”，并且它还支持“将义务开展中的环境与社会因素整合到各方参与的决策过程中”。《草案》公布后，亚投行立即启动了关于《草案》的磋商程序，于2015年9月7日在官网上发出通知：“根据磋商安排，于2015年9月10—17日这8天内，在北京和维也纳完成20多次磋商会议。”最终磋商程序经延长期限后于2015年10月23日结束。其间民间环境与社会保障组织对草案的磋商程序与实质内容提出了大量专业、详细且中肯的意见与建议。如一些意见指出首轮磋商程序存在时间安排过短、磋商方式过于粗糙、参会利益关联方范围过窄等问题。其后亚投行于2016年2月26日公布了正式的《环境与社会框架》，相较于草案，其对申诉机制的规定有重要改进。

在亚投行现有的制度体系中，《环境与社会框架》是业务政策的重要组成部分。《环境与社会框架》（以下简称《框架》）的高效出台完善了亚投行的业务政策，为之后投资业务的顺利开展奠定了基础，也使后者有了可以依托的基础性规范。相较于其他开发性金融机构保障政策文件之体例，亚投行从《草案》到《框架》，在内容编排上都做到了全面涵盖投资开发过程中关于环境与社会保障的基础性及原则性规定。《框架》出台的全过程中，亚投行本着“宁缺毋滥”的谨慎态度，没有因追求体例的完整而草率出台所有政策，[①] 亚投行可参考其他开发机构的环境政策标准，订

① 甘培忠、蔡治：《亚投行环境与社会保障政策之检思——以磋商程序与问责机制为重点》，《法学杂志》2016年第6期。

立更加细致的关于环境与社会标准的适用规范，使包含劳工权益、性别平等、非自愿移民安置、原住民在内的人权标准有更加清晰的适用依据。《框架》对于申诉机制有了具体的规定，但是这些规定仍然只停留在原则性规定的层次，欠缺强制性规定；虽然《框架》的规定明确了申诉机制的建立主体为客户而非亚投行，但实际救济主体却没有明确规定，《框架》中虽然设定了申诉机制，受影响方或利益关联方却无从依据该规定进行问责。这使项目的危害或危害风险可能无法得到制止或预防，争端不能真正得到解决，即便申诉也没有强制措施保障救济等结果有可能发生。

新开发银行在环境与社会框架上，与世行输出股东国的环境社会标准不同，新开发银行鼓励借款国识别贷款项目的环境和社会风险，提高借款国的自主性，权力更加下放，更多地使用国别体系。新开发银行副行长、首席运营官祝宪认为：“针对环境和社会问题，全球都非常重视，但在实践中不同的国家不可能有非常统一的标准，世界银行在发达国家的压力下把标准人为拔高，导致很多项目不能通过，或者运行成本太高。”周强武也指出：“世界银行存在的关键问题是不能够准确把握每个成员国的具体国情，用以偏概全的思想作为政策建议的基础，即用一个标准来衡量。那些不符合国情的政策建议，不仅没有产生预期效果，也使得世行在一些借款国中的声誉严重受损。”

（三）按照稳健的原则开展业务运营

亚投行是政府间多边开发银行，协定明确了两大宗旨：一是通过在基础设施及其他生产性领域的投资，促进亚洲经济可持续发展、创造财富并改善基础设施互联互通；二是与其他多边和双边开发机构紧密合作，推进区域合作和伙伴关系，应对发展挑战。亚投行的投资领域主要针对亚洲地区内欠发达国家和新兴经济体中需要的基础设施建设，项目大致会集中在亚洲区域内港口、码头、道路、铁路等对当地经济发展有重大支撑作用的项目。亚投行既不是商业银行也不是纯粹政策性银行，算是准商业银行，其投资应有一定收益，但又不能仅仅按照营利性选择项目，亚投行选择投资项目更看重的是间接效益。

1. 建立多元化的融资机制，解决融资成本问题

亚洲基础设施建设的投资需求量与实际投资数额的差额巨大，而基础设施建设的投资不同于一般商业投资，其不仅具有成本高、周期长、回报不稳定的特征，也会面临诸多政治风险，私人投资者对此领域的参与热情并不高。亚投行中的大部分成员存在基础设施项目基础差、相关法律规制落后等困境，如何融资才能在最大限度内调动各成员的融资积极性是亚投行现阶段亟须解决的问题。现实状况迫使亚投行必须建立多元化的融资机制。当前可行的方式有两种。

第一，就具体项目与多元资本合作，允许多元资本注入。一方面，可以依托商业性基础设施基金高效的项目开发和专业的尽职调查增强发现可投资项目的能力；另一方面，还可以通过亚投行资金的注入产生“虹吸作用”，撬动更多社会资本的参与。与熟悉当地市场的资本合作，可以向合作伙伴快速学习，双方共担风险。亚投行的资本不应仅仅局限于各成员国，还可以广开门路吸引各类金融机构包括养老基金、共同基金、保险资金，甚至是其他区域多边银行。更多元的外部出资方会更加注重项目的盈利水平，这样也能提高亚投行的可信度。

2016 年 6 月 25 日，亚投行行长金立群宣布，亚投行董事会已经通过批准了该行首批四个项目总计 5.09 亿美元的贷款，涉及孟加拉国、印度尼西亚、巴基斯坦和塔吉克斯坦的能源、交通和城市发展等领域。其中，塔吉克斯坦首都杜尚别到乌兹别克斯坦边境的公路改善项目由亚投行和欧洲复兴开发银行联合融资；而巴基斯坦 M4 国家高速公路（绍尔果德与哈内瓦尔段）项目是亚投行与亚洲开发银行联合融资。[①] 为使亚投行项目顺利运行，亚投行董事会批准设立了一个项目准备特别基金，中国财政部副部长史耀斌 25 日下午与金立群在北京签署了 5000 万美元的赠款协议。这项基金旨在为亚投行欠发达的成员国提供基础设施项目准备的保障，包括环境、社会、法律、技术分析等。中国作为提供第一笔赠款的国家，将使这项基金于 2016 年秋季运行，亚投行还将寻求其他的资金捐赠以保证基金持续运行。未来亚投行应积极推进优惠政策鼓励和刺激发放中长期贷款取得

① 另外两个项目，一个是亚投行独立提供贷款支持的孟加拉国电力输送升级和扩容项目，另一个是计划与世界银行联合融资的印度尼西亚国家贫民窟升级项目。

融资与吸收各成员商业银行的资金参与融资；尽管发展中成员在不断地进行国内投融资规制的调整与改革，但利用 PPP 进行融资仍处于起步阶段，项目具体的规制、风险的掌控仍处于探索阶段。但就长远利益而言，亚投行应以 PPP 模式的融资为终极目标，积极开展 BOT、BOO 等融资模式，鼓励私人资本参与基础设施的建设项目，保障私人资本从计划、建设到运行全过程中的风险管控及利润收益。

第二，亚投行需要依托国际资本市场满足融资需求。亚投行的法定股本是 1000 亿美元，实缴只占 1/5 即 200 亿美元，这 200 亿美元分 5 年缴齐，即每年实缴 40 亿美元。在亚投行开展业务初期，其自有资本规模不会太大，参考多边开发银行的长期实践，这些自有资本并不作为贷款资金发挥作用，而是作为储备资金充实多边开发银行资金实力。向国际资本市场融资的主要方式是发行债券。多边开发银行发行债券已有近 70 年历史，其间积累的丰富经验可为亚投行借鉴。世行自从 1947 年首次发行债券以来，一直是世界资本市场的积极参与者和创新者。世行债券发行机制由两部分组成，分别是《全球债务发行工具》（*Global Debt Issuance Facility*，GDIF）和《最终协议》（*Final Terms*）。《全球债务发行工具》是世行债券发行的母协议，规定世行发行债券的基本法律条件。《最终协议》规定具体债券产品的发行条件，也即世行具体债券发行行为都需要一个特定的《最终协议》。《全球债务发行工具》与《最终协议》是母协议与子协议的关系。世行发行的债券主要包括全球债券（Benchmark and Global Bonds）、非核心货币债券（Non-Core Currency Bonds）、结构化债券（Structured Notes）、风险资本债券（Capital-at-Risk Notes）、绿色债券（Green Bonds）等。其中，全球债券以国际主流货币发行，面向机构投资者，具有大额、流动性强的特点；非核心货币债券以地方货币计价，投资者包括机构投资者和散户；结构化债券面向机构投资者，满足其个性化需求；风险资本债券是唯一不具有 AAA 信用评级的世行债券，风险高，收益大；绿色债券投资于世行的可持续发展项目。

在多边开发银行的信用评级中，虽然并非所有的银行都能获得 AAA 评级，但获得 AAA 评级对于多边开发银行成功开展政策性业务及机构自身长效发展具有重要意义。目前，包括世行、亚行等在内的主要多边开发银行的信用评级均为 AAA，加勒比开发银行为 AA + 评级，安第斯开发银行为 AA - 评级，欧亚开发银行最高为 A - 评级，东南非贸易与发展银行最高为

BB+评级。高蓓等人[①]通过比较不同信用级别的多边开发银行在金融市场上的表现发现，评级较高的银行规模一般较大，评级越高的银行发债量越多，评级越高的银行发债成本越低。因此，对于投入运营的亚投行和新开发银行来说，取得较高的信用评级对于其未来成功运营具有重要的意义。亚投行、新开发银行信用评级越高，融资成本越低，长期可持续发展能力越强。但是作为新成立的多边开发银行，亚投行、新开发银行缺乏运营经验，也没有相应的项目积累，都会对其取得较高评级造成不利影响。对亚投行、新开发银行来说虽然无法确保可以获得AAA评级，但通过强化优势和改正不足，争取AAA评级的努力却是重要且必要的。

总结起来，多边开发银行能够获得高信用评级的原因主要有三点：第一，多边开发银行具有更为稳定和可持续的信用基础，多边开发银行的信用主要来自成员国以及机构自身信用，但机构自身信用稳定性要强于成员国政府。如世行债券由188个成员背书，其稳定性高于美国国债。第二，多边开发银行债券流动性较好，多边开发银行所发行债券很多是为大型基础设施项目融资，其发行规模较大。投资者分布于全球而呈现多元化，通过多边清算体系使得清算较为便利。更重要的是，二级交易市场是基于电子交易平台进行的；同时，债券承销商也是二级市场的做市商，保证了多边开发银行AAA债券的流动性较好。巴塞尔银行监管委员会确定世行和亚行等评级为AAA的主要原因是由多边开发银行所发行债券的风险权重为零，并适用于巴塞尔资本协议Ⅱ和Ⅲ。这代表多边开发银行所发行的机构债券是无风险资产，将受到投资者青睐，特别是银行、保险公司、资产管理公司、基金公司等机构投资者。第三，多边开发银行债券的结构更为优越。世行、亚行等债券发行期限结构较为合理，如世行发行长达30年的长期债券，还发行1年期以下的短期票据（Notes）。截至2014年，其所发行债券的币种达到57种，涵盖了包括人民币在内的全球主要货币。2014年，世行债券发行货币种类达到22种，这使世行债券比其他主权债券更能被其成员国和主要金融市场所广泛接受。而且世行债券发行对应项目是多元化的，如有全球债券（Global Bonds）、绿色债券（Green Bonds），甚至还有

① 高蓓、郑联盛、张明：《亚投行如何获得AAA评级——基于超主权信用评级方法的分析》，《国际金融研究》2016年第2期。

针对巨灾保险的“猫债”（Cat Bonds），但由于采用专业化发行及运用，债券使用效率提高且风险下降。

亚投行、新开发银行具有世行和其他多边开发银行的一般融资优势，成员国通过认缴资本的方式给予多边开发银行信用支持，多边开发银行由此确保其在国际资本市场的最高信用评级。除了各个成员国缴纳的股本金以及贷款或担保收回的资金外，亚投行需要通过获得AAA评级在国际资本市场进行筹资，主要是以发债等方式以低成本筹集资本，这些资金是未来亚投行普通业务的核心资本。

从有利的一面来看，亚投行有望在国际资本市场获得最高信用评级，多边开发银行具有良好信誉传统，中欧之间具有广泛的共同利益和积累多年的合作经验，作为域外国家的德国、英国等欧洲国家的加盟，对刚刚起步的亚投行非常有利，加强与欧洲发达成员体的合作，借鉴先进经验，会进一步推动亚投行的快速发展。这些国家的加入不仅可以带来资金推动亚洲基础设施建设，缓解亚投行运营的资金压力，更会带来一系列的人才和智力支持，如欧洲对复杂投资项目的管理制度、符合国际标准的决策方式、对项目投资回报预估等方面的经验等。当然这也意味着给亚投行的运营提出了更高的标准和要求。欧洲国家的加入，也将为亚投行获得较高的信用评级助力，对于发展中国家主导的金融机构亚投行来说，在信用评级方面取得突破，有利于未来在国际市场上获得低息融资。

从不利因素来看，中国的影响力过大可能会影响评级，在标准普尔（S&P）的评级中，亚行为最高等级的AAA。而中国的政策性金融机构——中国进出口银行、中国国家开发银行则低了3级，为AA-。如果评级较低，将会增加融资成本。以中国进出口银行为例，目前该银行拥有标准普尔公司、穆迪投资者服务公司和惠誉信用评级有限公司的评级，这些评级分别是AA-、Aa3、A+，与中国国家主权信用评级一致。[①] 评级机构穆迪表示，向中国进出口银行拟发行的基准规模美元债券授予Aa3评级，评级展望为稳定，上述债券将构成中国进出口银行的直接、无条件、无抵押和非次级债务，债券期限为5年和10年，利率固定，到期时可赎回本金。新开发银行目前的股东结构造成了其基于股本加权的股东信用评级

---

① 中国进出口银行网站，http://www.eximbank.gov.cn/tm/second/index_18.html。

相对较低。根据标准普尔评级，目前中国的长期主权信用评级在金砖五国中最高，也只达到 AA -；其他四国更低，巴西、俄罗斯、印度的长期主权信用评级均为 BBB -，南非为 BBB +。这与世行、亚行 AAA 的信用评级还有较大差距，势必造成新开发银行至少在运营之初的融资成本高于世行、亚行等现有机构。此外，新开发银行的主要股东同时也是贷款国，这很可能导致银行的稳健性下降，从而为信用评级带来不利影响。新开发银行作为一个发展金融机构，在筹资上希望能在进行美元和其他主要货币为计价货币筹资的同时，大力发展成员国本币的筹资。为了着眼于成员国的基础设施和可持续发展，新开发银行在 2016 年已经基本完成第一批基础设施项目的准备，并于 2016 年 4 月送交董事会并得到批准。新开发银行行长兼首席运行官祝宪在 2016 年 6 月陆家嘴论坛“全球经济增长的挑战与金融变革”分论坛上表示，新开发银行准备第一个债券发行，也就是在中国的市场上发行人民币债券。在成员国方面，新开发银行准备在有条件的国家发行本币债券，用于本币贷款，以避免基础设施贷款的汇率风险。但对于基础设施相对比较长期的贷款，如何降低错配的风险将是新开发银行今后需要花大力气解决的一个问题。

2. 投资标准的实践和探索

（1）市场化运营原则。

当前世界范围内的多边发展银行政治化色彩浓厚。1991 年，苏联解体后，欧美为巩固冷战结束时的国际秩序，确保东欧国家顺利融入西方阵营，推动建立了欧洲复兴发展银行。与此同时，世行、亚行等多边发展银行也坚持“华盛顿共识”和新自由主义，将它作为所有国家实现经济发展的“不二法则”，并通过“贷款条件”强加给发展中国家，客观上导致这些国际机构逐渐沦为欧美推广西式民主价值观和市场经济模式的政治工具，并在机构运营过程中出现高度的行政化和官僚化的“病症”。亚投行、新开发银行在运营中应该极力避免被政治化，坚持市场化运营的模式，发挥专业技术人员的作用，构建一个合理的商业运作模式，建立风险控制体系和机制，这样既能提高银行运营的效率，还有助于实现银行的可持续发展。从资金来源看，市场化的运营模式可以使银行的资金来源更加多元，除了各成员国的注资外，还可以吸纳来自市场以及其他渠道的资金。从治理架构看，市场化的运作方式有利于使亚投行、新开发银行考虑引入现代公司治理的理念，特别是监事会的治理架构。

（2）不干涉内政原则。

一些评论认为，尽管世界银行等多边发展银行对发展中国家贷款附加“苛刻贷款条件”的做法饱受批评，但如果亚投行、新开发银行的贷款不附加“任何贷款条件”，或者说对借款国采取“不干涉内政”的原则，也可能会出现一些不利的后果：一是难以确保贷款资金的顺利回收。如果借款国采取不适当的经济政策，或者是借款国的政府贪污腐败严重，导致贷款资金大量流失，就都会出现贷款“付诸东流”的局面。二是可能引发破坏环境等领域国际标准的事件。如果亚投行、新开发银行在贷款过程中不附加任何贷款条件，借款国可能会将贷款资金投入存在很大争议的核电、大坝等基础设施建设项目，从而对环境领域的一些国际标准造成很大冲击。但亚投行、新开发银行作为发展中国家之间的基础设施投融资平台，其使命就是在国际发展融资领域实现“机制创新”，探索以客户导向并尊重各国发展需求的新型发展融资模式，因而亚投行、新开发银行应该坚持“不干涉内政”的原则，充分尊重发展中国家自主选择本国发展道路的权利，确保发展中国家享有必要的政策空间。

但与此同时，对于已有的各种国际标准，亚投行、新开发银行也应该强调，发展中国家之间的合作并不是为了破坏国际标准，而是对国际标准采取一种“取其精华、去其糟粕”的务实态度：一方面，亚投行、新开发银行要积极学习借鉴现有国际标准中好的做法和经验，如环评政策、保障条款、采购政策、借款国财政可持续性评价等方面，制定切实可行的高标准贷款保障条款；另一方面，亚投行、新开发银行不会像现有多边发展银行一样，将贷款与人权、“良治”、民主化等非经济问题捆绑在一起，而是采取一种非政治化的、更加专业的保障标准。正如原中国财政部长楼继伟所言，现有多边发展银行积累了很多先进的经验和好的标准，新的发展银行将会充分尊重和借鉴有关标准和好的做法，但也需要对现有多边发展银行保障政策中过于烦琐、不切实际及与业务关联度不高的一些做法加以改进，以降低成本并提高银行的运营效率。

亚投行、新开发银行还应该强调发展中国家之间的经济合作和发展理念分享要坚持“平等交流、包容互鉴”的精神，中国作为发展中国家的佼佼者，在过去几十年中积累了丰富的发展经验，如在减贫、粮食安全、经济增长等领域，应该利用亚投行、新开发银行在各国之间搭建起一个“国际发展经验共享和交流”的平台，将这些“宝贵的”发展经验通过亚投行、新开发银行传播给广大的发展中国家，以促进各国之间的相互借鉴和取长补短，这样既能帮助广大发展中国家发展，又能提升中国的软实力和国际影响力。任何国家的发展道路和发展模式都只能依靠本国人民在发展的实践中不断摸索形成，而对亚投行、新开发银行来说，“本土化”既能帮助它避免重蹈世界银行的覆辙，即片面地从发达国家的发展经验出发，忽视发展中国家自身的发展需求。从操作层面来看，亚投行、新开发银行要加强与一些发展中国家自身的国家开发银行合作，开展联合融资项目，因为这些银行对本国的发展情况更加熟悉，能更有效地把资金用到所需要的地方。另外，亚投行、新开发银行也可以设立更多的区域中心和“子银行”，从而促进亚投行、新开发银行的“国际资本”与借款国“本土知识”的有机融合，更有效地实现亚投行、新开发银行以客户为导向，尊重发展中国家自身发展需求的目标和使命。

3. 面临的投资、融资风险

（1）运营收益风险。

基础设施投资是新开发银行和亚投行的主要业务领域，而基础设施建设具有初期沉没成本高、投资回收周期长等特点，并且面临市场风险和政治风险等不确定因素。新开发银行和亚投行在运营经验、治理模式、风险控制等方面还缺乏具体的实施规定，特别是一些创新机制的效果还尚未得到检验，仍需较长时间才能逐步完善和提高，因此亚投行、新开发银行起步阶段贯彻“安全运营”的原则和理念。目前亚投行、新开发银行的定位主要是促进亚洲范围内的互联互通与经济整合，考虑到基础设施项目具有投资大、回收期长和大部分项目风险较高的特点；同时为避免和亚行、世行的资金形成直接竞争，在做好风险管控的前提下，亚投行、新开发银行在东南亚和南亚地区的贷款利率可以略高于亚行和世行的普通贷款利率，在大中亚地区的贷款利率可以和欧洲复兴开发银行大致看齐并略低一些。鉴于亚行、世行和欧洲复兴开发银行都将 PPP 模式作为未来基础设施业务的重点，亚投行、新开发银行也应积极探索通过各种 PPP 模式来扩大资本的杠杆效应，与主权财富基金等机构投资者合作，同时也与其他多边开发性金融机构在南亚和大中亚地区展开合作。依托亚投行、新开发银行发行基金、证券、债券和跨境基础设施投资保险等金融产品，适时考虑构建亚洲基础设施资产证券化市场，放大亚投行投资的杠杆效应，吸引亚洲地区的私人投资，也可极大地促进人民币国际化进程。从地域来看，可以首先考虑与东南亚、南亚以及大中亚地区的战略伙伴合作，其次再考虑这些区域的其他国家，同时也注意和东盟等区域性国际组织加强合作。在业务开拓方面，应加强管理，先易后难，注意树立好亚投行、新开发银行的国际形象，从低敏感性项目入手，再逐步向高敏感性业务方向推进，确保亚投行、新开发银行的稳健发展。

（2）融资结构风险。

目前国际金融组织是由各股东大国共同成立出资的，其资本实力比较雄厚，也都会在每次金融危机发生后进行增资，如美洲开发银行已增资700亿美元，亚行从549亿美元增资到了1625亿美元，非洲开发银行已达到1000亿美元。从数据上看国际金融组织的资金是非常充足的，也没有出现过亏空，维持了它们在国际组织中的地位。需要注意的是，其中只有少部分为实缴资本，而且有些国家需要多次认缴通知或者出资有限，所以实际上这些国际金融组织面临着很大的不确定性，就是如何把这些认缴资本快速、高效地转换为实缴资本并投入使用。此外，这些国际金融组织大部分都是负债经营，负债率达到70%，欧洲投资银行的负债率最高为92.5%，主要是由于欧盟国家凭借大量举债，对内部的基础设施等投入了大量的资金建设，又缺乏相应的资金补充来维持。而世界银行的资产负债率是最低的，是70.4%，它的资金主要是用于资助贫困国家的发展，考虑到都是低息贷款，并且贫困国家基本不会提前偿还贷款，因此它的每项资助都比较审慎，并且确保内部有充分的余额资金。国际金融组织在给受援国放贷时，会按照严格审慎的原则对待每个项目，基本上要求内部的资金能够应付12个月的资金流动性需求，其实际都能很好地满足每个银行设置的流动性要求，有些还远远超出指标的设置。

因此，亚投行、新开发银行将来运营中要借鉴当前国际金融组织的这些成功经验，很好地满足流动性要求，严格控制融资结构风险。在融资方面，亚投行、新开发银行应抓住机遇，依托政府和市场大力进行低成本的中长期融资。除了自身出资，亚投行、新开发银行更需要拓宽融资渠道，以发行债券票据等为主，新开发银行可以在成员国之间发行本币债券，以促进资金的相互融通；随着国际投资的风险加大，产生的就有利率、汇率等风险对冲等衍生金融工具来进行融资。新开发银行除了靠成员国分摊入股资本之外，还可以在海外或者境内设置母子银行的模式，由子银行进行发债融资，母银行为子银行提供担保，确保资金来源的可靠度和可信度。对于一些创立成员国，若缺少足够的货币，可以转而由资本或发债向资源入股的方式，用实物资本来替代，这既可以降低新开发银行筹足资金的风险，也可减少再兑换的成本和时间，提高资源配置的效率。

（3）政治风险。

亚投行、新开发银行未来开展的基础设施建设融资项目涉及中国“一带一路”倡议沿线数十个国家，涵盖东南亚、南亚、中亚、西亚等多个区域，存在错综复杂的地缘政治矛盾，这对亚投行、新开发银行的融资业务将会产生不利影响。上述政治风险主要表现在四个方面：其一，恐怖主义。中国“一带一路”倡议涉及的西亚、南亚、中亚等区域存在暴力恐怖势力、民族分裂势力、宗教极端势力等“三股势力”，“伊斯兰国”（IS）、“基地”组织、“东突”运动在中亚、西亚以及中国新疆地区活动猖獗，已制造了多起暴力恐怖事件，相关国家和地区的安全形势严峻、投资环境恶劣。因此恐怖主义的存在将是亚投行、新开发银行基础设施建设融资需要应对的首要地缘政治风险。其二，领土争端。在南亚，有印度和巴基斯坦之间关于克什米尔领土的争端问题，以及中印之间的边界之争；在东南亚有中国与越南、菲律宾等东南亚国家在南海的领土争端。这些领土争端将损害中国与相关国家开展基础设施融资合作的互信基础。其三，国家政局不稳。南亚、东南亚等国政党之间的相互倾轧和猜疑、对民主化的诉求以及军人干政等问题，是导致相关国家政局不稳的因素，政权更迭频繁使这些国家的政策缺乏稳定性和连续性，如泰国英拉政权的更迭就导致中国在泰国高铁项目的搁浅，政策的“断档”将使亚投行、新开发银行的融资面临“搁浅”的风险。其四，区域外大国的介入。现有国际秩序的主导者美国及其亚洲的盟友日本出于维护现有国际秩序和遏制中国崛起的战略目的，均未加入亚投行，未来这两个国家可能会继续采取种种手段阻碍亚投行、新开发银行的治理和运营。

因此，亚投行、新开发银行在运营中需要对这些风险进行事先研判，采取有效措施积极应对。首先，以基础设施和民生工程的建设改善区域各国的经济发展水平，亚投行、新开发银行不但要改善亚洲区域内各国的基础设施建设，保障中国能源通道的安全，而且还应提高周边国家人民的就业水平，促进其经济发展，逐步消除恐怖主义滋生的土壤。其次，中国应积极扮演亚洲区域和平发展的“稳定器”角色，敦促和鼓励相关国家通过对话协商解决领土争端，求同存异，搁置领土争议，淡化领土争端和教派冲突，使周边国家统一到提高经济发展水平和改善人民生活水平的主要任务上来，避免将领土争端诉诸武力或以武力相威胁，降低政治风险升级为局部冲突的可能性，为亚洲区域国家的经济发展创造和平稳定的环境。最后，中国要开展灵活务实的外交活动，在和相关国家打交道时，既要和当政的政党和政界人士交往，也要与在野的各派政治势力进行广泛接触，宣传中国的和平外交政策，获得相关国家各派政治势力的理解和支持，避免在相关国家政权发生更迭时，出现国家政策“断档”导致亚投行、新开发银行融资项目搁浅的风险。

（4）市场风险。

亚投行的功能主要是服务于亚洲的基础设施投资开发，这就意味着亚投行要追求一定的投资回报，然而基础设施建设一般周期都很长，而且融资额度大，盈利困难。特别是在当前亚太地区地缘政治经济风险突出的情况下，项目的投资回报存在许多不确定性。据此，亚投行必须做好相对严格、标准的投资论证，防范市场风险。如果降低标准或者将政治因素考量进来，会损害项目选择和投资的公正性与严谨性，最终给出资人带来风险，亚投行就会逐渐失去商业魅力，并可能在竞争中逐渐被边缘化。倘若只将收益回报作为主要考虑因素，亚投行开展投资就会束手束脚、瞻前顾后，导致一些不发达但的确需要资金的国家难以获得投资，其结果可能就会与成立亚投行的初衷相悖。因此，在恪守投资高标准与支持投资紧迫性、提高股东回报率与增强信贷及时性、强化投资灵活性与控制投资风险之间，亚投行需要练就和展现足够的平衡技巧与智慧。

因此亚投行、新开发银行在贷款对象发放资金时，需严格遵循发放原则，对公共和私人部门都有所侧重，特别是私人部门需要强调其信用程度及还款能力。此外，设置一系列可行的贷款投资方案，按照贷款对象的信用级别等综合条件来选取适合他们的不同风险级别的投资方案，并对每一个投资项目形成自己银行的投资评估报告，对过程和结果进行追踪，记录银行运行过程中存在的问题，形成计分卡，利于以后业务的进一步开展。公私合作伙伴关系（PPP）模式下政府与企业共担风险，从分散风险的角度十分适用于基础建设，亚投行也可以考虑设立信托基金用于不能提供主权信用担保的项目。亚投行引入PPP模式，由会员国政府共同出资，以本国养老金、国家基金以及私营部门等社会资本投资亚洲发展中国家的基础设施建设，既拓宽了个人资金的投资渠道，又丰富了亚投行的资金来源，达到投资者、亚投行以及受贷投资项目三赢的效果，PPP模式将是今后亚投行运营中的一大创新之处。

亚投行、新开发银行还需要借鉴世行、亚行等开发性金融机构贷款风险防范措施的经验。目前世行、亚行从传统的风险分类方式进行信贷风险管理，世行主要采取严格控制信用审查程序规范操作、把控担保协议和风险控制边界等方式规避信用风险，采取让渡方式规避市场风险，建立内部综合管理体系降低操作风险；在银行项目贷款的风险管理方面，世行形成了一套完整的审批程序对项目的选择、准备、评估、实施、监测、评价和验收等各个环节进行管理。亚行在项目绩效管理方面形成了一套完整的以发展结果为导向的管理办法，大大提高了贷款项目管理绩效和风险控制。此外，日本开发银行、美洲国家开发银行和德国重建银行采用的是面向项目的信贷风险管理模式。银行贷款为项目建设提供资金，项目是银行贷款获取收益、履行贯彻政府政策职能的载体，项目的成败决定了银行贷款目标能否实现，以项目为导向的风险管理理念根据项目管理的特性主动进行银行的信贷风险管理，实现外部风险的内部化管理，从国际的发展经验来看，以项目为导向的银行业风险管理是有效的风险管理办法。亚投行、新开发银行未来需要树立以项目为导向的风险管理理念，根据项目管理的特性主动进行银行的信贷风险管理，实现外部风险的内部化管理。

（四）与其他多边金融机构业务上的竞争与合作

中国倡导成立亚投行以基础设施建设为主要目的，与以减贫为主要目标的世行和以救助为主要目标的IMF，在经营上非但不存在直接竞争关系，反而还起到互补的作用，能更好地促进亚洲各国发展。那美国为何要劝英国、法国及德国不要加入亚投行？美国认为中国成立亚投行是在挑战现有国际金融秩序以及日本以亚洲开发银行为平台的亚洲金融格局。因此，美日两国对该构想抱有强烈的戒心。首先，美国担心自己在国际经济金融领域的利益会因亚投行的成立而受损。现有的以世界银行、国际货币基金组织、亚洲开发银行等为主的国际开发金融组织，实际上是布雷顿森林体系下，由美国一手创办主导的国际金融体系，显然美国利益贯穿其中，美国的部分软实力就是国际货币基金组织和世界银行等机构创造的，这些机构传播了美国对资本主义的观点，并为美国商业打开了海外市场。[①] 布雷顿森林体系已运转70多年，在特殊历史条件下形成的美元对国际货币体系的主导已经不能反映当前的国际格局变化，各国经济实力和话语权出现显著错置。但美国作为这个体系的维护者和受益者，出于国家利益考虑试图竭力维持自己主导的秩序，不仅不愿提出改革的方案，而且对于已有的改革方案进行阻挠和破坏。2008年金融危机后，国际货币基金组织于2010年完成改革方案，经过各国理事批准，但美国国会拒绝批准对国际货币基金组织的额外融资法案，使这个国际性金融机构给予中国和其他新兴市场经济体更大决策话语权的改革变得不太可能。同样，日本也不愿将自身在亚洲地区基础设施发展领域中的影响力“割让”给中国而抵制亚投行。日本和美国在亚洲开发银行中占据主导地位，该行自20世纪60年代成立以来就一直都由日本方面指定行长人选，中国推动成立这家新的国际贷款组织，这对日本目前所占据的主导地位来说是一种直接的挑战，在中国方面推动成立亚投行以前，日本迟迟不愿采取行动以允许其他国家在亚洲开发银行中拥有更大的发言权。中国牵头筹建的亚投行会提高中国在地区发展中的话语权和影响力，逐渐培育中国的软实力，中日之间的地区领导力会出现此消彼长的趋势，日本不希望中国另起炉灶筹建新的多国开发银行，只欢迎中国对亚洲基础建设投资在现存亚行框架内进行。

其次，美国不愿意加入亚投行，不仅是出于经济利益原因，还有意识形态的考量。[②] 目前而言，美国仍然拥有世界最强的经济与军事力量，也在全球范围内提供了最多的包括“维和”在内的公共物品，即便这些公共

---

① ［英］戴维·皮林：《中国“金钱外交”的“中药效应”》，FT中文网，2015年5月12日，http：//www.ftchinese.com/story/001061970。

② 张林：《亚投行本不应该如此“火热”》，2015年4月9日，http：//www.ftchinese.com/story/001061448？full=y。

物品不能令每个国家都满意，但美国仍然深深抱有世界领袖的心态。作为这个心态最重要的一部分，就是对自己所持价值观念的坚持和输出。亚投行的成立是对美国多年来要求中国扮演“负责任利益相关者”的测试，奥巴马总统一直批评中国在国际体系中“搭便车”，呼吁中国成为一个负责任的利益攸关方，向国际提供更多公共产品；但是当中国真正出面组织这样一个开发银行的时候，想要扼杀它的恰恰又是美国政府。美国反应的背后是当代多边金融思维遭遇传统外交思维引发的冲突，亚洲开发银行、世界银行、国际货币基金组织是以美国为首的国际金融组织，它们当然被深深地打上了美国价值观的烙印——可以为发展中国家提供贷款，但是要附加资本账户开放、严格产权标准、项目公开透明、较高的用工标准、较高的环保要求等条件，而严格执行这些条件，反而可能成为当地经济快速增长的障碍。亚洲国家相信它们不会面临中国崛起带来的威胁，而是从中国日益增长的经济中受益，至少它们能从亚投行中更多更容易地获取项目贷款，从而有助于当地的基础设施建设。中国也一再表明建立亚投行的主要目的是弥补亚太地区基础设施融资方面面临的较大缺口，而不是寻求同世行和亚行等现有国际机制竞争，更不是要排挤美国。[①]

1. 与亚行、世行的竞争

对于新开发银行和亚投行的成立，很多国家和国际组织都表示欢迎和支持，并希望与之合作。但是，也有一些国家担心现有国际金融秩序将会因此改变，从而威胁自身利益，这些国家的做法会使得新开发银行和亚投行的创建和运营面临一定程度的障碍。如何处理与现有多边开发银行（主要是亚行）及美国、日本等国家之间的关系是亚投行无法回避的问题，虽然亚行融资压力较大，无力对亚洲所有基础设施提供贷款，亚投行的成立对各方均为利好，但由于亚投行的成立本身较为敏感，尤其是近期中国与日本政、经关系均较冷，同时中国与美国之间长期存在不信任，这都将考验亚投行未来运作中的谈判技巧和沟通能力。特别是新开发银行和亚投行与世行、亚行等现有多边开发银行在业务地区和领域存在交叉，竞争难以避免。例如在亚洲地区的基础设施投资上，新开发银行和亚投行都会面临

---

① 贾秀东：《亚投行折射出美国战略心病》，《人民日报》海外版，2014 年 11 月 3 日，http：//world. people. com. cn/n/2014/1103/c1002 －25961990. html。

来自亚行一定程度的业务竞争。亚行作为一个成熟的多边开发金融机构，在内部治理、业务运行等方面积累了较丰富的经验；而新开发银行和亚投行作为新创建的机构，业务模式还有待完善，风险管理、投资回报率等问题在运营初期可能会对其竞争力产生一定影响。因此能否维持可持续发展，并在同现有较为成熟的多边开发金融机构的竞争中获得优势，将是对新开发银行和亚投行的一个重大挑战。

从区域上来看，未来亚投行与亚行、世行在东南亚地区的竞争将会非常激烈，东南亚在地缘上对美日来说相对更加敏感，两国也是该地区最大的对外投资来源国，而且东南亚基础设施所需的资金规模相比南亚和大中亚地区更小，亚行和世行能够发挥更大的影响。近年来亚行资金投向的优先顺序是东南亚、大中亚地区和南亚。亚行在东南亚的主要资助对象是印度尼西亚，大中亚地区为哈萨克斯坦和南高加索地区，南亚为印度。亚行在其发布的《2020战略》中，将促进基础设施投资放在未来工作重心的首位。亚行的基本思路是通过私营部门的密切合作放大自有资本对区域内基础设施投资的影响，并且以PPP为基础设施融资的主要模式。世行援助资金中大约有40%都投向了交通、能源、水和通信基础设施等领域，资助的优先次序为非洲、亚太、欧亚、拉美和南亚，菲律宾和越南是近年来获得世行最多资助的东南亚国家。

亚投行在南亚与亚行、世行的合作空间相对更大，更可以与新开发银行在该地区展开深度合作。一方面因为该地区基础设施投资规模较大，亚行和世行的资金相对较为有限，需要寻求更多的战略合作者；另一方面也因为中美和中日在这一地区的地缘冲突相对较弱，而且南亚在亚行和世行工作优先秩序均处在最末位。尽管南亚中的印度是获得世行最多贷款的国家，但世行贷款依旧远远不能满足印度庞大的基础设施需求，而且印度对世行目前完全由美国和日本把持的格局也颇有不满，一再呼吁对世行进行改革。由于中印两国都是新开发银行的创始国，这样的结构有利于中印之间展开合作。

由于亚行已在俄罗斯以外的大中亚地区建立起较大的优势，亚投行、新开发银行将会与其在这一地区的基础设施领域竞争激烈，但亚投行与新开发银行、欧洲复兴开发银行在俄罗斯的基础设施领域存在较大的合作潜力。如果亚投行、新开发银行在这一地区有所建树，将不得不面对与亚行的激烈竞争。不过俄罗斯是新开发银行的创始成员国，本身也是大中亚地区基础设施缺口最大的国家，可以预见亚投行与新开发银行密切合作的机会较多。近年来，欧洲复兴开发银行也非常支持大中亚地区的能源、交通和通信基础设施建设，并注重通过 PPP 模式来放大资本。亚投行、新开发银行未来如在俄罗斯和乌克兰等地投资，势必会和该行形成一定竞争。欧洲复兴开发银行虽在大中亚地区有广泛影响，但对于大中亚地区的基础设施投资需求而言仍是杯水车薪，因此与亚投行、新开发银行存在不少合作空间。

从所涉及的具体领域来看，未来亚投行、新开发银行与世行、亚行、欧洲复兴开发银行在能源基础设施方面的竞争会较激烈，交通基础设施领域次之，跨境的能源和交通基础设施项目尤其是对地缘政治能够产生重大影响的项目，将会是各方争夺的焦点。通信领域、与水有关的基础设施以及公共基础设施的敏感性相对更弱，竞争性相对也更小。亚投行、新开发银行在大中亚地区、东南亚和南亚的能源基础设施方面，将会遭遇较大竞争，尤其是当这些能源基础设施对于维护中国的能源安全较具战略意义时；在东南亚地区的互联互通尤其是高铁领域，亚投行会与日本及其主导的亚行形成战略利益冲突。2015 年 5 月 21 日，日本首相安倍晋三宣布实施“高质量基础设施合作伙伴关系：投资亚洲的未来”计划，在未来 5 年向亚洲基础设施建设提供 1100 亿美元的投资。据日本内阁府公布的 GDP 统计数据显示，2014 年日本实质 GDP 与前一年相比减少 1%；个人消费与前一年相比减少 3.1%；住宅投资也大幅减少 11.6%；企业设备投资则减少 0.5%。由此可见，日本目前的经济形势并不是那么乐观，可为何还要投入 1100 亿美元搞亚洲基础设施建设？日本媒体解读为，这一新计划意在表明日本致力于通过人力资源开发和技术转让，帮助亚洲各国建设“高质量的基础设施”，同时“区别于亚投行”。这一方面是为了平息日本国内经济界要求加入亚投行的压力，体现日本的经济影响力，与中国争夺市场；另一方面，在政治上向美国表明立场，也体现日本的同盟价值。日本的投资将主要集中在地铁和桥梁建设上，为了推动这一项目，日本甚至不畏惧一些国家的较高投资风险系数，可见日本制衡中国的决心。目前，在泰国、印度尼西亚、马来西亚、新加坡等东南亚地区的高铁项目上，日本已经同中国展开激烈竞争。

2. 新开发银行、亚投行与现有机构的合作

中方在倡议建立亚投行的过程中一直强调，倡导建立亚投行目的是尽可能满足亚洲地区基础设施融资需求巨大的客观需要，中国将通过承担更多的责任，来促进亚洲地区的合作和多赢。亚投行遵循开放的多边主义，并按照先域内后域外的原则，向亚洲以及其他经济板块开放。从构建多元化的投、融资体系框架的发展趋势看，该机制与现有的多边机制是互补的关系，可以为亚太基础设施建设发挥各自的作用。[①] 亚行和亚投行不仅投资重点不完全相同，两者应该还有大量的合作机会，即使亚投行在某些方面与世行和亚行等多边机制形成某种竞争，两者竞争的也不是霸权而是市场的良性竞争，而且适度竞争也会使各方更有效率。另外，银行发展业务已越来越注重将工作人员派驻到业务所在地。世行和亚行等机构在所有经常借款的国家都安排了常驻代表，而派驻100名或更多的工作人员到一些国家工作的成本十分高昂，亚投行的目标更侧重基础设施建设，较少参与教育和卫生等与消除贫困直接相关的发展活动。因此，亚投行或许没必要安排大规模的实地工作，亚投行通过加强与世行、亚行的合作，派遣核心人员到世行或亚行现有的地方办事处工作，这不仅能提高效率，也能融汇各方经验。[②] 因此亚投行是对世界银行、亚洲开发银行的补充，而非替代；是对现有国际金融秩序的完善和推进，而非颠覆。[③] 作为一种创新机制，亚投行的成立将有利于推动完善全球金融治理。

新开发银行、亚投行的创建扩大了全球基础设施投资的资金池，它们将与现有的多边开发金融机构共同开展对基础设施建设的金融支持。在2016年6月25日举行的亚投行首次年会上中国国务院副总理张高丽在开幕式致辞中表示要“积极学习借鉴其他多双边机构的成功经验，相互取长补短，实现优势互补，壮大多边开发银行的整体力量”。金立群行长也在记者会上就与亚行的关系表示，可以共同合作，相互学习。作为新开发银

① 《亚洲基础设施投资银行如何创新模式》，南都网，2014年12月3日，http://www.nandu.com/nis/201412/03/301131.html。

② 黄育川：《亚投行如何树立正确标准?》，FT中文网，2015年4月15日，http://www.ftchinese.com/story/001061499?full=y。

③ 金立群：《亚投行并非为颠覆而生》，FT中文网，2015年3月23日，http://www.ftchinese.com/story/001061171。

行和亚投行的主要业务领域，基础设施建设具有规模大、实施和回报周期长、风险高等特点，导致项目融资面临诸多困难。新开发银行、亚投行、世行和亚行在基础设施建设领域有业务交叉，完全可以相互合作。如对于建设周期较长、投资较大的项目，可以采取合作出资的方式，进行贷款的联合发放和管理。实际上，这种合作形式在现有的多边开发金融机构之间也经常采用，这样可以扩大资金池，使得投资庞大特别是单个机构难以完成的基础设施项目成为可能。新开发银行和亚投行与现有多边开发金融机构之间开展业务项目合作，不仅可以优势互补，也有助于分散风险，从而实现合作共赢。在备受关注的第一批融资项目中，亚投行单独融资仅一项，其余三项分别为与世界银行、亚行和欧洲复兴开发银行等多边机构协调融资，融资内容均为风险较低的政府项目。

三　相关政策建议

第一，更加明确亚投行的宗旨和职能定位。大多现有多边开发银行的职能定位较为宽泛，如世行是一个全球性多边开发银行，其覆盖的地理区域广，各区域的具体情况不同，各区域的重点融资领域也不尽相同，因此出现了世行职能过于宽泛的问题。针对任何一个国家或地区而言，世行都难以很好地、有针对性地解决它们相应的发展融资需求。与世行相比，亚行的职能定位更为集中，亚行的宗旨是通过发展援助的方式帮助亚太地区发展中成员消除贫困，促进亚太地区经济和社会发展。亚行的优先工作领域是经济增长、人的全面发展、性别与发展、环境保护、私营部门的发展以及地区合作。尽管亚行流向基础设施部门的贷款比例远高于世行，同时亚行强调基础设施部门的重要性，但是仍有相当比例的贷款流入了非基础设施部门，这种趋势在短期内不会发生太大的变化。

与现有多边开发银行较为宽泛的职能定位不同的是，亚投行的职能定位更为集中，其宗旨是通过支持亚洲地区的基础设施建设（重点集中于水坝、港口物流、公路、桥梁和铁路等交通基础设施，以及能源、城市发展、通信管网等）和相关领域投资，加强互联互通和区域经济合作，从而加速成员国和地区经济发展。与亚投行职能定位相对应，其主要业务范围包括对成员国进行直接贷款或者参加贷款、为急需资金的基础设施建设项目融资、为亚洲基础设施项目提供技术援助、同国际各机构或各国公私经济实体合作来吸引基础设施建设的投资，以此来促进区域合作与伙伴关系。在开展业务的过程中，亚投行需要循序渐进，有选择地逐步拓宽业务内容。因此，亚投行需要逐步开展与其明确集中的职能定位相对应的业务，立足于基础设施部门，利用中国与其他国家的基础设施建设经验，促进亚洲地区基础设施条件的改善，从而促进成员国乃至整个亚洲地区的发展。亚投行专注于基础设施部门的职能定位既符合亚洲地区巨大的基础设施投资需求，使亚投行能够得到区域内国家的支持；也能充分发挥其比较优势和专业能力、实现其宗旨，弥补世行和亚行在基础设施投融资领域的不足。

第二，坚持符合国际标准的运营准绳。已有多边开发银行所提供的发展项目融资存在不够切合受援国实际的情况，在项目设计和实施等方面都存在提高项目运作效率的空间，如亚行项目设计中就存在项目设计过于复杂、好高骛远或不恰当；未能正确估计当地条件、政府能力等；在实施阶段存在复杂或不明确的制度安排、漫长的工作流程、低质量的顾问或承包商、亚行反应迟缓或不充分、政府执行问题以及负面的外部因素等；除项目的设计和实施外，项目的启动和完成也均存在延迟。亚投行、新开发银行吸引众多发展中国家参与的原因之一是希望亚投行、新开发银行比现有多边开发银行具有更高的运作效率。中国等发展中国家积累了丰富的基础设施建设经验，加之亚投行发展中成员国均是亚洲国家，各国之间基础设施融资需求的差异相对较小，亚投行更加了解借款国的实际情况，便于项目的设计和实施。基于南南合作的亚投行、新开发银行，需要构建更适用于发展中国家的、无偏见的发展融资标准。发展中国家反对过分强调“发展援助”本身，认为经济增长的主要动力来自发展中国家自身，必须使发展援助服务于一国整体发展战略。亚投行、新开发银行需要尊重借款国对发展道路的选择，不能借发展融资附加政治条件或干涉借款国的内部经济事务，并能够制定、实施更具灵活性和针对性的贷款方案。

多边开发银行其决策、管理和运行上一般遵循了几项基本原则：一是透明度原则，主要机构多遵循信息披露和信息公开的基本共识，整个运作过程基本透明。二是依法行事原则，主要机构在项目运作和贷款审批等方面都依照相关法律和规范进行。三是市场化运作，大部分多边开发机构都遵循市场化运作原则，其管理层和员工的激励机制和薪酬体系基本是市场化的。四是公私合营机制，在大部分的项目运作中，注重引入私人部门参与。五是评估原则，特别是独立评估机制。在新开发银行协议签署之后，金砖国家内部进行了认真的讨论，每个国家都开始准备自己的基础设施项目，要保证新开发银行在项目的选择、实施和监管方面采取的是市场化运营的模式。在立项阶段，要将项目管理的关口前移，重点放在把握资金投入方向、制定绩效目标、改进融资和财务管理以及防范债务风险等领域。在实施阶段，要围绕"强化监督检查"这一命题，加强在建项目的管理。要充分发挥监督检查职能，探索建立经常性的监督检查机制，做好在建项目绩效评价工作，及时发现和解决项目实施中遇到的困难和问题，确保项目的执行效率和质量。在完工及建后运行阶段，要继续加强和完善绩效评价工作，认真总结项目的经验和教训，对于典型项目，要及时形成案例并加以宣传推广。要注重监督检查和绩效评价结果的应用，积极探索监督检查和绩效评价结果与立项相挂钩的工作机制。实际上，也只有这样，新开发银行的运营才会真正按照市场的规律办事，避免被政治化、官僚化和行政化，从而实现在平等治理的架构下，仍然具有较高的运营效率。

第三，完善亚投行、新开发银行实施配套规则的构建。规则的制定是区域金融治理的核心问题，一个完备的多元化法律规则体系是进行治理的基础，亚投行、新开发银行应总结现有多边开发银行的实施规则，完善自身运行规则，如亚投行对环境与社会保障标准的构建以及对贪污和腐败问题进行惩治都是决定亚投行能否良好运行的枢纽。就技术援助而言，亚投行主要东道成员总体发展水平偏低，不仅在资金上需要援助，在人员、技术和管理等方面也不如亚投行中的发达成员。亚投行未明确规定需要进行技术援助的情形，也未对技术援助的形式予以规定，更没有将技术援助条款嵌入具体协议中，对此亚投行需要借鉴多边开发银行对成员技术援助的细节规定，以避免争端的发生。在利益的驱动下，寻找基础设施建设项目与环境保护及社会保障问题的平衡点是亚投行、新开发银行制定的《环境与社会框架》首要考虑的问题。在充分借鉴当前多边开发银行规制的基础上，亚投行的《环境与社会框架》在信息磋商、披露、申诉机制等公众参与方面有所创新。但亚投行仅仅侧重基础设施建设与环境之间的尽职调查、评估、合作体系等机制的构建，对诸如性别问题、劳工权益等社会保障问题仅做了概括性规定。根据现行多边开发银行经验，过于严格的环境保护与社会保障标准将使亚投行本身的职能受到限制；而过于宽松的标准不仅有碍于环境与社会权益的保障，还会导致与现行多边开发银行机制之间产生冲突，不利于亚投行与现行多边开发银行在环境保护与社会保障机制方面的协调。因此，亚投行应根据亚洲地区的实际情况及基础设施建设所涉及的具体问题对环境保护与社会保障问题进行评估，细化环境保护标准，加强社会保障机制。

第四，创新金融产品设计，降低发债融资成本。参照国际上一流多边开发银行的经验，亚投行、新开发银行要取得可持续发展，发挥其在亚洲地区基础设施建设中的政策性功能，关键是能否获得 AAA 评级。亚投行、新开发银行如果获得 AAA 评级，将可以较低成本融入大量资金，进而大力支持亚洲以及新兴经济体的基础设施建设，由于低成本资金的充裕，其职能将有利于进一步的扩展，从而更好地进行战略规划的制定和实施。

首先，亚投行、新开发银行应当大力发展绿色债券，发展绿色债券符合亚投行运营的绿色理念，符合亚投行制定“严格并切实可行的高标准保障条款”的既定目标，是回应西方质疑亚投行标准的有效做法。亚投行推动绿色债券市场发展，对投资者而言，投资高质量、可交易的固定收益类产品，实为履行保护环境、应对气候变化的社会责任，有利于提升投资者的社会形象，实现社会效益和经济效益双赢；2016 年新开发银行完成了第一批基础设施项目的准备，并于 4 月送交董事会并得到批准，其四个项目都是做绿色能源，反映了新开发银行在理念上帮助成员国进行可持续发展的努力。对新开发银行来说，有利于其扩大融资范围和投资者基础，提升人们的保护环境意识。

其次，亚投行、新开发银行应当积极发展人民币债券。随着人民币国际化从结算、投资到储备逐渐升级，一个区域内庞大的基础设施建设市场将在带动中国出口基础上进一步促进人民币贸易结算。亚投行、新开发银行可以发行区域内人民币债券的方式，为区域基础设施投资提供融资支持，在增加结算、投资的基础上，促使区域经济体增加人民币储备需求。

再次，亚投行、新开发银行应当重视发展非核心货币债券，发行以这些国家的货币计价的债券，将募得的资金投向这些国家的可持续发展项目，有利于提高融资效率，并避免汇率风险。

最后，亚投行、新开发银行可参考世行“《全球债务发行工具》 + 《最后协议》”的债券发行机制，建立母子协议式的债券发行机制，制定自己的“《亚投行债券发行工具》 + 《最终协议》”债券发行机制。母子协议的优势在于，母协议具有透明、稳定的特点，有利于亚投行债券发行机制积累信用积分；子协议依据母协议达成，条款和用词释义一致，方便争端解决和合同条款解释，可预期性强。在制定母协议时，着力推动中国金融基础设施以及相关金融机构参与财务代理行、全球代理行、清算机构等业务；在亚投行运营稳定后，除了日常发行 AAA 最高信用级别债券外，逐步发行非 AAA 的风险资本债券。

第五，合理控制投资、融资风险。鉴于基础设施项目具有投资大、回收期长和大部分项目风险较高的特点，同时为避免和亚行、世行的资金形成直接竞争，亚投行、新开发银行起步阶段贯彻“安全运营”的原则和理念。亚投行、新开发银行应积极探索通过各种 PPP 模式来扩大资本的杠杆效应，依托自身发行基金、证券、债券和跨境基础设施投资保险等金融产品，适时考虑构建亚洲基础设施资产证券化市场，放大亚投行投资的杠杆效应，吸引亚洲地区的私人投资，同时也可极大地促进人民币国际化进程。首先，亚投行、新开发银行将来运营中要借鉴当前国际金融组织的成功经验，很好地满足流动性要求，严格控制融资结构风险。在融资方面，亚投行、新开发银行除了自身出资，更需要拓宽融资渠道，以发行债券票据等为主。其次，亚投行、新开发银行在运营中需要对项目面临的政治风险进行事先研判，采取有效措施积极应对，不但要改善亚洲区域内各国的基础设施建设，保障中国能源通道的安全，而且还应提高周边国家人民的就业水平，促进其经济发展，逐步消除政治风险带来的不利影响，避免在相关国家政权发生更迭时，出现国家政策“断档”导致亚投行、新开发银行融资项目搁浅的风险。

亚投行、新开发银行作为开发性金融机构，其投资领域锁定于基础设施。与商业银行相比，亚投行的业务存在单笔业务贷款额度大、业务数目不多等特点，也存在贷款回收期限长、风险大等特点。因此，亚投行、新开发银行在贷款对象发放资金时，需严格遵循发放原则，对公共和私人部门都有所侧重，特别是私人部门需要强调其信用程度及还款能力，按照贷款对象的信用级别等综合条件来选取适合他们的不同风险级别的投资方案，并对每一个投资项目形成自己银行的投资评估报告，对过程和结果进行追踪，以利于以后业务的进一步开展。亚投行、新开发银行应根据项目生命周期阶段的划分，形成贷前、贷中和贷后三段式管理模式，构建完整的项目导向型全过程风险管理体系，使风险管理渗透到银行信贷风险的各个环节，能够从部分到整体地对银行信贷风险进行管理。

第六，加强新开发银行、亚投行与现有机构的合作。亚行和世行等多边开发银行虽然存在各种缺陷和不足，但仍应看到它们在扶贫等领域发挥了重要作用和成果，它们有成熟的流程和经验丰富的管理人员，亚投行、新开发银行借鉴这些多边开发银行好的经验，同时也要吸取教训，提高成效。目前世行、亚行都表示了要与亚投行合作的意愿，已与亚投行临时秘书处建立了工作联系，将在知识共享、能力建设、人员交流和项目融资等方面开展合作。作为借鉴、遵守国际规则的受益者，亚投行、新开发银行推动与世行等多边开发银行采取协调行动，加强项目准备和监督，包括采用标准化的采购、环境和社会保障政策，同时实行相似的事前成本效益分析和项目“可执行性”评估要求等。亚投行不仅要根据实际情况，适当借鉴世行等机构关于基础设施建设的标准和流程，还要吸收亚行等机构的有益知识储备，如亚行的独立评估局周期性地对国别合作伙伴战略和援助项目进行评估和动态调整，这方面的知识共享对于亚投行推进的基础设施建设具有重要意义。亚投行、新开发银行在治理结构、债务可持续性等方面可以与现有多边发展银行加强合作，借鉴亚行在软件建设方面的长期经验，对提升亚投行、新开发银行投资项目的长远效益会有很大帮助。

从目前来看，亚投行、新开发银行与世行、亚行等现有多边开发银行的竞争与合作是有序和良性的，有利于提升地区和国际公共产品的品质，推动亚洲地区基础设施建设。但亚投行、新开发银行的开放和包容与美国两洋经贸战略的封闭，体现了中美在引导世界经济未来发展中的不同思路，未来竞争面突出的可能性正在上升。特别是综合考虑资本金规模、目前市场结构以及地缘政治等因素，未来亚投行、新开发银行与亚行、世行间的竞争大于合作，与欧洲复兴开发银行竞争合作的机会并存。鉴于机构之间的差异性和竞争性，为了解决各个成员国之间的协调问题，避免恶性竞争，可以建立新开发银行、亚投行与世行、亚行等机构定期或者不定期的联席会议制度，会议可以由各行行长以及成员国央行行长、财政部官员参加，相互通报情况，加强联系与沟通，相互学习借鉴经验，并对存在的问题及时讨论解决。此外，还可以设立行长热线以便于及时沟通，提高联系的效率。

第九章

“一带一路”与绿色区域治理[①]

“一带一路”倡议是中国推动与沿线国家对接发展战略、实现优势互补的重要构想，已经成为中国积极参与国际合作与全球治理、主动承担大国责任的崭新名片。中国企业在以往的海外投资中，由于忽视东道国环境保护法律或民意所带来的负面影响，不仅给当事企业带来了直接经济损失，也损害了国家形象。无论是出于环境保护责任缺失，还是出于其他原因，以环境保护之名叫停中国海外投资项目，都表明环境保护问题已经不容忽视。以绿色区域治理理念指导“一带一路”建设，用东方“天人合一”的智慧为全球可持续发展作出贡献，是中国参与全球绿色治理的重要内容。绿色区域治理的对象不仅局限于“一带一路”沿线区域内的生态环境问题，与生态环境问题有关的社会问题和经济问题都是绿色治理的对象。“一带一路”建设中面临迥异的生态环境法律和制度，在摸清楚对象国环境诉求的基础上，需要借鉴国际跨域环境治理的成功经验，为企业顺利参与“一带一路”建设、避开环境保护地雷制定有效约束机制。

作为一种新型的区域经济合作安排，“一带一路”覆盖近60个国家，其本身的实施面临着前所未有的挑战，建设绿色丝绸之路是更高层次的要求。但是要求更高并不意味着建设绿色丝绸之路可以放慢脚步，也不意味着可先以粗放方式建设丝绸之路，然后再将其绿色化。西方“先污染，后治理”的方式已被证明不符合发展中国家的可持续发展道路。更准确地说，中国模式的绿色区域治理，就是要实现“边发展、边治理”的范式转

---

① 执笔人：周亚敏，中国社会科学院亚太与全球战略研究院国际经济关系研究室助理研究员，经济学博士。

型。“边发展边治理”模式不仅仅要关注污染物增量，更要关注历史遗留下来的污染物存量；要实现环境保护与经济发展相协调，克服牺牲环境来保障经济发展的旧常态；要重视生态文明理念的全面传播，而不是仅仅依靠除污设备等手段实现环境保护；要强调各行为主体在绿色治理中的平等协同，避免缺位越位问题的出现。

一 中国海外投资的环保教训与经验

2008年金融危机爆发后，中国企业海外投资面临的环境挑战越来越严峻，特别是在中国原本具有地缘政治优势的利比亚、叙利亚、苏丹、埃及、缅甸、埃塞俄比亚等高冲突地区。其中环境问题成为反对派重要的攻击对象。

2008年1月，塞拉利昂政府颁布木材出口禁令。以中国为主的外国伐木进口商无视相关法律，通常对森林进行“剃头式”砍伐，成片砍倒森林但是只运出价值高的红木。当地土壤在失去森林的保护后肥力流逝，不能为牲畜提供食物，原住民被迫移居他地，流离失所。同时，中国伐木商还常常向原住民许下修建公路、供水设施等空头支票，在木材运出后却逃之夭夭，给国家形象造成了极大损害。

2010年6月，中国四大国有银行之一同意为埃塞俄比亚的吉贝三级大坝项目提供约4亿美元贷款。在消息披露之后，银行监察组织、国际河流组织和图尔卡纳湖之友3个组织致信该银行，认为大坝项目将导致湖区生态环境崩溃。随后很多国外媒体对此事相继报道，对该银行的国际形象造成了很大影响。

2015年3月5日，由中国直接投资14亿美元的斯里兰卡科伦坡港口城项目被叫停，斯里兰卡投资促进部部长表示，港口城项目涉嫌规避当地法律以及回避相关的环境要求。科伦坡港口城项目是中国“一带一路”倡议实施以来，被中斯两国之外的政治势力干扰而受阻的项目之一，给科伦坡建筑行业的就业带来较大负面冲击。

鉴于“一带一路”倡议的沿线国家中不乏地缘政治敏感区域，对象国存在法律法规不完善、审批过程不严密、政治局势动荡等问题，为避免中国企业主动钻东道国法律空子或为第三方背黑锅的情况再发，建议中国企业在向海外项目提供贷款、竞标工程时应考虑四点：第一，审慎参与有重大环境影响的项目。在项目推进之初，应采取不低于同行业国际环境保护标准的原则，全面评估环境风险，尤其是在法制薄弱的东道国。第二，要制定应对项目出现重大环境问题的相关事后措施。比如，启动贷款暂停机制、及时向工程监理和项目业主反映实施过程中的各种问题。第三，提高项目透明度，在遭遇误解时主动澄清事实。建立公开的信息制度、投诉机制，在媒体上积极发出声音等。第四，要积极加强自我约束机制，避免粗放式开采对象国资源的情况再度发生。要建立投资对环境影响的预防机制，而不是事后补救措施。

二 “一带一路”倡议的绿色区域治理理念

进入21世纪后，全球治理从“西方治理”向“东西方共同治理”转变。绿色治理作为全球治理的重要部分，其轨迹于悄然之中逐渐东移。中国正成为全球绿色治理进程中举足轻重的一部分，中国的生态文明建设举世瞩目。东方哲学中“天人合一”的智慧、中国特色社会主义建设中守住发展和生态两条底线的认知、习近平关于加强生态文明建设的系列论述，共同构成了中国生态文明建设的科学指导。习近平2013年9月在哈萨克斯坦用“既要绿水青山，也要金山银山”的经典比喻，形象地勾画了绿色区域治理理念的精神实质。2015年3月的《推动共建丝绸之路经济带与21世纪海上丝绸之路的愿景与行动》则展示了绿色区域治理的充实内涵，为“一带一路”建设奠定了在经济合作进程中，协同实现绿色低碳发展、生态文明建设、生物多样性保护和应对气候变化等多元目标的总基调，标志着绿色区域治理理念已经渗透到“一带一路”建设的指导思想中。东方智慧对于全球可持续发展的贡献，将通过“一带一路”具体展现出来。绿色区域治理的对象不仅仅局限于区域内的生态环境问题，与生态环境问题有关的社会问题和经济问题，都是绿色治理的对象。

绿色区域治理理念要求在区域内发展经济的同时展开环境治理，即先期规划中必须将区域内的生物物理条件和社会经济条件考虑在内，最终形成一个有效的区域尺度的治理体系。在“一带一路”的实施过程中，必须将低碳化、可持续发展、可再生能源的开发利用纳入整体推进战略，使沿线国家获得可持续的福利收益，才能使“一带一路”成为百年大计。决意走可持续发展道路的中国，理应带动“一带一路”沿线国家共同追求生态文明，共建绿色丝绸之路。

首先，绿色区域治理既是国内经济发展模式向绿色化转型的自然延伸，也是促进国内生态文明建设、提升国际竞争力的必然选择。中国对粗放型发展和“先污染、后治理”模式的弊端有着极为深刻的体会，从而更加理解可持续发展的重要意义和现实紧迫性。2015 年 3 月 24 日，中央政治局会议明确提出“绿色化”发展要求，将党的十八大提出的“四化同步”进一步充实为“五化协同”。这一发展理念的升华既表明中国能够深刻理解“一带一路”沿线国家，特别是发展中国家的真正利益诉求，也意味着中国在“一带一路”建设中，绝不会沿袭发达国家主导的原有国际合作模式，即以低廉的经济利益换取宝贵的资源、环境和生态价值，而是与合作伙伴共同探索经济效益与生态效益并重的合作模式。同时，中国作为发展中国家，面临着与“一带一路”众多发展中国家相似的发展阶段、发展目标和发展任务。中国与这些国家之间相互学习、借鉴，远比嫁接移植发达国家输送的经验更具合理性和可行性。通过吸收沿线国家在保护生态环境、生物多样性，以及应对气候变化等方面的有益经验，中国将能够更有效地将国内“绿色化”转化为新型的、持续的国际竞争力，在促进国内生态文明建设的同时提升国际市场地位。

其次，绿色区域治理既能够为“一带一路”建设提供巨大发展空间，也能够切实维护发展中国家的共同利益。绿色区域治理绝非空洞的设想，而是能够提供实实在在的投资机遇和合作红利。仅就绿色基础设施建设一项而言，“一带一路”沿线国家的投资需求就可谓巨大，这既成为亚洲基础设施投资银行、丝路基金、金砖国家新开发银行等多边国际金融机构成立的重要原因，也是它们重点支持的投资领域。绿色基础设施的健全完善，以及各种绿色发展潜力的释放，既会带来现时的经济效益，又能够消除制约可持续发展的瓶颈。可以说，对“绿色”发展的追求已经成为一条将沿线各国结成利益共同体的强大纽带，正因如此，绿色区域治理才成为一种顺应和代表“一带一路”沿线国家，特别是发展中国根本利益的共同理念。

再次，绿色区域治理是对新版“中国威胁论”的有力反击。国际上有些声音说，“一带一路”倡议是中国在扩大势力范围，推行所谓新殖民主义，将会掠夺性地开发沿线国家的宝贵资源，只会给这些国家带来资源枯竭和环境恶化。针对这一“中国威胁论”的新版本，绿色区域治理理念恰恰是最有力的反驳。无论“中国威胁论”如何包装，其本质不过是维护原有不合理的区域和全球治理体系。只要中国在“一带一路”建设中通过扎实有效的工作贯彻绿色治理理念，实现经济发展与环境保护、生态安全和应对气候变化的协同整合，那么事实必将证明，“一带一路”建设能够让沿线各国共享经济合作和绿色生态的福祉。

最重要的是，绿色区域治理对于改革由发达国家主导的传统全球治理体系有积极作用。目前，发达国家越来越倾向于将环境保护和应对气候变化等问题作为维护原有利益格局的手段：一手不断向发展中国家转移污染和碳排放，另一手却在用不合理甚至苛刻的环境和气候保护条款千方百计向发展中国家的国内政策施加影响，限制其发展空间的拓展和国际地位的提升。绿色区域治理理念则主张充分尊重“一带一路”沿线各国的历史和现实，坚持“共商、共建、共享”的原则，努力将“绿色”真正转化为各国共同的福祉，而非少数国家的私利。同时，绿色区域治理也有利于增强发展中国家在环境保护和应对气候变化等重大国际问题上的整体谈判能力，推动形成更加公平、公正的区域和全球治理体系。

“一带”沿线国家面临的主要环境问题是沙漠化和水资源枯竭问题，而“一路”过程中主要涉及海洋环境保护问题。中国在推进“一带一路”过程中，应设定不同层次的环境目标：底线目标是不给对象国带来新的环境问题，这需要在项目规划设计的时候充分考察当地条件，结合本土意见作出最合理的规划；中等目标是在沿线生态环境保护方面发挥建设性作用，为周边国家和航行船只提供必要的公共服务；高级目标是帮助沿线国家解决一些环境痼疾，如输出现代农业技术缓解中亚地区的咸海危机。

此外，当前世界环境治理进程不一，区域环境治理融合面临诸多挑战。如图 9—1 所示，欧洲和中亚区域的耕地占比最高，人均 CO_2 排放水平最高，在土壤治理和温室气体减排方面走在世界前列；东亚及太平洋地区森林占比面积最高，对防治森林退化方面有成功经验；同样，东亚及太平洋地区的人均淡水资源最多，因此对于中亚和北非极度缺水地区而言，前者在水资源高效利用方面也许无法提供有效经验；东南亚的 PM2.5 污染水平居于世界之首，相关国家也积极采取行动治理空气污染。从世界环境治理的发展图景来看，各个地区有不同的环境痼疾，因而也发展出自身的优势经验。如果能够在“一带一路”倡议下，鼓励沿线国家积极推动环境治理，就可以取长补短，调动区域和跨区域的环境治理经验，解决自身的环境问题。丝绸之路经济带和海上丝绸之路，从根本上来说还是要为沿线人民增进福祉，经济利益只是福祉的一个方面，如果能够用“绿色”为丝绸之路着色，符合社会发展从工业文明向生态文明转型的历史潮流，将为“一带一路”的顺利推行打下坚实根基。

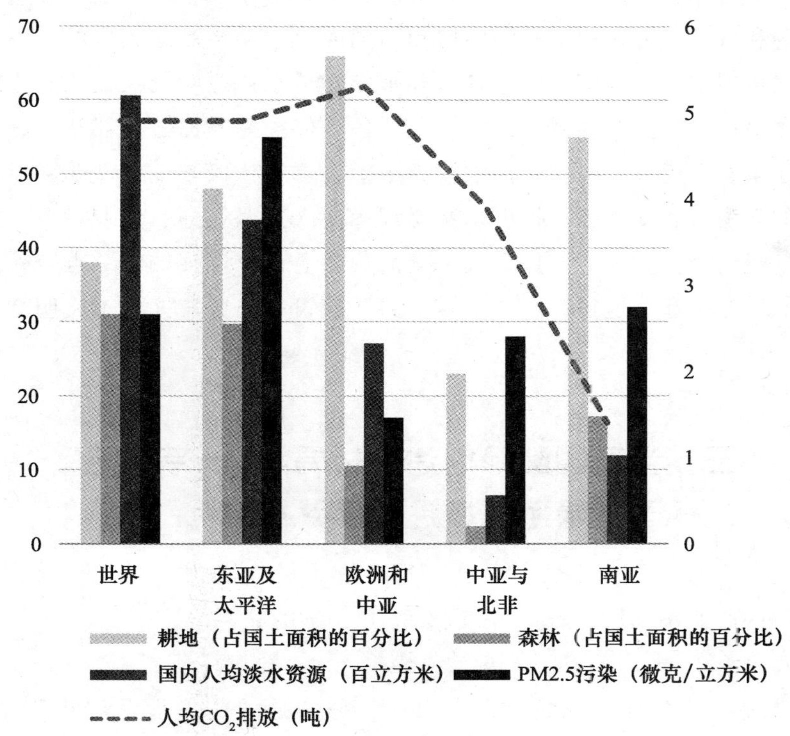

图 9—1 世界范围内的环境现状对比（2014 年）

资料来源：*The Little Green Data Book*, World Bank。

再者，环境保护是跨越国家界限的全球性问题，需要区域内的国家付出共同努力和行动。使不同文化背景下的人们实现共同履约，一方面需要建立在命运共同体基础上，另一方面要充分考虑多元文化因素，需要在制度设计上多下功夫。由于在绿色治理过程中，很多环境问题比如空气污染、水污染是跨越行政边界的，这就需要采取跨辖区的管理手段，中国在地区间横向联动治理方面正在积极探索和尝试，这些经验将为“一带一路”下的国家间绿色治理提供借鉴。如果说国内绿色治理相对较为容易，是因为国家可以采用行政命令或法律体系来进行约束，那么国家间的绿色治理联动将更为复杂，但有一点必须要保证，那就是在推进“一带一路”的过程中，绝对不能触碰合作国家的生态红线，否则将很难得到长久的支持和参与。

今后相当长一段时间是“一带一路”倡议的落实阶段，会面临很多现实问题和挑战，要根据不同的国情和不同的双边关系制定相应的战略。在环境战略制定中，要深入研究各国在节能、节水、应对气候变化、生态补偿、湿地保护、生物多样性保护、土壤环境保护等方面的法律法规，并将中国在生态文明建设中积累的创新成果融会贯通，探索生态文明建设国际合作的新模式和新路径。把生态文明理念融入互联互通、产业投资、资源开发、经贸合作、金融合作、人文交流、海上合作等领域的重点合作建设项目的各方面和全过程，在“一带一路”建设中充分发挥生态文明的引领作用。

三　当前国际绿色治理格局与“一带一路”下的绿色区域治理实践

（一）当前国际绿色治理格局

当前世界上有三种绿色治理模式，分别是“先发展后治理”模式、“边发展边治理”模式和“不污染不治理”模式。西方发达国家普遍实行“先发展后治理”模式，却希望第三世界国家“不污染不治理”，实际上是挤压发展中国家的发展空间。回顾世界环境治理历史可以发现，经济越发达的国家，在环保领域迈出的步子越早。美国在世界环保领域捷足先登，通过与国家签订自由贸易协定的方式，嵌入对自身有利的环境条款，从而在标准制定、法律规范等方面对缔约国提出要求，迫使缔约国实现所谓的

“国际接轨”。发达国家在国际经济发展的进程中倡导并推行苛刻的环保标准，在不断提高国内环保水准的同时，又以国际投资的名义向发展中国家输出污染，为其有意识的跨国污染行为披上了合法合理化的外衣。

中国在推行“一带一路”建设中的绿色区域治理有别于美国的做法。中国以发展中国家的共同利益为出发点，以“亲诚惠容”为理念，以“共商、共建、共享”为原则，希望带动周边国家的共同发展，奏响美好的交响乐。目前，世界绿色治理进程并不平坦，把握清楚国际绿色治理格局，有利于我们明确挑战、判明方向。在目前的国际环境治理中，将环境条款嵌入自由贸易协定是一种通行的做法，也就是所谓的“第二代贸易政策”。欧美等主要经济体已经开始在多边、区域、双边及单边层面开展大量工作，以此来影响国际贸易规则中的环境条款。本章将对主要国家的类似做法进行对比分析，明确目前中国绿色区域治理所面临的国际背景。我们要高度重视环境问题在“一带一路”推进过程中的影响力，因为对象国可能采取美国式的做法在缔约时要求执行环境条款，或者在具体项目协定中嵌入环境条款对中方进行制约，或者以环境保护之名叫停在建项目。

目前，世界各国参与环境治理并影响国际环境规则的方式主要有三种：一是加入国际环境公约；二是在自由贸易协定或国际投资协定中增加环境条款；三是以企业为主体参与国际自愿性规则、标准等。

亚洲拥有世界上最多数量的自由贸易协定，但目前仍然缺乏涵盖整个区域的统一自贸区协定。① 中国新一代领导人提出的“一带一路”倡议，以其开放、包容和多元特征契合亚洲地区多元化的文化和发展模式。作为一种新型的区域合作机制，“一带一路”建设需要结合以 FTA 为主的机制化安排和非机制安排。构建“一带一路”必须首先处理好与现有机制、合作平台的关系，② 还要创造性地推动其他形式的经济合作。③ 可以说，中国的国际合作将在宽度和深度上全面展开。亚洲区域现有的自由贸易安排在“一带一路”建设中将完成升级的历史使命；新型自由贸易安排将在历史潮流的需求中破土而出；而非机制性的合作安排则是结合原有经验的多元

① 李向阳：《中国周边环境的发展趋势》，《现代国际关系》2015 年第 1 期。

② 王金波：《“一带一路”与区域基础设施互联互通》，《中国社会科学报》2014 年 10 月 24 日。

③ 李向阳主编：《亚太地区发展报告 2014》，社会科学文献出版社 2014 年版，第 12 页。

化设计。

嵌入环境条款是未来 FTA 升级的方向之一，因为这不仅涉及缔约国国内产业结构的调整和在全球价值链中的分工地位，还涉及国际环境话语权的实施平台，进而从实质上掌握国际环境规则主导权。如果在此领域能够先声夺人，那么在未来的产业规则、产业标准、产品标准方面都可获得主动权；反之，如果在环境条款领域一直蹒跚不前，不仅有逆历史潮流，也不利于自身的发展。可以说，FTA 中的环境条款也是一把双刃剑，如果运用得当，使环境主动权贯穿于 FTA 的方方面面，则能在国际合作中最大化国家利益；如果亦步亦趋，则很可能受制于人，陷入被动。

（二）“一带一路”绿色区域治理中的中国实践

中国目前在应对气候变化、发展新能源和可再生能源方面，是发展中国家的佼佼者。在面对经济发展水平较低、人口较多、自然生态环境恶化的约束条件下，中国经验对“一带一路”国家的借鉴意义，远比欧美的“先污染后治理”经验具有可操作性。“先污染后治理”的环保战略是目光短浅的，因为它将治理成本转嫁到了后代身上，更聪明的方法是采取预防性行动避免损害的方式，也就是中国正在践行的“边发展边治理”模式，即有效应对气候变化必须转变工业经济模式、大幅削减对化石燃料的依赖。在生物多样性领域，应支持大型海洋和陆地保护区，并保障迁徙物种安全往返于不同栖息地的走廊。①

2015 年 4 月 20 日，习近平访问巴基斯坦，中巴双方首次尝试开展气候变化合作。巴基斯坦近年来洪灾频发，2010 年 8 月的毁灭性洪灾引发全球关注。巴基斯坦的农业用水主要依靠印度 Kush-Karakoram 冰川和 Himalaya 冰川，境内也有 5255 条冰川，由于全球升温，这些冰川正在持续减少。冰川融化给巴基斯坦带来了灾难性的影响，海平面上升导致海岸线侵蚀和海水倒灌，严重影响本地居民。同时，IPCC 报告认为大西洋水面的温度也在升高，导致更多的水蒸气进入大气，必然给南亚地区带来更强的雨季。巴基斯坦环保部门表示，近 3 年来洪水对巴造成了约 150 亿美元的经济损

① ［美］奥兰·扬：《直面环境挑战：治理的作用》，赵帆等译，经济科学出版社 2014 年版。

失，有 22.8% 的国土面积和 49.6% 的人口面临气候变化带来的威胁。环境恶化导致巴每年 6% GDP（约 3650 亿卢比）的损耗。此外，自 20 世纪 50 年代以来，巴基斯坦气温上升的速度远高于全球平均水平，1981—2005 年为平均速度的 2 倍。有研究认为，巴基斯坦是特别容易受到极端天气情况伤害的四个国家之一。巴基斯坦在应对气候变化的进程中，其主要任务并不是减少温室气体排放量，而是有效应对全球气侯变暖带来的灾难性结果。中国应对气候变化灾害的经验逐渐丰富，就洪灾应对而言，硬件和软件，中国都有丰富的人力和知识储备。硬件方面，需要在脆弱区域建设防洪堤坝，这需要基于气候变化脆弱性的适应规划，需要有经验的气候专家、水利专家、防洪专家的智力支撑；软件方面，需要设计洪灾避险规划、洪灾避险预案、洪灾预警与感知、洪灾疏散与撤离、洪灾救援避险等，并构建公众洪灾应急避险模式和避险体系。

中国在以往的国际合作中也有一些成功的绿色治理经验，如中国修建穿越塔克拉玛干沙漠的铁路时，在道路两侧种植大量树木，减少对环境的负面影响，有效地保护了生态环境。中国水利水电建设集团在老挝的分公司（NN5 发电公司）根据环评报告提到的项目负面影响，有针对性地实施了生计恢复计划，由土地补偿、帮助村民发展可持续生计和建立社区发展基金三大部分组成。其中可持续生计包括发展养鱼业和肉牛养殖，建设沼气池并进行沼气技术培训，建设一所中学和一家卫生所。考虑到水电站建成后直接输送到老挝国家电网，村里的实际收益较少，NN5 发电公司决定为受水坝建设影响的村民修建沼气池以解决生活用能需求。NN5 水电站在社区恢复、环境监控与管理方面的经验还运用到南乌江梯级水电站和巴莱水电站的开发中。在“一带一路”推进过程中，我们应该秉持这种高度负责任的态度，逐渐将绿色区域治理的经验机制化、制度化。

推进“一带一路”应该高瞻远瞩地将绿色治理纳入布局。就核电而言，从生态环保角度看，它是清洁的，没有二氧化碳的排放，而且成本（建厂开支除外）低，1 千瓦时的核电成本为 2 美分，用天然气发电的成本则为 3—14 美分。与其他新能源相比，核电成本比风电要低一半左右，比光伏发电的成本更低。在并网发电技术上，核电不存在风电和光伏发电对天气因素的依赖。对中国而言，在强调增强核电运行安全性的同时，核电在总电力生产中的比例还会有所提高。2009 年，哈萨克斯坦超过澳大利亚和加拿大成为世界最大的铀供应国。乌兹别克斯坦、蒙古国、印度等这些“一带一路”沿线国家都拥有丰富的铀资源，这为我们迈出绿色区域治理的第一步做好了资源准备。

四　“一带一路”下的环境战略

根据已经走过的历程来看，中国对外直接投资大多集中在能源、金属等资源性行业，而资源性行业对当地环境的影响较大，也容易引起当地政府和民众的反感。鉴于当前国际绿色治理蓬勃发展，欧美占据环境标准高地的现实，中国必须在“一带一路”建设中推出符合沿线国家利益的环境战略，促成“中国标准”即“区域标准”，以掣肘欧美环境标准挤压中国对外发展空间的局面。同时，有效的绿色区域治理，也将成为中国向外发展的崭新名片。

（一）绿色区域治理核心价值

对“区域”的准确界定是“区域治理”研究的基本前提。“一带一路”贯穿中亚、东南亚、西亚和欧洲部分区域，东牵亚太经济圈，西连欧洲经济圈。覆盖的总人口约为46亿人（超过全球人口的60%），GDP总量约占全球1/3。根据世界银行的数据，1990—2013年，全球贸易和跨境直接投资年均增长速度分别为7.8%和9.7%，而“一带一路”相关65个国家同期的年均增长速度分别达到13.1%和16.5%。[①]“一带一路”正在形成以亚欧为核心的全球贸易轴心，所涉及的沿途国家和区域都属于本章所研究的“区域治理”范畴。“绿色区域治理”是“一带一路”推进中绕不开的内容，因为它关系到其顺利推进和持续运转。绿色区域治理具有保障民众生态权益、发展环境代际正义、促进人民主体性价值有序实现的多重价值。

所谓“绿色区域治理”是指真正尊重环境和生态保护的区域治理模

① 张茉楠：《全面提升“一带一路”倡议发展水平》，《宏观经济管理》2015年第2期。

式，具体而言涵盖区域内的环境治理和可持续发展，宏观而言涉及区域内的生态文明建设。这意味着，首先，绿色区域治理必须得到生态文明理念的系统化约束；其次，有整体性的生态政策制度安排；再次，对治理绩效的评价必须考虑公众的绿色满意度。工业文明下实行“原料—生产过程—产品加废料”的线性生产模式；生态文明下实行“原料—生产过程—产品加原料”的循环经济模式。绿色区域治理既不是建立“绿色特区”，更不是“绿色乌托邦”，而是通过系统规划和整体行动，在推进“一带一路”过程中共生性地建设资源节约、环境友好的生态文明。

环境问题不仅是一个自然的过程，而且是一个社会过程，主要体现为生产方式影响生态环境可持续、生活方式影响生态环境可持续、分配结构影响生态环境可持续、国际分工格局影响生态环境可持续。共建“一带一路”，各国要共同应对生态环境方面的挑战，包括共同推动技术进步，加快技术扩散速度，以新技术改造生产方式，从源头上解决污染排放问题；把新技术应用于环境治理和生态保护；共同倡导物质简约、精神丰富的生活方式；推动更加平衡和更具公平性的发展；优化分工格局，共同推动“一带一路”的结构升级。要实现这种结构升级，中国必须走“边发展边治理”的新型工业化和现代化之路。

目前，中国的绿色转型在很大程度上并非一种主动的选择，而是一种被动的应对。我们在推进“一带一路”的进程中应该高瞻远瞩，将绿色治理作为一种主动的选择。在项目的设计上，要根据当地环境容量和气候容量做出合理的环评，符合当地的环境承载力。不从经济系统本身去防止环境问题的发生，而是在经济过程之外做一些修补性和善后性的工作，最后得到的结果很可能是“赢了许多战役，输了整个战争”，[①] 也就是通常所说的“局部有所改善，总体趋于恶化”。如果说过去的环境治理是把经济看作环境问题的原因，那么现在的绿色治理则要把循环经济看作环境问题的解药，因为作为污染原因的经济模式与作为预防之道的经济模式是完全不同的。虽然传统的经济增长也在提高生产过程中的资源环境利用效率，但线性增长过程中生态效率的提升，无法克服效率提高但规模增加所带来的

---

① James Gustave Speth, *The Bridge at the Edge of the World*, New Haven: Yale University Press, 2009.

反弹效应。如果能在“一带一路”推进过程中，实现经济发展与环境保护、生态安全和应对气候变化的协同整合，那么在丝绸之路沿线区域内就有望构成事实上的可持续发展共同体。

（一）依托区域贸易协定强化环境保护

自NAFTA开始，通过自贸协定来规范环境保护已经成为新实践。FTA作为双边谈判结果，很容易出现由经济实力强的国家单方主导的情形，因此目前出现的FTA环境条款往往是发达国家利益的体现。越来越多的发展中国家与发达国家签署FTA时被迫引入环境条款，比如“中国—新西兰自贸协定”的附属协议《环境合作协定》、《美国—秘鲁贸易促进协定》，等等。中国应该在这一领域统一环境政策的协调，争取在“一带一路”推进过程中实现国家环境立场的整体协同，至于是与“国际接轨”还是保持“中国特色”，要根据具体情况而定。与“国际接轨”意味着调整国内法律法规，可能会降低未来的谈判难度；保持“中国特色”则要明确谈判策略，在FTA文本设计中体现国家利益，可能面临的难度比较大。① 中国可以考虑与沿线国家协商在新订或修订的国际投资双边条约（BITs）和自由贸易协定（FTA）中较多地纳入环境保护的内容，以国际法协调投资自由化与环境政策。在与发达国家进行的规则谈判中，中国不宜全盘接受发达国家投资范本，应坚持发展中国家立场，坚持重申国际环境法中的共同但有区别责任原则，承担与己方能力相当的责任。对发展中国家，中国应提议加强环境经济政策立法与污染治理的法治化，如东道国环保法规不完备，可以中国环保法规为基本要求，或采取国际惯例标准。

（二）积极参与制定国际标准

未来低碳经济的发展将对国际贸易规则产生重大影响，而中国作为碳排放大国，受到的直接或间接影响都不容轻视。比如，碳关税将直接影响

① 李振宁：《环境保护的“多—双边”协调范式——基于自贸协定环境条款的文本分析》，《环境与可持续发展》2014年第5期。

中国相关产品的出口；环境产品清单将决定中国的优势环境产品能否出口，劣势环境产品是否受到冲击；气候变化和能源管理标准间接影响中国的产品出口。因此，中国应该积极参与影响或制定国际低碳规则，利用双边和区域性贸易协定，将国内的优势产业和优势产能顺利推向国际市场，逐步统一与协定成员国在绿色发展方面的标准和做法，协调贸易伙伴国在国际规则制定中的立场。根据不同的对象国，采取不同的措施，最终实现“中国标准”的广泛运用。“一带一路”下的开放、包容、多元的合作机制，有助于实现上述目标。

从具体操作层面而言，应该调动企业和行业积极参与到相关标准的制定过程中，比如，国际标准化组织 ISO 和国际电工组织 IEC 等，特别是低碳前沿领域与新能源、碳足迹、碳标签、能效标准相关的国际标准。非官方层面的私营标准和低碳规则虽然不具有法律效力，但是会实实在在影响企业运营，这类规则往往隐藏于供应链管理之中，通过供应链对贸易产生影响。这类标准目前 WTO 虽未明确涉及，也不在 WTO 成员通报的范畴，但影响不可估量。联合国国际贸易中心（ITC）已经发布了一个“标准地图”平台，列出了当前国际上已经形成的 130 多个非官方标准，包括非政府组织开发制定的低碳标准，可供企业借鉴。此外，还有大量的低碳领域的自愿性标准正在制定过程中，这些标准制定机构为了更好地推广其标准，往往采用多利益相关方参与的方式。中国的行业协会或行业组织可以利用自身优势，跟踪国外标准制定情况，及时将信息传递给企业，并征求企业意见，积极参与到此类标准的制定过程之中，为中国企业争取更多的话语权和准备时间。借由低碳发展的契机和“一带一路”打造出的良好平台，中国有望实现弯道超车，缩小与发达国家在绿色治理领域的差距。

（三）通过差异性策略实现有效的跨域绿色治理

“一带一路”沿线有 60 多个国家，要实现有效的跨域绿色治理难度相当大。因此亟须建立跨域治理机制，强调主体之间的对话与协作，通过主体之间持续不断的对话，以产生和交换信息，从而减少机会主义的危害。在跨域绿色治理中，政府是核心主体，要发挥政府的整体性功能，但在“一带一路”框架下，又要根据不同国家采取差异性策略。跨域绿色治理的首要前提是要建立相应的法律框架。一方面要制定跨域环境保护的基本法律，用以明确跨域环境保护的目标、原则和基本政策，政府、企业和公众等不同主体的基本环境权利和义务，绿色治理的基本权能和执法手段等；另一方面要在特定领域的环境保护法律方面达成共识，比如，关于土壤污染、水污染、核安全等领域的环境问题，这是“一带一路”倡议在绿色治理领域可以实现“一国一策”的环节。此外，国际经验告诉我们，在跨域绿色治理中，必须强调公众参与，这一方面有利于强化公民对环境治理的责任，另一方面也有助于国家战略的实施。最后，要强调环境信息的公开性和完善性。环境信息包括政府环境信息和企业环境信息。对涉及“一带一路”具体项目的环境信息，要力求做到公开、及时和透明。因为根据发达国家的经验，跨域绿色治理过程中，必须切实满足当事者的信息需求。在完善的法律框架、畅通的公众参与渠道、充分的环境信息披露三重保障下，有望实现“一带一路”战略下的有效的绿色区域治理。

（四）建立富有吸引力的、有激励和处罚的绿色区域治理机制

任何一项共同事业，对参与者而言必须要有吸引力。这种吸引力可能是经济收益、环境收益、政治收益或军事收益。虽然在上述各种收益中，环境收益并不是当政者首先考虑的问题，但当环境收益可以与其他收益捆绑在一起时，这种倡议就有了现实的吸引力，可以为对象国政府的执政业绩锦上添花，使其更愿意参与到这个宏大的共同事业中来。如今，“一带一路”倡议下的亚洲基础设施投资银行、金砖国家新开发银行、上海合作组织开发银行和“丝路基金”都应该为绿色区域治理提供资金保障，通过投资绿色基础设施或使在建基础设施绿色化的方式，在信贷政策中遵循绿色和可持续发展的原则，让沿线国家更加欢迎中国的“一带一路”。在法规机制不完善而监管缺失的情况下，加强绿色信贷的执行不失为一种实际可操作的办法。比如，2008 年 8 月，中国进出口银行发布了《中国进出口银行贷款项目环境与社会评价的指导意见》，要求境外项目开发者在批准

贷款之前必须完成环境与社会影响评价。[①]

在建立了吸引机制的基础上，对绿色区域治理的成果，必须用激励和处罚并用的方式加以巩固。正如我们已经看到的，大规模的臭氧基金推动了发展中国家履行臭氧政策，而欧洲跨国大气污染治理通过强力的处罚机制兑现了各国的减排承诺。如何在“一带一路”推进过程中建立有效的激励和处罚机制以实现绿色治理，是需要重点考虑的问题，如签署《跨界环境污染损害赔偿补偿办法》等。

正如库珀（Cooper）所说：“有些政府间关系是自愿形成的，而有些则是强迫或命令的结果。不过即使是前者，也可能是因某种驱动机制的存在而形成的。”[②]“一带一路”要做的，就是要挖掘、创造这种区域绿色治理的驱动机制。

（五）设定环保底线、建立事前预防机制和事后补救机制

与“一带一路”倡议紧密相连的是国际产能合作，在12个重点行业中[③]，部分是高耗能行业，升级版的“走出去”不能将优势产能转移简单地看作过剩产能转移，而是要将优质、先进和富余的绿色产能输送给有需求的国家。改变单一输出过剩产品的传统做法，将绿色的产业、技能输出到对象国，帮助其建立完整的工业体系和制造能力，目标在于建立贯穿“一带一路”沿线的绿色供应链[④]，实现中国绿色产业链的延伸。避免曾经粗放式、高污染的发展模式外溢到“一带一路”对象国，这应该是中国新阶段“走出去”秉持的环保底线。

在保证不触碰底线的情况下，必须建立强有力的约束机制，即事前预

---

① 唐晓阳、熊星翰：《中国海外投资与投资监管：以中国对非投资为例》，《外交评论》2015年第3期。

② ［美］菲利普·J. 库珀：《二十一世纪的公共行政：挑战与改革》，王巧玲、李文钊译，中国人民大学出版社2006年版。

③ 2015年5月，国务院发布了《关于推进国际产能和装备制造合作的指导意见》，将钢铁、有色、建材、铁路、电力、化工、轻纺、汽车、通信、工程机械、航空航天、船舶和海洋工程定为国际产能合作的12个重点行业。

④ 绿色供应链是指在将环境因素整合到传统供应链中的产品设计、采购、制造、组装、包装、物流、分配、回收和再利用的全生命周期中，注重事前预防而不是末端治理。

防和事后补救机制。在事前预防机制中，对象国的冲突风险评估是一个重要的保险环节。同时建立企业的可持续发展管理体系，将相关指标逐项纳入生产经营管理决策和行动，形成指标化的可持续发展管理体系和信息管理平台，对于未完成体系考核的领导班子，要予以相应的处罚。在事后补救机制方面，要高度重视在不同选举制度的国家中民间认知所发挥的关键作用，积极运用媒体力量来澄清事实、宣传自身。

第 十 章

“一带一路”与联合国可持续发展议程[①]

“一带一路”与联合国2030年可持续发展议程关注的是发展问题：一个是全球发展议程，一个是区域发展倡议，二者都是长期的发展议程。2030年可持续发展议程是未来10年的议程，时间跨度长；同样“一带一路”也是长期的安排，时间跨度可能要超过2030年。

“一带一路”与联合国可持续发展议程都共同推崇包容性发展和可持续发展等理念。这两个议程中的议题覆盖面都较为广阔，包括减贫和经济增长，也包括社会和环境，扩展到全球公共物品的范畴，二者所分享的理念都极为相似。

中国是最早提倡“包容性发展”的国家，“一带一路”旨在推动中国与沿线国家的包容性发展。前任国家主席胡锦涛在亚太经合组织两次重要会议和博鳌亚洲论坛上的重要演讲都是以包容性发展作为主题。近些年，包容性发展（inclusive development）已经成为世界银行、亚洲开发银行和联合国经社理事会、联合国开发计划署等国际组织的热点研究领域。亚行、欧盟等区域组织还将包容性发展的思想写进了2020战略框架中。

“一带一路”体现出中国履行国际责任与实现国家利益相结合。一方面，中国按照自己的理解承担国际责任，而不仅仅是美国所定义的“负责任的利益攸关方”，只是遵守美国偏好的国际规则；另一方面，维持稳定的周边安全环境符合中国的国家利益。“一带一路”倡议的提出，体现出中国在探索包容性发展的路径，要实现自己的发展与周边国家发展的同步性。因此，这种结合，是要把全球治理与区域合作结合起来，把中国的国

① 执笔人：谢来辉，中国社会科学院亚太与全球战略研究院助理研究员，经济学博士。

际责任与国家利益结合起来，把多边承诺义务与双边、区域合作实践结合起来。

2030 年可持续发展议程是当前主导性的全球发展议程，它不再由发达国家及其控制的多边组织主导，而是由联合国主导，中国和沿线国家都可以积极参与其中，二者可以紧密互动。另外，2030 年可持续发展议程是联合国各成员国达成高度共识的多边发展话语，具有高度的合法性，区域发展议程不能与之有所抵触，只能与之接轨。从这个意义上说，“一带一路”作为重要的区域性发展议程，必然会受到 2030 年可持续发展议程的约束（或者指导），应该主动向其靠拢。

把“2030 年可持续议程”与“一带一路”联系起来，对于中国和沿线国家实施“一带一路”，同时推动全球发展都具有重要意义。联合国 2030 年可持续发展议程是推动更加公正平等国际政治经济秩序、重建发展话语的机会。2008 年国际金融危机之后，“华盛顿共识”彻底失去合法性，西方国家主导的发展观念失去正当性。而自从 1997 年亚洲金融危机之后，新兴经济体走出了一条国家主导型的发展道路，发展出一套区别于新自由主义的发展观。“一带一路”沿线国家多数是发展中国家，经济社会发展是合作主要内容。因此，建立二者之间的联系至关重要。

“2030 年可持续发展议程”与“一带一路”相互支持。但是在何种意义上，“一带一路”可以有利于联合国 2030 年可持续发展议程的实施，联合国发展议程又如何能够有利于“一带一路”的顺利推进？我们如何在实践中加强二者的融合，实现二者的共赢？

一 “一带一路”契合联合国可持续发展议程的要求

（一）“一带一路”把推动共同发展作为核心目标

“一带一路”是中国构建新型国际关系的倡议。中国从埋头于自己的发展开始转向地区和全球发展。作为世界第二大经济体，中国对世界经济具有举足轻重的影响，需要从地区和全球发展的角度考虑自己与外部世界的互动模式。在诺贝尔经济学奖获得者迈克尔·斯彭斯（Michael Spence）

看来，亚洲基础设施投资银行和“一带一路”倡议，代表着中国提出的国际发展战略。他认为，中国在过去的35年，大部分时间专注于国内经济，“没有出台让邻国确信自己可以从中国的经济转型中获利的战略”。现在，中国形成了“增长和发展战略的外部新定位”。“更广义地说，中国投资能够刺激丝绸之路经济带沿线国家的经济发展，目前发达经济体对这些国家的投资不够。最终地区经济的增长将有利于中国经济并提升其国际地位。”①

“一带一路”倡议对于中国在新时期改善国际环境和提升国际形象具有重要意义。早在中国提出“一带一路”倡议以前，美国学者黛博拉·布罗蒂加姆就指出，中国的新国际战略是一个深思熟虑和长期的战略，主要是为了应付三个方面的挑战：首先，中国充裕的自然资源基础已经难以满足经济的快速发展；其次是政治方面的挑战，为了平息人们对中国的快速崛起将会侵占其他发展中国家发展前景的忧虑，中国需要将自己塑造成一个正在崛起但却“负责任”的大国；再次是拥抱全球化。中国需要扩大新的市场，对日渐“成熟”的国内产业进行升级，并建立跨国公司。从历史上看，中国已经采取了三步走的战略。首先，1995年进行的重大援助创造了各种工具将援助、贸易和投资结合起来；其次，2000年之后，中国领导人以更高的姿态推动“共同繁荣”，创建区域性组织来支持一系列将援助与经济合作结合在一起的计划；最后，为了与加入WTO相配套，中国改进政策工具箱，通过推动成熟的“夕阳产业”到海外发展来帮助国内的结构改造。其中最为明显的信号是在其他国家至少建立50个特别经济合作区。② 从这个意义上看，“一带一路”是新时期中国国际战略的重要发展，是对之前“走出去”国际战略的进一步升级。

自党的十八大以来，中国国家领导人除了继续宣示坚持和平发展以外，“共同发展”成为中国外交活动重要的关键词，也是“一带一路”的核心精神。比如，习近平主席说：“弘扬丝路精神，就是要坚持合作共赢。

① ［美］迈克尔·斯彭斯：《中国国际发展战略让世界受益》，《参考消息》2015年7月9日。

② ［美］黛博拉·布罗蒂加姆：《龙的礼物：中国在非洲的真实故事》，沈晓雷、高明秀译，社会科学文献出版社2012年版，第56—57页。

中国追求的是共同发展。我们既要让自己过得好，也要让别人过得好。”[①] 在2014年8月访问蒙古国时，习近平主席表示：“中国愿意为包括蒙古国在内的周边国家提供共同发展的机遇与空间，欢迎大家搭乘中国发展的列车，搭快车也好，搭便车也好，我们都欢迎。”[②] 合作共赢作为新时期中国外交的重要核心理念，正是因为“共同发展”已经成为中国和平发展承诺的必要条件。

在2014年亚信峰会的演讲中，习近平主席是这样定位“一带一路”的：“中国将同各国一道，加快推进丝绸之路经济带和21世纪海上丝绸之路建设，尽早启动亚洲基础设施投资银行，更加深入参与区域合作进程，推动亚洲发展和安全相互促进、相得益彰。”[③] 在2014年11月举行的互联互通伙伴对话会议上，习近平主席更加明确地指出：“一带一路”要“以亚洲国家为重点方向，率先实现亚洲互联互通”。他说：“‘一带一路’源于亚洲、依托亚洲、造福亚洲，关注亚洲国家互联互通，努力扩大亚洲国家共同利益。‘一带一路’是中国和亚洲邻国的共同事业，中国将周边国家作为外交政策的优先方向，践行亲、诚、惠、容的理念，愿意通过互联互通为亚洲邻国提供更多公共产品，欢迎大家搭乘中国发展的列车。”[④]

“一带一路”体现中国新时期“大国外交”转型。党的十八大以来，中国提出新型义利观，倡导共同发展战略，是一种大国外交的转型。这种转型突出体现在周边外交的实践方面。“一带一路”的意义在于使中国周边地区能够搭上中国发展的快车甚至“便车”。这种外交思想来源于中国先秦时期的儒家经典著作。孟子在面对齐宣王“交邻国有道乎”的问题时回答道：“惟仁者为能以大事小……惟智者为能以小事大……以大事小者，乐天者也，以小事大者，畏天者也。乐天者保天下，畏天者保其国。”（《孟子·梁惠王下》）这种“以大事小”的仁者姿态被认为是中国传统文化中对于大国外交的最好定位，也是中国提出“一带一

① 习近平：《弘扬丝路精神，深化中阿合作——在中阿合作论坛第六届部长级会议开幕式上的讲话》，《人民日报》2014年6月6日。

② 习近平：《守望相助，共创中蒙关系发展新时代》，《人民日报》2014年8月23日。

③ 习近平：《积极树立亚洲安全观，共创安全合作新局面——在亚洲相互协作与信任措施会议第四次峰会上的讲话》，2014年5月21日。

④ 习近平：《联通引领发展，伙伴聚焦合作——在“加强互联互通伙伴关系”东道主伙伴对话会上的讲话》，《人民日报》2014年11月8日。

路”的深层文化动因。

（二）“一带一路”与联合国可持续发展议程的契合点

尽管“一带一路”与联合国可持续发展议程提出的背景各不相同，但是二者在发展目标、手段以及发展理念方面都高度契合。

首先，“一带一路”与联合国可持续发展议程的目标高度契合。作为联合国新千年发展目标的延续，可持续发展目标不仅要解决贫困问题，还将其目标定位于那些导致贫困的深层次原因。“一带一路”以促进中国与沿线国家的共同发展作为主要目标，致力于实现中国与沿线国家的发展战略对接。二者都共同致力于解决一些全球性的重大问题，比如减贫、消除不平等、保护地球等。亚洲开发银行的报告认为：“通过完善的基础设施将多样化的亚洲各个经济体连接起来，将有助于保持亚洲的一体化、无贫困、繁荣与和平。”① 这些都可以理解为“一带一路”的全球治理维度。

其次，“一带一路”与联合国可持续发展议程都认同实现目标的有效途径，强调贸易与投资以及基础设施建设的作用。

贸易和投资是实现可持续发展的重要政策工具。可持续发展目标一直强调，“国际贸易是实现包容性经济发展和减贫的引擎，也有助于推动可持续发展”。此外，“民间商业，投资和创新是生产、包容性经济增长以及创造就业的重要驱动器”。

“一带一路”倡议也提出“投资贸易便利化水平进一步提升，高标准自由贸易区网络基本形成”。这一行动计划要求创新贸易形式，包括扩展跨境电子商务以及服务贸易。此外，行动计划也包括“加快投资便利化进程，消除投资壁垒，加强双边投资保护协定”等内容。

亚洲国家大部分都是发展中国家，贫困人口占世界贫困总人口的2/3左右。尽管许多世界上发展速度最快的国家都处于这个地区，但亚洲仍然还有许多国家没有充分发挥出发展的潜力。如果获得区域一体化的支持，较穷的国家可望进入全球价值链，最大限度地发挥其增长潜力。

---

① 亚洲开发银行研究院：《亚洲基础设施建设》，邹湘、智银风等译，社会科学出版社2012年版。

另外，可持续发展目标与“一带一路”都高度强调基础设施的投资和建设。对于很多国家而言，基础设施都是实现可持续发展的一个瓶颈。基础设施的缺乏已经成为亚洲地区的突出特点，而这是束缚经济发展以及经济一体化进程的关键因素之一。大量研究表明，完整的地区联系通道的缺失是影响亚洲地区贸易、增长和一体化进程的重要因素。特别是亚洲的内陆国家，基础设施较差的国家，可能会因为不能从全球化中受益，导致发展水平较低。除了非洲地区以外，南亚和东亚地区一直都是世界上贫困人口规模最大和最为集中的地区。

在可持续发展目标的正式文件中，提到“基础设施”一词达到 11 次。而在“一带一路”的《愿景与行动》文件中，也 12 次提到这个词。可持续发展议程呼吁推进“优质、可靠、可持续和灵活的基础设施，这包括区域性和跨界的基础设施，以推进经济发展和人类福祉，并将服务于所有人的可负担以及公平的机会作为工作重点”。对于农村发展、能源服务以及交通等方面，这一点尤为重要。与此相似，“一带一路”也承认各国在“努力实现区域基础设施更加完善、安全高效的陆海空通道网络基本形成、互联互通达到新水平”方面的需求。①

再次，“一带一路”与联合国可持续发展议程分享共同的发展理念，都是对新发展模式的探索。

可持续发展和包容性发展是指导 2030 年可持续发展议程的核心理念。2008 年国际金融危机以后，“华盛顿共识”失去影响力，全世界需要新的发展理念来指引。“华盛顿共识”削弱了地方、国家和全球的管理能力，破坏了各层面行政当局提供急需公共产品的能力，以社会公正和环境可持续发展为代价换取经济自由。② 可持续发展要求所有国家在宏观和微观政策上都进行意义深远的改革。它不仅要求重新评估发达工业化国家的消费模式和生活方式，也要求重新评估发展中国家的自然资源管理方式，还要求大力加强国际合作以促进发展，为所有国家提供了通过发展对话追求其国家核心利益的巨大空间，为加强促进发展的国际合作提供了前所未有的契机。

可持续发展和包容性发展同样也是指导“一带一路”的核心原则。如

① 成帅华：《“一带一路”助力全球可持续发展》，《中国经济报告》2015 年 11 月 28 日。

② ［英］戴维·赫尔德：《重构全球治理》，杨娜译，《南京大学学报》（哲学·人文科学·社会科学版）2011 年第 2 期。

前所述，实现中国与沿线国家的包容性发展是中国提出“一带一路”的主要目标。“一带一路”的《愿景与行动》文件中也明确提出可持续发展的要求，要建设“绿色丝绸之路”。联合国可持续发展议程将“持久、包容和可持续的经济发展”置于核心地位。而“一带一路”的愿景也对此予以呼应，它提出要在各参与国实现“多样化、独立、均衡和可持续的发展”。

“一带一路”倡议对于欧亚大陆是一个探索新的共同发展模式的尝试。“丝绸之路”是跨越亚洲并连接亚欧大陆的特殊文明符号和历史记忆。“一带一路”的倡议，意味着各国开始团结在这个充满文明和历史记忆的图腾下重新规划地区的共同发展。过去两个世纪以来这一地区的发展都是在帝国主义、殖民主义和西方主导的全球化力量推动下追求所谓的“现代化”，完全顺从资本主义的逻辑；现在既然各国能够自主选择，那么这种规划必然要与过去有所区别。联合国可持续发展议程将为“一带一路”的新探索提供指导，也提供理论上的合法性。

“一带一路”既是一个经济工程，也是一个社会工程。因为中国的“一带一路”倡议把“民心相通”当作一个终极目标，中国希望从经贸关系升级到政治互信和睦邻友好关系。而且，经济一直是内嵌于社会关系之中的，经济关系只是社会关系中的一个维度。只是在新自由主义的政策误导下，经济才一度彻底摆脱社会的关系，并试图反过来主导社会关系。“一带一路”只有摆脱旧有的发展观；同时实现经济、社会与环境的全面发展，才能真正实现其初衷。这也是联合国可持续发展议程所追求的。

二 可持续发展议程需要“一带一路”的有力支撑

联合国可持续发展议程是当前全球发展的主导性议程，代表着国际社会的共同规范。与区域性发展议程相比，它具有许多重要的优点：首先，它凝聚和代表了高度的国际共识，已经成为国际社会认可的理念和规范；其次，它涵盖了全球所有的发达国家和发展中国家，具有广泛的包容性和开放性，是一个全球层面的发展议程；再次，它作为一个多边的发展议程，具有非政治化的色彩，超脱于地缘政治的因素之外。

当然，联合国可持续发展议程尽管吸取了之前千年发展目标的教训，但仍然存在一些重要的不足。特别是它作为一套目标体系，在实施方面存在天生的缺陷。在其中一些方面，“一带一路”可以在很大程度上予以有力的支持。

（一）联合国可持续发展议程的不足

联合国2030年可持续发展议程在2015年9月正式获得联合国大会通过（见表10—1）。它强调包容性增长，改变传统增长模式，综合考虑可持续发展经济、社会、环境三大支柱，加强全球可持续发展治理。与之前的千年发展议程相比，联合国2030年可持续发展议程有许多进步。该议程的核心挑战是如何同时虑及减贫和可持续发展，把减贫和可持续发展合二为一成为统一的发展议程，不再单纯关注减贫，而是拓展到冲突与和平、不平等和可持续发展等诸多领域。2030年可持续发展议程的核心是一套目标体系，被称为“可持续发展目标”（SDGs）。它相比千年发展目标（MDGs）在许多方面都有进一步的深化和拓展。可持续发展目标目前涵盖了17个重点领域的总体目标和169个具体目标，更完整、更深入、更具有可实施性。SDGs不仅要消除贫困，而且要共享繁荣；不仅是小学教育，还包括中学教育；不仅是简单的国际合作，还有具体的可操作的实施手段。尤其值得重视的是，SDGs增加了可持续的工业化、城市化、生产和消费等发展性领域和指标，直接指向人的发展的驱动力和环境可持续的压力；它不仅关注发展中国家，也关注发达国家的可持续发展实践。[①]

表10—1　　联合国2030年可持续发展目标（SDGs）

目标
目标1. 在全世界消除一切形式的贫穷
目标2. 消除饥饿，实现粮食安全，改善营养和促进可持续农业
目标3. 让不同年龄段的所有的人都过上健康的生活，促进他们的安康
目标4. 提供包容和公平的优质教育，让全民终身享有学习机会
目标5. 实现性别平等，增强所有妇女和女孩的权能

① 联合国：《改变我们的世界：2030年可持续发展议程》（Transforming our World: The 2030 Agenda for Sustainable Development），2015年9月。

续表

目标 6. 为所有人提供水和环境卫生并对其进行可持续管理
目标 7. 每个人都能获得价廉、可靠和可持续的现代化能源
目标 8. 促进持久、包容性的可持续经济增长，促进充分的生产性就业，促进人人有体面工作
目标 9. 建造有抵御灾害能力的基础设施，促进包容性的可持续工业化，推动创新
目标 10. 减少国家内部和国家之间的不平等
目标 11. 建设包容、安全、有抵御灾害能力的可持续城市和人类住区
目标 12. 采用可持续的消费和生产模式
目标 13. 采取紧急行动应对气候变化及其影响*
目标 14. 养护和可持续利用海洋和海洋资源以促进可持续发展
目标 15. 保护、恢复和促进可持续利用陆地生态系统，可持续地管理森林，防治荒漠化，制止和扭转土地退化，阻止生物多样性的丧失
目标 16. 创建和平、包容的社会以促进可持续发展，让所有人都能诉诸司法，在各级建立有效、负责和包容的机构
目标 17. 加强执行手段，恢复可持续发展全球伙伴关系的活力

注：* 确认《联合国气候变化框架公约》是商定全球气候变化对策的主要国际政府间论坛。

但是，联合国可持续发展议程也仍然存在明显的不足：首先，国际社会达成共识的主要是一个目标体系，对于实现目标的手段和机制缺乏共识；其次，该议程依赖于各国国内实施，但是各国实施能力存在很大差距，特别是主要靠发展中国家国内的努力可能不能解决发展问题。再次，该议程缺乏资金保障和国际合作的实施机制，发达国家的义务没有得到足够体现。发达国家一直未能足额、及时履行官方发展援助占国民总收入0.7%的承诺。根据联合国贸易和发展会议的统计，要实现2030年全球可持续发展目标，发展中国家每年需要3.3万亿—4.5万亿美元投资。从目前的筹资情况进展，未来还存在较大的缺口。

（二）"一带一路"对联合国可持续发展议程的潜在贡献

1. 中国是联合国2030年可持续发展议程的坚定支持者

中国积极支持联合国主导推动的2030年可持续发展议程，强调应该把解决贫困问题作为核心，同时兼顾可持续发展。中国呼吁发展中国家加强南南合作，也认为发达国家应该更好履行责任和义务。2015年4月，习近平主席在纪念万隆会议50周年会议上演讲时专门指出：“广大发展中国家都面临着加快发展、改善民生的共同使命，应该抱团取暖、扶携前行，积极开展各领域合作，实现我们各自的发展蓝图。……帮助发展中国家发展、缩小南北差距，是发达国家应该承担的责任和义务。要推动发达国家切实履行官方发展援助承诺，在不附带政治条件基础上，加大对发展中国家支持力度，增强发展中国家自主发展能力，建立更加平等均衡的新型全球发展伙伴关系。要维护和发展开放型世界经济，推动建设公平公正、包容有序的国际经济金融体系，为发展中国家发展营造良好外部环境。”① 2015年9月，习近平主席出席联合国大会，高度评价联合国2030年可持续发展议程的意义，并承诺中国将予以大力支持。2016年9月，中国利用自身作为G20杭州峰会东道国的机会，把实施联合国2030年可持续发展议程作为会议的重要议程纳入其中，从而为该议程的实施作出了重要贡献，获得了国际社会的广泛赞誉。

中国已经明确把“一带一路”的角色定位为中国支持全球发展的重要载体之一。在2015年9月联合国发展峰会上的讲话中，习近平主席明确表示：“面向未来，中国将继续秉持义利相兼、以义为先的原则，同各国一道为实现2015年后发展议程作出努力。”“中国也愿意同有关各方一道，继续推进‘一带一路’建设，推动亚洲基础设施投资银行和金砖国家新开发银行早日投入运营、发挥作用，为发展中国家经济增长和民生改善贡献力量。”②

在2015年10月全球减贫与发展高层论坛的主旨演讲中，习近平主席再次特别提到“一带一路”对于促进全球减贫和发展事业的重要意义。他说：“维护和发展开放型世界经济，推动建设公平公正、包容有序的国际经济金融体系，为发展中国家发展营造良好外部环境，是消除贫困的重要条件。中国提出共建丝绸之路经济带和21世纪海上丝绸之路，倡议筹建亚洲基础设施投资银行，设立丝路基金，就是要支持发展中国家开展基础设

---

① 习近平：《弘扬万隆精神，推进合作共赢——在亚非领导人会议上的讲话》，《人民日报》（海外版）2015年4月23日。

② 习近平：《谋共同永续发展 做合作共赢伙伴——在联合国发展峰会上的讲话》，《人民日报》2015年9月27日。

施互联互通建设，帮助他们增强自身发展能力，更好融入全球供应链、产业链、价值链，为国际减贫事业注入新活力。”①

2. “一带一路”对联合国可持续发展议程的潜在贡献

“一带一路”对新时期的世界经济具有重要推动作用，是中国体现自身作为全球发展贡献者的重要形式。具体来说，“一带一路”将从以下几个方面对联合国可持续发展议程作出实质性的贡献。

首先，“一带一路”将对沿线国家的经济增长产生实质性的推动作用，而沿线国家大多在全球发展中处于面临较大瓶颈的欠发达地区。据 IMF 估计，从 2015 年到 2019 年，丝绸之路沿线的基础设施投资额将会达到 3 万亿美元，必将有助于促进相关就业、消费和经济增长。

其次，中国作为世界第二大经济体对沿线国家开放构成新的消费市场，对于新时期的全球化具有重要意义。

西方发达国家的市场准入门槛较高，“一带一路”沿线许多国家难以进入这些市场。目前 WTO 的非成员方多数都在沿线国家之中，这些国家因为种种原因难以进入全球供应链，因此也难以享受到全球化的好处。开放的国际贸易体系对发展中国家意义重大，发达国家贸易保护主义的伤害远远大于其提供援助带来的好处。据世界银行统计，仅消除贸易壁垒一项为发展中国家年均收入增长的贡献就达 1420 亿美元，这还是保守的数字。这一数字已超过了主要工业化国家 2005 年 800 亿美元的对外经济援助和它们提议要免除的发展中国家 425 亿美元债务的总和。②另外，据联合国贸易和发展会议的数据，欧盟的保护主义政策每年剥夺了发展中国家近 7000 亿美元的出口收入，这几乎是贫穷国家所接受援助金额的 14 倍。美国在农业上同样也实施贸易保护主义政策——由于 2.5 万名美国棉农获得了数十亿美元的补贴，所以数百万的非洲棉农饱受损失。③ 在这种背景下，中国开放市场作为欧美发达国家市场的替代，无疑为沿线国家提供了新的经济增

① 习近平：《携手消除贫困 促进共同发展——在 2015 减贫与发展高层论坛的主旨演讲》，《人民日报》2015 年 10 月 17 日。

② ［新加坡］马凯硕：《新亚洲半球》，刘春波、丁兆国译，当代中国出版社 2010 年版，第 25 页。

③ Johan Norberg, *In Defense of Global Capitalism*, Washington, D. C.: Cato Institute, 2003, 转引自［新加坡］马凯硕《新亚洲半球》，刘春波、丁兆国译，当代中国出版社 2010 年版，第 23—24 页。

长驱动力。

再次，“一带一路”所代表的新发展理念，符合联合国可持续发展议程的需要。强调基础设施投资是“一带一路”的重要特点，并且是对新自由主义发展观的重大超越。新自由主义认为阻碍发展的关键是国家的政策，其他因素比如地理条件却被忽略了。进入21世纪，许多经济学家意识到，地理障碍是束缚许多后发国家发展的核心障碍之一，基础设施对于帮助这些国家发展经济以及进入全球生产网络，都具有重要意义。

中国以合作共赢的丝路精神开展合作，有利于推动开放包容的共同发展，这是之前资本主义国家推动全球化时所缺乏的。赞比亚经济学家丹比萨·莫约（Danbisa Moyo）基于中国在非洲的实践认为，中国在非洲基于互惠互利的经济合作，比西方国家的援助要更有利于当地的发展。中国是非洲人民的真正朋友。[①] 中国基于自身的发展经验，一直强调公共基础设施投资对于经济发展的重要性。而这与IMF和世界银行等国际金融机构宣传推广“华盛顿共识”教条的做法形成了鲜明的对比。美国经济学家萨克斯在2007年就已经指出，当西方国家还高高在上地教育非洲国家的官员如何发展经济的时候，中国人却在非洲与他们平等务实地帮助推进基础设施建设。二者究竟孰优孰劣，现实中已经有清楚的答案。[②] 中国提出了“一带一路”倡议，并建立亚投行和丝路基金，正好响应了亚洲地区在发展合作方面的强烈需求。因此，在2015年博鳌亚洲论坛上，许多发展中国家代表由衷地表示：我们之所以参与亚投行，并不是要跟中国“选边站”，而是选择了正确的发展潮流。

3. “一带一路”与联合国可持续发展目标的直接联系与间接联系

我们可以将其大概分为三类：直接相关、间接相关以及拓展性相关。其中，“直接相关”表示“一带一路”明确可以直接支持可持续发展目标的情况；“间接相关”表示“一带一路”倡议的国际合作中有所涉及，可能在某种形式上作出一些贡献的情况；“拓展性相关”表示尽管“一带一路”不是实现相关目标的手段，但是“一带一路”如果深入持续发展未来有希望对其产生影响（见表10—2）。

---

① ［赞比亚］丹比萨·莫约：《援助的死亡》，王涛、杨惠等译，世界知识出版社2010年版。

② Jeffrey Sachs, “China's lessons for the World Bank”, *Guardian*, 24 May, 2007.

表 10—2 “一带一路”与联合国可持续发展目标的直接联系

类别	联合国可持续发展目标（SDGs）	“一带一路”倡议
直接相关	目标 1. 在全世界消除一切形式的贫穷	经济增长，发展计划对接
	目标 7. 每个人都能获得价廉、可靠和可持续的现代化能源	能源基础设施建设，贸易连通
	目标 8. 促进持久、包容性的可持续经济增长，促进充分的生产性就业，促进人人有体面工作	
	目标 9. 建造有抵御灾害能力的基础设施，促进包容性的可持续工业化，推动创新	基础设施建设
	目标 10. 减少国家内部和国家之间的不平等	互联互通，开放包容
	目标 11. 建设包容、安全、有抵御灾害能力的可持续城市和人类住区	基础设施建设、投资
	目标 17. 加强执行手段，恢复可持续发展全球伙伴关系的活力	政策沟通
间接相关	目标 2. 消除饥饿，实现粮食安全，改善营养和促进可持续农业	开放，政策沟通
	目标 3. 让不同年龄段的所有的人都过上健康的生活，促进他们的安康	开放，政策沟通
	目标 6. 为所有人提供水和环境卫生并对其进行可持续管理	“绿色丝绸之路”
	目标 12. 采用可持续的消费和生产模式	“绿色丝绸之路”
	目标 13. 采取紧急行动应对气候变化及其影响	“绿色丝绸之路”
	目标 14. 养护和可持续利用海洋和海洋资源以促进可持续发展	“绿色丝绸之路”
	目标 15. 保护、恢复和促进可持续利用陆地生态系统，可持续地管理森林，防治荒漠化，制止和扭转土地退化，阻止生物多样性的丧失	“绿色丝绸之路”
拓展相关	目标 4. 提供包容和公平的优质教育，让全民终身享有学习机会	政策沟通 民心相通
	目标 5. 实现性别平等，增强所有妇女和女孩的权能	政策沟通 民心相通
	目标 16. 创建和平、包容的社会以促进可持续发展，让所有人都能诉诸司法，在各级建立有效、负责和包容的机构	政策沟通 民心相通

在17类可持续发展目标中，至少有7大类是与“一带一路”直接相关的。从目前“一带一路”的实施成果来看，建设“一带一路”对于改善沿线国家的经济增长、促进就业，能源和基础设施方面的成果都非常明显。“一带一路”已经成为推动实现可持续发展目标的一种重要国际合作平台和实施手段，可以直接为其实现提供所需要的资源。以“一带一路”顺利推进的中巴经济走廊为例，据美国《华尔街日报》网站2016年12月18日报道：“目前有上万名中国工人在巴基斯坦各地至少10个由北京提供部分资金的能源项目中工作。这些项目将在2年内将该国的能源产量提高60%，这也是20年来电力供应的首次大幅增长。”在巴基斯坦，“经济学家曾称能源不足将经济增长率拉低两个百分点，扼杀工业，还让孩子不得不点着蜡烛学习……”在中国“一带一路”计划的支持下，“巴基斯坦的经济增长率提升至约5%，政府还为今后设定了7%的增长目标。能源计划是这一经济抱负的中心”①。

另外，有7大类可持续发展目标主要依赖于国内政策和治理改善来实现的目标，但是与“一带一路”间接相关。在这些方面，“一带一路”可以通过推动贸易连通和经济合作，提高沿线国家的财政能力实现相关目标，或者提高各国市场和社会主体的能力来改善相关境况；或者通过“一带一路”的政策沟通机制，分享经验，加强国际合作。其中较为典型的是在应对气候变化和海洋生态保护方面，“一带一路”机制中明确加强“绿色丝绸之路”建设，加强相关领域的国际合作。特别是《“一带一路”愿景与行动》文件中专门建议“强化基础设施绿色低碳化建设和运营管理，在建设中充分考虑气候变化影响”。

三大类主要涉及国内社会治理方面的目标，它们是与“一带一路”关系不明显，但是未来的国际合作中将拓展涉及的一些方面。比如，教育、性别平等以及社会建设方面，尽管它们主要依赖于国内政策，但是随着经济发展水平提高和国际合作深入发展，自然也有溢出效应。“一带一路”倡议中在“民心相通”涉及的人文合作方面可以进一步拓展。

中国政府发布的《“一带一路”愿景与行动》明确提出，在民心相通层面，将“强化与周边国家在传染病疫情信息沟通、防治技术交流、专业

---

① 转引自《美媒：巴基斯坦借助中资改善电力供应》，《参考消息》2016年12月20日。

人才培养等方面的合作，提高合作处理突发公共卫生事件的能力。为有关国家提供医疗援助和应急医疗救助，在妇幼健康、残疾人康复以及艾滋病、结核、疟疾等主要传染病领域开展务实合作，扩大在传统医药领域的合作”。“加强沿线国家民间组织的交流合作，重点面向基层民众，广泛开展教育医疗、减贫开发、生物多样性和生态环保等各类公益慈善活动，促进沿线贫困地区生产生活条件改善。加强文化传媒的国际交流合作，积极利用网络平台，运用新媒体工具，塑造和谐友好的文化生态和舆论环境。”

发展是一个全球性的问题，许多全球性问题也源于发展问题，比如，气候变化、金融稳定、能源资源安全、打击恐怖主义和防治传染性疾病，等等。“一带一路”沿线的很多国家也是贫困化水平很高而全球化程度较低的国家，因而成为全球治理的脆弱环节，面临全球问题的巨大挑战。“全球问题，地方行动”，如果“一带一路”建成，对于全球可持续发展将具有重要意义。中国可以通过推进“一带一路”和推动区域一体化来为全球问题提供解决方案，从促进全球化，推动全球发展和纠正全球失衡①的角度为世界提供公共产品，为全球治理贡献智慧和力量。

通过进行上述分类，我们不仅区分出“一带一路”可以通过不同形式对联合国可持续发展目标做出明显的贡献，发现二者之间的明显联系；而且这也有助于我们在推进“一带一路”的实践中侧重加强某些方面，主动为联合国可持续发展目标的实现多做贡献。

三 “一带一路”顺利实施需要更多发挥利用联合国的作用

从过去几年来“一带一路”倡议提出以来各方的反应以及实施情况来看，缺乏信任是影响“一带一路”发展实施的主要障碍。“一带一路”倡议的战略动机遭到了一些沿线国家以及域外国家的质疑，这使得沿线国家反应较为谨慎，既有的项目也因为这种怀疑而可能出现政府态度发生变化

---

① 参见王义桅《“一带一路”的三重使命》，《人民日报》（海外版）2015年3月28日。

导致搁置的情况。

考虑到中国是首次提出大规模的国际发展计划，沿线国家所处的地区也是地缘政治较为复杂的局面，出现上述情况并不让人意外。但是“一带一路”的顺利向前推进，需要凝聚更多共识，争取更多认同。因此也非常有必要积极探索创新性地利用联合国作为当今世界全球治理核心的权威和合法性来源的特点，并创新中国与外部世界互动的方式。

（一）“一带一路”的实施需要借助联合国的力量

1. “一带一路”作为一种创新性的区域合作模式，不易为国际社会所理解

“一带一路”倡议的提出，本来正是为了打消国际社会特别是周边国家单纯从经济动机理解中国合作意愿的考虑。习近平主席提出了“五通”的重点来全面建设“一带一路”，致力于实现共同发展。但是由于五通的进展各不相同，在现实中往往是市场先行、资本先行，后续的文化和观念交流没有及时跟进，而且经济发展的效果一时没有体现，导致沿线国家政府和民众产生了疑虑。旨在建立互信的一带一路，恰恰在开始也需要以双方强大的互信为基础。

“一带一路”倡议尽管基于历史上“丝绸之路”的历史文化记忆，但也是前无古人的伟大创举。沿线国家多处于资本主义世界体系的边缘地区，它们存在疑虑也是情理之中。因为在此之前，它们只有历史上西方大国的帝国主义对外政策的记忆，很容易把“一带一路”误解为中国为了一己之私向外转移产能和扩大市场进而实现自身经济转型所设的局。而且对于一个不熟悉的事物，人们也往往习惯于寻找历史中的参照物来帮助进行理解，比如“马歇尔计划”和欧洲联盟。

“一带一路”的理念充分体现出中国对世界开放合作的善意。如果真能实现，对于改善中国国际形象、构建地区共同身份具有重要意义。考虑到欧亚地区极其缺乏综合性的制度性安排，“一带一路”向纵深发展后必然需要构建大量的国际制度和机制安排。在这个过程中，中国必然面临巨大的阻力，仅靠中国之力难以成功。这主要是因为中国的动机屡遭怀疑，“一带一路”甚至被一些国家怀疑是中国试图颠覆现有世界秩

序的尝试。

2. 中国缺乏在欧亚大陆推进综合性区域合作的经验

尽管中国在非洲开展了大量的发展合作，但是对欧亚大陆仍然缺乏足够的知识，而这一地区正是地球上地缘政治最为复杂、投资风险最为突出的地区。“一带一路”是第一个大规模的地区发展计划，中国也缺乏管理这种规模的综合性规划的经验。尽管中国具备强大的政治意愿和潜在的能力，但是在培养这种经验的过程中，中国可能要付出很多代价。国务院发布的《愿景与行动》提出“一带一路”体现出中国在“探索全球治理的新模式”。而这种探索本身意味着风险性。

相比之下，联合国是全球治理的核心机构，其宗旨之一就是推动全球发展。尽管由于美国的霸权，联合国的地位和能力并未达到其最初设想时的高度，但是其合法性在当今时代，至少在广大发展中国家眼中是不可挑战、无可替代的。而且，联合国是最具有包容性的机构，可以让域内外的国家都能够参与“一带一路”的决策和商讨，可以吸收全球智慧参与其中。联合国的相关机构，比如亚太经社理事会和联合国发展署等，在亚洲地区的发展方面开展了多年的研究，积累了大量的知识，并构建起了相应的社会网络。

3. 中国缺乏像美国那样在国际体系中的权威，不利于组织国际合作

“一带一路”作为一个中国单方面提出的倡议，其阐释权主要由中方主导，不利于使其获得合法性。一些沿线国家的学者质疑中国试图通过“一带一路”改变现有国际秩序。亚洲地区是贯彻第二次世界大战后国际秩序最为坚定的地区，中国如果被认为是秩序改变者，肯定很难被接受。“名不正则言不顺，言不顺则事不成”，中国的善意难免被负面解读，仅凭自身的力量无法令人信服。

领导者的存在对于推动国际集体行动具有举足轻重的意义。第二次世界大战后美国的实力达到顶峰，在西方以及第三世界处于无与伦比的优势地位，并且与许多国家建立了联盟关系，或者享有共同的价值观。因此，美国无论是在“马歇尔计划”“第四点计划”还是在推动关贸总协定（GATT）谈判等战略安排时几乎都所向披靡。尽管如此，美国还是大量依靠联合国等国际组织的力量来推动自身的影响力。英国历史学家马克·马佐尔在回顾这段历史时说：“如果没有国际机构的扶持，如果不是顶着那

些机构的名义行事，借以它们提出的宏大抱负——稳定世界货币、控制流行传染病，传播民主和发展理念——来开展工作，美国根本就不可能在1945 年之后如此迅速地提升其全球影响力。”

相比之下，当前中国作为一个崛起中的大国，并不具备类似美国的条件；相反，域内外的多数大国（比如美国、日本和印度等）都对中国的雄心充满忌惮和防备，目前只有欧盟和俄罗斯表现出欢迎和支持的态度。沿线国家也出于平衡大国关系的考虑，不敢或者不愿意“选边站”和过多向中国靠拢。一些国家很可能会因为政府更替，出现对“一带一路”的反复态度。

（二）联合国可以为“一带一路”提供有力支持

1. 联合国可以赋予“一带一路”更多合法性

联合国可持续发展议程与“一带一路”存在较多重合领域，相互呼应。“一带一路”与联合国“2030 年可持续发展议程”同为综合性的长期发展项目，契合度非常高。目前，东盟对于“一带一路”仍然迟疑不决，不过东盟已经要求泰国，研究联合国发展议程的 17 项目标中哪些应该是“东盟愿景 2025”的优先考量。如果能够与联合国发展议程建立有效联系，“一带一路”可望在东盟获得接受。

联合国的事业需要大国支持，联合国发展议程需要中国积极贡献。中国是联合国的创始成员国和坚定支持者，也是联合国安理会的五大常任理事国之一。“一带一路”的定位是服务于世界的共同发展。在“一带一路”实现的进程中，中国要实现与外部世界的共同转型。习近平主席 2015 年 9 月参加联合国系列活动发表演讲时强调：中国是世界发展的贡献者，“一带一路”是实现联合国可持续发展议程的重要手段。2016 年 9 月 G20 杭州峰会上中方把 2030 年可持续发展议程放在突出位置，获得了国际社会的高度赞誉。

2. 联合国作为第三方的参与有利于打破僵局，打破疑虑，建立信任

当前的全球发展议程已经从由美国等西方国家主导转变为联合国主导。2015 年 9 月，习近平主席在联合国大会上的讲话指出，中国的其中一个角色定位就是全球发展的贡献者，而“一带一路”是这种贡

献的重要体现。因此，“一带一路”也应该在这个全球发展的框架下开展实施。

在这种背景下，联合国作为一个独立的第三方，可以打破这种缺乏互信的局面。泰国朱拉隆功大学学者钟嘉滨（Kavi Chongkittavorn）表示，针对目前东盟对于“一带一路”不愿积极表态的局面，中国可以与之在可持续发展目标的特定项目上建立三方合作关系，因为“这一的共同平台，将有助于启动重新建立互信的努力”。如果能够获得联合国赋予的合法性支持，“一带一路”涉及的地缘政治因素会得到极大的消解，更多转化为一个经济社会发展的国际合作项目，其可接受性会大大增强。① 尽管联合国本身的权威也有限，但是作为一个具有高度合法性的国际组织，如果中国更多在联合国的框架下活动，相比于单边开展活动，在效率方面可以极大地降低交易成本，从政治上可以实现增加政治合法性的效果。

3. 联合国相关组织在相关地区积累了大量的知识储备，可以提供信息服务和功能性支持

联合国自 20 世纪 50 年代以来一直尝试推动全球发展事业，获得了很多知识和经验。比如，联合国亚太经社理事会（UNESCAP）在 20 世纪 50 年代就提出亚洲互联互通的设想，并在此后一直推进相关研究。尽管其因为缺乏资源而未能实现，主要成为一个思想库和信息分享平台，但是其所积累的知识和经验值得充分借鉴。

在凝聚共识、搭建平台、传播理念、建章立制等方面，联合国大有可为，事实上，“一带一路”也为各种国际组织参与其中预留了广阔的空间。联合国的发展项目具有深厚的规范基础（基于全球共识的全球性规范），而“一带一路”项目更多的只是具有功能性的意义（商业性）。如果缺乏规范性的意义作为支持，这些项目的可持续性自然岌岌可危。如果坚持在联合国的框架内开展政治和经济社会交流，可能会使“一带一路”更快赢得认可。

---

① ［泰］钟嘉滨：《“一带一路”的含义》，新加坡《联合早报》2016 年 10 月 10 日。http：//www. zaobao. com/forum/expert/others/story20161010 – 676183。Kavi Chongkittavorn，“Implications of the Belt and Road Initiative”，The Nation，http：//www. nationmultimedia. com/opinion/Implications-of-the-Belt-and-Road-Initiative – 30296735. html。

四 “一带一路”与可持续发展议程对接

（一）“一带一路”与可持续发展议程对接是一种双赢

把“一带一路”与可持续发展议程对接起来，对于中国和联合国而言是一种双赢的结果。特别是对于中国的国际发展战略来说，这样做有利于国际话语建构，消除地缘政治担忧。如果“一带一路”的行动计划可以进一步更新，它可以和可持续发展目标更加紧密地联系起来。那样的话，它就可以被各国认可和接受，被视为一种重要的平台工具以推进其国家战略、地区合作及在全球经济治理中的地位。这样一种非政治化的机制，也能帮助一些国家消除潜在担忧。①

“一带一路”可以与各类国际性组织建立有效的合作关系，获得联合国、世界银行等国际组织的协同支持。在可持续发展目标的背景下，联合国及其地区机构都是实施新丝绸之路计划的天然合作者。这尤其体现在围绕各项战略性问题的能力建设方面，比如气候变化、安全和反恐、性别平等。

全球治理的发展趋势是联合国将在其中扮演更为突出的领导角色。全球治理委员会报告《天涯成比邻》中所推崇的全球治理理想模式是联合国为核心的国际合作。第二次世界大战以来相当一个时期全球经济治理并不是由联合国所主导，而是由西方国家控制下的布雷顿森林体系所主导。但是目前正在出现全球经济治理从布雷顿体系向联合国转向的趋势，特别是在发展领域。这一趋势有利于全球治理向公正合理的方向转型，中国应该欢迎并积极支持这一趋势。一直以来，中国参与全球事务的主要途径是联合国，通过联合国参与全球治理是中国多边主义外交的一个主渠道。因此，中国更多通过联合国的渠道来推进“一带一路”也是自然的选择。

---

① 成帅华：《“一带一路”助力全球可持续发展》，《中国经济报告》2015 年 11 月 28 日。

（二）中国目前尚未积极发挥国际组织在“一带一路”实施中的作用

目前，中国已经在有意识加强与联合国机构在“一带一路”方面的合作。2016年以来，中国已经和联合国在“一带一路”问题上取得了积极的合作，比如在4月和9月分别与亚太经社理事会及联合国发展署签订合作意向书或备忘录。对于中国与联合国在“一带一路”方面的合作进展，泰国朱拉隆功大学学者钟嘉滨表示，这是一项正面的新发展。因为联合国的参与将大大促进“一带一路”计划的进展，因为“一带一路”的许多目标和联合国的可持续发展目标是一致的。

未来中国应该更好地发挥国际组织的作用。中国可以利用国际组织的合法性为“一带一路”背书，通过现实积极论证“一带一路”处于“得道多助”的正确方向。但是，这种合作还处于非常初步的阶段。而且考虑到二者议程的高度重叠性，合作的动力似乎在很大程度上是出于国际组织在争取中国政府对其工作的支持，而不是中国政府在积极主动考虑更多开发国际组织在“一带一路”中的作用。

（三）创新国家与国际组织互动的方式，利用联合国的主流话语推动“一带一路”建设

中国提出“一带一路”倡议，让国际社会感受到了中国的政治意愿，但是实施过程中可以采取多边的方式。中国已经提出“共商、共建、共享”的原则以及“开放包容”的丝路精神，为此，也许可以考虑让联合国组织在“一带一路”更多涉及政治和文化的项目上牵头，中国只作为其中的一个支持者和参与者。

中国政府的各个层面都要加强与联合国在“一带一路”诸多方面开展合作的意识。“一带一路”应被视为一个国际主义导向的国际发展项目，不仅仅是新时期“走出去”简单升级版。它的成功对于中国更好融入世界，实现中华民族的伟大复兴意义重大。中国传统文化倡导“生而不有，为而不恃，功成而弗居”，中国不应担心联合国的积极介入会产生“掠美”

“抢镜”的效果；相反“功成不必在我”，只要“一带一路”建成，中国的目标自然能够实现。“得道者多助，失道者寡助”，只要我们相信“一带一路”符合全球发展的潮流，符合地区和平与发展的利益，就可以更加自信地和国际组织开展合作。中国也应该可以利用自己的力量，支持联合国在全球发展这一方面获得更多的政治权威。这种双赢对于“一带一路”的顺利实施具有重要意义。